Mães infames, filhos venturosos

CONSELHO EDITORIAL

Ana Paula Torres Megiani

Eunice Ostrensky

Haroldo Ceravolo Sereza

Joana Monteleone

Maria Luiza Ferreira de Oliveira

Ruy Braga

Mães infames, filhos venturosos

*Trabalho, pobreza, escravidão e emancipação
no cotidiano de São Paulo (século XIX)*

Marília B. A. Ariza

Copyright © 2020 Marília B. A. Ariza

Grafia atualizada segundo o Acordo Ortográfico da Língua Portuguesa de 1990, que entrou em vigor no Brasil em 2009.

Edição: Haroldo Ceravolo Sereza/ Joana Monteleone
Editora assistente: Danielly de Jesus Teles
Projeto gráfico, diagramação e capa: Danielly de Jesus Teles
Assistente acadêmica: Tamara Santos
Revisão: Alexandra Collontini
Imagem da capa: Militão Augusto de Azevedo / Coleção Militão Augusto de Azevedo – Acervo do Museu Paulista da USP

 O presente trabalho foi realizado com apoio da Coordenação de Aperfeiçoamento de Pessoal de Nível Superior - Brasil (CAPES) - Código de Financiamento 001

Prêmio História Social 2017-2018

CIP-BRASIL. CATALOGAÇÃO NA PUBLICAÇÃO
SINDICATO NACIONAL DOS EDITORES DE LIVROS, RJ

A75m

Ariza, Marília B. A.
Mães infames, filhos venturosos : trabalho, pobreza, escravidão e emancipação no cotidiano de São Paulo (Século XIX) / Marília B. A. Ariza. - 1. ed. - São Paulo : Alameda, 2020.
    476 p. ; 23 cm.

Apêndice
    Inclui bibliografia
    ISBN 978-65-86081-68-8

1. Escravidão - São Paulo (Estado) - História - Séc. XIX. 2. Escravas - Condições sociais - São Paulo (Estado). 3. São Paulo (Estado) - Condições sociais. I. Título.

20-66129
                CDD: 981.61
                CDU: 94(815.6)

Alameda Casa Editorial
Rua 13 de Maio, 353 – Bela Vista
CEP 01327-000 – São Paulo, SP
Tel. (11) 3012-2403
www.alamedaeditorial.com.br

Para Fábio José

No começo, pensei que iria contar ao senhor a história da ilha e, terminada a tarefa, voltaria a minha vida de antes. Mas agora toda a minha vida passa a ser a história e nada de meu restou para mim. Pensava que eu era eu e essa garota uma criatura de outra ordem falando palavras que o senhor criou para ela. Mas agora estou cheia de dúvidas. Nada restou para mim a não ser dúvidas. Eu sou a própria dúvida. Eu estou sendo falada por quem? Sou um fantasma também? A que ordem pertenço? E o senhor: quem é o senhor?

(J. M. Coetzee, *Foe*)

Sumário

Lista de abreviações	11
Lista de tabelas	13
Prefácio	17
Introdução	23
1. Mãe é quem pode	43
2. Disputar a maternidade	109
3. Acolher desamparados, criar trabalhadores	173
4. Tramas do contrato	245
5. Uma terra de tantos abusos	333
Considerações finais	411
Agradecimentos	419
Fontes	421
Bibliografia	427
Apêndices	453

Lista de abreviações

APESP – Arquivo Público do Estado de São Paulo

MSCM SP – Museu da Santa Casa de Misericórdia de São Paulo

PCNC – Primeiro Cartório de Notas da Capital

SCNC – Segundo Cartório de Notas da Capital

BN – HDB – Biblioteca Nacional – Hemeroteca Digital Brasileira

Lista de tabelas

T1. Registros de contratação de serviços de menores   235
de idade por década (São Paulo, 1820-1910)

T2. Registros de tutelas de menores de idade despossuídos   251
por década (São Paulo, 1840-1900)

T3. Registros de tutelas de menores de idade   252
despossuídos por década sem soldadas (São Paulo, 1840-1900)

T4. Menores de idade contratados no   258
período analisado (São Paulo, 1820-1910)

T5. Divisão por sexo e década, por menores   283
e registros (São Paulo, 1820-1910)

T6. Tipos de serviços contratados (São Paulo, 1820-1910)   285

T7. Duração de contratos por décadas   300
(São Paulo, 1820-1910)

T8. Pais não racialmente identificados com filhos   453
racialmente identificados (São Paulo, 1820-1840) – Apêndice A

T9. Identificação racial de pais de menores tutelados   454
e contratados – categorias raciais amplas
(São Paulo, 1820-1840) – Apêndice A

T10. Menores de idade contratados por década   455
(São Paulo, 1820-1910) – Apêndice B

T11. Divisão de menores contratados e tutelados por grupos de origem social (São Paulo, 1820-1910) – Apêndice C — 456

T12. Divisão de contratos e tutelas de menores trabalhadores por grupos de origem social (São Paulo, 1820-1910) – Apêndice C — 457

T13. Menores tutelados e contratados com e sem relação com experiências de escravização (São Paulo, 1820-1910) – Apêndice D — 458

T14. Menores contratados com e sem relação com experiências de escravização (São Paulo, 1820-1910) – Apêndice D — 459

T15. Contratos e tutelas com menores com e sem relação com experiências de escravização (São Paulo, 1820-1910) – Apêndice D — 460

T16. Contratos com menores com e sem relação com experiências de escravização (São Paulo, 1820-1910) – Apêndice D — 461

T17. Menores tutelados e contratados por categorias raciais (São Paulo, 1820-1910) – Apêndice E — 462

T18. Contratos e tutelas por categorias raciais (São Paulo, 1820-1910) – Apêndice E — 463

T19. Menores contratados por categorias raciais (São Paulo, 1820-1910) – Apêndice E — 464

T20. Contratos de menores por categorias raciais (São Paulo, 1820-1910) – Apêndice E — 465

T21. Incidência de contratos por categoria racial e década (São Paulo, 1820-1910) – Apêndice F — 466

T22. Incidência de tutelas por categoria racial e década (São Paulo, 1820-1910) – Apêndice F — 466

T23. Contratos e tutelas por sexo e década   467
(São Paulo, 1820-1910) – Apêndice G

T24. Contratados e tutelados por sexo e década   468
(São Paulo, 1820-1910) – Apêndice G

T25. Sexo e idade por contrato e tutela   469
(São Paulo, 1820-1910) – Apêndice H

T26. Distribuição de contratos por sexo, idade   470
e categoria racial (São Paulo, 1820 -1910) – Apêndice I

T27. Duração de contratos por sexo e origem social   471
(São Paulo, 1820-1910) – Apêndice J

T28. Contratos com remuneração fixa por década   472
(São Paulo, 1820-1910) – Apêndice L

T29. Contratos com remuneração progressiva por década   473
(São Paulo, 1820-1910) – Apêndice L

T30. Faixas salariais por sexo e origem social   474
(São Paulo, 1820-1910) – Apêndice M

Prefácio

O livro que se segue é uma versão modificada do doutorado de Marília Ariza, agraciado, no ano de 2019, como a melhor tese do Programa de História Social do Departamento de História da Universidade de São Paulo. Tal premiação reflete as muitas qualidades do trabalho; baseando-se em uma pesquisa documental minuciosa e uma abordagem historiográfica bem delimitada, elaborada nos parâmetros da história social da escravidão e do pós-emancipação, com ênfase na análise do gênero e da maternidade, Marília Ariza construiu uma narrativa densa, na qual uma escrita fluida é atravessada por uma análise muito contundente da história de mulheres e crianças no processo de superação da escravidão em São Paulo. Ao abraçar a perspectiva de uma história do gênero na escravidão, a autora inova – e esta é uma das importantes características deste trabalho. Apenas muito recentemente, a historiografia brasileira vem se sensibilizando para as peculiaridades da história das mulheres escravas.

Ao eleger se debruçar sobre um período longo, que perfaz os anos de 1820 a 1910, este livro optou por acompanhar, com análise detalhista, as transformações e consequências do lento de processo de emancipação vivido pela sociedade brasileira, registrando as lutas que mulheres e seus filhos e filhas enveredavam no afã de tornarem-se livre, construir vidas autônomas, distanciando-se o máximo possível dos padrões de subalternidade propostos por senhores, patrões e patronos. Aderindo a uma visão crítica da chamada transição do trabalho escravo ao trabalho livre experimentado pela sociedade escravista nacional, Marília Ariza retoma a temática do seu primeiro livro, "O Ofício da Liberdade", que já dedicava especial atenção ao papel desempenhado por escravas e libertandas neste processo.

Busca agora traçar como mulheres trabalhadoras, com especial atenção às libertandas e libertas, que eram também, frequentemente, mães sós de numerosos filhos e filhas, se defrontaram com os desafios de construir veredas de acesso à liberdade jurídica. Ironicamente, de diversas maneiras, os caminhos para obtenção da liberdade jurídica impunham a separação do núcleo familiar, jogando crianças ao abandono ou tutela de senhores e patrões. Assim fazendo, o sistema também incentivava a manutenção do poder patronal sobre a mulher. Para se manter próxima à prole, a mãe abria mão de sua autonomia, passando a ser controlada pelos guardiões de sua prole. Adquirir liberdade mantendo o núcleo familiar torna-se, neste momento, uma tarefa hercúlea, dificilmente atingida. O arraigado hábito de doar crianças pobres – sobretudo meninas – para serem criadas como "filhas" de famílias mais abastadas, às quais, na verdade, passavam – e ainda passam - a servir desde a mais tenra idade, relação sempre acobertada pelo véu do paternalismo e expressa por meio de fórmulas do amor e proteção dos mais desvalidos, foi, sempre, uma das vias mais tradicionais de separação de crianças de suas famílias. A doação, venda ou separação física de mães e filhos e filhas foi, igualmente, um dos pilares do sistema escravista, que encarcerou a escravizada em duplo cativeiro; como produtora e reprodutora da escravidão, trabalhadora, a mulher escrava ocupou também papel central na manutenção do sistema escravista, mesmo quando o tráfico repunha de maneira exógena os plantéis, como bem demonstrou o trabalho clássico de Jennifer Morgan.[1] No processo de aquisição da liberdade e pós-emancipação, este quadro ganhou novos tons.

O processo de superação da escravidão teoricamente teria exigido maior respeito ao sentimento materno e familiar dos escravizados, já que o abolicionismo se guiou pelo discurso sentimental e moral na crítica à escravidão. No caminho da emancipação, entretanto, interpretações capciosas das leis, frestas jurídicas e beneplácito quase generalizado dos juízes, produziram novos desafios para a obtenção de uma liberdade mesmo que muito parcial em termos de cidadania. Tal situação se refletiu, sobretudo, na situação de escravas, libertandas ou libertas e seus filhos - já que as mulheres, mesmo

---

1 MORGAN, Jennifer. *Laboring Women: reproduction and gender in New World Slavery.* Philadelphia: University of Pennsylvania Press, 2004.

livres, não usufruíam de garantias legais de parentalidade, necessitando, em caso da ausência da figura paterna, estabelecer tutor que se responsabilize pela prole. Sobre mulheres e crianças trabalhadoras, o discurso normativo caiu com mão de ferro.

A abordagem inovadora aqui adotada se reflete na construção de uma história da infância subalterna e trabalhadora no processo de emancipação, que, cuidadosamente, não desvincula a criança órfã, tutelada ou dada à soldo, oficialmente ou de maneira informal, de suas mães. Este é o ponto alto da narrativa de *Mães Infames, Filhos Venturosos*. A autora constantemente nos lembra que para cada criança desprotegida havia uma família empobrecida, constituída sem os laços formais do casamento e, muitas vezes, composta por uma mãe e seus filhos e filhas, que se sustentavam por meio do trabalho da mãe e das crianças mais velhas da família. Especialmente às egressas da escravidão, as dificuldades se impunham de forma contundente; lutavam contra os constrangimentos da alforria adquirida em parcelas, contra a lei do Ventre Livre, que impunha às mães libertandas a separação dos filhos, que ficavam sob a guarda dos antigos senhores, contra os abusos do chamado trabalho livre, e mais ainda, contra discursos jurídicos normativos que com constância etiquetavam mulheres pobres em geral, mas, sobretudo as libertas, como incapazes do exercício da maternidade.

A ascensão dos discursos sanitários que, desde meados do século XIX, começam a propalar o modelo familiar burguês como o único capaz de sustentar a construção de uma nação sadia e no qual a atuação da mulher devia se restringir ao mundo privado, teve importante impacto no destino das famílias miseráveis. Propalada como a rainha do lar, mãe amorosa e, ao mesmo tempo, frágil física e mentalmente para enfrentar a esfera pública, a mulher deveria ser sempre mantida sob o controle masculino. Ora, mulheres pobres trabalhadoras, desprovidas de laços formais com seus companheiros, que tivessem filhos/as de relações de diferentes, foram erigidas como infames, bêbadas, incapazes de exercer o decantado amor materno, justificando, assim, posições conservadoras de juízes, médicos e outras autoridades vinculadas ao Juizado dos Órfãos, órgão que decidia o destino dos pequenos e pequenas arrimos de família. Retirar crianças do núcleo familiar, tornando-as juridicamente órfãs e tuteladas ou assoldadadas dos ricos, foi uma estratégia de formação de mercado de trabalho livre na São Paulo do século XIX, bem como forma de manutenção de relações de subserviência e controle de mulheres trabalhadoras.

Assim, o que se segue não é apenas uma história da infância trabalhadora. O livro alerta que crianças pobres trabalhavam sempre, desde a mais tenra idade. Em famílias miseráveis, principalmente quando a mãe havia que sustentar sozinha a prole, a presença de filhos e filhas mais velhos era essencial, uma vez que ajudavam no orçamento da casa e/ou cuidavam das crianças menores. Retiradas do núcleo familiar, sob o argumento de que necessitavam receber uma educação moral e do trabalho em lares mais abastados, que contavam com a presença constituidora do pai de família, estas crianças tornavam-se órfãs de mães vivas e submetidas a todo tipo de trabalho, castigos, solidão e humilhação. Mas não apenas elas sofriam; no outro lado da moeda, a família original, tendia a se esfacelar, uma vez que a mãe trabalhadora deixava de contar com o auxílio de seus rebentos mais capazes na garantia da unidade da família, desorganizando de maneira drástica a sobrevivência já muito precarizada do núcleo original.

Mais ainda, analisando os documentos de soldada e tutela, Marília Ariza comprova que as mães de crianças tuteladas e assoldadas mantiveram uma constante luta para reaver os seus, e na impossibilidade de recuperá-los plenamente, buscaram de maneira ativa controlar para onde ia sua prole, reclamando junto às autoridades a ocorrência de maus tratos, peticionando mudança de tutores cruéis, negligentes e abusadores, e, às vezes, procurando transferir a tutela dos filhos e filhas ao seu patrão, na tentativa de mantê-las perto de si, alcançando algum controle parental. Assim o fazendo, mostram que mantinham contato com os orfanados e continuavam, como podiam, a amar e cuidar de sua prole. Como notou a pesquisadora norte-americana Crystal Webster ao analisar, para o contexto norte-americano pós-Guerra Civil, a maternidade experimentada por mães afrodescendentes, o advento da liberdade jurídica alcançou impacto muito moderado no controle parental exercido por mães emancipadas. Em tal situação, os riscos da perda dos filhos e filhas para instituições ou famílias abastadas foi vivida de forma semelhante àquela vivida no decorrer da escravidão.[2]

---

2   WEBSTER, Crystal Lynn. In pursuit of autonomous womanhood: nineteenth-century black motherhood in the U.S.' North. *Slavery & Abolition Special Issue*: "Mothe-

"Mães Infames, Filhos Venturosos" optou por se debruçar sobre processos sociais quase invisíveis, que atingiram os elos mais frágeis da sociedade, geraram consequências sociais dolorosas, mas ficaram escondidos tanto nas dobras dos discursos patronais e jurídicos, quanto nas posteriores análises sociológicas de grande envergadura. Ao mostrar, porém, como se resiste, mesmo nas situações mais desfavoráveis, Marília Ariza apresenta um exemplo muito importante de como se constrói uma história nova, muito bem calçada em procedimentos metodológicos e, ao mesmo tempo, sensível, humanista e inclusiva.

Maria Helena Pereira Toledo Machado
Professora Titular do Departamento de História da USP

---

ring slaves: comparative perspectives on motherhood, childlessness, and the care of children in Atlantic slave societies", v. 38, n. 2, Routledge, 2017, p. 425-440.

Introdução

No início de outubro de 1888, passados poucos meses desde o inevitável 13 de maio que marcara indelevelmente aquela alvoroçada década na província de São Paulo, a liberta Carolina procurava o juiz de órfãos de Lorena, no interior da província, para representar-lhe verbalmente *"que sua filha menor, de nome Olympia, achava-se em companhia de Antonio Leme dos Santos, sem tutor nomeado, e que residindo ella na Capital, em casa de família, desejava leval-a para ahi ser nomeado tutor, que olhe pela mesma"*.[1]

Como muitas outras mulheres empobrecidas na São Paulo de fins do século XIX, cidade que, então, recebia fluxos cada vez maiores de libertos e imigrantes que compunham o diverso leque dos matizes sociais da pobreza urbana, Carolina era uma mulher só, criada doméstica, procurando recompor os vínculos com a filha, interrompidos pela vulnerabilidade social de ambas. Recorrendo à justiça, lograra levar Olympia consigo para a capital, onde a menina foi tutelada pelo comerciante Gabriel Rebouças de Leme. Seria em sua casa que Carolina residia e se empregava nos serviços domésticos? Teria ela conseguido levar a filha para viver consigo, não apenas na mesma cidade, mas também sob o mesmo – e alheio – teto? São perguntas que restam sem respostas. As pistas sobre a história de Carolina somem dos autos judiciais tão logo descobre-se que a filha chegara à capital e lá recebera a tutela formal do comerciante.

Sobre Olympia, chegam notícias de 1897, quando o mesmo tutor voltava à carga nos autos informando ao Juízo que, *"tendo assignado (...) termo de tutela da orphã hoje casada, não tem contas a prestar, visto como (...) o valor*

---

1 APESP – Juízo de Órfãos, Autos de tutoria, lata C05455, documento 6329, 1888.

dos serviços d'aquella menor foi sempre a ella entregue ate o dia de seu casamento". Nestas circunstâncias, Leme solicitava ao Juízo a remissão de suas obrigações de tutor, livrando-se de futuros ônus e responsabilidades. A história de Carolina, a mulher liberta e criada doméstica que, no amanhecer da abolição, atirava-se à empreitada de reaver a filha, procurando exercer os cuidados e a autoridade que a vida de uma mulher como ela admitia, desenhava continuidades na trajetória de Olympia. Trazida pela mãe à capital, colocada pelo Juízo de Órfãos da cidade sob a tutela de terceiros em cuja companhia empregava-se possivelmente também como criada doméstica, a filha via-se engajada compulsoriamente num arranjo de serviços distante dos modernos protocolos do trabalho livre. Permaneceria sob a autoridade de seu tutor até a emancipação pelo casamento, sem poder pleitear novas e eventualmente melhores condições de trabalho e de vida nesse ínterim.

Revirando-se os autos do Juízo de Órfãos da capital, muitas outras mulheres e filhos em circunstâncias semelhantes às de Carolina e Olympia surgem de páginas envelhecidas. Depauperados, livres ou, em muitos casos, egressos da escravidão, são sujeitos cujas histórias povoaram, ao longo de todo o século XIX, os mundos do trabalho na cidade de São Paulo. A arregimentação dos serviços de menores de idade em condições de informalidade enredou-se inextricavelmente à separação de famílias majoritariamente chefiadas por mulheres sós. Em muitas medidas, a construção de arranjos familiares fragmentários foi fundamental para a própria subsistência destas famílias – os serviços prestados por crianças e jovens compunham a sua renda ou aliviavam suas despesas, e eram frequentemente agenciados pelas próprias mães que procuravam ativamente garantir aos filhos as mais adequadas condições de trabalho, associadas aos melhores proventos. Ainda assim, havia uma outra e mais hostil face desses modos de vida determinados pelo imperativo da sobrevivência. A partir da construção de representações depreciativas das mulheres pobres, consideradas moral e materialmente incapazes de exercer os sublimes deveres da maternidade, filhos eram forçosamente arrancados de sua companhia e alienados de sua autoridade para seguir às casas de "boas famílias" paulistanas que, a propósito de caridade e bons sentimentos, arregimentavam a mão de obra de pequenos e jovens trabalhadores.

As tutelas e contratos de soldada foram expedientes bastante úteis a este fim, recrutando judicialmente trabalhadores menores de idade apresentados nos autos como desafortunados e abandonados, filhos de mães destituídas do amor e da vocação maternas. Conformadas segundo determinações das Ordenações Filipinas – que, inseridas na tradição de códigos reinóis originada no século XV, embasaram boa parte do direito civil no Império brasileiro – tutelas e soldadas apresentavam-se desde então como mecanismos vagamente regulamentados de encaminhamento de menores de idade orfanados e depauperados.[2] Apesar de sua longa existência, tais mecanismos somente passaram a ser utilizados com maior frequência por empregadores da cidade de São Paulo a partir da década de 1880, quando os tumultos em torno da emancipação, da reordenação e do controle do trabalho acirravam-se a olhos vistos. Neste contexto, soldadas e tutelas apresentavam-se como expedientes ideais para a introdução dos menores de idade à ética do labor disciplinado, instrumentos de vocação pedagógica por meio dos quais se poderia promover, a um mesmo tempo, a educação para o trabalho morigerado – cujas virtudes não apenas compreendiam o aprendizado de um ofício com o qual se pudesse garantir o futuro de crianças pobres, mas também a adequação moral destes indivíduos – e o acolhimento da infância desvalida

Não se trata, é fato, de expedientes juridicamente idênticos: enquanto as soldadas definiam-se explicitamente como recursos para a arregimentação de serviços, incorporando, nas décadas finais do século XIX, a linguagem do trabalho contratual, as tutelas afiguravam-se como instrumentos de amparo aos órfãos e menores desassistidos. Não obstante, apresentando nos autos judicias os contratantes e tutores como sujeitos de disposição caritativa, zeladores do bom encaminhamento de crianças empobrecidas à observância da ordem social, ambos os recursos foram empregados no Juízo de São Paulo de modo a projetar sobre as mães destes pequenos trabalhadores a sua justificativa máxima e própria razão de ser. Ao longo das décadas de 1880 e 1890, à medida que se ampliava o recurso às tutelas e soldadas na cidade, recrudesciam também as representações da impropriedade materna das mulheres de

---

2   NEDER, Gislene e CERQUEIRA FILHO, Gisálio. Os filhos da lei. *Revista Brasileira de Ciências Sociais*, v. 16, n. 45, p. 113-125, 2011.

camadas populares – insufladas pela emergência de padrões burgueses e médico-científicos, intimamente associados ao pensamento racial então emergente no Brasil, que alçavam às alturas as definições da boa mãe, doméstica e extremosa protetora do futuro da nação encerrado em seus filhinhos.

Questões originadas desse multíplice contexto importam enormemente para este livro. De que modo o processo de emancipação gradual teria afetado as famílias empobrecidas, notadamente aquelas chefiadas por mulheres sós e seus filhos? Quais são as implicações do aceleramento da emancipação gradual e da abolição na organização do trabalho de jovens e crianças, e o que estes desdobramentos revelam sobre a organização do trabalho livre como um todo numa sociedade escravista? Como os impactos sobre as representações e hierarquias sociais, afetadas pelo advento da abolição e dos "ventos do progresso" que levariam o Império escravista e atrasado à moderna República, reverberariam na possibilidade de que mulheres pobres e seus filhos trabalhadores constituíssem vidas autônomas, equilibrando-se na linha tênue traçada entre resistência e sobrevivência na cidade? Responder a tais questões, e nelas encontrar caminhos para melhor compreender a presença e os papéis desempenhados por mulheres, jovens e crianças subalternizados em São Paulo, nas décadas finais do século XIX, exige um recuo a momentos mais distantes da abolição, bem como um olhar aprofundado sobre relações de trabalho que, desde a Colônia, faziam parte das dinâmicas citadinas.

Durante a maior parte do Oitocentos, a cidade de São Paulo, embora capital da província, apresentou-se como uma "pequena cidade pós-colonial", nos dizeres de Richard Morse, com uma população diminuta e estável, embora amplamente pauperizada.[3] Até a primeira metade do século XIX, como afirma o mesmo autor, a "boa sociedade paulistana" era composta por funcionários públicos, militares e estudantes da Academia de Direito e mantinha-se isolada em chácaras ou sobrados, sendo a rua dominada pelos sujeitos de mais baixa extração social: escravos, libertos, quitandeiras, tropei-

---

3   De acordo com Richard Morse, nos três primeiros quartos do século XIX, a população paulistana estabilizara-se entre 20 e 25 mil habitantes. MORSE, Richard. *Formação histórica de São Paulo (de comunidade a metrópole)*. São Paulo: Difusão Europeia do Livro, 1970, p. 171.

ros, "mulheres da vida" e certamente, também, pequenos trabalhadores.[4] A economia urbana, resumida a um comércio estritamente local sem maiores indústrias, era vagarosamente dinamizada pela presença dos estudantes que tiravam a cidade da estagnação com a instalação de poucos hotéis, teatros e casas de diversão que lhes serviam.[5] Ainda assim, foi somente a partir da década de 1870, como resultado de reformas e instalação de serviços de infra-estrutura urbanos e do estabelecimento da estrada de ferro Santos-Jundiaí, além do papel proeminente desempenhado pela lavoura cafeeira paulista na economia nacional, que São Paulo começava seu curso de aceleradas transformações e desordenado crescimento urbano.[6] A partir de então e progressivamente nas décadas finais do século XIX, São Paulo receberia mais e mais libertos, tornando-se importante centro abolicionista, e abrigaria crescentes levas de imigrantes europeus que, em inícios do século seguinte, continuariam a acorrer à cidade em vertiginosa quantidade.[7]

---

4   MORSE, Richard. São Paulo: Raízes Oitocentistas da Metrópole. *Anais do Museu Paulista*, tomo 14, São Paulo, 1950, p. 445-487 apud BRUNO, Ernani da Silva. *História e Tradições da Cidade de São Paulo* (Vol. II: Burgo de Estudantes, 1828-1872). São Paulo: Hucitec,1984, p. 446-7; BRUNO, Ernani da Silva. *História e Tradições da Cidade de São Paulo* (Vol. III: Metrópole do Café, 1872-1918; São Paulo de Agora, 1918-1954). São Paulo: Hucitec,1994.

5   BRUNO, E. S. *História e Tradições da Cidade* (vol. III) ..., op. cit.

6   BRUNO, E. S. *História e Tradições da Cidade* (vol. III) ..., op. cit.

7   MACHADO, Maria Helena P. T. Sendo Cativo nas Ruas: a Escravidão Urbana na Cidade de São Paulo. In: PORTA, Paula (org.). *História da Cidade de São Paulo*. São Paulo: Paz e Terra, 2004, p. 59-99; SANTOS, Carlos José Ferreira. *Nem tudo era italiano: São Paulo e pobreza (1890-1915)*. São Paulo: Annablume /Fapesp, 2008. Fraya Frehse oferece um minucioso apanhado crítico da literatura dedicada ao tema do crescimento urbano de São Paulo no século XIX, demonstrando haver três linhas interpretativas sobre o advento da modernidade na urbe paulista: a primeira dando conta de uma profunda ruptura no processo de urbanização, decorrido especialmente a partir da década de 1880; a segunda referindo-se à continuidade das estruturas provincianas na cidade do fim do século; e a terceira, a que a autora se filia, advogando a coexistência entre continuidade e ruptura – ou tradições e modernidade – e a existência de múltiplas temporalidades na cidade, na transição do Império à República. FREHSE, Fraya. *O tempo das ruas na São Paulo de fins do Império*. São Paulo: Edusp, 2005, p. 43-92.

Por todo esse período, ao cumprir a trajetória de transformação de "burgo de estudantes" a "metrópole do café", nas palavras de Ernani da Silva Bruno, São Paulo acolheu diversas gerações de jovens e crianças trabalhadoras, grande parte deles abrigada sob o amplo guarda-chuva da informalidade e das tradicionais relações de agregação social.[8] A partir da década de 1880 e continuamente ao longo da década de 1890, a cidade assistiria ao aumento do recurso a expedientes judiciais de arregimentação de menores de idade. Esta tendência de formalização constatada para a cidade foi também observada por outros estudos dedicados ao tema do trabalho infantil – especialmente aqueles especificamente comprometidos com a investigação das soldadas e tutelas – que têm demonstrado a vitalidade destes mecanismos judiciais de dominação pessoalizada e arregimentação de trabalho dependente, em diversas regiões do Império.

Multiplicando-se desde a década de 1990, análises historiográficas vêm descrevendo o emprego de tutelas e soldadas com tons e variações locais. Estudos sobre contextos diversos do amplo território imperial, nas províncias da Paraíba, Minas Gerais, Bahia, Santa Catarina, São Paulo e também na Corte, têm destacado as relações entre a arregimentação judicial da mão de obra de menores de idade e aspectos ampliados das dinâmicas políticas, econômicas e sociais do século XIX: a sazonalidade de economias locais; a escassez da mão de obra escrava acarretada pelo fechamento do tráfico Atlântico, as repercussões do tráfico interprovincial e mesmo da Guerra do Paraguai; o impacto de grandes períodos de seca na formação de grupos de crianças migrantes e miseráveis na cidade.[9] Outras abordagens têm procurado privilegiar a investigação do engajamento de crianças em "sistemas de acolhida" que proporcionavam o alívio da pobreza aos pequenos trabalha-

---

8   MORENO, Alessandra Zorzetto. Na roda da vida: os filhos de criação em São Paulo colonial. In: VENANCIO, Renato Pinto. *Uma história social do abandono de crianças. De Portugal ao Brasil: séculos XVIII – XX*. São Paulo: Alameda, 2010, p. 99-121.

9   MEZNAR, Joan. Orphans and the transition from slave to free labor in the Northeast Brazil: the case of Campinas Grande, 1850-1888. *Journal of Social History*, vol. 27, n.3, 1994, p. 499-515; SOUSA, José Weyne de. *Artífices, criadas e chicos: as experiências urbanas das crianças órfãs e pobres em Fortaleza (1877-1915)*. 2004. 219f. Dissertação (Mestrado em História Social). Pontifícia Universidade Católica, São Paulo, 2004.

dores e a exploração de serviços a seus empregadores.[10] Enquanto algumas pesquisas têm abordado de forma conjunta as crianças empobrecidas de diversas origens sociais judicialmente arregimentadas, outras privilegiam a investigação de tutelas e soldadas como expedientes de continuidade do controle de senhores de escravos sobre ingênuos e libertos do 13 de maio, levando em conta a importância da aprovação da Lei do Ventre Livre em 1871, o advento da abolição e seus desdobramentos.[11]

---

10 TEIXEIRA, Heloísa Maria. *A não infância: crianças como mão de obra em Mariana (1850-1900)*. Tese (Doutorado em História Econômica). 2007. 302f. Faculdade de Filosofia, Letras e Ciências Humanas, Universidade de São Paulo, São Paulo.

11 Exemplos desta primeira abordagem são: DAVID, Alessandra. *Tutores e tutelados: a infância desvalida em Franca (1850-1888)*. 1997. 147f. Dissertação (Mestrado em História) – Faculdade de História, Direito e Serviço Social, Universidade Estadual Paulista, Franca; PINHEIRO, Luciana de Araújo. *A civilização do Brasil através da infância: propostas e ações voltadas às crianças pobres no final do Império (1879-1889)*. 2003. 144f. Dissertação (Mestrado em História Moderna e Contemporânea) – Universidade Federal Fluminense, Niterói, 2003; SIQUEIRA, Lucília. As crianças pobres nas franjas da economia cafeeira: os contratos de órfãos em Socorro/SP na década de 1880. *Revista Brasileira de História e Ciências Sociais*, v. 2, n. 4, dez. 2010, p. 22-34; CARDOZO, José Carlos da Silva Araujo. O Juízo de Órfãos e a organização da família por meio da tutela. *História Social*, n. 20, 1º sem. 2011, p. 2020-220. Entre os estudos que se alinham à segunda perspectiva destacada, ver: ALANIZ, Anna Gicelle García. *Ingênuos e libertos: estratégias de sobrevivência familiar em épocas de transição (1871-1895)*. Campinas: CMU/Unicamp, 1997; PAPALI, Maria Aparecida. *Escravos, libertos e órfãos: a construção da liberdade em Taubaté (1871-1895)*. São Paulo: Annablume/Fapesp, 2001; ZERO, Arethuza Helena. *O preço da liberdade: caminhos da infância tutelada – Rio Claro (1871-1888)*. Dissertação (Mestrado em História). 2004. 141f. Universidade Estadual de Campinas, Campinas; GEREMIAS, Patrícia Ramos. *Ser "ingênuo" em Desterro/SC: a lei de 1871, o vínculo tutelar e a luta pela manutenção dos laços familiares das populações de origem africana (1871-1889)*. 2005. 117f. Dissertação (Mestrado em História) – Universidade Federal Fluminense, Niterói; GUIMARÃES, Elione Silva. *Múltiplos viveres de afrodescendentes na escravidão e no pós-emancipação (Juiz de Fora – Minas Gerais, 1828-1928)*. São Paulo: Anablumme; Juiz de Fora: Funalfa Edições, 2006; Ione Celeste de J. "Porque um menor não deve ficar exposto à ociosidade, origem de todos os vícios": Tutelas e Soldadas e o trabalho de Ingênuos na Bahia, 1870 a 1900. In: MACHADO, Maria Helena P. T.; CASTILHO, Celso Thomas (orgs.). *Tornando-se livre: agentes históricos e lutas sociais no processo de abolição*. São Paulo: Edusp, 2015, p. 189-21.

Na cidade de São Paulo, as tutelas e soldadas foram objeto de estudo retratado numa dissertação de doutorado da década de 1990, de autoria de Gislane Campos Azevedo. Enfatizando o papel desempenhado pelo Juízo de Órfãos no que denomina "legitimação do trabalho infantil", a autora afirma que a distribuição da mão de obra de crianças ampliou-se na cidade com o encerramento do tráfico internacional de escravos e o consequente desenvolvimento da emancipação gradual, além do esvaziamento da população escrava urbana, drenada para as áreas da grande lavoura cafeeira no Sudeste. Nesse contexto, as crianças teriam substituído a mão de obra escrava perdida à lavoura e ao próprio caminhar da emancipação, e as tutelas e soldadas, acentuadamente utilizadas nas décadas iniciais da República, de acordo com Azevedo, teriam recriado o trabalho compulsório dos menores de idade no pós-abolição.[12]

Observado panoramicamente, o conjunto de pesquisas dedicadas à compreensão do papel ocupado por tutelas e soldadas nas relações de trabalho no Império expressa algumas tendências interpretativas dignas de atenção. Ainda que o emprego destes mecanismos remonte a práticas sociais de arregimentação de crianças e jovens desvalidos solidamente estabelecidos na informalidade desde a Colônia, a totalidade dos estudos sobre estes expedientes judiciais de constrangimento ao trabalho tem indicado a segunda metade do século XIX, inaugurada com o fechamento definitivo do tráfico internacional de escravos, como o período privilegiado de sua disseminação.[13] A aprovação da Lei do Ventre Livre, em 1871, determinando o acirramento do processo de emancipação gradual e o virtual esgotamento da escravidão, é

---

12 AZEVEDO, Gislane Campos. *De Sebastianas e Geovannis: o universo do menor nos processos dos juízes de órfãos da cidade de São Paulo (1871-1917)*. 1995. 181f. Dissertação (Mestrado em História) – Pontifícia Universidade Católica, São Paulo; ____. A tutela e o contrato de soldada: a reinvenção do trabalho compulsório infantil. *História Social*, n. 3, 1996, p. 11-36.

13 Patrícia Geremias nota, no entanto, que a prática de tutelas aplicadas a outros grupos, como os africanos livres e os indígenas, era constitutiva das bases do trabalho compulsório amplamente arregimentado no Império. GEREMIAS, P. *Ser ingênuo em Desterro...*, op. cit., p. 45-46. A este respeito ver também o trabalho de Beatriz Mamigonian: MAMIGONIAN, Beatriz G. *Africanos livres: a abolição do tráfico de escravos no Brasil*. São Paulo: Companhia das Letras, 2017.

interpretada por grande parte desses mesmos estudos como o marco definitivo para a transformação das políticas relacionadas ao tratamento dos trabalhadores menores de idade. Passava-se, assim, a um estágio de desagregação do sistema escravista que situava crianças e jovens pobres, livres ou egressos da escravidão, no centro de duas preocupações fundamentais. Por um lado, esses estudos constataram o interesse de senhores expropriados em manter o controle sobre os ingênuos, tidos como mão de obra a ser continuamente explorada nos moldes da escravidão. Por outro, as pesquisas indicam que se manifestava entre a classe proprietária e as autoridades públicas a urgência de empregar a força de trabalho de crianças e jovens desvalidos em substituição à mão de obra cativa perdida para a emancipação.

Como demonstra a leitura dos jornais que circulavam na província de São Paulo, alguns inclusive replicando notícias de outras paragens do Império, acentuava-se de fato o interesse sobre as crianças trabalhadoras, nas décadas finais do XIX. De modo geral, no entanto, o tratamento dado pela literatura especializada ao tema das tutelas e soldadas considera preocupações emergentes com os pequenos e jovens trabalhadores de forma segmentada, dedicando maior atenção ora aos menores egressos da escravidão, ora aos menores genericamente designados como livres pobre.[14] Muitas contribuições foram feitas à compreensão das dinâmicas do gradualismo que estenderam seus tentáculos ao pós-abolição, pelos estudos particularmente dedicados aos ingênuos. Do mesmo modo, as atenções dispensadas ao tratamento das tutelas e soldadas envolvendo menores livres pobres muito colaboraram

---

14 Exceção feita, de forma mais clara, por Lucília Siqueira e Maria Aparecida Papali. Referindo-se à emergência de preocupações com a formação do jovem trabalhador, Papali situa crianças empobrecidas, órfãos e ingênuos nos quadros ampliados das transformações do trabalho livre nas décadas finais do século XIX. De forma semelhante, Siqueira define um arco ampliado e complexo de transformações sociais no bojo das quais crianças livres pobres e egressas da escravidão foram contratadas por meio de soldadas, atendo-se às décadas finais do XIX. As considerações iniciadas pela autora a respeito das dinâmicas do trabalho de menores no município de Socorro, contudo, não tiveram ainda continuidade. PAPALI, Maria Aparecida C.R. Ingênuos e órfãos pobres: a utilização do trabalho infantil no final da escravidão. *Estudos Ibero-Americanos*, v. XXXIII, n. 1, 2007, p. 149-159; SIQUEIRA, L. As crianças pobres nas franjas da economia..., op. cit.

para a compreensão do lento desenvolvimento de políticas públicas de assistência social na passagem do Império à República.

O foco ajustado especificamente sobre um desses grupos, entretanto, corre o risco, por vezes, de obliterar a inserção dos pequenos trabalhadores num movimento ampliado de transformações que acometia a sociedade imperial, cujos protocolos e hierarquias de trabalho viam-se forçados à reinvenção pelas circunstâncias historicamente dadas. Esse eventual descolamento de uma perspectiva expandida da história social do trabalho espelha, em certa medida, a reprodução de antigos paradigmas sobre a "transição da escravidão ao trabalho livre" no Brasil, no final do século XIX – paradigmas estes que se tornaram, nas últimas décadas, objeto de intensa e criativa reavaliação.[15] Ao retomar uma divisão algo artificial entre os trabalhadores escravizados e livres e projetá-la sobre as experiências e políticas de administração da força de trabalho de jovens e crianças, incorre-se no perigo de obscurecer a importância da longa história da escravização para a própria elaboração dos frágeis protocolos de trabalho livre no Império. Redimensionar os significados das tutelas e soldadas, no contexto da formação de racionalidades de trabalho livre, associadas à emergência de discursos sobre a modernização nacional diante de eminência da abolição, implicará, deste modo, considerar o papel ocupado por crianças e jovens nos mundos do trabalho anteriores à crise da emancipação. Onde estavam os menores pobres, órfãos e egressos da escravidão – para não mencionar, evidentemente, as crianças escravas – antes das décadas de agonia do cativeiro? Não eram eles, também nesse período, pequenos trabalhadores?

O amplo cobertor da informalidade das relações de trabalho livre, que se estendeu sobre todo o século XIX, adentrando vastamente o século XX, obriga aqueles que se atrevem a responder a tais questões a recolher e remendar retalhos, pistas da presença ativa destas crianças no mundo do trabalho

---

15 Referências fundamentais são: LARA, Silvia Hunold. Escravidão, cidadania e história do trabalho no Brasil. *Projeto História,* São Paulo, n. 16, 1999, p. 25-38; FRENCH, John. As falsas dicotomias entre escravidão e liberdade: continuidades e rupturas na formação política e social do Brasil moderno. In: LIBBY, Douglas C.; FURTADO, Júnia Ferreira (orgs.) *Trabalho Livre, Trabalho Escravo: Brasil e Europa, Séculos XVIII e XIX.* São Paulo: Annablume, 2006; NEGRO, Antonio Luigi; GOMES, Flávio. "Além das senzalas e fábricas: uma história social do trabalho". *Tempo Social,* v. 18, n. 1, 2006, p. 217-240.

não especializado, dependente e desvalorizado. Na cidade de São Paulo, ainda que de forma fragmentária, esses pequenos e jovens trabalhadores podem ser encontrados, sobrevivendo às intempéries da miséria e às brutalidades de uma sociedade acostumada à escravidão, nos processos produzidos no âmbito do Juízo de Órfãos – ações em que empregadores informais, agentes públicos, parentes e, principalmente, mães, reclamavam a guarda de pequenos criados e aprendizes, alijados compulsoriamente de sua companhia. É sintomático, a este respeito, que a pesquisa que originou este livro, compreendendo uma cronologia abrangente, tenha localizado um número relativamente pequeno de registos de arregimentação formal de trabalho, especialmente concentrados nas décadas finais do XIX, ao mesmo tempo em que lidou com um vasto conjunto de fontes que registram, por vezes indiretamente, a vitalidade dos arranjos informais de trabalho por todo o período.

Neste ponto, chega-se a outro aspecto fundamental e, de forma geral, apenas lateralmente referido pelos estudos que tratam das crianças trabalhadoras: suas mães, elas próprias também trabalhadoras, apartadas dos filhos pelas urgências da sobrevivência, pela discricionariedade de empregadores ou pelo poder da justiça. Na literatura dedicada ao tema da assistência social, precariamente organizada pelo poder público ao longo do século XIX, crianças orfanadas e desvalidas aparecem, no mais das vezes, desligadas das figuras maternas, quase como se fossem, por natureza, esquecidas à própria sorte. As referências ao abandono, comuns entre os estudos dedicados à roda dos expostos, por exemplo, contemplam mais profundamente a perspectiva das crianças do que a de suas mães, às quais se alude frequente e fortuitamente como mulheres moralmente acossadas pela existência de filhos ilegítimos, oprimidas pela pobreza e eivadas pela prostituição.[16] Nos estudos sobre tutelas e soldadas, as alusões a estas mulheres são raras e breves, misturando-se frequentemen-

---

16 MESGRAVIS, Laima. *A Santa Casa de Misericórdia de São Paulo (1599?-1884): contribuição ao estudo da assistência social no Brasil.* São Paulo: Conselho Estadual de Cultura, 1976 (Coleção Ciências Humanas, 3); MARCÍLIO, Maria Luiza. *História social da criança abandonada.* São Paulo: Hucitec, 1998; VENANCIO, Renato Pinto. *Famílias abandonadas: assistência à criança de camadas populares no Rio de Janeiro e em Salvador – séculos XVII e XIX.* Campinas: Papirus, 1999.

te a reflexões ampliadas sobre famílias escravas ou empobrecidas.[17] Malvistas ou sumariamente ignoradas nos autos judiciais, bem como nas fontes oficiais como um todo, as mães dos assoldadados e tutelados foram relegadas, também pela maior parte da historiografia, ao ocaso da história. Paira sobre elas a aura, descrita com sensibilidade por Maria Odila Leite da Silva Dias, de "(...) forças outras, misteriosas, desconhecidas, às vezes perigosas".[18]

É evidente, porém, que a despeito da escamoteação de suas subjetividades, mulheres pobres compuseram, sempre, parte fundamental da história social da apropriação compulsória do trabalho de seus filhos – especialmente numa cidade habitada por tantas mulheres sós, chefes de fogos depauperados, como era a São Paulo do Oitocentos.[19] Decerto, foi justamente sobre a plataforma da representação de sua incapacidade materna que se ergueu um sistema de arregimentação judicial de mão de obra de crianças e jovens em São Paulo, sobretudo nas décadas de 1880 e 1890. Como notado por Camillia Cowling, no momento de aprofundamento das tensões envolvendo a abolição, a maternidade estabeleceu-se como solo fundamental de disputas sociais em torno dos direitos de cidadania e dos significados da emancipação conquistada por mulheres e seus filhos.[20] Ora apropriando-se do etos emergente da maternidade burguesa, de modo a reclamar para si os direitos e deveres que assistiam à representação ideal da maternidade, ora alijadas dos mesmos estatutos e apartadas de seus filhos, mulheres pobres, muitas delas

---

17 ALANIZ, A. G. G. *Ingênuos e libertos...*; TEIXEIRA, H. M. *A não infância...* Destacam-se a este respeito os estudos de Maria Aparecida Papali, que discutem em profundidade um pouco maior a recriminação social e jurídica de mulheres pobres e solteiras, consideradas inaptas para ocupar o cargo de tutoras dos próprios filhos. PAPALI, M.A. *Escravos, libertos e órfãos...*, op. cit.; PAPALI, Maria Aparecida C.R. A legislação de 1890, mães solteiras pobres e o trabalho infantil. *Projeto História*, n. 33, 2009, p. 209-16.

18 DIAS, Maria Odila Leite da Silva. Mulheres sem história. *Revista de História*, n. 114, 1983, p. 31-45; *Quotidiano e poder em São Paulo no século XIX*. São Paulo: Editora Brasiliense, 1984, p. 40.

19 DIAS, M. O. L. S. *Quotidiano e poder...*, op. cit.

20 COWLING, Camillia. *Conceiving Freedom: Women of Color, Gender and the Abolition of Slavery in Havana and Rio de Janeiro.* Chapel Hill: The University of North Carolina Press, 2013.

egressas da escravidão, estiveram, junto de seus filhos, no centro da tumultuária reordenação das hierarquias sociais perturbadas pela abolição.

Cidade de múltiplas temporalidades, frequentemente visitada por estudos sobre as transformações urbanas e o processo de modernização dos momentos finais do século XIX e começo do século XX, São Paulo era vivida de forma particular por famílias depauperadas compostas por mulheres sós e seus filhos.[21] Abordar a cidade novamente, desta vez com foco nos estudos sobre esses sujeitos subalternizados, é mais do que tomá-la como mero cenário de relações sociais que poderiam se desenrolar em qualquer outra parte. Sua longa permanência na periferia das grandes economias urbanas imperiais ao longo do século XIX faz dela um ambiente propício para examinar a vida de famílias empobrecidas e suas práticas de trabalho profundamente inscritas na informalidade e na necessidade urgente de produzir, no improviso cotidiano, formas de existir e resistir. Ao mesmo tempo, sua crescente importância como núcleo abolicionista e a atração de cada vez maiores contingentes da população liberta faziam dela um centro irradiador de tensões sociais, onde encontrar mecanismos de controle dos trabalhadores tornava-se tarefa de enorme importância.

Constantemente recontada por narrativas da memória imigrantista, que sublinham a participação de famílias de origem estrangeira, especialmente europeia, na construção da capital informal da modernidade nacional – na qual floresciam o poder da burguesia industrial e a mobilização dos operários anarquistas –, São Paulo era também uma cidade de sujeitos depauperados e anônimos, intimamente atrelados às experiências da escravidão.[22] É indiscutível o fato de que também os imigrantes viveram ali os apuros da pobreza e da exploração.[23] Interessantemente, porém, as fontes que apontam os usos informais e formais do trabalho de menores de idade na cidade no período pesquisado, referem-se escassamente a estes que são considerados

---

21 FREHSE, F. *O tempo das ruas...*, op.cit.

22 SANTOS, Carlos José Ferreira. *Nem tudo era italiano: São Paulo e pobreza (1890-1915)*. São Paulo: Annablume /Fapesp, 2008.

23 PINTO, Maria Inez Machado Borges. *Cotidiano e sobrevivência: a vida do trabalhador pobre na cidade de São Paulo, 1890-1914.* São Paulo: Edusp/Fapesp, 1994.

os pais fundadores da modernidade paulistana – mesmo durante as décadas de 1880 e 1890, momento em que os registros de soldadas e tutelas se acumulam e que coincide com um grande crescimento do influxo de europeus empobrecidos à cidade. Sem prejuízo da fundamental contribuição destes sujeitos à história da cidade, a pesquisa ora apresentada oferece, modestamente, a possibilidade de observar os desafios do trabalho e da sobrevivência em São Paulo sob um ponto de vista pouco visitado: o das crianças e mulheres pobres que se contavam entre os chamados "nacionais", muitas deles egressos ou descendentes da escravidão.

Constrangidos em seus direitos e autonomia por práticas sociais solidamente enraizadas desde a Colônia e códigos legais herdados da tradição jurídica portuguesa, estes sujeitos habitavam um tempo algo distinto da velocidade dos trens, da política das fábricas, dos ritmos apressados de transeuntes numa cidade cada vez mais abarrotada de trabalhadores em marcha para o "progresso nacional". Buscando contínua e ativamente escapar à arregimentação compulsória por meio de tutelas e soldadas, e, ao mesmo tempo, agenciando-se arranjos de trabalho dentro de adversas circunstâncias, mães e filhos empobrecidos e egressos da escravidão forçavam, como podiam, sua entrada no prometido mundo dos cidadãos livres.

*

O corpus documental constituído para esta pesquisa é diverso e reflete os desafios de encontrar, nos registros públicos de caráter oficial, a presença constante, contudo esquiva, de crianças trabalhadoras e suas mães no cotidiano da cidade. Sua consolidação iniciou-se com o levantamento de contratos de soldada e tutelas de menores despossuídos, registrados entre 1820 e 1910 pela burocracia do Juízo de Órfãos e do Tribunal de Justiça de São Paulo. Este conjunto inicial, compostos de fontes produzidas a partir de demandas de contratação ou da reclamação de tutela de menores, foi expandido com a incorporação de autos judicias de naturezas diversas – inventariados pelo Arquivo Público do Estado de São Paulo como autos de requerimento, petição, denúncia, declaração, diligência, apreensão e depósito (também referidos como autos de entrega), notificação, pecúlio, liberdade e autos administrativos. O critério para seleção de registros dessas séries documentais foi a sua ligação com aspectos do trabalho de menores de idade e suas manifestações cotidianas na cidade, geralmente sinalizadas pelo recurso de mães, tutores ou empregadores (formais ou informais) à justiça em meio a disputas pelo controle sobre os menores. Assim, os autos de apreensão e depósito, por exemplo, frequentemente registram reclamações de empregadores ou tutores informais cujos protegidos fugiam, muitas vezes retornando à companhia da mãe ou de outros parentes. De forma semelhante, os autos de petição guardam amiudados registros de parentes e mães que se queixavam da exploração de suas crianças por sujeitos que arrogavam para si o papel de tutores ou contratantes sem terem sido formalmente designados pela justiça a estes postos. Repetem-se, entre os autos de diligência, as acusações de maus-tratos contra pequenos trabalhadores apresentadas também por membros de sua família e, não raro, por autoridades públicas, como o curador geral de órfãos da cidade. A estes registros, produzidos em circunstâncias distintas, mas igualmente atinentes aos desdobramentos das práticas formais e, sobretudo, informais de trabalho de menores de idade na cidade, somam-se outras fontes levantadas junto ao Juízo de Órfãos de São Paulo. Não tendo caráter seriado, como ocorre aos autos de contratos ou de tutelas – com as quais são produzidos exercícios de quantificação –, o tratamento a eles dispensado é exclusivamente qualitativo.

Outras fontes primárias foram ainda coligidas como parte do corpus documental da pesquisa, respeitando a cronologia anteriormente indicada. Ainda na seara das fontes judiciais, compõem este conjunto ações de liberdade, originadas na cidade e levadas à segunda instância no tribunal provincial, envolvendo mulheres escravizadas ou egressas da escravidão e seus filhos. A elas, unem-se fontes notariais – mais precisamente, contratos de trabalho registrados no Primeiro e no Segundo Cartórios de Notas de São Paulo. A legislação civil imperial relativa aos menores de idade e seu trabalho, bem como as Ordenações Filipinas evocadas nos autos judiciais, são também abordadas e trazidas ao auxílio das discussões propostas no livro, sobretudo em seu terceiro capítulo. Uma extensiva pesquisa foi realizada junto a jornais em circulação na província de São Paulo, resultando no levantamento de diversas intervenções na imprensa de autores que trataram, sob perspectivas diferentes, de temas relacionados à infância, trabalho e maternidade. Artigos e editoriais recolhidos encontram-se citados no texto – os veículos e edições a que pertencem seguem arrolados ao fim do volume na seção "Fontes", junto das outras fontes impressas consultadas. Finalmente, a pesquisa valeu-se ainda de livros de registro de expostos e amas de leite que deram entrada na Santa Casa de Misericórdia de São Paulo entre as últimas décadas do século XIX e o início do século XX. Neste caso, exclusivamente, a limitação do acesso à documentação primária não permitiu que a pesquisa adotasse o mesmo recorte cronológico aplicado às demais fontes.

Apoiando-se neste levantamento, empreendido junto a fundos e tipos documentais diversos, o livro é composto de cinco capítulos. Nos dois primeiros, dedica-se a analisar, do ponto de vista das mães, as disputas em torno do controle do trabalho de seus filhos e as implicações do acirramento das tensões da emancipação gradual e do pós-emancipação sobre estas mulheres. O "Capítulo 1" compreende uma discussão acerca da importância das representações maternas e seu papel instrumental na arregimentação judicial de crianças e jovens trabalhadores na cidade. Premidas pelas circunstâncias de pobreza e envolvidas em sociabilidades alheias às normas dominantes, suas mães eram amplamente caracterizadas como mulheres de moral duvidosa, abandonadoras de filhos e incapazes de educá-los adequadamente. As décadas finais do século XIX, durante as quais acelerava-se o ritmo do desmonte estrutural da escravidão no Império, assistiam também à emergência de padrões familiares burgueses que atribuíam reforçados contornos à maternidade como tarefa feminina essencial, encerrada no ambiente da domesticidade patriarcal. Essa moldura normativa opunha-se amplamente às práticas de maternidade experimentadas pelas mulheres depauperadas na cidade, entre as quais se destacavam as libertas que encontravam no trabalho dos filhos parte importante de suas rendas e estratégias de sobrevivência. Construindo formas de cuidar e organizar a família fora dos padrões reconhecidos pela justiça e pelos representantes da boa sociedade, tais mulheres viam-se permanentemente ameaçadas pela perda dos filhos.

O "Capítulo 2" parte dessas reflexões a respeito dos impactos da emancipação sobre as mulheres empobrecidas para concentrar-se especificamente no caso das mulheres egressas da escravidão, destacando seu empenho para resgatar os filhos ingênuos ou libertos do poder de senhores de escravos expropriados que tentavam, a todo custo, manter o controle sobre a mão de obra ameaçada. Não raro, tais proprietários recusavam-se a abrir mão dos filhos de mulheres libertas, utilizando-se da detração moral das mães e da reiteração dos afetos que diziam nutrir pelos menores para garantir judicialmente o controle sobre os mesmos. Diante desses impedimentos, mulheres libertas procuravam alternativas para garantir o direito de ter sob si o cuidado dos filhos – estratégias que poderiam variar da fuga à negociação com os novos empregadores. Aproveitando- se dos discursos de valorização da maternidade escrava ventilados desde os debates acerca da Lei do Ventre Livre, diversas mulheres cujos filhos ingênuos permaneciam em poder de seus antigos senhores buscaram, antes e após a Abolição, disputar na justiça os significados da lei, pleiteando direitos que, argumentavam, deveriam assistir a todas as mães. Para tanto, contaram com o apoio de destacados abolicionistas como Antonio Bento e Luiz Gama.

Os capítulos seguintes do livro dedicam-se a analisar o controle do trabalho no arco da emancipação gradual do ponto de vista dos jovens e crianças trabalhadoras. Para melhor estabelecer seu papel neste cenário, o "Capítulo 3" esforça-se para retraçar os usos dos serviços de menores de idade na cidade de São Paulo, ao longo do século XIX, procurando delimitar as íntimas relações estabelecidas entre a assistência social às crianças desvalidas e a exploração de seu trabalho legada pelo Estado a interesses particulares. Este convênio, que desonerava o Estado de gastos com a montagem e manutenção de instituições públicas de acolhimento à pobreza, baseava-se na ideia de que os pequenos depauperados deveriam ser educados como trabalhadores morigerados para tornarem-se úteis à sociedade – tarefa para a qual suas mães, evidentemente, eram consideradas desqualificadas. A formação de crianças desvalidas em trabalhadores diligentes transformou-se ao longo do século ao sabor das demandas da emancipação, preservando-se, contudo, os laços entre particulares e Estado que legitimavam a arregimentação dos serviços de menores de idade por tutores e contratantes à soldada, retratados em seus pleitos à justiça e no debate público nos jornais como agentes da educação das futuras gerações de trabalhadores de uma nação livre da escravidão.

No "Capítulo 4", novamente propõe-se um olhar aos momentos anteriores ao acirramento da emancipação como forma de compreender o papel exercido pelas tutelas e soldadas nas décadas finais do século XIX. A delimitação das condições dos arranjos formais de trabalho celebrados por meio dos contratos de soldada busca estabelecer quem eram os menores assoldadados, quantos anos tinham, que serviços desempenhavam e como eram remunerados. São também investigadas as origens sociais dos menores formalmente arregimentados, procurando-se deslindar a participação dos diversos grupos sociais existentes na cidade à época dos registros – entre imigrantes, nacionais livres, brancos e afrodescendentes. Finalmente, é também objetivo deste capítulo debater o papel desempenhado pelos contratos de soldada e tutelas na conformação de um mercado de trabalho livre e seus protocolos na cidade de São Paulo, em fins de século XIX, – situando tais expedientes num amplo espectro de práticas de arregimentação formal de trabalho dependente e tutelado que incluiu, ao longo do século, experiências como a arrematação dos serviços de africanos livres e os contratos de locação de serviços de libertandos.

Finalmente, após detalhados os contornos formais dos arranjos de trabalho judicialmente celebrados, o "Capítulo 5" debruça-se sobre as práticas cotidianas de trabalho de crianças e jovens na cidade, procurando transitar entre as ambiguidades da informalidade dominante ao longo do Oitocentos e da crescente formalização registrada nas décadas finais daquele século. Neste sentido, o intuito desta seção final é investigar como estas relações de trabalho se deram na prática social, e se foram ou não afetadas pela terminação efetiva da escravidão. Assim, o capítulo contempla as explorações e violências sofridas por crianças e jovens em casa de seus empregadores, bem como a agência dos mesmos diante destas violações – que redundavam em fugas, insubordinações e também na ativa participação destes pequenos trabalhadores na articulação de novos arranjos de trabalho que lhes oferecessem melhores condições de vida. Consideram-se, assim, algumas questões fundamentais: quais eram os benefícios trazidos aos menores trabalhadores pela formalização das tutelas e soldadas? Em que medida arranjos sancionados pela justiça protegiam de fato os interesses de famílias e seus filhos – pequenos trabalhadores chamados nos autos, notas e jornais de menores, termo de época aqui reproduzido, não sem atenção à suas implicações críticas –?[24] A quem as tutelas e soldadas interessavam, enfim?

---

24 Ao longo do texto, diversas serão as referências feitas aos "menores" ou "órfãos" trabalhadores. A adoção destes termos segue a nomenclatura da época, registrada nos autos

Mirando o cenário ampliado da emancipação gradual, suas tensões e pressões sob esses dois ângulos fundamentais, o livro procura seguir os rastros deixados por mulheres pobres e seus filhos, importantes atores sociais deste processo. A busca, afinal, é por um jogo de espelhos a partir do qual se possa compreender de que maneira estes sujeitos foram enquadrados por autoridades públicas e interesses privados e, sobretudo, com que olhos eles próprios observaram as transformações e permanências do mundo do trabalho e suas projeções sobre seus universos particulares.

*

As imagens que compõem a capa deste livro são parte da coleção "Militão Augusto de Azevedo" do Museu Paulista (Universidade de São Paulo). Artista prolífico, Militão criou, desde o início da década de 1860, registros da paisagem de uma São Paulo em transformação. No estúdio Photographia Americana, instalado no centro da cidade na década de 1870, produziu inúmeras imagens de sujeitos que eram vistos e dados a ver em retratos. Homens, mulheres, crianças e famílias negras estão entre eles. De 1875, as fotografias reproduzidas na capa deste livro captam sobriedade e altivez adultas e doçura inquisitiva infantil, desvelando as subjetividades de mulheres e crianças negras que se apresentavam ao mundo e se faziam representar num tempo que desafiava seus laços afetivos e sociais.

---

judiciais, contratos de trabalho, tutelas e jornais que constituem o corpus de fontes primárias desta pesquisa. Há de se assinalar, entretanto, uma importante discussão levantada a respeito dos significados sociais embutidos no termo "menor", conforme demonstra Fernando Londoño, Segundo este autor, na virada do século XIX para o XX, diante da emergência dos desafios e das novas mentalidades da modernização social e econômica, o termo "menor", que se referia até então à menoridade legal e assinalava a inimputabilidade criminal dos sujeitos, ganhou novos contornos, passando a designar as crianças pobres, desprovidas de estruturas familiares consideradas adequadas, desassistidas pelo Estado e, portanto, sujeitas ao ingresso na criminalidade e no cultivo dos vícios morais. LONDOÑO, Fernando Torres. A origem do conceito de menor. In: PRIORE, Mary Del (org.). *História da criança no Brasil*. São Paulo: Contexto, 1996, p. 129-145.

1.
Mãe é quem pode

Treze de maio de 1881. Exatamente sete anos antes da outorga da Lei Áurea, Luiz Gama, o notável advogado provisionado, que se tornou baluarte do abolicionismo organizado às barras dos tribunais nas últimas décadas da escravidão, submetia ao Juízo de Órfãos da capital da província de São Paulo uma petição em que se registravam as aflições de Sophia, mãe da pequena Maria do Carmo:

> Sophia Sant'Anna Gavião, solteira, é mai da menor Maria do Carmo, de sette annos de idade, e a expensas proprias, fruto do seu trabalho, a tem creado e regularmente educado.
>
> Acontece que alguem, cuja perversão de sentimentos e notoria, dera noticias entre amigos que pretendia-se aprezentar perante o Juizo, para tutor da dita menor, e com o calculado intuito de arrebatal-a da peticionaria. É certo que se-vai, entre nos, introduzindo o habito de povoar as casas dos ricos, e dos abastados, com os filhos dos pobres, a pretexto de hua certa determinada educação servil, imoral e torpe.
>
> Os escandalos de tal systhema atingem a crimes horrorosos, que ficam impunes. A peticionaria, pois, para evitar males similhantes, requer a V. Excia, com o devido respeito, que ouvido o digno Dr Curador Geral dos Orphans, se digne nomear tutor idoneo á filha della, que respeitando os sentimentos e os direitos maternos, naum consita em violencias contra quem até hoje há sabido cumprir os seus deveres.[1]

---

1   Cf. APESP - Juízo de Órfãos, Autos de tutoria, lata C05455, documento 9206, 1881.

A qualidade singular do texto e dos argumentos do abolicionista são fatos de amplo reconhecimento entre os estudiosos da história do Brasil Império, especialmente entre aqueles dedicados a seus momentos finais, quando o edifício da escravidão ruía irrefreavelmente.[2] Menos comum na historiografia nacional, entretanto, são os sujeitos representados e o problema assertivamente endereçado por Luiz Gama na petição em questão. Era sobre as mulheres e seus filhos empobrecidos e sua particular inserção nos quadros do acirramento da emancipação gradual que, com a verve ácida e habitual, o advogado falava ao dirigir-se ao Juízo, no início da década da abolição.

Ao registrar o padecimento e as demandas de Sophia, reclamar os direitos que deveriam assisti-la, denunciar a exploração dos filhos das camadas empobrecidas e a problemática noção de educação servil que deveria ser-lhes destinada, a petição jogava luz sobre a centralidade de famílias empobrecidas – livres, escravizadas ou egressas do cativeiro – no processo de desmonte da escravidão e de sua lenta substituição por problemáticos protocolos de trabalho livre. A participação de um destacado quadro do abolicionismo nacional na causa aparentemente solitária de Sophia e sua filha Maria do Carmo ilumina as amplas dimensões que circunstâncias a princípio particulares assumiam naquele contexto. Mais do que apenas uma mãe e uma filha pobres e ameaçadas pela separação, como tantas outras na São Paulo de então, na petição encaminhada ao Juízo, Sophia e Maria do Carmo representam os agentes fundamentais daquilo a que Luiz Gama se referiu como um "escandaloso sistema" – engrenagem que compulsoriamente arregimentava crianças e jovens, fragmentando famílias depauperadas para abastecer as casas de gente abonada e remediada com mão de obra barata, dependente e tutelada. Personagens principais de um discurso inflamado, mães e filhos como elas eram, assim, também protagonistas de um dos atos do processo de

---

2 Sobre Gama, ver: FERREIRA, Lígia Fonseca. *Primeiras trovas burlescas de Luiz Gama e outros poemas*. São Paulo: Martins Fontes, 2000; ____. *Poemas, artigos, cartas, máximas*. São Paulo: Imprensa Oficial, 2011; AZEVEDO, Elciene. *Orfeu de carapinha: a trajetória de Luiz Gama na imperial cidade de São Paulo*. Campinas: Unicamp, 2005. Ver também capítulo dedicado ao advogado abolicionista em: PINTO, Ana Flávia Magalhães. *Escritos de liberdade: literatos negros, racismo e cidadania no Brasil oitocentista*. Campinas: Editora Unicamp, 2018.

emancipação que atingia particularmente às mulheres e crianças empobrecidas, na cidade de São Paulo e alhures.

As bases do sistema denunciado na petição estabeleciam-se, em parte, sobre a articulação de modelos de arregimentação de trabalho tutelado emanantes de postulações das Ordenações Filipinas, combinados a emergentes discursos sobre a necessidade da educação dos trabalhadores e a noções de aprendizagem e trabalho livre que circulavam no ambiente atlântico escravista, como se verá à frente. A despeito desta ampla moldura, porém, as raízes da prática de arregimentação compulsória de crianças empobrecidas deitavam-se profundamente no dilatado não reconhecimento e deslegitimação dos vínculos maternos entre mulheres subalternas e seus filhos, que atingiam de formas diversas, porém relacionadas, mulheres livres, pobres, libertas e cativas, como argumentado neste e no próximo capítulo.

No que diz respeito às mulheres escravizadas, a maternidade afirmava-se sobre uma contradição fundamental. Do ponto de vista da reprodução do sistema escravista, era o princípio do *partus sequitur ventrem* que garantia a continuidade da propriedade escrava por meio da transmissão do *status* civil das mães para seus filhos.[3] Do ponto de vista das mulheres escravizadas, entretanto, a experiência da maternidade era muitas vezes uma vertigem dolorosamente impermanente – a mesma condição de propriedade, que garantia aos senhores a possibilidade da reprodução de sua posse escrava a partir do ventre da mulher escravizada, assegurava-lhes também o direito de

---

3   A respeito do princípio do *partus sequitur ventrem*, de origem romana e ampla significância para as sociedades escravistas modernas – sobretudo as de tradição jurídica ibérica –, ver: MACHADO, Maria Helena P. T. Mulher, Corpo e Maternidade. In: SCHWARZ, Lilia Moritz; GOMES, Flávio dos Santos (orgs.). *Dicionário da Escravidão e Liberdade. 50 textos críticos*. São Paulo: Cia das Letras, 2018, p. 334-340. Tratando da centralidade do referido princípio para a reprodução da escravidão no Brasil e em Cuba no século XIX, Camillia Cowling argumenta que o mesmo traçava distinção fundamental entre a população livre e a escravizada, uma vez que, no primeiro caso, a condição civil era legada pelos pais aos filhos, e, no segundo, a condição escrava era herança materna: COWLING, Camillia. *Conceiving Freedom: Women of Color, Gender and the Abolition of Slavery in Havana and Rio de Janeiro*. Chapel Hill, NC: The University of North Carolina Press, 2013.

vender mães e filhos separadamente ao sabor de seu discernimento.[4] Afora a possibilidade da separação pela venda – parcialmente interrompida pelo Decreto de 1869 que proibia a alienação em separado de maridos e esposas, bem como de mães e seus filhos menores de 15 anos de idade – outros óbices se opunham às reais condições de que mulheres escravizadas pudessem cuidar de seus filhos.[5] Um deles era o rápido retorno ao trabalho no eito após o parto, que obrigava as cativas a deixarem os filhos pequenos aos cuidados de

---

4   A discussão sobre a temática da reprodução – ou o "trabalho reprodutivo" das mulheres escravas – e as políticas desenhadas para controlar seus corpos é bastante diversa, sobretudo entre os estudiosos da escravidão do Caribe inglês (notadamente na Jamaica) e do sul dos Estados Unidos. Ressalte-se que, enquanto parte desta literatura concentra-se nos temas das políticas escravistas, outros estudos dedicam-se à compreensão de práticas contraceptivas, controle de natividade e abortos como manifestações da agência de mulheres escravizadas. Referências importantes dessas diferentes abordagens são: MORGAN, Jennifer L. *Laboring Women: reproduction and Gender in New World Slavery*. Philadelphia: University of Pennsylvania Press, 2004; SCHWARTZ, Marie Jenkins. *Birthing a Slave: Motherhood and Medicine in the Antebellum South*. Cambridge: Harvard University Press, 2009; TURNER, Sasha. *Contested Bodies: Pregnancy, Childrearing, and Slavery in Jamaica (1780-1834)*. University of Pennsylvania Press, 2017; BUSH, Bárbara. "Hard Labor: Women, Childbirth, and Resistance in British Caribbean Slave Societies. In: GASPAR, David Barry; HINE, Darlene Clarke (Ed.). *More than Chattel: Black Women and Slavery in the Americas*. Bloomington and Indianapolis: Indiana University Press, 1996, p. 193-217; ROTH, Cassia. Reproducing Slavery in Nineteenth-Century Rio de Janeiro. *UCLA Historical Journal*, v. 1, n. 24, 2013.

5   No limite, como sugere o artigo de Maria Lúcia Mott, o aborto e o infanticídio, adotados como opções extremas de resistência por mulheres escravizadas que procuravam poupar os futuros filhos das condições do cativeiro, poderiam também ser considerados interrupções das experiências de maternidade. MOTT, Maria Lúcia de Barros. Ser mãe: a escrava em face do aborto e do infanticídio. *Revista História*, São Paulo, n. 120, 1989, p. 85-96. A este respeito, ver também: TELLES, Lorena Féres da Silva. *Teresa Benguela e Felipa crioula estavam grávidas: maternidade e escravidão no Rio de Janeiro (século XIX)*. 345f. Tese (Doutorado em História Social) – Faculdade de Filosofia, Letras e Ciências Humanas, Universidade de São Paulo, 2018. Sobre práticas de aborto e controle de fertilidade no Rio de Janeiro pós-abolição, ver: ROTH, Cassia. Reproducing Slavery...; ____. *A miscarriage of justice: Women's reproductive lives and the law in the Early Twentieth Century in Brazil*. Stanford, CA: Stanford University Press, 2020.

escravas mais velhas ou crianças e interrompia precocemente a possibilidade da amamentação[6]. Outro era a separação acarretada pelo engajamento destas mulheres como amas de leite, que frequentemente as forçava a deixarem os filhos aos cuidados de terceiros. Quando podiam mantê-los consigo, servindo em casa de seus senhores ou de locatários que assim consentissem, eram compelidas a negligenciar os filhos em favor dos bebês senhoriais que deveriam alimentar antes e melhor do que a suas próprias crianças[7].

As discussões sobre a libertação do ventre que culminaram na promulgação da Lei de 1871 constituíram um marco importante para o reconhecimento do direito das mulheres escravizadas à maternidade, criando brechas para a reclamação judicial de alforrias de mães e filhos por meio de ações de liberdade[8]. Contudo, ainda que muitas vezes longínqua, a possibilidade de

---

6   O início precoce dos pequenos escravos no mundo do trabalho adulto era, igualmente, circunstância que poderia acarretar a separação entre mães e filhos – não necessariamente pela venda, mas pela interrupção da convivência. Ver: MOTT, M. L. Ser mãe..., op. cit; MATTOSO, Kátia. O filho da escrava: em torno da Lei do Ventre Livre. *Revista Brasileira de História,* São Paulo, v. 8, n. 16, p. 37-55, 1988.

7   Os resultados desta negligência forçada poderiam ser dramáticos, como demonstra Maria Helena Machado ao recontar a história da ama Ambrosina, acusada de assassinar por sufocamento o bebê senhorial de cujo aleitamento e cuidados era incumbida: MACHADO, MARIA HELENA P. T. Entre dois Beneditos: histórias de amas de leite no ocaso da escravidão. In: XAVIER, Giovana; FARIAS, Juliana Barreto; GOMES, Flávio dos Santos (org.). *Mulheres negras no Brasil escravista e do pós-abolição.* São Paulo: Selo Negro, 2012, p. 199-212. Sobre as práticas de maternidade e cuidado dos filhos, suas possibilidades e impedimentos diante da escravidão, ver os dossiês especiais: COWLING, Camillia et.al (Eds.). Mothering slaves: motherhood, childlessness and the care of children in Atlantic slave societies. *Slavery & Abolition.* Abingdon, UK: Taylor and Francis, v. 38, n. 2, 2017; _____. Mothering slaves: motherhood, childlessness and the care of children in Atlantic slave societies. *Women's History Review,* v. 1727, n. 6, 2018. Ver também: COWLING, Camillia et.al (Eds.). *Motherhood, childlessness and the care of children in Atlantic slave societies.* London/New York: Routledge – Taulor and Francis, 2019.

8   A centralidade da maternidade no âmbito das disputas em torno da emancipação não foi exclusiva do Império do Brasil, conforme demonstrou Camillia Cowling em seu estudo comparativo sobre Havana e Rio de Janeiro: COWLING, C. *Conceiving Freedom...,* op. Cit.

requerer para si as prerrogativas da autoridade e do cuidado sobre os filhos não se estendia amplamente às mulheres egressas da escravidão. As libertas condicionais, mães de crianças enquadradas na categoria de *statu-liber*, por exemplo, enfrentavam verdadeiras batalhas pela alforria dos filhos, nas quais advogados e curadores esgrimiam à exaustão argumentos a favor da precedência do direito natural à liberdade ou do direito positivo à propriedade.[9] Mulheres libertas e libertandas cujos filhos haviam nascido antes de 1871, com grande frequência, empenhavam-se arduamente na formação de poupanças para a libertação dos filhos ou engajavam-se em draconianos contratos de locação de serviços com o mesmo propósito.[10] Mesmo as mães de ingênuos que eventualmente conseguiam se libertar antes de encerrado o período mínimo de permanência de seus filhos sob "proteção senhorial", viam-se, para retomá-los à sua companhia, em meio a constantes disputas e negociações que atravessavam a barreira do encerramento definitivo da escravidão em 1888.[11]

---

9   As implicações da condição de *statu-liber* para os desdobramentos da emancipação foram fonte permanente de conflitos nas barras dos tribunais a partir da década de 1860, quando a arena jurídica se tornou palco de diversas ações de liberdade. A validade da emancipação dos filhos de libertas condicionais foi também matéria a que se dedicaram diversos debates jurídicos, como demonstrado por Eduardo Spiller Penna: PENNA, Eduardo Spiller. *Pajens da casa imperial: jurisconsultos, escravidão e a Lei de 1871.* Campinas: editora Unicamp, 2001, p. 79-88. Ver também: CHALHOUB, S. *Visões da liberdade: uma história das últimas décadas da escravidão na Corte. São Paulo: 1990.* A respeito da oposição entre o direito positivo e o direito natural nas ações de liberdade, ver: GRINBERG, Keila. *Liberata, a lei da ambiguidade: as ações de liberdade na Corte de Apelação do Rio de Janeiro no século XIX.* Rio de Janeiro: Relume Dumará, 1994.

10 Em pesquisa anterior, tratei do tema de mulheres libertas e libertandas engajadas em contratos de trabalho por meio dos quais procuravam remir seus filhos dos serviços devidos aos senhores: ARIZA, Marília Bueno de Araújo. *O ofício da liberdade: libertandos locadores de serviços em São Paulo e Campinas (1830-1888).* São Paulo: Alameda Editorial, 2014. Abordei novamente o tema em recente capítulo, escrito em parceria com Maria Helena Machado: MACHADO, Maria Helena P. T.; ARIZA, Marília B. A. Histórias de trabalho, poupança e resiliência: escravas, libertas e libertandas na cidade de São Paulo (1870-1888). In: BARONE, Ana; RIOS, Flávia (org.). *Negros nas Cidades Brasileiras (1890-1950).* São Paulo: Editora Intermeios, 2019, p. 117-142.

11 O tema será abordado em profundidade no capítulo seguinte. Note-se a este respeito, entretanto, que apesar dos muitos impedimentos impostos às mulheres negras no que

Para essas mulheres, portanto, a experiência da maternidade encontrava-se em larga medida interditada pela existência da escravidão e seu legado. As barreiras impostas pelo não reconhecimento dos vínculos maternos, porém, prolongavam-se às mulheres empobrecidas de maneira geral – aquelas que, movidas pela miséria e os imperativos da sobrevivência, entregavam os filhos às rodas de expostos; as criadas domésticas obrigadas a residir em casa dos patrões e que, por isso, entregavam os cuidados dos filhos a terceiros; as mulheres viúvas ou solteiras consideradas juridicamente incapazes de tutelar os próprios rebentos. As Ordenações Filipinas, que balizavam a justiça civil brasileira até a aprovação do Código Republicano de 1916, afirmavam peremptoriamente a incapacidade de mulheres pobres assumirem o encargo de tutoras dos seus filhos. O conjunto de menores de idade entendidos pelas ditas Ordenações como órfãos, carentes de proteção e aptos a serem tutelados e assoldadados, acolhia não apenas aqueles efetivamente filhos de pais e mães falecidos, mas, também, os menores orfanados apenas pelo pai, e os filhos ilegítimos e não perfilhados de mulheres solteiras ou unidas em arranjos consensuais informais.[12] O primeiro dispositivo legal a regulamentar

---

dizia respeito ao exercício da maternidade, elas reconhecidamente exerceram fundamental papel na manutenção dos vínculos familiares, como lembram Marcelo Paixão e Flávio Gomes: PAIXÃO, Marcelo; GOMES, Flávio. Histórias das diferenças e das desigualdades revisitadas: notas sobre gênero, escravidão, raça e pós-emancipação. *Estudos Feministas*, Florianópolis, v. 3, n. 16, 2008, p. 949-964.

12 Embora não se encontre expressamente definida, num título específico das Ordenações Filipinas, a acepção de orfandade nos termos mencionados está subsumida, por exemplo, no §11 do Tit. 88, Liv. 1º, em que se lê, a respeito da primazia na criação dos órfãos: "Sendo os menores filhos ilegítimos de pais solteiros ou casados, devem estes assumir sua criação primeiro, e depois suas mães. Não podendo nenhum dos dois, devem os órfãos ser criados por parentes (...)". Cf. Ordenações Filipinas, Livro 1º, Título 88, §11. 11Ainda sob a colônia, um Alvará expedido em 23 de outubro de 1814 determinava que " (...) *quem criar orphão gratuitamente, o mandar aprender a lêr e escrever nas cidades ou villas, o pode conservar sem soldada até a idade de dezesseis anos e oferecel-o no sorteamento para soldado em lugar de filho*" Cf. nota 2 feita ao parágrafo 8 do título "Como se pagarão os serviços e soldadas de criados que não entrarem a partido certo". Ordenações Filipinas, Livro 4º, Título 31, §8. <Disponível em: http://www1.ci.uc.pt/ihti/proj/filipinas/l1p211.htm>. Acesso: 12.12.2019.

o casamento civil, publicado por decreto em 1890, garantia apenas às mulheres legitimamente casadas o acesso à tutela de suas crianças, aprofundando ainda mais o abismo legal que separava mulheres empobrecidas do direito à maternidade e ao cuidado dos filhos.[13]

Nas circunstâncias de acirramento das tensões envolvendo a emancipação, quando as soluções para a "questão servil" eram arquitetadas nas Câmaras, gabinetes, e também nas casas e fazendas de senhores de escravos e empregadores dos sujeitos livres pobres, os contratos de soldada e tutela foram utilizados como mecanismos de recrutamento e controle da mão de obra dependente de crianças empobrecidas, mais uma vez forçando judicialmente a separação entre filhos e mães depauperados e delas retirando qualquer poder ou autonomia sobre a criação de seus rebentos. A história da emancipação, afinal, assim como a da escravidão, foi uma história de fracionamento e recomposição de vínculos familiares, especialmente daqueles tecidos entre mães e filhos, lançando em São Paulo seu peso sobre o amplo espectro da pobreza urbana.

São, por tudo isso, Sophia, Maria do Carmo e Luiz Gama quem dão o ponta pé inicial à esta investigação de um campo pouco explorado pelos estudos da emancipação: é da perspectiva de mães e filhos trabalhadores, muitos deles libertos, habitantes de uma cidade por muito tempo empobrecida, que assistia a um fim precoce da escravidão e a um veloz processo de expansão, que este livro pretende abordar os embates havidos em torno do controle do trabalho e dos trabalhadores nas tumultuárias décadas finais do Oitocentos.[14] Para fazê-lo, entretanto, será necessário dedicar atenção à importância que representações normativas e práticas populares de maternidade desempenharam, ao longo do século, – e, notadamente, em sua metade final – no envolvimento de crianças e jovens nas dinâmicas do trabalho urba-

---

13 É o que afirma Maria Aparecida Papali sobre o decreto nº 181 de 24 de janeiro de 1890. Para Papali, tais disposições tornaram ainda mais dificultoso o acesso de mulheres solteiras e empobrecidas à tutela de seus filhos – antes regulada pelas disposições originárias das Ordenações Filipinas. PAPALI, Maria Aparecida. A legislação de 1890, mães solteiras pobres e o trabalho infantil. *Projeto História*, São Paulo, n. 39, 2009, p. 209-216.

14 A referência ao crescimento urbano problemático de São Paulo encontra-se em: DIAS, Maria Odila Leite da Silva. *Quotidiano e poder em São Paulo do século XIX*. São Paulo: Brasiliense, 1995, p. 15.

Mães infames, filhos venturosos 51

no. Em outras palavras, discutir a apropriação do trabalho dos filhos implicará, necessariamente, contemplar os modos de existir e cuidar de famílias majoritariamente chefiadas por mães sós e considerar os pesados estigmas que sobre elas recaíam. As definições simbólicas da maternidade correta e desejável, opostas aos modos de vida das mães pobres e chefes de família, passaram diante das pressões da emancipação por ressignificações que acompanharam a progressiva formalização da arregimentação de trabalhadores menores de idade. Recompor este percurso de representações e práticas maternas, ao longo do século XIX, será o ponto de partida para entender o papel de mães e filhos pobres nos quadros das transformações do trabalho, no arco das emancipações.

Infâmia: representações da maternidade popular

Os temores de Sophia quanto à privação da tutela de sua filha, decerto, não eram sem razão. Entre as décadas de 1880 e 1890, o Juízo de Órfãos da cidade de São Paulo receberia diversas solicitações de tutela e de contratação à soldada de meninos e meninas empobrecidos, muitos deles portadores de íntimas ligações com experiências pregressas de escravização, fossem suas próprias ou de seus parentes. Isso não significa que antes desse momento tais modalidades de arregimentação compulsória de trabalho de menores de idade fossem desconhecidas na cidade – o primeiro registro localizado de contratação formal dos serviços de uma criança em São Paulo data da década de 1820. Contudo, a despeito de um pequeno acúmulo de tutelas e soldadas nos anos 1850, foi somente a partir da década da abolição que os empregadores da cidade, amplamente habituados ao agenciamento informal dos serviços de menores de idade, voltaram-se à justiça para garantir que suas demandas por mão de obra barata fossem atendidas.[15]

Apresentando-se nos autos judiciais como tutores aptos à nobre tarefa de educar pequenos miseráveis como bons trabalhadores, pleiteantes a soldadas e tutelas contrapunham-se explicitamente às mães destes menores

---

15 O recorte cronológico adotado pela pesquisa abarcou todos os registros formais localizados no fundo Juízo de Órfãos do APESP – daí a abrangência da maior parte do século XIX, bem como de inícios do XIX. Registre-se, entretanto, que, uma vez

– ou, ao menos, às representações que delas faziam, quase sempre as descrevendo em termos nada lisonjeiros, alusivos à sua pobreza material e sua inadequação moral às virtuosas tarefas da maternidade. De fato, muito mais recorrentes do que defesas contundentes dos direitos maternos esgrimidas em favor das mulheres pobres com habilidade semelhante à de Luiz Gama, foram as ofensivas à retidão de seu caráter, atacado com o óbvio propósito de retirar de seu poder os filhos trabalhadores. Observadas em conjunto, as mães dos menores formalmente arregimentados na cidade entre as décadas de 1820 e 1910 compõem um grupo que corresponde amplamente à descrição de padrões familiares verificados por outros estudiosos da cidade e sua população. Eram majoritariamente mulheres sós, unidas em relações ao menos aparentemente consensuais, porém ilegítimas e muitas vezes breves, das quais resultavam filhos pelos quais eram elas as únicas responsáveis.[16] Sendo assim, os nomes das mães aparecem, de modo geral, solitários nos autos, sem menções adicionais aos pais dos filhos que a Justiça procurava lhes tomar. Número menor de documentos refere-se aos pais dos menores arregimen-

---

que a pesquisa se interessa por menores empobrecidos e trabalhadores, as tutelas de menores possuidores de bens ou herdeiros de patrimônio não foram incorporadas ao conjunto documental analisado.

16 Este padrão, solidamente verificado para primeira metade do XIX na cidade de São Paulo, tem ressonâncias explícitas na organização familiar de parte significativa das mulheres empobrecidas nas décadas finais do dito século, como verificado nos autos de tutela e contratos de soldada pesquisados, que se acumulam justamente nesse período. Estudos demográficos modelares a este respeito são: SAMARA, Eni de Mesquita. Estratégias Matrimoniais no Brasil do Século XIX. *Revista Brasileira de História*, São Paulo, v. 8, n. 15, p. 91-105, 1988; SAMARA, Eni de Mesquita. *As mulheres, o poder e a família: São Paulo, século XIX*. São Paulo: Marco Zero e Secretaria de Estado da Cultura de São Paulo, 1989; KUZNESOF, Anne Elizabeth. *Household Economy and Urban Development: São Paulo, 1765 to 1836*. Boulder, Colorado: Westview Press, 1986; KUZNESOF, Anne Elizabeth. A Família na Sociedade Brasileira: Parentesco, Clientelismo e Estrutura Social (São Paulo, 1700-1980). *Revista Brasileira de História*, São Paulo, v. 9, n. 17, p. 37-63, 1989. Padrões semelhantes são verificados para a São Paulo colonial em: METCALF, Alida C. *Family and frontier in colonial Brazil: Santana de Parnaíba, 1580-1822*. Berkley, Carlifornia: University of California Press, 1992. Para o detalhamento dos dados de filiação dos menores formalmente assoldadados e tutelados em São Paulo, consultar o Apêndice A (p. 453).

tados – em sua maioria, falecidos –, sendo que parte sugere a existência de uniões consensuais entre homens e mulheres. Ainda assim, em se tratando das famílias dos pequenos e jovens assoldadados e tutelados da cidade, pode--se dizer com segurança que eram, em sua maioria, filhos de mulheres sós.[17]

Algumas eram identificadas como viúvas, outras abertamente referidas como solteiras – descrição da qual depreendia-se tanto a condição de ilegitimidade de seus filhos como a sua própria moralidade reprovável. Interessante é observar, neste sentido, que a condição de "mulheres sós" não implicava necessariamente o total desprovimento de redes de apoio ou de estruturas familiares consistentes. Conforme observou Maria Odila Leite da Silva Dias a respeito das décadas iniciais do século XIX, São Paulo constituiu-se, de fato, como uma cidade largamente habitada por mulheres empobrecidas, muitas delas brancas, chefes de fogos onde viviam acompanhadas por seus filhos – e eventualmente os filhos de suas filhas –, agregados e poucos escravos.[18] Era também uma cidade povoada por escravas e libertas que costuravam, no comércio miúdo de gêneros, o tecido improvisado da sobrevivência – a sua própria e a dos seus.[19] Mais do que a vida em plena solidão, portanto, a condição de "mulheres sós" correspondia às circunstâncias daquelas que, desprovidas da representação legitimadora do marido, do reforço moral do casamento, ou mesmo da validação informal de uma figura masculina, improvisavam e engendravam autônoma e cotidianamente suas subsistências.[20]

---

17 A prevalência de mulheres sós entre as mães de crianças e jovens formalmente tutelados ou contratados à soldada não foi exclusividade da cidade de São Paulo no século XIX, tendo sido também constatada por Maria Aparecida Papali e Heloísa Teixeira para as cidades de Taubaté e Mariana, respectivamente: PAPALI, Maria Aparecida. *Escravos, libertos e órfãos: a construção da liberdade em Taubaté (1871-1895)*. São Paulo: Annablume/Fapesp, 2001; TEIXEIRA, Heloísa Maria. *A não infância: crianças como mão de obra em Mariana (1850-1900)*. 2007. 302f. Tese (Doutorado em História Econômica) – Faculdade de Filosofia, Letras e Ciências Humanas, Universidade de São Paulo, São Paulo, 2007.

18 DIAS, M. O. L. S. *Quotidiano e poder...*, op. cit.

19 Ver: DIAS, M. O. L. S. Nas Fímbrias da Escravidão Urbana: negras de tabuleiro e de ganho. *Estudos Econômicos*, São Paulo, n. 15, p. 89-109, 1992; ____. Resistir e sobreviver. In: PINSKY, Carla Bassanezi; PEDRO, Joana Maria. *Nova História das Mulheres* (org.). São Paulo: Contexto, 2012, p. 360-381.

20 Alberto Heráclito Ferreira Filho refere-se à existência deste mesmo padrão familiar

Em diálogo com essa ampla realidade, representações da maternidade ideal, em tudo opostas às vidas de mulheres empobrecidas na cidade de São Paulo, eram forjadas e esgrimidas nos autos para justificar a concessão de tutelas e soldadas. Decerto, essas representações manifestaram-se com particular força no contexto da derrocada da escravidão e seus imediatos desdobramentos, quando se acumulam os autos analisados. É fundamental observar, no entanto, que a reprovação aos hábitos e sociabilidades de mulheres depauperadas remonta a momentos muito anteriores às décadas finais do século XIX. Já na primeira metade daquele século, as pobres habitantes daquela ainda acanhada capital de província carregavam a pecha de arredias ao decoro público e à moral familiar. Ato contínuo, também seus filhos eram vistos como pequenos desencaminhados a quem somente o trabalho poderia resgatar das profundezas da miséria moral e social.

Entre 1820 e 1840, as referências ao reprochável comportamento das mães das crianças trabalhadoras surgem de forma transversal nos documentos judiciais que dão conta da arregimentação formal e de disputas em torno de arranjos informais de trabalho envolvendo menores de idade. Menções a mulheres miseráveis, violentas e interessadas em explorar o trabalho dos filhos em seu próprio benefício surgem de forma dispersa e fragmentária em petições e denúncias encaminhadas ao Juízo por pleiteantes aos cargos de tutores e contratantes, bem como por autoridades públicas, como delegados e curadores de órfãos. Alguns dos menores formalmente arregimentados nessas décadas são identificados como filhos de mães ou pais falecidos ou ainda expostos – alcunha da qual se deduz o sentido de abandono materno.[21]

---

em Salvador, notando sua predominância entre mulheres negras ocupadas nos mais diversos serviços da economia urbana desde o século XIX até a Primeira República – período em que concentra o grosso de suas análises. Segundo o autor, as famílias chefiadas por mulheres negras e sós seriam, no XIX, decorrência do princípio do *partus sequitur ventrem* numa cidade amplamente negra e escravista. Já sob a República e após a abolição, esta condição seria convertida em "costume", recrudescido pelo confronto entre a autonomia econômica destas mulheres e padrões de masculinidade patriarcais, consolidando as relações entre mães e filhos negros como núcleo familiar popular. FERREIRA FILHO, Alberto Heráclito. *Quem pariu e bateu, que balance! Mundos femininos, maternidade e pobreza: Salvador, 1890-1940.* Salvador: EdUFBA, 2003.

21 Sobre a exposição de menores e a condição do "abandono materno", ver: VENÂN-

Mães infames, filhos venturosos

Chegando-se à metade do século, nos anos 1850, os retratos das mães ditas incapazes são pintados em tons mais vivos na documentação judicial – paulatinamente esboçam-se, com maior definição, os perfis das mulheres que não poderiam ter sob si a responsabilidade pela criação dos próprios filhos.[22] Em 1855, por exemplo, Ermelinda Maria de Menezes era denunciada pelo curador-geral de órfãos ao Juízo da cidade. Tendo há alguns meses falecido o português José Pereira da Costa Pinto, suas cinco filhas naturais, uma delas "ainda de peito", ficaram aos cuidados da mãe, a sobredita Ermelinda, vivendo, segundo o curador, em estado de indigência. A pobre mulher, afirmava o denunciante, vinha apresentando há algum tempo "indícios de irregular conduta", mostrando-se incapaz de garantir *"a educação moral e por conseguinte a sorte de suas inoccentes filhas".*[23] Consternado com a situação das menores, o curador instava o juiz de órfãos a proceder às necessárias e urgentes diligências, para que se desse encaminhamento adequado à situação.

Intimada a prestar declarações, Ermelinda confirmou ter vivido em companhia do português Costa Pinto, com quem tivera as filhas Amelia, Bemvinda, Eulalia, Maria e Ermelinda, contando elas oito, seis, cinco, três e um ano de idade, respectivamente. Acrescentava que, não havendo sido nomeado tutor para as menores, *"suas filhas vivem todas em sua companhia, continuando ella no estado de solteira".* No intuito de verificar as capacidades materiais e morais de que desfrutava Ermelinda para manter consigo as filhas, o juiz de órfãos intimou a prestar depoimentos os portugueses Antonio José Mauricio Pereira, curador de fundos recolhidos pelos patrícios do falecido Costa Pinto em favor de suas filhas, e Antonio Manoel Rodrigues, sapateiro vizinho da família das orfanadas. Interrogado, Pereira informou ao Juízo que uma das filhas de Ermelinda, Bemvinda, estivera em sua casa por dois meses, mas retornara à companhia da mãe *"por não querer esta authorizar a elle respondente a castigal-a quando merecesse".* Embora afirmasse que "nada poderia

---

CIO, Renato Pinto. *Famílias abandonadas: assistência à criança de camadas populares no Rio de Janeiro e em Salvador – séculos XVII e XIX.* Campinas: Papirus, 1999.

22 Para dados exatos da distribuição dos arranjos formais de tutelas e soldadas na cidade de São Paulo ao longo do período pesquisado, ver: Tabela 1 (p. 235) e Tabela 2 (p. 251).

23 Cf. APESP – Juízo de Órfãos, Autos de denúncia, lata C05357, documento 11263, 1855.

alegar em favor da moralidade" da denunciada, Pereira tampouco a acusava de "comportamento indecente". Suas falhas, segundo afirmava, residiam na conduta condescendente e na frágil autoridade que exercia sobre as filhas e sua educação, sendo agravadas pela recusa de Ermelinda a acatar seus conselhos e aceitar sua proteção:

> Disse mais que não julga a notificada capaz de ter suas filhas em seo poder, trattar de sua educação, porque conhece que ella he muito branda para com suas filhas, e não usará de rigor para com ellas, se tanto for preciso em benefício de sua educação, e mais ainda porque alguns concelhos que elle testemunha deo a notificada sobre os meios de educar convenientemente suas filhas forão por ella repellidos pedindo que se não importasse com ellas e que não queria protecção.

Antonio Manoel Rodrigues, a outra testemunha interrogada, reforçava as afirmações sobre a incapacidade materna de Ermelinda. Em lugar de destacar sua indulgência para com as filhas, contudo, Rodrigues levantava suspeitas sobre a integridade de seu caráter, referindo-se diretamente a comportamentos impróprios e incompatíveis com a moral materna:

> Disse mais que quanto a moralidade da notificada e sua capacidade para ter em sua companhia as orphãs suas filhas, suppõe não ser capaz de educar convenientemente suas filhas nem tel-as em seo poder pelas más informações que tem tido a cerca de seo procedimento ultimamente e que tendo estado a notificada em caza delle testemunha (...) vivendo com ella e a familia delle testemunha na mesma caza, vio a notificada sahir por differentes vezes de noite, algumas vezes em companhia de suas filhas, e voltar pelas nove horas da noite ou depois (...) não podendo verificar porem se essas sahidas erão feitas para fim licito ou illicito.

Aquilo em que ambos concordavam era que Ermelinda encontrava-se desprovida de condições materiais com as quais pudesse sustentar as filhas, bem como de firmeza moral, com a qual as pudesse educar. Faltava-lhe, fundamentalmente, a proteção de um homem – um legítimo pai de família que velasse pela decência e sobrevivência de uma mulher só e suas cinco filhas órfãs. A ausência de uma figura masculina que ratificasse a honestidade daquela família, ilegítima em seu nascimento e mutilada pelo falecimento do pai, era motivo mesmo para que Rodrigues levantasse suspeitas, aparentemente compartilhadas publicamente, sobre os recursos de que Ermelinda lançaria mão para amparar as filhas:

> Disse finalmente que a notificada não tem mãos sufficientes para sustentar a sua familia e fazer as despezas necessarias á educação de suas filhas, porque ignora que ella tenha protecçao de alguem e por si não pode ganhar com honra meios necessários para aquelles encargos; e que algumas pessôas que tem querido proteger ás orphãs, segundo lhe consta, tem-se mostrado com repugnancia a fazel-o, em quanto ella estiverem em poder de sua may em cujo procedimento não confião.

A afirmação de que, sozinha e sem a tutela de qualquer "desinteressado benfeitor", Ermelinda não pudesse de forma honrada prover a subsistência de suas filhas aludia de forma nada sutil a um comportamento sexual reprovável, primeiramente sinalizado pela geração de filhas naturais e que, segundo a narrativa de Rodrigues, culminaria, fatalmente, na prostituição. Decerto, o amplo espectro de ilegitimidade e informalidade de muitas das relações havidas entre homens e mulheres empobrecidos na cidade imperial dirimia qualquer tipo de excepcionalidade no caso de Ermelinda. Contraposta ao discurso dominante da família patriarcal, porém, tal realidade municiava pleiteantes à tutela e à soldada de pequenos trabalhadores de argumentos e informava as considerações de curadores e as deliberações de juízes de órfãos, porque permitia divisar o limite extremo da representação materna: a sexualidade da mulher, que, não sendo escamoteada, como seria apropriado às mães, aproximava-as da lascívia e do desregramento identificado às meretrizes.[24] Essa desabonadora qualificação da sexualidade feminina

---

24 Sobre a sexualidade feminina materna e sua situação limítrofe com a prostituição no pensamento europeu e também brasileiro, ver: ALMEIDA, Angela Mendes de. *Mães, esposas, concubinas e prostitutas*. Seropédica: EDUR, 1996.

tornar-se-ia um instrumento ainda mais frequente nas disputas por tutelas e soldadas de menores empobrecidos, nas décadas finais do século XIX, quando seria revestida do verniz das emergentes concepções familiares burguesas e médico-científicas que abarcavam, sob o signo da prostituição, todo o tipo de comportamento feminino considerado desviante.[25] Nota-se, porém, que suas bases já estavam lançadas, ao menos desde a década de 1850 – por mais ordinária que fossem as condições de mulher só e chefe de família naquela cidade, as idealizações do "dever ser feminino" puderam sempre sobrepujá--las nas disputas formais por direitos sobre seus filhos.[26]

Convencido pelos depoimentos das testemunhas, o juiz de órfãos deliberou pela concessão da tutela das cinco filhas de Ermelinda ao depoente Antonio Joaquim Maurício Pereira, que as levou a viver em sua companhia. Em inícios da década de 1870, uma a uma as irmãs acorreram ao Juízo assim que atingiram a maioridade para solicitar a emancipação de seu tutor. Sobre sua mãe, não restaram notícias nas páginas dos autos. Talvez sobreviver como mulher pobre na cidade tivesse se tornado, de fato, tarefa menos impraticável, uma vez que não lhe competia mais a obrigação de alimentar seis bocas – a sua própria incluída. A escolha por esse arranjo que potencialmente esgarçava os vínculos entre mãe e filhas, no entanto, jamais foi feita autonomamente por Ermelinda.

Outros estereótipos da mulher inadequada para o exercício materno que igualmente se disseminariam nos autos de disputas judiciais pela tutela e contratação de menores de idade, nas décadas de 1880 e 1890, são visí-

---

25 A este respeito ver: CAUFIELD, Sueann. *Em defesa da honra: moralidade, modernidade e nação no Rio de Janeiro (1918-1940)*. Campina: Editora Unicamp, 2000. O contraponto à normatividade sexual que dominava o cenário da passagem do Oitocentos ao século XX e do Império à República encontrava-se nas relações afetivas e no comportamento sexual das camadas populares, abordado por Martha Abreu: ESTEVES, Martha Abreu. *Meninas perdidas: os populares e o cotidiano de amor no Rio de Janeiro da Belle Époque*. Rio de Janeiro: Paz e Terra, 1989.

26 A expressão "dever ser feminino" é empregada por Marina Maluf e Maria Lúcia Mott em: MALUF, Marina; MOTT, Maria Lúcia. Recônditos do mundo feminino. In: SEVCENKO, Nicolau (org.). *História da Vida Privada no Brasil*, v. 3. São Paulo: Cia. das Letras, 1998, p. 367-421.

veis também em meados do século XIX. Em 1856, Anna Francisca, mãe da "preta" Maria Benedicta, fruto de união aparentemente ilegítima com Luis Mendes, recolhido ao Hospital de Alienados, era descrita nos autos de tutela e soldada da filha como "mulher ébria", "sem morada certa", e "de vida desregrada" – não possuindo, deste modo, os mais elementares predicados morais para *"tractar sua filha como convem"*.[27] Colocada pela mãe em companhia de Joana Maria da Luz, a pequena Benedicta, de 10 anos, recebia de sua tutora informal sustento e vestuário, além de com ela aprender a costurar – expressão que endereça sutilmente a realidade de pequenos agregados que viviam em casa de mulheres pobres, na condição de subalternos, com elas partilhando o ofício e a sobrevivência.[28] Questionada pelo juiz de órfão sobre o comportamento errático de Anna Francisca, Joana Maria da Luz denunciava que, tendo Benedicta certa feita saído a visitar a mãe, fora trazida de volta à sua companhia *"disendose que a forão achar na varzea do Carmo junto a sua mãe de todo embrigada"*. Reduto de lavadeiras, conhecidas como mulheres desairosas, dadas às brigas e confusões públicas, a várzea do Carmo era senha para a identificação de Anna Francisca como mulher de hábitos irrecuperáveis e nocivos à educação diligente de uma boa menina.[29] Diante desse quadro de patente impropriedade materna, o juiz de órfãos deliberou pela entrega de Maria Benedicta aos cuidados de Antonio Ribeiro de Miranda, proprietário de fábrica de tecidos e serigaria, que a contratava, para *"utilizar-se dos serviços*

---

27 Cf. APESP – Juízo de Órfãos, Autos de tutoria, lata C05453, documento 12055, 1856.

28 DIAS, M.O.L.S. *Quotidiano e poder...*, op. cit.

29 Sobre as lavadeiras – muitas das quais eram libertas e escravas – como agentes da desordens e perturbações públicas, criadoras de tumultos e, ao mesmo tempo, provedoras de essenciais serviços para as casas das famílias remediadas e abastadas da cidade de São Paulo, ver: SANTOS, Carlos José Ferreira. *Nem tudo era italiano: São Paulo e pobreza (1890-1915)*. São Paulo: Annablume/Fapesp, 2008; TELLES, Lorena Feres da Silva. *Libertas entre sobrados: Mulheres negras e trabalho doméstico em São Paulo (1880-1920)*. São Paulo: Alameda Editorial, 2014. Maria Cristina Wissenbach refere-se ao ambiente caótico das áreas de pontes do Acu, do Carmo e de Santana, que acolhiam toda a sorte de sujeitos subalternos da cidade inclusive as lavadeiras: WISSENBACH, Maria Cristina Cortez. *Sonhos africanos, vivências ladinas: escravos e forros em São Paulo (1850-1888)*. São Paulo: Hucitec, 1998, p. 179-208.

compactiveis com sua idade, sexo e força", pelo prazo de três anos, com vencimentos equivalentes a mil réis mensais.

Os predicados da inadequação materna que justificavam a retirada de meninos e meninas da companhia de suas mães, deste modo, revolveram, desde o princípio do século, em torno da insuficiência material de mulheres sós e seu alegado desapreço pelo cuidado dos filhos, expresso pela adoção de vícios e que acarretaria violências e abandonos. Ademais, depunha contra elas a generalizada ilegitimidade das ligações de que eram fruto os mesmos filhos, denotadora de uma sexualidade que extrapolava as honestas finalidades da reprodução dentro dos sagrados limites do matrimônio. A elaboração do arquétipo materno, que sob a Colônia espelhava concepções ancoradas, principalmente, no papel de guardiã da moralidade cristã, responsável por conduzir os filhos ao caminho dos princípios religiosos, bem como pela manutenção da paz doméstica, seria reforçada e acrescida, ao longo do século XIX, de reforçadas colorações.[30] À natureza colonial eminentemente religiosa do papel materno colar-se-ia, paulatinamente, a ideia de uma natureza propriamente biológica e essencialmente feminina, bem aos moldes das veleidades científicas de autoridades médicas e jurídicas do final do século.[31]

A aglutinação destas representações – do materno, do feminino e do biológico – fundar-se-ia em um processo de contínuas transformações iniciadas na primeira metade do século XIX e recrudescidas na sua metade seguin-

---

30 Conforme argumenta Mary del Priore, esta concepção da figura materna colonial, amplamente emanante dos princípios católicos tridentinos, tinha como propósito "combater o concubinato e dar um papel para as mulheres no sagrado matrimônio", de importante significado para o controle e disciplinamento social da população na colônia. Ao papel da "santa- mãezinha", diligente guardiã do lar e dos princípios cristãos, opunha-se o da "mulher sem qualidades", amplamente definida por suas uniões consensuais ilegítimas. PRIORE, Mary Del. *Ao sul do corpo: condição feminina, maternidade e mentalidades no Brasil Colônia*. São Paulo: UNESP, 2009.

31 Sobre a afirmação da "natureza feminina", marcadamente biológica, ver: MALUFF, Marina; ROMERO, Mariza. A sublime virtude de ser mãe. *Projeto História*, n. 25, São Paulo, 2002, p. 221-241. Sobre a ascensão das teorias científicas entre autoridades médicas e jurídicas, intimamente associadas à emergência do pensamento racialista, ver: SCHWARCZ, Lilia Moritz. *O espetáculo das raças: cientistas, instituições e questão racial no Brasil, 1870-1930*. São Paulo: Cia. das Letras, 1993.

te. Elas incluíam o avanço da urbanização e suas formações sociais próprias, a fundamental importância adquirida por discursos médicos e jurídicos nos projetos de modernização nacional e as tensões emanantes do acirramento da emancipação gradual. Nesse contexto, que incluía o engendramento de novas normas para a sociabilidade urbana e a forja de novos modelos familiares, ganhavam cada vez mais importância os discursos e representações sobre as mães e seus filhos. Do ponto de vista médico, o século XIX abria-se para o "fascínio exercido pelo desconhecimento da infância e da sexualidade feminina".[32] Do ponto de vista jurídico, os debates sobre a formulação das leis emancipacionistas e, no pós- abolição, sobre a elaboração de códigos civis e criminais que espelhassem os modernos valores republicanos, implicavam o controle sobre os elementos sociais perigosos e disfuncionais produzidos pela pobreza e legados pela escravidão – entre os quais se destacavam as crianças e, por conseguinte, suas mães.

A elaboração de novos parâmetros para a representação do ideal materno, que teria impactos notáveis sobre a distribuição judicial da mão de obra de menores de idade empobrecidos de São Paulo, amparava-se no alargado processo de aburguesamento das classes médias urbanas – processo a que não escapava a capital da província, a despeito de seu tardio desenvolvimento.[33] Internalizando a racionalidade burguesa, as boas famílias da cidade deveriam prezar pela contenção e disciplina dos hábitos, bem como preservar os papéis específicos atribuídos a cada ente familiar nuclear – marido, esposa e filhos. No espectro dessa renovada ordem familiar, que reduzia a amplitude das parentelas extensas típicas do modelo patriarcal rural, sem, contudo, reduzir a importância das figuras masculinas como cabeças de família, a representação da mulher e de suas vocações surgia adornada com os predicados da mãe extremosa: terna rainha do lar, que sobretudo adorava e servia ao marido e aos filhos.[34] Se ao pai de família cabia o papel de autoridade provedora, chefe da

---

32 RAGO, Margareth. *Do cabaré ao lar: a utopia da cidade disciplinar. Brasil, 1890-1930.* Rio de Janeiro: Paz e Terra, 1985, p. 117.

33 OLIVEIRA, Maria Luiza Ferreira de. *Entre a casa e o armazém: relações sociais e experiência da urbanização. São Paulo, 1850-1900.* São Paulo: Alameda Editorial, 2005.

34 Este processo de consagração do modelo familiar nuclear burguês, em cujo cerne rei-

sociedade conjugal, e se seu lugar precípuo era o mundo do trabalho, o que fazia dele um sujeito público, à mulher competia justamente o mundo íntimo da casa.[35] Frágil e emocional, porém inteiramente devotada ao bem-estar de sua família, a representação da mãe burguesa carregava em si o ideal do devir feminino, biologicamente determinado e inscrito em sua anatomia, de "casar, gerar filhos e plasmar os cidadãos do amanhã".[36] Assim, a despeito do caráter essencialmente recolhido da mulher-mãe, o abnegado desvelo aplicado à criação dos filhos tinha funções que ultrapassavam os limites do mundo doméstico: criar os filhos era criar os sujeitos que povoavam e faziam a nação.

Desde os anos 1870, jornais de diferentes tendências políticas circulando na capital da província incensavam a mãe extremosa e traziam referências cada vez mais frequentes às responsabilidades femininas maternas e seu vulto nacional em editoriais e artigos assinados por autoridades públicas e homens ilustrados. Os exemplos são muitos. Em 1879, um editorial do *Jornal da Tarde* intitulado "Os direitos da mulher" chamava atenção para as virtudes femininas – próprias do "sexo afetivo", em oposição ao "sexo ativo", masculino – e louvava a maternidade como *"base da família, e o principal elemento de amor, de ordem e de progresso"*.[37] Em 1880, um artigo de título

---

navam a mãe e seu filho, é claro, não era uma exclusividade brasileira. Sobre seu desenvolvimento em outros contextos, ver: BADINTER, Elisabeth. *Um amor conquistado*: *o mito do amor materno*. Rio de Janeiro: Nova Fronteira, 1986; PERROT, Michele. *Os excluídos da história: operários, mulheres, prisioneiros*. Rio de Janeiro: Paz e Terra, 1988, p. 167-231; DAVIN, Anna. Imperialism and Motherhood. In: COOPER, Frederick; STOLER, Ann Laura (Ed.). *Tensions of Empire: colonial cultures in bourgeois world*. Berkeley: University of California Press, 1997, p. 89-151.

35 Sobre as representações de masculinidade burguesa, ver: MALUF, M; MOTT, M. L Recônditos do mundo feminino..., op. cit; COSTA, Jurandir Freire. *Ordem médica e norma familiar*. Rio de Janeiro: Graal, 2004.

36 MALUF, M; MOTT, M. L. Recônditos do mundo feminino..., op. cit., p. 373-74.

37 Cf. Jornal da Tarde – *Os direitos da mulher*, 24.04.1879, p. 01. Fundado em 1878 e descrito por Affonso Freitas como "imparcial", o *Jornal da Tarde* encerraria suas atividades ao fim de 1879. Seus proprietários fundariam, neste mesmo ano, a folha *A Gazeta do Povo*, qualificada pelo mesmo autor como "republicana e independente". FREITAS, Affonso. *A imprensa periódica de São Paulo desde seus primórdios em 1832 até 1914*. São Paulo: Typographia do Diario Official, 1915, p. 257; 263-63.

"A importância da educação da mulher" publicado pela folha *A Constituinte*, descrevia-a como "*ser que se consagra com prazer aos penosos cuidados com a família, soffrendo contente as grandes penas da maternidade*", afável, carinhosa, sempre disposta a perdoar, dona de "sensível e delicado coração".[38] Em tom semelhante, o periódico de defesa da emancipação feminina *A Família*, fundado no ano da abolição pela notória Joaquina Álvares de Azevedo, discorria em diferentes artigos sobre as virtudes e deveres maternos.[39] Assim, ora descrevia a figura da mãe como um misto de masoquista e mártir familiar, que "*quanto mais sacrifícios faz, mais ama e acaricia*", caracterizando a maternidade como "*arguto sacerdócio*", ora ressaltava a importância daquela que, "*primeiro annel d'essa interminavel cadeia chamada sociedade*", tinha a tarefa de "*guiar ao filho os passos na senda do dever, prestando relevantes benefícios à sociedade*". Numa passagem inflamada, a folha feminista bradava: "*Mãe! O sceptro do mundo pertence-vos*".[40]

Com tintas mais ou menos variadas e espalhados pelos mais diversos veículos da imprensa paulista, os elogios à maternidade amorosa e abnegada, origem do homem e da sociedade, são efetivamente incontáveis nessa época. A edição de 1879 do *Almanach Literario Paulista*, no entanto, resumia de ma-

---

38 Cf. BN-HDB – A Constituinte – *A importância da educação da mulher*, 03.06.1880, p. 02. De vida curta e orientação liberal, a folha *A constituinte* foi editada entre 1879 e 1880, tendo entre seus proprietários e redatores membros da tradicional família paulista Paula Souza. FREITAS, A. *A imprensa periódica...*, op. cit., p. 261.

39 Fundado em 1888 em São Paulo pela jornalista e feminista, o jornal transferiu-se no ano seguinte ao Rio de Janeiro, onde foi impresso até 1897. Defendendo causas como o voto e a educação feminina, a publicação não deixava de registrar pontos de vista intimamente associados à normatividade da família burguesa, como o perigo representado pelas criadas domésticas e a sublime missão da maternidade. Sobre a publicação e sua fundadora, ver: SOUTO, Bárbara Figueiredo. *Senhoras do seu destino: Francisca Senhorinha da Motta Diniz e Josephina Alvares de Azevedo – projetos de emancipação feminista na imprensa brasileira (1873-1894)*. 2013. 197f. Dissertação (Mestrado em História Social) – Faculdade de Filosofia, Letras e Ciências Humanas, Universidade de São Paulo, São Paulo, 2013. Ver também: HANER, June Edith. *Emancipating the female sex: the struggle for women's rights in Brazil*. Durham: Duke University Press, 1990.

40 Cf. BN-HDB – A Família – *O amor materno*, 08.12.1888, p. 04; *Os filhos*, 08.12.1888, p. 03; *Mãe*, 15.12.1888, p. 02

64 Marília B. A. Ariza

neira primorosa este novo concerto de forças e representações em torno da mulher no artigo intitulado "A respeito das mães":

> Felizes os que têm uma mãe para amar e adorar e della receberem a educação; felizes os povos que conseguirem ter entre si mães capazes de bem educar seus filhos, porque a nação que tiver mães preciosas em seu seio caminha na vanguarda de todos os povos. Do mesmo modo que se avalia a therapeutica do corpo pelo thermometro, assim tambem pelas boas mães de familia se podem avaliar as nações; ellas não são só o thermometro social, mas ainda o espelho que reflecte a grandeza ou decadencia de um paiz. A criancinha no mundo so tem o arrimo de sua mãe, esta é quem a veste, quem a nutre, quem a sustenta em seus braços e lhe ensina os primeiros passos e são estes que se vão fortificando e fazendo o homem; é a mãe quem dá a fôrma do futuro cidadão, e elle será todo ao seu molde; della provem o caracter de seus filhos e destes a importancia de sua patria. Que grandeza em sua nobre missão![41]

A consolidação dessa nova configuração normativa fazia da família nuclear um microcosmos da sociedade que se desejava construir – e, neste projeto, a mulher desempenhava papel fulcral. Suas atribuições eram redefinidas, assim, por discursos de inspiração amplamente positivista e pretensões explicitamente científicas, que nas últimas décadas do século XIX

---

41 JAGUARIBE FILHO, Domingos José Nogueira. A respeito das mães. In: *Almanach Literário Paulista*, 1875 a 1884, p. 48-53. Publicado entre 1876 e 1885 (com interrupções entre 1882 e 1883), o *Almanach Literario Paulista* agregava importantes nomes de um amplo espectro político da intelectualidade paulista e publicava reuniões de "ensaios, poemas, ensinamentos morais, estudos históricos e geográficos", entre outros, conforme demonstra Roni Cleber Menezes: MENEZES, Roni Cleber Dias. *O grupo do Almanaque Literário de São Paulo: paradigmas da sociabilidade republicana no tempo da propaganda (1876-1885)*. 238f. 2006. Dissertação (Mestrado em Educação) – Faculdade de Educação, Universidade de São Paulo, São Paulo, 2006. O autor do artigo citado, Domingos Jaguaribe Filho, filho do eminente Visconde de Jaguaribe, foi como o pai sujeito de destacada extração intelectual no Império, membro do Instituto Histórico e Geográfico Brasileiro, fundador do Instituto Histórico Paulista e organizador do 1º Congresso Agrícola de 1878. NOBRE, F. Silva. *1001 Cearenses Notáveis*. Rio de Janeiro: Casa do Ceará Editora, 1996.

Mães infames, filhos venturosos

elaboravam detalhados corolários para a organização e controle social centrados, justamente, na ordem familiar burguesa – nas palavras de Jurandir Freire Costa, "amar e cuidar dos filhos tornou-se um saber científico".[42] Nesse espírito, um ramo teórico propriamente ordenado em torno da puericultura e da pediatria se afirmaria no Brasil por volta de 1870 – advento cabalmente sinalizado pela introdução desta especialidade médica na Faculdade de Medicina do Rio de Janeiro em 1890.[43] Desde meados do Oitocentos, a formação e os cuidados adequados das crianças eram alvo do interesse de médicos que associavam os princípios da higiene e do sanitarismo à educação dos ricos e dos empobrecidos, ao tratamento da infância desvalida e abandonada e ao combate à mortalidade infantil.[44] No fim daquele século, entretanto, as prescrições da medicina higiênica, que envolviam os cuidados com a alimentação dos filhos, sua vestimenta e o tratamento de suas enfermidades, eram acrescidas das pretensões científicas características da época, ampliando-se os sentidos das contaminações e doenças e localizando no corpo físico a manifestação de todos os vícios morais da sociedade.[45]

Na esteira dessa adesão entre a saúde física e moral da família e, por extensão, da própria sociedade, emergentes discursos jurídicos fortemente

---

42 COSTA, Jurandir Freire. *Ordem médica...*, op. cit.

43 RAGO, M. *Do Cabaré ao Lar...*, op. cit, p. 119. Desenvolvendo-se ao longo da segunda metade do século XIX, a puericultura atingiria seu ápice nas décadas iniciais do XX, reforçando neste percurso a importância do papel da mãe nos cuidados cientificamente aprovados e concebidos aos filhos. GONDRA. José G. A sementeira do porvir: higiene e infância no século XIX. *Educação e Pesquisa*, v. 26, n. 1, p. 99-117, 2000; MALUF, M; ROMERO, M. A sublime virtude..., op. cit; FREIRE, Maria Martha de Luna Freire. *Mulheres, mães e médicos: Discurso maternalista no Brasil*. Rio de Janeiro: editora FGV, 2009.

44 GONDRA, J. G. A sementeira do porvir..., op.cit.

45 Não era somente no corpo das crianças, é claro, que as mazelas sociais se manifestavam. O corpo feminino, e notadamente o corpo das mulheres egressas da escravidão ou escravizadas era dado a conhecer por meio de abordagens e intervenções científicas que nele localizavam toda a origem da imoralidade e atraso sociais, sintomas da reprodução da escravidão. A este respeito, ver: MACHADO, M. H. P .T. Corpo, Gênero e Identidade no Limiar da Abolição: a história de Benedicta Maria Albina da Ilha ou Ovídia, escrava (sudeste, 1880). *Afro-Ásia*, n. 42, 2011, p. 157-193.

influenciados pelas teorias criminológicas que circulavam entre os intelectuais nacionais viam na infância a origem e ao mesmo tempo o algoz da vida social – dualidade que somente se resolveria a favor do progresso, caso a infância fosse adequadamente encaminhada aos princípios da morigeração dos hábitos e, no que tocava à ampla maioria da sociedade, do trabalho disciplinado.[46] Esta definição de largo espectro da criança como "entidade físico moral amorfa" fazia recair sobre a mãe a responsabilidade pelo provimento dos cuidados e dos moldes adequados para os futuros cidadãos – era no interior do lar, domínio feminino burguês, que se forjava a nação.[47]

Essa amálgama entre ciência e normatividade burguesa epitomada na representação da mãe imoderadamente dedicada, zeladora da pátria, assumiu contornos particulares no caso de sociedades escravistas; no Brasil imperial, o desenho da maternidade ideal atrelava-se intimamente ao acirramento das tensões envolvendo a aproximação da abolição nas décadas finais do século XIX.[48] Poucas manifestações evidenciaram de forma tão cristalina a associação entre os ideais de progresso, ciência, ordem médico-higienista e as implicações do desmonte gradual da escravidão no Império como a recriminação do aleitamento mercenário – tarefa amplamente desempenhada por mulheres escravizadas ou egressas do cativeiro, em cujos corpos se

---

46 A recuperação e a prevenção da delinquência infantil por meio da disciplina do trabalho, bem como o adequado cultivo da infância segundo parâmetros médico-higienistas, eram passos fundamentais ao desenvolvimento nacional. Juristas, médicos e especialistas nas emergentes ciências criminais dedicavam especial atenção à infância, como se verá em maiores detalhes à frente. Sobre a formação de trabalhadores disciplinados como tarefa materna, ver comentários de Rachel Sohiet em: SOIHET, Rachel. É proibido não ser mãe. In: VAINFAS, Ronaldo (org.). *História e Sexualidade*. Rio de Janeiro: Graal, 1986, p. 191-212

47 COSTA, J. F. *Ordem médica...*, op. cit., p. 174.

48 As íntimas implicações entre escravidão, abolição e maternidade em outros contextos atlânticos estão demonstradas também, entre outros, em: COWLING, C. *Conceiving Freedom...*, op. cit.; GOLDEN, Janet. *From Breast to Bottle: A social history of Wet-Nursing in America*. Columbus: Ohio State University Press, 2001. Para uma visão ampliada sobre o tema, ver: COWLING, C. et alii, Mothering slaves...; COWLING, C. et alii, *Motherhood, childlessness and the care....*

projetava a representação edulcorada da escravidão afetiva brasileira.[49] Na segunda metade do século XIX, e notadamente a partir da década de 1870, recomendações médico-higiênicas, atentas aos discursos ventilados na Europa, expressavam consternação com a renúncia materna à amamentação socialmente consolidada entre as famílias abastadas e remediadas nos oitocentos, nas cidades e potentados rurais.[50] Representação máxima do "vir a ser" feminino, qual fosse o desempenho da maternidade, a amamentação era vastamente caracterizada no discurso médico como o mais sublime e natural ato de amor. Neste sentido, como sugere Luiz Carlos Nunes Martins, o binômio familiar "mãe – filho" encontrava seu desdobramento lógico no binômio científico "aleitamento – civilização".[51] Recusando-se à tarefa de nutrir seus filhos, as mães abriam as portas do lar seguro ao contágio de debilidades físicas e vícios morais transmitidos pelo ato da amamentação. Sendo esta tarefa largamente entregue às nutrizes escravas ou egressas da escravidão, as crianças, sementeiras da nação, encontravam-se expostas pelo aleitamento mercenário ao pernicioso legado do atraso da escravidão e da inferioridade racial.[52]

49 As amas, de fato, sintetizaram exemplarmente a ambiguidade fundante das relações íntimas e violentas havidas no interior da escravidão. As contradições entre sua exaltação como símbolo das relações escravistas docilizadas e os conflitos escamoteados por tal representação são discutidas em: MACHADO, M. H. P. T. Entre dois Beneditos..., op. cit.; KOUTSOUKOS, Sandra Sofia. Amas na fotografia brasileira da segunda metade do século XIX. Disponível em: < h ttp://www.studium.iar.unicamp.br/africanidades/koutsoukos/>. Acesso em: 29 out. 2019. Não apenas no Brasil, entretanto, as amas cumpriram o papel da representação afetiva da escravidão e de seu legado, como bem demonstra Kimberly Wallace-Sanders em seu estudo sobre as "mammys" do sul norte- americano: WALLACE-SANDERS, Kimberly. *Mammy: a century of race, gender and southern memory*. Ann Arbor: University of Michigan Press, 2008.

50 Luiz Carlos Nunes Martins indica que as primeiras recomendações médicas a respeito da necessidade da amamentação materna surgiam nas teses de medicina da faculdade do Rio de Janeiro na década de 1840. MARTINS, Luiz Carlos Nunes. *No seio do debate: amas de leite, civilização e saber médico no Rio de Janeiro*. 163f. 2006. Dissertação (Mestrado em História das Ciências da Saúde) – Casa de Oswaldo Cruz, FIOCRUZ, Rio de Janeiro, 2006.

51 MARTINS, L. C. N. *No seio do debate...*, op. cit., p. .98.

52 A crença nos "perigos" do aleitamento mercenário e, notadamente, das próprias amas, ganhavam força no fim do século XIX com a emergência da racionalidade médico-

Ao chegar-se às décadas de 1880 e 1890, portanto, ápice da formalização de tutelas e soldadas no Juízo de Órfãos da cidade de São Paulo, a representação da maternidade ideal reconfigurava-se, preservando ares sacralizantes e, ao mesmo tempo, abarcando um compromisso profundo com a normatividade burguesa, os ditames do pensamento médico-higienista e racialista, e uma projeção de modernidade nacional que excluía a escravidão e sua perniciosa herdade. O seio da mãe burguesa que amamentava seu filho era o fértil solo de onde brotaria o progresso. Em artigo publicado em plena atividade da campanha pela amamentação materna, o *Diário de S. Paulo* exprimia com precisão os limites nos quais se conformavam as candidatas ao posto de "mãe ideal":

> Troca a mulher, pela maternidade, a sua opulenta corôa de desposada por diadema de luz suavíssima, em que, como pedraria preciosa, scintilão os magos reflexos dos mais cândidos affectos; tal como pela grinalda de flores de laranjeira havia trocado já a modesta silva de rosas brancas, que lhe ennastrará os cabellos de ouro na perfumada quadra de sua existencia angélica. São para ella os primeiros vagidos da criança, a que deu o ser, como que o arre-

---

-científica, com os discursos racialistas, que miravam a reconstrução da nação, e a própria desagregação da escravidão. Este caldo de cultura fomentava as campanhas pelo aleitamento materno que procuravam alertar os pais e mães das "boas famílias" sobre a contaminação física e moral levada pelas amas escravas e egressas da escravidão ao íntimo de seu lar e à célula de reprodução de sua família – seus filhos. Note-se, entretanto, que as predicações médicas não foram prontamente seguidas pelo abandono efetivo do aleitamento mercenário, tendo o amplo recurso às amas de leite se reproduzido entre as famílias abastadas e remediadas até princípios do século XX, quando as campanhas pelo aleitamento materno seguiam vigorosas e intimamente associadas à difusão da eugenia entre os intelectuais e médicos brasileiros. Sobre estes temas ver: CARNEIRO, Elisabeth Ribeiro. *Procura-se uma "preta com muito bom leite, prendada e carinhosa": uma cartografia das amas de leite na sociedade carioca (1850-1888)*. 419f. Tese (Doutorado em História). Universidade de Brasília, Brasília, 2006; MACHADO, M.H.P.T. Entre dois Benedictos..., op. cit.; STEPAN, Nancy Leys. *A hora da eugenia: raça, gênero e nação na América Latina*. Rio de Janeiro: FIOCRUZ, 2005. Dinâmicas semelhantes foram observadas por Janet Golden no lento processo de substituição do aleitamento mercenário pelo artificial nos Estados Unidos: GOLDEN, Janet. *From Breast to Bottle...*, op. cit.

> bol de sua mais poetica existencia; ulitimas toadas do hymno descuidado da sua juventude, são esses doloridos sons as primeiras estrophes do magico poema de dulcissimos affectos, que Deus só escreveu no coração das mãis. Em um débil ser consubstanciou o Creador do universo uma trilogia sublime: virgem, esposa e mãi.[53]

"Débil ser", o exemplar materno de mais alta qualidade, portanto, definia-se pela sexualidade controlada, pela legitimidade de seus filhos e a adesão ao papel dócil, doméstico e majestoso da mulher casada e rainha de seu lar. Que não se enganassem os leitores, no entanto, acreditando que tal elevada condição estivesse ao acesso de toda a mulher observadora de estritos princípios morais: a coroa da mãe somente se assentava sobre "cabelos de ouro" – sugestão altamente evocativa dos recortes raciais implicados na definição da maternidade ideal. Quais mulheres da São Paulo oitocentista poderiam atender a todos esses requisitos e personificar essa rigorosa representação? Quais caberiam neste apertado modelo burguês e racializado da "natureza feminina"?

Certamente não era este o caso das mães dos menores tutelados e contratados à soldada, ou ainda disputados por empregadores informais na justiça da cidade, especialmente nas décadas finais do século XIX e nos anos iniciais do século XX. Formando um grupo relativamente heterogêneo, composto por mulheres brancas pobres, imigrantes, pardas e libertas, parte importante do que as identificava era a combinação entre a acachapante pobreza e os arranjos familiares não normativos que deram a tônica da formação social paulistana desde a Colônia, desenhando importantes continuidades no avançar do Oitocentos.[54] Do ponto de vista racial, entretanto, um grupo se destaca na barafunda mais ou menos anônima de mães pobres compulsoriamente destituídas dos filhos engajados em serviços: o das mulheres portadoras de íntimos vínculos com experiências pregressas de escravização. Ainda que na cidade de São Paulo a pobreza tenha atravessado fronteiras raciais e de nacionalidade, como bem atestam as pesquisas sobre a penúria de mulheres brancas no início do XIX e o generalizado pauperismo

---

53 Cf. BN-HDB – Diário de S. Paulo - *As mãis*, Seção de Variedades, 30.11.1877, p. 01.

54 SAMARA, E.M. Estratégias Matrimoniais no Brasil..., op. cit.; ____. *As mulheres, o poder*..., op. cit.; KUZNESOF, E.A. A Família na Sociedade Brasileira..., op. cit.

de imigrantes europeias no fim do mesmo século, eram as mulheres egressas da escravidão ou delas descendentes – identificadas como "pretas", "pardas", "escuras" e afins – aquelas que mais frequentemente viam-se atingidas pela destituição de filhos judicialmente arregimentados aos serviços de terceiros.

Esse recorte racial torna-se explícito quando avaliados a fundo os marcadores raciais recolhidos nos autos de tutela e soldada. Nem todos referem-se às origens raciais de menores trabalhadores ou de suas mães. Ainda assim, entre aqueles que o fazem, destacam-se amplamente os que se referem às mulheres sós escravas ou libertas, pretas ou pardas como mães dos menores formalmente arregimentados, bem como a menores pretos ou pardos, ingênuos ou libertos, filhos de mulheres sós não identificadas racialmente. Agregando-se os dados disponíveis para mães e filhos, têm-se que os números de mulheres afrodescendentes e portadoras de estreitos vínculos com experiências de escravização cujos filhos eram formalmente arregimentados saltam a mais da metade de tutelas e soldadas localizadas pela pesquisa (T8 e T9, Apêndice A, p. 453).

De fato, como bem demonstra Lorena Telles, as mulheres libertas constituíam uma camada que despertava especial suspeita entre a "boa sociedade" da cidade de São Paulo, nas décadas finais do século XIX. Massivamente engajadas na prestação de serviços domésticos de portas adentro e de portas afora, procuravam ativamente subverter a ordem paternalista que seus empregadores – senhores de escravos ou membros destituídos da camada senhorial – planejavam manter em vigor. Por um lado, a frequente obrigação de ter de residir em casa dos patrões e, portanto, distante de filhos e demais parentes, tolhia a estas mulheres quaisquer possibilidades de requerer para si as prerrogativas da maternidade doméstica, encerrada no lar. Por outro, uma vez libertas dos vínculos formais da escravização, essas mulheres empreendiam grandes e contínuos esforços em busca de melhores arranjos de trabalho, na expectativa de superar a exploração e as ingerências do poder patronal em sua autonomia.[55]

---

55 TELLES, L.F.S. *Libertas entre sobrados...*, op. cit. A busca de mulheres forras por autonomia não era, evidentemente, uma peculiaridade das libertas da cidade de São Paulo. Ver, entre outros: SOARES, Cecília Moreira. As ganhadeiras: Mulheres e resistência negra em Salvador no século XIX. *Afro-Ásia*, Salvador, n. 17, 1996, p. 57-71; COWLING, Camillia. Negociando a liberdade: Mulheres de cor e a transição para o trabalho livre

Vistas como insubordinadas, turbulentas, donas de comportamento irregular, distanciavam-se grandemente do modelo de domesticidade e docilidade feminina e materna vigorosos naquelas décadas. Não fosse o bastante, as mulheres libertas eram, no ocaso da escravidão, o símbolo vivo da herança nociva do cativeiro, que seria preservada em seus filhos, caso fossem por elas educados – como suas mães, os menores tornar-se-iam trabalhadores livres da pior espécie: indisciplinados e indignos de confiança.

Sobre as mulheres egressas da escravidão, portanto, acumulavam-se camadas de aviltamento de ordem variada que se interpunham a suas possibilidades de exercer o cuidado dos filhos e ser reconhecidas como mães apropriadas. Além da negação do vínculo entre mães e filhos que perseguia a vida de mulheres escravizadas e, por conseguinte, daquelas herdeiras de seu legado, a sua alegada incapacidade material e moral depunha contra o reconhecimento de suas competências maternas. De todo modo, há de se observar que, ainda que tenham recaído de forma particularmente incisiva sobre estas mulheres, as representações altamente limitantes da maternidade ideal instrumentalizaram amplamente as empreitadas judiciais de arregimentação de mão de obra dos filhos de mães depauperadas na cidade, abrangendo a vulnerabilidade social em suas mais variadas manifestações.[56] A pobreza

---

em Cuba e no Brasil (1870-1888). In: LIBBY, Douglas Cole; FURTADO, Junia Ferreira (org.). *Trabalho livre, trabalho escravo: Brasil e Europa, séculos XVIII e XIX*. São Paulo: Annablume, 2006; SILVA, Maciel Henrique Carneiro da. *Pretas de honra: trabalho, cotidiano e representações de venderias e criadas no Recife (1840-1870)*. 2204. 299f. Dissertação (Mestrado em História) – Universidade Federal de Pernambuco, Recife, 2004. Scheila de Castro Faria argumenta em favor de uma compreensão social das mulheres libertas que supere o estigma de desclassificação social e pobreza a elas comumente atribuídas pela historiografia: FARIA, Scheila de Castro. Mulheres forras: Riqueza e estigma social. *Tempo*, Rio de Janeiro, n. 9, 2000, p. 65-92.

56 Não se pode negar que os casos de mulheres libertas ou escravizadas, mães de filhos ingênuos ou libertos, guardavam suas particularidades – a começar pelo fato de que seus filhos, não raro, enfrentavam a ameaça da reescravização ilegal, como se verá à frente. O recurso à retórica paternalista dos afetos nutridos entre pleiteantes ao cargo de tutores ou contratantes e menores trabalhadores, embora comum em diversos autos, é ainda mais recorrente naqueles relacionados aos filhos de mulheres libertas. Neste sentido, a ideia da "miscigenação da pobreza", proposta por Maria Aparecida Papali e que procura dar conta da vulnerabilidade comum às mulheres pobres de todas as origens raciais, estigmatizadas como mães inadequadas e, assim, igualmente expos-

das mães era indigna da comiseração de juízes e curadores que distribuíam a curatela de seus filhos a terceiros: menções à sua "falta de meios" eram pareadas por afirmações genéricas de abandono e comentários sobre a incapacidade de educá-los apropriadamente, sua inclinação aos vícios e maus hábitos, à vadiagem e a comportamentos sexuais reprováveis. Tais variáveis, indicadoras da inópia moral e material das mães de menores trabalhadores, misturavam-se ao sabor dos interesses de pleiteantes a tutelas ou soldadas, ou de autoridades públicas interessadas em distribuí-las.

A história da mãe de Benedicta, Antonio e Francisco, que permanece inominada ao longo de alentada disputa judicial, demonstra claramente como o desancamento moral das mulheres empobrecidas, combinado à obliteração completa de sua subjetividade, embalava as queixas apresentadas ao Juízo de Órfãos por pessoas interessadas em tutelar pequenos desvalidos.[57] Quando em 1887 faleceu seu pai, Anacleto Cesario de Abreu, os menores, que então contavam oito, sete e nove anos de idade, respectivamente, passaram a viver na freguesia de Penha de França em companhia do tio, Jose Cesario de Abreu, em cuja casa alegadamente recebiam "*a precisa educação e creação*". Ocorria, porém, segundo denúncias do dito José Cesário, que a mãe dos menores os levara de sua casa para viverem consigo. Alegando que a mulher não teria "*capacidade alguma para educal--os* [aos filhos]", José Cesário solicitava ao Juízo ser nomeado tutor dos sobrinhos, dando-lhes ofício de marceneiro – em que já se achava empregado Francisco, o mais velho dos irmãos.[58]

Intimada pelo juiz de órfãos a depor, "a mãe" encontrava-se ausente da freguesia, tendo deixado os filhos em casa de um dono de olaria. Ali acolhidos, os menores certamente encontrariam, além de guarida, o trabalho por meio do qual reembolsariam as despesas "generosamente" feitas com seu

---

tas ao risco da perda da tutela dos filhos, não parece de todo acertada. PAPALI, M. A. *Escravos, libertos e órfãos...*, op. cit., p.160.

57 Sobre o tema do "apagamento" das mulheres empobrecidas como agentes históricos, ver: DIAS, Maria Odila Leite da Silva. Mulheres sem História. *Revista de História*, São Paulo, n. 114, 1983, p. 32-45.

58 Cf. APESP – Juízo de Órfãos, Autos de tutoria, lata C05455, documento 6032, 1887.

sustento. O que ocorria à mãe dos menores, essa figura sem nome que os autos se esforçam por fazer parecer ausente e desinteressada dos próprios filhos, é uma incógnita. Não seria excessivo, contudo, supor que, mulher só e mãe de três filhos pequenos, tivesse de colocá-los sob a tutela informal de terceiros, para que assim, a despeito do cotidiano de trabalho, pudessem sobreviver. Da mesma forma, não parece improvável que a busca por emprego em outras paragens, ou mesmo o engajamento em serviços domésticos, que obrigava muitas mulheres a se ausentarem do convívio com filhos e outros familiares, explicassem o afastamento[59].

Interrogados pelo curador-geral de órfãos em presença do juiz e do próprio José Cesário, Antonio e Benedicta informavam terem deixado a casa do tio "por instâncias" de sua mãe. Embora revelasse o engajamento de ambos em serviços – como, de resto, era comum para muitas crianças depauperadas na cidade –, as referências ao bom tratamento que recebiam em companhia dos

---

59 Os serviços domésticos, de fato, empregavam vastamente mulheres livres e empobrecidas nas cidades oitocentistas, além de homens e mulheres escravizados. Tratando da cidade do Rio de Janeiro, entre a metade do século XIX e as décadas iniciais do XX, Flávia Fernandes de Souza observa que a participação de mulheres pobres entre os criados de servir cresceu a partir das décadas finais do Oitocentos, desenhando um processo de feminilização do trabalho doméstico nesta cidade: SOUZA, Flávia Fernandes de. *Criados, escravos e empregados: o serviço doméstico e seus trabalhadores na construção da modernidade brasileira (cidade do Rio de Janeiro, 1850-192)*. 583f. Tese (Doutorado em História). Instituto de Ciências Humanas e Filosofia, Universidade Federal Fluminense, Rio de Janeiro, 2017. Sobre o trabalho doméstico feminino no Rio de Janeiro oitocentista, ver também o trabalho pioneiro de Sandra Lauderdale Graham: GRAHAM, Sandra Lauderdale. *Proteção e obediência: criadas e seus patrões no Rio de Janeiro, 1860-1910*. São Paulo: Companhia das Letras, 1992. Sobre trabalhadoras domésticas libertas e livres pobres em São Paulo, ver: TELLES, L. F. S. *Libertas entre sobrados...*, op. cit.. Sobre o tema, de modo geral, ver também: SILVA, M. H. C. *Pretas de honra...*, op. cit.; SOUZA, Flávia Fernandes de. *Para casa de família e mais serviços: o trabalho doméstico no Rio de Janeiro no final do século XIX*. 2009. 255f. Dissertação (Mestrado em História Social) - Universidade do Estado do Rio de Janeiro, São Gonçalo, 2009;   . Escravas do lar: mulheres negras e o trabalho doméstico na corte imperial. In: XAVIER, Giovana; FARIAS, Juliana Barreto; GOMES, Flávio dos Santos (org.). *Mulheres negras no Brasil escravista e do pós-abolição*. São Paulo: Selo Negro, 2012, p. 244-260.

parentes sugeriam um contraponto "à vida desregrada e inapropriada" que levariam em companhia da mãe – circunstâncias que, não sendo explicitamente enunciadas, mas apenas indiretamente presumidas, apresentam-se como uma extensão da incapacidade materna da inominada "mãe", pobre e só:[60]

> Sendo pelo Doutor Curador Geral interrogado o orphão Antonio, respondeu que so apouco tempo e que esta em companhia de sua mãi que por suas instancias faz-lhe abandonar a caza de seu tio Jose Cesario Abreu onde sempre permaneceu sendo bem tratado e recebendo seus cuidados em beneficios de sua educação. Que he sua vontade voltar para a companhia de seu tio e ahi sob sua proteção aprender algum oficio em que venha a subsistir. Interrogada a orphã Benedicta, respondeo que tem estado sempre n'esta Capital em companhia de sua tia Dona Anna Benedicta e tendo sido ahi creada pelo seo tio Joao Cesario: que não frequenta a escola e tem por occupação lidar com crianças: que deseja continuar em companhia de sua tia que muito a estima e a tracta com carinho.

Os motivos para que dois dos menores recusassem o acolhimento materno, preferindo permanecer com seus tios, não estavam claros. Antonio e Benedicta, de apenas sete e oito anos e certamente muito vulneráveis à pressão de todos que assistiam a seu depoimento, não se referiam a violências sofridas em companhia de sua mãe, embora José Cesário se esforçasse para, ao longo dos autos, denunciar seu caráter *dado a vicios* e sua completa incapacidade para criar os próprios filhos. Assome-se a essas circunstâncias a lente das autoridades públicas – e dos discursos dominantes, de modo geral – que, interposta entre as experiências históricas dos subalternos e os relatos oficiais registrados por escrivães, obrigam o historiador a adotar considerável cautela na interpretação da documentação judicial.[61] De todo modo, a ausência de Francisco, o filho mais velho, levanta suspeitas sobre os benefícios da permanência sob tutela do tio, bem como sobre a recusa de seus irmãos

---

60 Papali atenta para o contraponto entre a incapacidade materna de mulheres empobrecidas e de famílias abastadas implicitamente produzido nos autos judiciais: PAPALI, M.A. *Escravos, libertos e órfãos...*, op. cit., p. 157.

61 FARGE, Arlette. *O sabor do arquivo*. São Paulo: Edusp, 2009.

a viverem em companhia da mãe. Entregue por José Cesario aos cuidados do marceneiro Angelo Kank, junto a quem deveria viver como aprendiz, Francisco encontrava-se

> (...) desaparecido sem razão de o ser (...) seduzido como e publico e notorio pelos proprios parentes que não tinham meios para suas subsistencias, quanto mais para tratarem de um menor de modo que este possa se preparar um meio de vida.

A existência de parentes, ao que parece maternos, que teriam "seduzido" o menor e estimulado seu sumiço, indica que, além da própria mãe, uma rede de solidariedade e parentela a ela relacionada poderia acolher a seus filhos, caso não estivessem sob a guarda do tio. Os modos de cuidar e acolher filhos entre as famílias pobres e chefiadas por mulheres sós certamente poderiam transigir os modelos nucleares consagradores da domesticidade materna que eram alçados aos píncaros da normatividade social naquele momento.[62] A existência de experiências de maternidade alheias ao "dever ser" definido em termos burgueses, higienistas e científicos, entretanto, não convencia as autoridades públicas de sua legitimidade. As tutelas dos três irmãos foram conferidas pelo juiz de órfãos ao tio dos menores. Os autos, afinal, não dão notícias do destino de Francisco, o sobrinho desgarrado, ou de sua mãe, a mulher a quem a justiça não quis dar um nome.

---

62 A circulação de crianças de famílias empobrecidas entre redes de solidariedade e criação, que implicava a separação de pais e filhos por longos períodos, é identificada por Cláudia Fonseca em estudo sobre as famílias populares em Porto Alegre entre a segunda e a terceira décadas do século XX. A autora chama a atenção, neste sentido, à necessidade de atentar-se a "sistemas familiares de grupos populares com lógica e histórias próprias", fundados em famílias extensas e distanciados de padrões normativos burgueses. De forma semelhante, Alessandra Zorzetto refere-se a práticas sociais de agregação social e circulação de crianças entre famílias pobres na São Paulo colonial. FONSECA, Cláudia. Pais e filhos na família popular. In: D'INCAO, Maria Ângela. *Amor e família no Brasil*. São Paulo: Contexto, 1989, p. 95-128; ZORZETTO, Alessandra. Na roda da vida: os filhos de criação em São Paulo colonial. In: VENÂNCIO, Renato Pinto (Ed.). *Uma história social do abandono de crianças. De Portugal ao Brasil: séculos XVIII – XX*. São Paulo: Alameda, 2010, p. 99-121.

Outras referências ao abandono materno, sempre evasivas e sugerindo, por meio de elogios feitos aos pleiteantes ao cargo de tutor ou contratante, as incapacidades das mulheres empobrecidas para a mais nobre tarefa feminina, surgem com frequência nos registros do Juízo de Órfãos de São Paulo, produzidos entre a década de 1880 e os anos iniciais do século XX. Em 1896, Henrique Paiva, empregado na junta comercial da cidade, requisitava ser nomeado tutor do menor João, filho de Maria de tal, residente no bairro da Cangaiba, e que segundo o solicitante vivia *"em completo abandono, dias em caza de um dias em caza de outros, sem ter uma pessoa que lhe possa dar o encino necessario"*.[63] Curiosamente, após ter-lhe sido concedida não apenas a tutela como também a soldada do menor, foi na casa de sua mãe que João foi apreendido pelos oficiais de justiça a serviço do Juízo de Órfãos – não "na casa de um", nem "na de outros", mas na casa em que residia a própria Maria de tal, a "mulher relapsa" que segundo o pleiteante abandonava o filho aos cuidados de terceiros. Em 1906, Cypriano Serafim Rodrigues levava ao conhecimento do Juízo que a pequena Marieta, contando nove anos de idade, de *"côr parda"* e filha da mulher simplesmente identificada como Júlia, encontrava-se em sua companhia visto ter sua mãe *"se retirado d'esta capital (...) tendo-a abandonado"*. A referida Júlia, acrescentava o peticionário, provavelmente teria falecido no Rio de Janeiro, onde levava *"uma vida pouco honesta"*. Mais uma vez, o Juízo aquiesceu às solicitações de sujeitos interessados em proteger as pequenas crianças de suas "desalmadas mães" – Marieta ficaria contratada à soldada por Rodrigues, somente podendo sair de sua companhia quando atingisse a maioridade.[64]

Curioso é constatar, nestes e nos demais casos envolvendo denúncias apresentadas contra mulheres caraterizadas como mães impróprias, que aos seus delatores não se constituía a necessidade de comprovar as acusações feitas. A infâmia destas mulheres precedia à apresentação de provas de seus delitos ou imoralidades e mesmo as autoridades públicas recorrentemente referiam-se a elas em termos desabonadores, deliberando pelo afastamento de seus filhos e entregando-os a tutores considerados mais bem equi-

---

63 Cf. APESP – Juízo de Órfãos, Autos de contrato, lata C05358, documento 65, 1896.

64 Cf. APESP – Juízo de Órfãos, Autos de contrato, lata C05358, documento 36, 1906.

pados moral e materialmente para sua criação.[65] Assim, em 1903, o juiz de órfãos determinava que a pequena Candida, de nove anos de idade, "*filha da vagabunda Margarida*", fosse formalmente tutelada pelo major Guido de Andrade.[66] Em 1906, o mesmo Juízo estabelecia que Maria Benedicta, de 12 anos, filha de "mãe ébria" e pai falecido, fosse formalmente assoldadada pelo capitão José Coelho de Souza.[67]

Alguns poucos homens identificados como pais sós – ou seja, desacompanhados nos autos judiciais de menções às mães de seus filhos – tampouco eram poupados de predicados desabonadores de sua moral e costumes. Descritos como despossuídos, dados ao vício da bebida e aos hábitos da vagabundagem, muito longe passavam das representações de masculinidade burguesa forjadas em torno do homem circunspecto, provedor da família, autoridade que deveria ser internalizada pelos filhos, por intermédio da educação materna, para a garantia do comedimento e da morigeração sociais.[68] Não era, decerto, uma moldura que bem enquadrava sujeitos como Jose Antonio da Silva, pai de João da Silva, menor de 16 anos de idade que, em 1870, era mais uma vez "*preso como vagabundo dado ao roubo*". Denunciando o irremediável caráter de João ao Juízo de Órfãos, o chefe de polícia informava que o mesmo já houvera frequentado, por determinação judicial, a Companhia de Aprendizes Marinheiros de Santos, e que, embora tivesse pai, este "*não lhe presta a menor protecção nem ao menor lhe dá o pao e o tecto*".[69] De forma semelhante, em 1891, o juiz de órfãos da capital determinava que o menor João Arnaldo Soares, filho de João Soares e sua finada esposa, pelo pai colocado em casa de Margarida de tal "*por não ter este residencia certa alem de*

---

65 Conforme sinaliza Maria Aparecida Papali, os adjetivos usados para descrever mulheres solteiras, pobres e libertas "mesclavam-se num único enunciado que parecia conter todas as informações necessárias, dispensando maiores argumentações (...)". PAPALI, M.A. *Escravos, libertos e órfãos...*, op. cit., p. 155.

66 Cf. APESP – Juízo de órfãos, Autos de tutoria, lata C05354, documento 60, 1903.

67 Cf. APESP – Juízo de órfãos, Autos de contrato, lata C05358, documento 35, 1906.

68 Sobre as representações de masculinidade burguesa, ver: MALUF, M; MOTT, M. L. Recônditos do mundo feminino..., op. cit; COSTA, J. F. *Ordem médica e norma familiar...*, op. cit.

69 Cf. APESP – Juízo de órfãos, Autos de diligência, lata C05359, documento 32, 1876.

ser dado ao visio da embriagues", fosse dado à tutela de Rafael de Divety, junto a quem aprenderia o ofício de marceneiro.[70] Em 1895, Sebastião Vieira de Moraes, viúvo e pai de Pedro, de dez anos de idade, era descrito pelo alferes da Guarda Nacional Manoel Laurindo de Oliveira e Silva, a cuja tutela informal "entregara seu filho", como *"incapaz de crial-o e educal-o, porquanto se-da continuamente ao vício da embriagues, e sendo paupérrimo tanto que o menor vivia em companhia da avó"*. Testemunhas interrogadas a favor da petição do alferes, que pretendia formalizar a tutela sobre o menor, reiteravam as acusações: Sebastião Moraes era retratado como "péssimo homem", de "extrema pobreza", que vivia "todos os dias embriagado" e "sem meio de vida algum".[71]

Se, ainda que em escala imensamente inferior, os adjetivos da miséria e do vício poderiam ser compartilhados por alguns poucos homens empobrecidos, cujos filhos órfãos de mãe viviam sob sua responsabilidade e a quem a justiça e os pleiteantes à tutela e soldada consideravam inaptos para o exercício dos deveres do verdadeiro chefe de família, outros vilipêndios eram reservados apenas às mulheres sós. Era especificamente no universo de sua sexualidade "desregrada", predicado exclusivamente a elas atribuído, que residiam as mais cabais comprovações de sua incapacidade materna. Como visto anteriormente, desde a década de 1850 encontram- se entre a documentação do Juízo de Órfãos registros nos quais a condição de ilegitimidade dos filhos é apontada como sinal de comportamentos sexuais atentatórios à moral dominante, reflexo do caráter deficiente de suas mães. Gerar filhos fora dos laços sagrados do matrimônio em uniões conspurcadas, ainda que duradouras, era desde então motivo de reconhecimento da mulher solteira como mãe incapaz pelas autoridades públicas. Ao longo das últimas décadas do século XIX, no entanto, quando a normatividade burguesa, aliada ao cientificismo dominante, consolidou as representações em torno da "natureza feminina", a ideia da sexualidade materna recebeu suas derradeiras pás de cal.

A contemplação da lubricidade feminina, legatária de princípios inerentes ao ideário cristão que apontavam a mãe como a transmissora do pecado original ao filho – e cuja sexualidade somente poderia justificar-se mediante os fins estritamente reprodutivos do matrimônio – era acrescida naquele con-

---

70   Cf. APESP – Juízo de órfãos, Autos de tutoria, lata C05457, documento 36203, 1891.

71   Cf. APESP – Juízo de órfãos, Autos de tutoria, lata C05458, documento 6312, 1895.

texto da perspectiva da vocação natural de mulheres para a geração de filhos e a amamentação.[72] Nesse espectro normativo e nesse ambiente ideológico em que corpo e moral se entrelaçavam, a mãe tornava-se um ente eminentemente assexuado e qualquer expressão de sexualidade que contrariasse os propósitos ou princípios da maternidade legítima era entendida como doentia, aproximando a mulher da antítese da "esposa-mãe": a prostituta.[73] Esta, vista pelos olhos de intelectuais e autoridades públicas que, nas décadas finais do século XIX e inícios do XX, enredavam-se em teorias sobre a degeneração do corpo e do caráter da sociedade, era considerada a responsável pela disseminação de doenças entre as boas famílias burguesas e pelo seu decaimento moral.[74]

---

72 Note-se que a amamentação feminina, assumindo ares de tarefa materna sacralizante, distanciava-se por completo de qualquer ideia de sexualidade – o seio era fonte de alimento, afeto e cuidados e não poderia ser representado como signo de lubricidade. De fato, a amamentação há muito contrapunha-se à sexualidade feminina – o que teria sido, segundo alguns autores, motivo para que a o aleitamento materno fosse rejeitado nas famílias abastadas europeias e também brasileiras. Teorias médicas amplamente difundidas na Europa e nas Américas, entre os séculos XVIII e XIX, afirmavam que relações sexuais poderiam estragar o leite materno, prejudicando a nutrição do bebê e eventualmente causando sua morte. Premidas pela necessidade de atender às exigências sexuais dos maridos e informadas ainda por ideias que creditavam à amamentação a deformação do corpo feminino, muitas mulheres optavam pela entrega de seus filhos aos cuidados de amas de leite. No Brasil e demais sociedades escravistas, como os Estados Unidos, a tarefa da amamentação foi amplamente entregue às amas de leite escravizadas entre as famílias de elite. BADINTER, E. *Um amor conquistado...*, op. cit.; PRIORE, M.D. *Ao sul do corpo...*, op. cit.; MARTINS, L.C.N. *No seio do debate...*, op. cit.; CARNEIRO, M.E.R. *Procura-se uma preta...*, op. cit.; MACHADO, M.H.P.T. *Entre dois Beneditos...*, op. cit.

73 A respeito da oposição fundamental entre a prostituta (mulher domada por seus baixos instintos e paixões, avessa à maternidade) e a "esposa-mãe" (dona de sexualidade controlada e saneada pela legitimidade da família), ver especialmente as considerações de Magali Engel: ENGEL, Magali. *Meretrizes e doutores: saber médico e prostituição no Rio de Janeiro (1840-1890)*. São Paulo: Brasiliense, 1988. Destaque-se, neste sentido, as observações da autora sobre o papel cumprido pela prostituta na manutenção da família burguesa e da sexualidade saudável da "esposa-mãe", uma vez que eram as meretrizes que, satisfazendo as demandas da sexualidade masculina, permitiam a preservação da sexualidade comedida da mulher burguesa.

74 As preocupações com a disseminação da sífilis motivaram o engajamento de muitos médicos em campanhas pela regulamentação sanitária da atividade das prostitutas no

80 Marília B. A. Ariza

Ademais, como afirma Magali Engel, a prostituição não era signo meramente reservado às mulheres que mercantilizavam serviços sexuais, tratando-se, em realidade, de condição que contemplava a todas as mulheres cuja sexualidade ou comportamentos públicos escapavam aos estreitos limites da saúde do corpo e do decoro delimitados pela normatividade social.[75]

São quase incontáveis as referências nos autos do Juízo de Órfãos que aproximam em maior ou menor grau as mulheres sós, mães de menores trabalhadores, das fronteiras da prostituição – quando não as acusam explicitamente da prática do meretrício. A recriminação do comportamento sexual das mulheres sós poderia surgir de forma breve e dissimulada, como era o caso da "preta" Maria Antonia, cuja filha Vitalina era assoldadada em 1888 pela professora pública Emilia Maria de Mendonça e seu marido. A solicitante da soldada, o juiz e o curador de órfãos escusaram-se de apresentar maiores justificações para a retirada da menor da companhia da mãe, uma vez que toda a sua incapacidade materna se encontrava subsumida nas palavras com que Emilia Mendonça a descrevia: "mãe solteira".[76] Outrossim, a menção à condição de solteira poderia vir acrescida das referências aos muitos filhos, fruto de relações espúrias e relegados à pobreza. Em 1890, Anna Eufrozina Dilles era descrita pelo pleiteante à soldada de seu filho João, "pardo" de oito anos de idade, nos seguintes termos: "*mulher solteira, tem cinco filhos de menor idade aos quais, por sua posição precarea, não pode dar-lhes educação alguma, obrigando-os a actos cuja pratica não pode, de modo algum aproveitar a educação dos mesmo seus filhos*".[77]

Afora as menções indiretas, também referências explícitas à sexualidade doentia de mulheres sós são encontradas nos autos – como aqueles que tratam da soldada e tutela de Angelina, pleiteadas por Pedro Fernandes de Barros, em 1888. A menina, descrita como "*branca, de 10 annos de edade*", natural de Tatuí, desde o falecimento do pai vivia na capital em companhia da família Barros. Instado pelo juiz a oferecer seu parecer a respeito da petição,

---

Rio de Janeiro no século XIX. ENGEL, M. *Meretrizes e doutores...*, op. cit., p. 103-135.

75 ENGEL, M. *Meretrizes e doutores...*, op. cit., p. 81-104.

76 Cf. APESP – Juízo de Órfãos, Autos de contrato, lata C05358, documento 15, 1888.

77 Cf. APESP – Juízo de Órfãos, Autos de diligência, lata C05361, documento 31, 1890.

o curador de órfãos indicava concordar com as solicitações encaminhadas ao Juízo, haja vista o fato de que, embora tivesse mãe viva, esta não poderia "*ter a filha consigo, por viver amaziada com um soldado*".[78] Ainda mais patentes são as declarações apresentadas contra Maria, mulher que, sendo formalmente casada, vivia em adultério com outro homem. A tutela de Izabel, descrita como "filha adulterina" dessa união consensual e contando então oito anos de idade, era judicialmente disputada por Salvatore Mariano e sua esposa Maria Antonia Frigoli, que recorriam ao delegado do distrito da Consolação no intuito de impedir a retirada da menor de sua casa. Ouvindo os reclames dos suplicantes, e convencido de que "*o modo de vida de sua mãe* [da menor] *não offerecia garantia alguma a educação moral da mesma*", o dito delegado fizera uso discricionário de seus poderes para retirar Izabel da companhia de Maria e entregá-la ao casal queixoso.[79]

Dois casos separados por quase duas décadas, entre as vésperas e os desdobramentos da abolição, são particularmente esclarecedores da importância que ganhavam, naquele contexto, as imputações feitas ao caráter decaído de mulheres sós e sua deletéria influência na formação moralmente apropriada de seus filhos trabalhadores. Em 1884, Jose Antonio de Carvalho informava ao Juízo que tinha em sua casa há um ano e quatro meses a órfã Porcina, que lhe fora entregue pela mãe, Rita de tal, e a quem havia ensinado a "*lêr, escrever e contar*". Ao dirigir-se ao Juízo, no entanto, Carvalho alegava que a dita Rita pretendia "*chamar a menor de volta à sua companhia*" – intento a que o peticionário se opunha fortemente "*visto não só a residência em cortiço e vida irregular da mãe, como porque a dita impubere (...) já tem 11 annos, entrando assim para a puberdade, idade essa fatal para as desvalidas de cuidados*". A menção à chegada da puberdade, decerto, não era em vão – aludindo ao amadurecimento sexual de Porcina, o peticionário referia-se veladamente ao temerário exemplo que a mesma encontraria na "*vida irregular*" da mãe. Sendo o juiz de órfãos o "*zelador da honra das meninas desvalidas*", Carvalho

---

78 Cf. APESP – Juízo de Órfãos, Autos de tutoria, lata C05456, documento 8609, 1888.

79 Cf. APESP – Juízo de Órfãos, Autos de contrato, lata C05358, documento 24, 1884.

solicitava que a referida autoridade desse destino apropriado a Porcina, engajando-a como assoldadada aos serviços de terceiros.[80]

Anos depois, a disputa em torno dos serviços de Georgina, de 10 anos de idade, filha de Maria Miranda e *"pai incognito"*, ecoava o mesmo discurso sobre as perniciosas influências legadas aos filhos – e notadamente às filhas – pelo comportamento desviante das mulheres sós. Em 1901, Samuel Porto, em cuja companhia a menina vivia há cerca de um ano sem que houvesse sido formalizada tutela ou contrato de soldada, queixava- se ao Juízo das tentativas empreendidas por Maria Miranda de retirá-la de sua casa. Georgina, alegava Porto, era *"tratada como pessoa de sua familia, gozando do mesmo conforto que os seus e recebendo a precisa educação domestica"* – justamente o tipo de educação servil a que se referia Luiz Gama, na petição com que se inicia este capítulo. Sua mãe, contudo, vinha criando problemas para o generoso tutor informal:

> Ocorre agora que a mãe da referida menor, mulher da vida facil e que presentemente vive amasiada com um soldado da praça cívica, de nome Estevam de tal, destacado no posto policial de Santa Ephigenia, que tenta retiral-a do seio de sua familia, sem que para isso haja motivo justificavel. Diz Maria Miranda que deseja a filha em sua companhia porque agora vive muito bem com o amasio e mesmo porque já prometteu dar a menor a um sargento seu conhecido logo que a companheira deste der á luz.[81]

Datada do início do século XX, registrada na São Paulo pós-abolição republicana das transformações velozes, a petição pelos serviços de Georgina espelha práticas e ideias anunciadas 17 anos antes na solicitação da soldada de Porcina. Juntos, os documentos ilustram cristalinamente a reiteração de aspectos que caracterizaram as vidas de mulheres empobrecidas e seus filhos por longa parte do Oitocentos em São Paulo. Ao mesmo tempo, demonstram a importância instrumental assumida pelo controle da sexualidade feminina na arregimentação formal de menores trabalhadores por sujeitos socialmen-

---

80 Cf. APESP – Juízo de Órfãos, Autos de contrato, lata C05358, documento 24, 1884.

81 Cf. APESP – Juízo de Órfãos, Autos de tutoria, lata C05458, documento 6112, 1901.

te bem estabelecidos e portadores de impoluta reputação, nas décadas finais daquele século e no início do século seguinte.

No que tange às permanências de dinâmicas sociais características das vidas das mulheres empobrecidas e seus filhos, afora as alusões à ilegitimidade familiar das menores trabalhadoras e, por conseguinte, ao comportamento moralmente reprovável de suas mães, as duas petições reportam-se à prática amplamente consolidada de arregimentação informal da mão de obra de crianças e jovens na cidade, codificada por alusões a cuidados, afetos e à educação providenciados à Porcina e Georgina pelos peticionários. Ao mencionar a interferência de Rita e Maria, mães das menores, na estabilidade destes arranjos de trabalho dependente, as petições demonstram involuntariamente a urgência do controle da mão de obra das crianças e jovens empobrecidos que explicaria o impulso à formalização desses vínculos naquele contexto.

As capacidades maternas de Rita de tal, mãe de Porcina, são abertamente desacreditadas pelo empregador informal de sua filha, o qual desqualifica seu caráter ao descrevê-la como moradora de cortiço e dona de vida indigna. No caso da mãe de Georgina, a construção da representação da inaptidão materna é ainda mais elaborada. De acordo com Samuel Porto, embora demandasse o retorno da filha, os motivos de Maria Miranda para fazê-lo eram escusos: ela pretendia, em realidade, entregar Georgina à companhia de um casal com um bebê recém-nascido, em cuja casa a menor certamente seria empregada como pajem e criada. À Maria Miranda, portanto, conforme a descrevia Porto, não se acomodavam predicados básicos da boa mãe: o autossacrifício e a proteção da filha colocada acima de seus interesses reles nada lhe diziam, bem como não lhe atendiam as noções de um lar ordenado e sexualmente saneado, uma vez que se encontrava amasiada ao praça Estevam de tal. Concluindo seus argumentos e solicitando a formalização da tutela, o peticionário levava a detração da mãe de Georgina alguns passos além, ao sugerir que a influência de uma mãe de moral comprometida era mais perniciosa do que se poderia a princípio supor:

> Nestas condições vem o abaixo assignado pedir ao Meritis. Juiz de Orphans que lhe de a tutoria da referida menor pois estando ella já quase mosinha, é injustificavel que seja retirada do seio de sua fa-

milia para andar pelas carroças em companhia de soldados, como é desejo da mãe, mulher de vida facil e posição baixissima.

Assim como a púbere Porcina, também a mocinha Georgina encontrava-se vulnerável às pestíferas interferências maternas. Sugerindo que, por obra da mãe, a menor passaria a frequentar *"carroças em companhia de soldados"*, o peticionário Samuel Porto tencionava demonstrar que Maria Miranda, dona de caráter depravado e comportamento desonroso, a empurraria conscientemente para a mesma vida de devassidão que ela própria experimentava. Opunham-se, em seu discurso, a salubridade e a segurança da família à desordem e sexualidade doentia típica das prostitutas e das mulheres públicas.[82]

Tal qual ocorrera à Porcina, contratada à soldada em 1884 diante do apelo desses argumentos, o juiz de órfãos deliberou pela concessão da tutela formal de Georgina a Samuel Porto. Entre os anos finais do século XIX e as décadas iniciais do XX, quando as definições da honra sexual feminina – embora sujeitas a amplo debate entre intelectuais e autoridades públicas – eram alçadas ao posto de representações elevadas da modernidade e civilização republicanas, as referências a mulheres que, por sua sexualidade imprópria, levavam seus filhos ao caminho da dissolução moral mostram-se cada vez mais frequentes e categóricas nos autos do Juízo de Órfãos.[83] Especificamente para as meninas, as mães representavam o perigo da reprodução de comportamentos sexuais não normativos e, no limite, da prostituição. Presença sórdida, estas mulheres comprometiam a possibilidade venturosa de que suas filhas se adequassem, ainda que de maneira subsidiária, na condição de cria-

---

82 Sobre a noção de mulheres públicas, ver: ENGEL, M. *Meretrizes e doutores...*, op. cit.; RAGO, M. *Do cabaré ao lar...*, op. cit.

83 Sueann Caufiel explora as íntimas relações entre as noções de honra sexual e os ideais da "civilização republicana". CAUFIELD, S. *Em defesa da honra...*, op. cit. Nas décadas iniciais do século XX, embora escasseiem entre os registros do Juízo de Órfãos as tutelas e contratos de soldada formalmente constituídos, pululam ações interpostas por parentes, especialmente maridos ou parceiros informais abandonados, em que trabalhadoras empobrecidas são acusadas de comportamentos sexuais indecorosos e apresentadas como perigosas agentes de contaminação moral dos próprios filhos – e, especialmente, das filhas.

das livres e disciplinadas, à ordem das boas famílias burguesas e à integridade da sociedade moderna e higienizada.[84]

As representações da incapacidade materna de mulheres empobrecidas, desse modo, desde o princípio do século, delineavam-se como a justificativa fundamental para a arregimentação formal de jovens e crianças como tutelados ou assoldadados. Importante é sublinhar, porém, que as reelaborações do modelo materno acompanharam as transformações da ordem familiar e os desenhos das dinâmicas sociais cambiantes da segunda metade do século XIX. Chegando-se à metade do Oitocentos, as noções de papéis familiares burgueses já circulavam entre famílias remediadas e de elite do Império, mas não tinham, ainda, sido sistematicamente incorporadas ao funcionamento de estruturas públicas de controle social ou engendramento de disciplinas do trabalho livre – esta última, perspectiva privilegiada na pesquisa que ora se apresenta. Numa cidade amplamente povoada por mulheres pobres, sós e chefes de família, como foi a São Paulo da maior parte do século XIX, suas experiências cotidianas eram constantemente colocadas em xeque por normatividades alheias às suas sociabilidades e estratégias de sobrevivência. No ápice das tensões em torno da abolição e seus desdobramentos, concepções revigoradas sobre a família e o devir feminino, misturadas ao cientificismo que então vicejava entre a intelectualidade brasileira, eram elevadas a um novo patamar de importância. Integrando-se às narrativas do progresso, as representações da maternidade saneada e burguesa instrumentalizaram a operação prática de políticas nacionais de formação de um mercado de trabalho livre e disciplinado, intimamente associadas aos desafios impostos pela abolição.

---

84 Sander Gilman discute a representação imagética de prostitutas e mulheres negras na arte, na literatura e na medicina europeias do século XIX, demonstrando que estas mulheres eram retratadas como agentes transmissores dos vícios morais sediados em sua sexualidade desviante. Embora não se refiram a representações visuais, as disputas envolvendo a tutela de menores trabalhadores, apoiadas em denúncias apresentadas contra a moralidade de suas mães produzem, de forma semelhante, representações discursivas mobilizadas no âmbito das disputas judiciais que localizam no comportamento sexual reprovável destas mulheres o perigo da degradação social. GILMAN, Sander L. Black bodies, White bodies: Toward an Iconography of Female Sexuality in Late Nineteenth-Century Art, Medicine and Literature. In: GATES JR., Henry Louis (Ed.). *"Race", Writing and Difference*. Chicago: University of Chicago Press, 1985, p. 223-261.

Sobrevivência: práticas populares de maternidade

Embora os registros de formalização de soldadas e tutelas, massivamente realizadas à revelia das mães dos menores engajados, tenham se multiplicado amplamente entre as décadas de 1880 e 1890 em São Paulo, a separação de mães e filhos empobrecidos, bem como o aproveitamento dos últimos nas diversas lides da vida doméstica e do pequeno comércio que por longo tempo caracterizaram a economia da cidade, não se restringia aos momentos imediatamente antecedentes e subsequentes à abolição. A interrupção dos vínculos maternos que uniam mulheres empobrecidas, livres, libertas e escravizadas a seus filhos, de fato, afirmou-se diuturnamente pelo século XIX, sendo constitutiva ao mesmo tempo dos papéis normativos femininos e das experiências familiares das mulheres subalternas.

Bom exemplo encontra-se na prática da adoção informal de menores expostos ou abandonados elevados à elusiva condição de "filhos de criação" – prática esta que, segundo Maria Luíza Marcílio, constituiu caráter distintivo da sociedade colonial na América Portuguesa, sendo amplamente aceita e valorizada. Se, por um lado, como aponta a autora, tal expediente fundava-se em justificações religiosas e nos estímulos da Igreja Católica ao exercício da caridade, por outro, representava a possibilidade de utilização da mão de obra gratuita das crianças acolhidas.[85] Até o fim da primeira metade do sécu-

---

85 A disseminação de tal prática entre as diversas camadas da sociedade colonial pode ser verificada, de acordo com Marcílio, nas listas de população da Capitania de São Paulo, que indicam a presença de "filhos de criação" mesmo nos domicílios chefiados por mulheres solteiras e homens pobres, onde as crianças expostas ocupavam o lugar de escravos nas roças e nos trabalhos domésticos. MARCÍLIO, Maria Luiza. *História social da criança abandonada*. São Paulo: Hucitec, 1998, p. 137. De forma semelhante, Carlos Bacellar indica que na Sorocaba colonial, vila modesta, cuja economia voltava-se à produção agrícola de abastecimento interno, os domicílios onde residiam crianças expostas contavam com pouca ou nenhuma mão de obra escrava. BACELLAR, Carlos de Almeida Prado. *Família e sociedade em uma comunidade de abastecimento interno. Sorocaba nos séculos XVIII e XIX*. 1995. 176f. Tese (Doutorado em História

lo XIX, a assistência caridosa à infância desvalida e orfanada, profundamente atada à arregimentação de trabalhadores, esteve intimamente ligada a subvenções privadas e ao domínio moral da ética cristã. Desde o início do século XVIII, instalavam-se na colônia as rodas de expostos ligadas às Santas Casas de Misericórdia.[86] Em São Paulo, cidade com altos índices de exposição de crianças no início do século XIX, a roda esteve operante a partir de 1825, instalada nas dependências do Hospital de Caridade mantido pela irmandade leiga da Santa Casa de Misericórdia.[87]

As finalidades para a instalação das rodas de expostos, em São Paulo e nas demais localidades imperiais onde este medieval sistema de acolhimento de crianças enjeitadas operou são há décadas exploradas pela historiografia. Segundo Laima Mesgravis, a função primeira das rodas seria recolher crianças abandonadas nas portas das casas de família, nas ruas ou nos "monturos de lixo" onde ficavam expostas à ação das intempéries e dos animais, entregues à morte iminente.[88] Cumpriam também, seguindo as recomendações da prática da *caritas*, o propósito de evitar infanticídios e abortamentos de crianças

---

Social) – Faculdade de Filosofia, Letras e Ciências Humanas, Universidade de São Paulo, São Paulo, 1995.

86 As primeiras a serem instaladas foram as de Salvador e Rio de Janeiro em 1726 e 1738, respectivamente VENÂNCIO, Renato Pinto. *Famílias abandonadas...*, op. cit.; RUSSEL-WOOD, A. J. R. *Fidalgos e filantropos: a Santa Casa de Misericórdia na Bahia, 1550-1755*. Brasília: UnB, 1981. No que diz respeito às rodas no Brasil, da Colônia ao Império, e de suas matrizes portuguesas ver, também: VENANCIO, R.P. *Uma história social do abandono...*, op. cit.

87 MESGRAVIS, Laima. *A Santa Casa de Misericórdia de São Paulo (1599?-1884): contribuição ao estudo da assistência social no Brasil*. São Paulo: Conselho Estadual de Cultura, 1976 (Coleção Ciências Humanas, 3). Especificamente sobre a roda de expostos de São Paulo, ver também: CARVALHO. Vera Maria de. *Girando em torno da roda: a Misericórdia de São Paulo e o atendimento às Crianças Expostas, 1897-1951*. 272f. 1996. Dissertação (Mestrado em História Social) – Faculdade de Filosofia, Letras e Ciências Humanas - Universidade de São Paulo, São Paulo, 1996; SILVA, Maria Beatriz de Oliveira e. *A irmandade da Santa Casa de Misericórdia de São Paulo e a assistência aos expostos: recolher, salvar e educar (1896-1944)*. 2010. 119f. Dissertação (Mestrado em Educação) – Pontifícia Universidade Católica, São Paulo, 2010.

88 MESGRAVIS, L. *A Santa Casa de Misericórdia...*, op. cit., p. 178.

indesejadas por serem ilegítimas, ou por nascerem em famílias miseráveis que não poderiam mantê-las consigo. De acordo com Renato Venâncio, a pobreza teria sido justamente a razão primordial para o enjeitamento no "Brasil antigo", embora as famílias depauperadas procurassem sempre evitar essa medida drástica.[89] Maria Luiza Marcílio, por sua vez, chama atenção ao fato de que os desdobramentos que pressionavam os empobrecidos a entregar seus filhos à roda superavam as circunstâncias de ilegitimidade e miséria: mulheres ou homens vitimados pela viuvez, pais adoentados, desavenças entre casais, nascimentos de gêmeos ou doenças dos pequenos motivavam o recurso ao acolhimento nas dependências da Misericórdia, mesmo que subsistisse nas famílias a expectativa de, em algum momento, retomar a guarda dos enjeitados.[90] Numa apropriação indevida dos usos a que eram destinadas, as rodas teriam também sido utilizadas por senhores como "depósito" dos filhos de suas escravas, então alugadas como amas de leite a terceiros; mais tarde, os mesmos proprietários retornariam às rodas para reclamar os pequenos cativos, caso estes tivessem sobrevivido às altas taxas de mortalidade infantil e atingido idade suficiente para prestar-lhes algum serviço.[91] Também as mulheres escravizadas por vezes recorreram às rodas, entregando-lhes seus filhos ilegítimos para que pudessem escapar do cativeiro ou da morte.[92]

---

89   VENANCIO, R. P. *Famílias abandonadas...*, op. cit. p. 85-95.

90   MARCÍLIO, M. L. *História social da criança...*, op. cit., p. 259-260. Neste sentido, a autora contrapõe- se à interpretação de Laima Mesgravis, para quem o principal motivo da exposição de menores em São Paulo após a abertura da roda foi a proliferação da prostituição entre as mulheres da cidade empobrecida. MESGRAVIS, L. *A Santa Casa de Misericórdia...*, op. cit., p. 102.

91   MARCÍLIO, M. L. *História social da criança...*, op. cit., p. 178-179. A autora indica, no entanto, que de acordo com alvará régio expedido em 1755, os enjeitados depositados nas rodas seriam considerados livres, de modo que a prática destes senhores se tornava não apenas cruel, mas também irregular.

92   É o que aponta Miriam Moreira Leite, em textos preciosos, a partir das leituras de relatos de viajantes que observaram os usos e costumes relacionados à roda dos expostos no Brasil do XIX: LEITE, Miriam Lifchtiz Moreira. O óbvio e o contraditório da roda. In: PRIORE, Mary Del (org.). *História da criança no Brasil*. São Paulo: Contexto, 1996, p. 98-112; LEITE, Miriam Lifchtiz Moreira. *Livros de viagem (1803-1900)*. Rio de Janeiro: Editora UFRJ, 1997, p. 143-159.

Nesse apanhado de explicações forjadas para a recorrente prática de exposição de crianças, as mulheres apartadas de seus filhos surgem de maneira não mais do que fortuita, desenhando imagens difusas à sombra da história do abandono de pequenos indefesos. Ainda que descritas como impactadas pela pobreza, por doenças, vexadas por comportamentos sexuais considerados impróprios, subordinadas às cruéis lógicas da escravidão, não pesa sobre elas o drama da ruptura de vínculos familiares. É aos expostos, inocentes e abandonados, que se reserva a simpatia e comiseração dos observadores coetâneos, entre autoridades públicas, pleiteantes à tutela e viajantes do século XIX, e também de parte significativa dos historiadores dedicados ao tema.[93] Perdurando na cidade de São Paulo até meados do século XX, a exposição de crianças na roda de expostos certamente não era, contudo, feita sem pesar.[94] Os livros de matrícula da Santa Casa de São Paulo que cobrem os anos de 1876 a 1901 guardam inúmeros registros de crianças entregues à roda envoltas em trapos e acompanhadas de bilhetes que sugerem as dificuldades da separação – informações sobre nomes batismo ou sobre a necessidade de que os pequenos fossem batizados, e pedidos encarecidos para que recebessem nomes determinados, são mais do frequentes.[95] Muitas eram colocadas na roda acompanhadas de objetos por meio dos quais pudessem, talvez, ser identificadas por mães esperançosas de, num futuro próximo, reaver os filhos: figas, pedaços de fita, medalhi-

---

93 Importante exceção feita a Renato Pinto Venâncio, que em seu artigo "Maternidade negada" explora a exposição de crianças nas rodas dos expostos a partir das circunstâncias sociais de suas mães: VENÂNCIO, Renato Pinto. Maternidade negada. In: PRIORE, Mary Del (org.). *História das Mulheres no Brasil*. São Paulo: Contexto, 2001.

94 A roda dos expostos da Santa Casa de Misericórdia de São Paulo esteve em funcionamento até meados do século XX. Muitas das crianças ali depositadas eram, depois de certa idade, encaminhadas à prestação de serviços variados na cidade: KUHLMANN JR., Moysés; ROCHA, José Fernando Telles da. Educação no Asilo dos Expostos na Santa Casa em São Paulo: 1896-1950. *Cadernos de Pesquisa*, v. 36, n. 129, 2006, p. 597-617.

95 O Museu da Santa Casa de Misericórdia apenas dispõe, para consulta, dos livros de matrícula ou assentamento de órfãos relativos aos seguintes anos: 1876-1894, 1899-1901, 1907-1916. Renato Pinto Venâncio refere-se aos bilhetes que acompanhavam os pequenos expostos na roda de Salvador, tabulando as alegações neles apresentadas para o abandono dos menores: VENÂNCIO, R.P. *Famílias abandonadas...*, op. cit., p. 75-85.

nhas, imagens de santos partidas ao meio, cruzes – pequenos símbolos de aflição – acompanhavam breves mensagens, como aquela que, em fins de outubro de 1880, tratava de uma menina recém-nascida:

> (...) o enxoval que truxé era so a roupa que encobria a criança. Mais era accompanhada de um bilhete contando que não era baptizada e devia chamar-se Benedicta Bueno; truxe por razão de ser procurada com o tempo uma cruz preta com os olhos de Sta Luzia de ouro, suspendidos a um cordão branco e azul e mais uma fita larga e comprida de seda de cor roxa.[96]

A sensível mensagem deixada por uma mãe junto ao filho deitado à roda em 1901 ilustra, de forma ainda mais eloquente, as dificuldades ocultadas pela imagem consolidada da "mulher desalmada" que abandonava os filhos à morte provável nas rodas de expostos:

> A infelicidade de eu ser uma triste viuva sem familia e sem ninguém, o meu marido falleceu dia 07 de Fevereiro de 1901 este menino nasceu dia 16 de Fevereiro de 1901, não tenho nada n'este mundo, só tenho Deus por mim meu Protetor, esse menino chama-se Frederico de Almeida. Baptizado na Igreja da Consolação (...) seu Pai já falleceu e eu sou uma pobre que ando neste mundo so tenho Deus por mim.[97]

De forma semelhante, as imputações de abandono feitas às mães de menores trabalhadores nos autos de tutela e soldada anteriormente mencionados escamoteiam realidades mais complexas do que a simples ausência dos nobres sentimentos e vocações maternas com que eram adornadas – e que servia de plataforma para que seus filhos fossem compulsoriamente arregimentados ao serviços de terceiros. A instrumentalização da premissa das

---

96 Cf. SCM SP – Livro de Assentamento de Órfãos 1876-1894, 24.10.1880. A exposição de algumas crianças acompanhadas de ricos enxovais indica que não apenas as mulheres empobrecidas, mas também aquelas abastadas, porém constrangidas pela ilegitimidade dos filhos, entregavam-nos à roda. Estes exemplos, contudo, são raros nos livros de matrícula de expostos a que a pesquisa teve acesso.

97 Cf. SCM SP – Livro de Matrícula de Órfãos 1899-1901, 03.06.1901.

mulheres abandonadoras de filhos empregada pelos pleiteantes a tutelas e soldadas é colocada às claras por casos como o de José, menor *"de côr preta"* e 11 anos de idade, filho de Joaquina de tal.[98] Em 1896, sua tutela era reclamada por Francisco de Paula Rodrigues, segundo quem o menino vivia *"em casa de Maria Benedicta, abandonado por sua mai, viuva, mulher esta de maus costumes e que não pode dar a educação conveniente a seu filho".* Não constam dos autos quaisquer esclarecimentos sobre quem fosse Maria Benedicta, podendo-se imaginar que integrasse alguma rede de parentesco ou solidariedade com quem Joaquina pudesse compartilhar a criação do filho.[99] Outrossim, é possível que José estivesse informalmente empregado em casa de Benedicta, ali desempenhando serviços domésticos, recebendo apenas o necessário para sua subsistência e, eventualmente, vencendo pequenas quantias – tipo de arranjo absolutamente comum e repetido ao longo de todo o século na cidade. Quaisquer que fossem os motivos que ligavam as duas mulheres e o menor, porém, o juiz de órfãos parecia deles desinteressado, acolhendo prontamente as denúncias apresentadas por Rodrigues e concedendo-lhe a tutela do pequeno. Menos de quatro meses depois, no entanto, o tutor retornava ao Juízo para informar que Joaquim havia *"fugido do poder do supplicante levado por sua mãe que se ausentou desta capital".* Joaquina não parecia, afinal, tão indiferente ao filho, retirando- o da casa do tutor e levando-o para longe, onde os interesses de Rodrigues e os poderes do Juízo, com sorte, não os pudessem alcançar.

Ocorrida mais de uma década depois, em 1909, a disputa pela tutela e os serviços da jovem Catharina, identificada como "brasileira" e contando então 17 anos de idade, exibe de forma ainda mais inconteste o uso oportuno feito por potenciais empregadores do estigma do menor abandonado pela mãe. Diante dos argumentos apresentados pelo peticionário ao Juízo, segun-

---

98 Cf. APESP – Juízo de Órfãos, Autos de contrato, lata C05358, documento 57, 1896.

99 Possibilidade sinalizada, como adiantado, pelos estudos de Zorzetto e Fonseca. Observe-se, contudo, que Fonseca destaca o fato de que crianças envolvidas em práticas circulares de agregação social eram, com frequência, exploradas como trabalhadoras. FONSECA, C. Pais e filhos nas famílias..., op. cit; ZORZETTO, A. Na roda da vida..., op. cit.

do os que os pais de Catharina "se achavam ausentes", o marido de sua irmã prestara os seguintes esclarecimentos:

> (...) informado de que (...) havia sido lavrado um contracto de soldada entre a menor e o suppdo por ser ignorado o nome dos seus paes bem como o seu paradeiro, vem agora o suppe requerer a VExcia que se digne de declarar tal contracto sem valor algum, visto como a alludida menor não se achava abandonada e chamarem seus paes Manoel Elias e Margarida Fonseca, residentes na Comarca de Limeira neste Estado.[100]

É possível argumentar que a ausência de pais – e, notadamente, de mães, uma vez que eram elas as chefes da maior parte das famílias de que eram oriundos os menores judicialmente arregimentados na cidade – correspondia menos ao abandono propriamente dito e mais à existência de arranjos familiares alheios à normatividade dominante, forjados como modos de vida improvisados e construídos ao sabor das imposições da sobrevivência. Transcendendo a proposição de que fossem tão somente ajustes familiares reativos, construídos de forma expediente por impulso da pobreza, contudo, pode-se contemplar também a ideia de que estas formas familiares correspondessem a sociabilidades que, estimuladas justamente pelas circunstâncias de vulnerabilidade social, desenhavam-se à contrapelo dos modelos e discursos oficiais. Esses arranjos ensejariam, desse modo, maneiras diversas de "ser mãe" e "cuidar dos filhos" que, tendo sua legitimidade ignorada ou negada pelas autoridades públicas e a norma social, constituíam excelente plataforma para a disputa pela mão de obra livre e precarizada de menores de idade em São Paulo.

Decerto, algumas mães empobrecidas, destituídas de meios quaisquer de sobrevivência, recorriam voluntariamente ao Juízo de Órfãos na expectativa de arranjar para os filhos circunstâncias menos extremas de vida. Este era o caso, por exemplo, de Maria Ignacia dos Santos, viúva que apelava ao Juízo pela nomeação de um tutor a João, de 11 anos de idade, argumentando que *"conquanto* [vivesse] *honestamente, trabalhando como alugada para subsistir*

---

100 Cf. APESP – Juízo de Órfãos, Autos de tutoria, lata C05358, documento 26, 1909.

e crear seu filho", não poderia assumir tal encargo.[101] Em 1899, Henriqueta Roza, abandonada pelo marido quando a filha Beatriz, de nove anos, era ainda bebê, e *"não podendo dar a dita sua filha a necessarea educação, visto viver de um pequeno negocio de verduras no mercado grande e não poder estar junta de sua filha"*, requisitava que o Juízo colocasse a pequena sob a tutela de Amelie Vaudieu, residente na capital.[102] Ao longo das décadas finais do século XIX e nos anos iniciais do século XX, quando o contingente da pobreza paulistana passava por verdadeira escalada com o influxo de imigrantes e libertos depauperados, as solicitações de tutela encaminhadas por mães trabalhadoras e empobrecidas repetiram-se com alguma regularidade.[103] Dirigidas ao Juízo de Órfãos, passagens de suas petições explicitam as circunstâncias que lhes obrigavam a encaminhar os rebentos à tutela de terceiros, abrindo mão dos cuidados sobre eles: *"sendo pobre e querendo de algum modo amparar seos filhos"*; *"[suas] posses não lhe permittem dar educação compatível [ao filho]"*; *"não podendo tratar de seu filho por se achar na miseria"*; *"pelo seu estado precareo de fortuna e saude não podia educar e sustentar sua filha"*.[104]

Alternativamente, há petições de tutela encaminhadas por sujeitos que eram também empregadores das mães dos menores pleiteados. Destes documentos, depreende-se que mulheres empregadas como criadas domésticas arranjavam junto a seus patrões a formalização da tutela dos filhos justamente como forma de mantê-los próximos, evitando que fossem formal ou informalmente empregados em outras casas. Assim, a tutela da menor Angela Thomasia, de 13 anos de idade e filha da italiana Modesta Simoneto, era so-

---

101 Cf. APESP – Juízo de Órfãos, Autos de tutoria, lata C05455, documento 6207, 1886.

102 Cf. APESP – Juízo de Órfãos, Autos de tutoria, lata C05458, documento 6035, 1899.

103 Sobre a pobreza urbana em São Paulo e suas diversas origens sociais, ver: SANTOS, C. J. F. *Nem tudo era italiano...*, op. cit.; FAUSTO, Boris. *Crime e cotidiano: a criminalidade em São Paulo (1880-1924)*. São Paulo: Edusp, 2001.

104 Cf. APESP – Juízo de Órfãos, Autos de tutoria: lata C05455, documento 8916, 1885; lata C05455, documento 8919, 1885; lata C05458, documento 6085, 1901; lata C05459, documento 6275, 1905. Algumas solicitações encaminhadas ao Juízo de Órfãos partiam de mães de menores "incorrigíveis", a quem se solicitava que as autoridades públicas dessem apropriado encaminhamento – nos Arsenais da Marinha, por exemplo - para evitar "maiores males" no futuro.

licitada em 1892 pelo italiano Patrício Zarela, *"em cuja companhia esta a mãe da mesma orphan"*.[105] De forma semelhante, em 1890, José Joaquim Guedes, lavrador e morador da freguesia de Nossa Senhora do Ó, peticionava por sua nomeação como tutor de Bento, de 11 anos de idade, filho de Joanna, a quem alegava ter criado até então, *"attendendo á mãi do mesmo menor assim como todos os irmãos deste* [que] *estão em companhia do supplicante"*.[106] Passados apenas dois anos da abolição, é de se imaginar que, embora não haja qualquer marcador racial atribuído a Joanna e seus filhos na petição, os mesmos tivessem anteriormente vivido em companhia de Guedes como seus escravos. Permanecer em sua companhia, deste modo, seria uma estratégia para evitar o esfacelamento dos vínculos entre mãe e filhos egressos da escravidão no pós-emancipação. Assombradas pelos estereótipos aviltantes que qualificavam as mães de crianças trabalhadoras, mulheres como Joanna e Modesta, ao que parece, apostavam na aliança com seus patrões para manter em segurança seus filhos e os laços familiares com eles tecidos.

De modo geral, contudo, para as mulheres que buscavam maior independência e arranjos de vida com menor subordinação aos poderes de patrões e ex-senhores, as tutelas e soldadas representavam um significativo empecilho à conquista da autonomia e da sobrevivência familiar. Não apenas anulavam a soberania destas mulheres sobre seus rebentos, impedindo-as de criá-los segundo suas próprias urgências e convicções, e potencialmente provocando o esgarçamento de seus laços afetivos, como também obstruíam dinâmicas econômicas familiares e obstaculizavam seriamente a subsistência de mães, filhos e demais membros de suas redes de parentesco. Os vencimentos angariados pelos pequenos trabalhadores eram de fundamental importância para a subsistência familiar. Se, por um lado, ao se tornarem judicialmente tutelados ou assoldadados por terceiros, os menores poderiam poupar à suas mães os custos com sua subsistência mais elementar – alimentação, vestimenta, tratamento em caso de enfermidades –, por outro, estes arranjos formais eliminavam do orçamento de famílias pobres suas minguadas, porém imprescindíveis, contribuições. Legados pelas Ordenações Filipinas ao Código Orfanológico im-

---

105 Cf. APESP – Juízo de Órfãos, Autos de tutoria, lata C05457, documento 6038, 1892.

106 Cf. APESP – Juízo de Órfãos, Autos de tutoria, lata C05456, documento 8620, 1890.

perial, os dispositivos legais que regulavam as tutelas e soldadas não previam a atribuição imediata de remunerações às crianças e aos jovens trabalhadores. De fato, afirmando-se como expedientes caritativos de acolhimento de pequenos desvalidos, as tutelas não previam qualquer tipo de vencimento aos tutelados, ainda que, na prática, seus serviços fossem largamente aproveitados. As soldadas, por seu turno, embora consistindo em modalidade contratual de arregimentação de serviços de menores de idade, estabeleciam que os vencimentos amealhados por estes trabalhadores fossem recolhidos em cadernetas de poupança, somente tornados acessíveis quando os mesmos atingissem a maioridade, aos 21 anos de idade.

Decerto, a perda de contribuições à modesta renda das famílias trabalhadoras da São Paulo imperial e de inícios da República impactava-as drasticamente[107]. Tanto a importância assumida pelo trabalho de menores de idade no orçamento familiar quanto o rombo nas pequenas economias domésticas produzido pelo recolhimento das soldadas em cadernetas de poupança inacessíveis são claramente expressos por solicitações de levantamento de pecúlio encaminhadas ao Juízo de Órfãos da cidade. Em 1891, a liberta Ephigenia Maria solicitava acesso aos valores arrecadados com a prestação de serviços de sua filha Eulalia, de 12 anos de idade e contratada à soldada pelos ex-senhores da mãe. Os motivos que levavam Ephigenia a solicitar o levantamento da poupança, em sua banalidade, informam o alto grau de precariedade econômica de famílias como a sua: estando Eulalia "gravemente enferma", sua mãe encontrava-se *sem meios para tratal-a, achando-se a supplicante em estado de penúria, tambem sem recurso algum para socorrer sua filha*.[108] Situação semelhante fora a de Gabriella Maria da Conceição que, em 1892, recorrera ao Juízo para levantar a poupança das soldadas da filha Benedicta, de 14 anos, e, com tal quantia, sanar "*a necessidade urgente*

---

107 O papel vital desempenhado pelo trabalho dos filhos, desde cedo empregados em diversos serviços urbanos, na manutenção de famílias chefiadas por mulheres sós é também observado por Ferreira Filho em Salvador, nos anos iniciais da República: FERREIRA FILHO, A. H. *Quem pariu e bateu...*, op. cit.

108 Cf. APESP – Juízo de Órfãos, Autos de contrato, lata C05358, documento 42, 1891.

de prover o pagamento das despezas que originou o fallecimento da filha", ocorrido no dia anterior.[109]

Outras solicitações encaminhadas ao Juízo pelas mães igualmente espelhavam a importância assumida pelos filhos menores de idade na composição dos orçamentos domésticos de famílias chefiadas por mulheres sós. Em 1905, Maria Concha requeria ao Juízo que o filho Rodolpho, de 13 anos de idade e residindo no Rio de Janeiro com o pai, "homem de péssimos costumes, prejudicial companhia ao filho", fosse apreendido e levado de volta à capital do estado, pois *"por ser muito pobre necessita tel-o em sua companhia para ajudar no custeio da casa"*.[110] A relevância da participação econômica dos filhos das famílias empobrecidas e chefiadas por mulheres, entretanto, torna-se ainda mais explícita diante da enorme frequência com que arranjos informais de aluguel de serviços de crianças e jovens saltam das páginas dos autos do Juízo de Órfãos, trazidos ao registro público por disputas e negociações cotidianas havidas entre mães e empregadores. As acusações esgrimidas em tais disputas eram variadas: maus-tratos e exploração infligidos às crianças na prestação de serviços, fuga de menores trabalhadores, sedução materna *versus* desejo das mães de retomar os filhos à sua companhia. De sua vasta recorrência, percebe-se que, ainda que eventualmente não trouxessem às mães dos pequenos trabalhadores parcos, porém vitais rendimentos, arranjos informais de serviços ao menos poupavam-lhe despesas com as quais tais mulheres não poderiam arcar. Essas modalidades de agenciamento de mão de obra, é necessário pontuar, diferenciavam-se das tradicionais práticas de agregação social de filhos de criação por estabelecerem-se explicitamente como tratativas em torno dos serviços de crianças, agenciados e ativamente negociados por suas mães.

Em 1854, Germana Angélica do Espírito Santo procurava o Juízo para solicitar que um tutor adequado fosse nomeado a Benedicta Antonia, filha da "preta forra" Tereza Maria de Jesus, que lhe teria entregue a menor para *"instruir e educar em todos os prestimos proprios do sexo feminino, sustentanto e vestin-*

---

109 Cf. APESP – Juízo de Órfãos, Autos de petição, lata C05429, documento 11108, 1892. Alberto Heráclito Ferreira Filho

110 Cf. APESP – Juízo de Órfãos, Autos de apreensão, lata C05336, documento 53, 1905.

do, com a unica obrigação daquela rapariga servir a supplicante em alguma cousa relativa a serviços domesticos". Com esta solicitação, Germana antecipava-se ao que acusava ser o comportamento-padrão de mães de jovens meninas encaminhadas informalmente aos serviços domésticos em casas de terceiros: *"como a experiencia tem mostrado (...) apenas principia a desenvolver-se em alguns prestimos assim como costurar, bordar, logo suas mãis as tirão* [do controle dos empregadores] *e as tornão desgraçadas".*[111] Era, portanto, a necessidade de precaver-se contra exercícios impróprios de autonomia da mãe de sua criada – que "não sabendo cuidá-la", a colocaria em desgraça, talvez buscando arranjá-la em outra casa – que estimulava a empregadora a formalizar os vínculos que separavam Benedicta de sua mãe. Em 1877, outra denúncia era apresentada ao Juízo, desta vez em nome de Maria Gertrudes das Dores, mulher viúva e pobre que empregara a filha, Maria, de 13 anos de idade, em casa de Antero Justiniano Pinto de Sais. Alegando que a filha ali nunca fora bem tratada, tornando-se enferma pelo excesso de trabalho a que era sujeita e, por isso, sendo colocada por seu empregador no hospital da Santa Casa de Misericórdia, a mãe solicitava a dissolução do arranjo informal de serviços estabelecido e o encaminhamento da menor aos cuidados de outrem.[112]

O gatilho para as mais acaloradas disputas levadas à contemplação do Juízo de Órfãos, todavia, era com regularidade a dissolução de contratos verbalmente estabelecidos entre mães agenciadoras e sujeitos contratantes dos serviços de jovens e crianças. Mulheres que retiravam ou procuravam retirar seus filhos do poder de patrões informais, muitas vezes com o intuito de realocá-los em novos e mais vantajosos arranjos de trabalho, eram confrontadas por empregadores indignados que, valendo-se de seu fácil acesso à justiça formal e das depreciativas representações vigentes de mulheres pobres como inaptas à maternidade, dirigiam às mães dos pequenos trabalhadores toda a sorte de injúrias. A mais aviltante delas, vociferada em apelativas petições, era a acusação de que tais mães seriam mulheres gananciosas, desejosas de explorar os filhos e parasitá-los em busca de rendimentos fáceis. Era

---

111 Cf. APESP – Juízo de Órfãos, Autos de requerimento, lata C05445, documento 24, 1854.

112 Cf. APESP – Juízo de Órfãos, Autos de diligência, lata C05360, documento 2, 1877.

nestes termos, por exemplo, que João Cândido de Oliveira Pinto se referia em 1887 a Escolastica Maria da Silveira, mãe de Bento, de dez anos de idade, que lhe fora entregue pela mesma mulher "para o fim de dar-lhe alguma educação". Acontecia, segundo Pinto, que Bento havia "*desapparecido da caza do supplicante* (...) *que lhe consta fôra seduzido pela propria mai, certamente para collocal-o em outo logar, que he de alguma conveniencia pecuniaria*". Diante deste vil projeto materno – e, sublinhe-se, somente nestas circusntâncias –, João Pinto oferecia-se ao Juízo para assoldadar formalmente a Bento, pagando-lhe vencimentos mensais de cinco mil réis, diretamente depositados nos cofres da Caixa Econômica provincial.[113]

A colérica petição apresentada pelo bacharel Arthur da Silva Araújo contra Maria de Andrade, mãe da "parda órfã de pai" Josephina, de 12 anos de idade, ia alguns passos além nas acusações à "mãe interesseira". Engajada, segundo informava Araújo, num arranjo informal de serviços que "*vencia para sua mãe o aluguel mensal de 10 mil réis*", Josephina potencialmente poupava à Maria de Andrade algumas despesas com sua subsistência – auxiliando-a, de resto, a engordar, ainda que modestamente, um orçamento familiar que poderia acomodar itens como o sustento de filhos mais novos e parentes, bem como o custeio de aluguéis e outras despesas fundamentais. A fúria de Araújo dava-se, justamente, porque a mãe de sua pequena criada decidira retirá-la de seu poder, talvez com o intuito de arranjá-la aos serviços de terceiros. Tolhido da mão de obra de Josephina por uma mulher sórdida, cujo comportamento era de todo reprovável, Araújo assim expressava seu ultraje ao Juízo:

> Occore porem, que ante-hontem, sem nenhum aviso e sem nenhum motivo, foi por esta [Maria de Andrade] retirada aquella menor da casa do supplicante onde, si a mesma menor não tivesse o direito e a felicidade de formar para si um peculio com o fructo de seu trabalho – porque a mãe não deixava-lhe nem um reis – oferecia-lhe em todo caso, a garantia de viver no seio de uma familia e ao abrigo do pessimo exemplo que lhe vai dar sua mãe vivendo, como vive – o que póde ser testemunhado por seus

---

113 Cf. APESP – Tribunal de Justiça de São Paulo, Contrato a soldada, lote 201006004064, 1887.

visinhos – em mancebia com um individuo, que exerce o officio de carroceiro (...).[114]

Novamente, os predicados das mulheres impróprias para a maternidade eram conjurados como argumento para a garantia do acesso à mão de obra barata dos pequenos empobrecidos. Invocando a *"inadiavel e urgente conveniencia de ser retirada aquella menor da companhia de sua mãe – que não podera lhe dar as boas lições de moral e nem vantagens materiais de ordem alguma"*, Araújo demandava ao Juízo que um tutor adequado fosse formalmente nomeado à Josephina, com o compromisso de depositar em caderneta de poupança os mesmos 10 mil réis mensais recebidos em sua casa pelos serviços que viesse a prestar. Concluindo previsivelmente suas considerações, colocava-se à disposição para o cargo:

> (...) por que o supplicante se julgue em condições de poder satisfazer esses compromissos, vem requerer a VExia que, dispondo-se acceital- o para tutor da menor, ordene que seja lavrado o competente termo de tutela e consedido mandando de apprhensão da mesma menor.

A lenga-lenga de empregadores informais, indignados com a supressão dos serviços de que desfrutavam, repetia-se em muitos outros processos, sempre se apoiando no menoscabo das capacidades maternas das mulheres empobrecidas e sós, reiteradamente apresentando-as como aproveitadoras, sanguessugas dos próprios filhos. Os impropérios poderiam, eventualmente, dirigir-se a famílias compostas por pai e mãe, como a de Maria Umbelina e Antonio Ferreira. Estes, após removerem em 1891 a filha Maria do Carmo, de 14 anos, da casa de seu empregador José Meirelles, arranjando-a em um novo aluguel informal a serviço de Silvio Lage, eram acusados pelo dito Meirelles nos seguintes termos: *"pouco attendendo para a educação de sua filha, tem em mira tão somente o interesse pecuniário, pondo em perigo a sua honra"*.[115] Na imensa maioria dos casos, contudo, era às mães sós que cabiam semelhantes im-

---

114 Cf. APESP – Juízo de Órfãos, Autos de tutoria, lata C05457, documento 6198, 1891.

115 Cf. APESP – Juízo de Órfãos, Autos de apreensão, lata C05336, documento 32, 1901.

putações – mesmo quando tais mulheres se dispunham publicamente a abrir mão dos minguados proventos do trabalho dos filhos, em nome de acordos mais convenientes para os mesmos. Assim, quando, em 1892, Benedicta Maria de Moraes solicitou ao Juízo que sua filha Izabel, de 15 anos de idade, fosse removida da casa de Dona Maria Candida, onde se encontrava informalmente empregada mediante o aluguel mensal de 15 mil réis, mesmo as autoridades públicas desdenharam suas verdadeiras intenções.[116] Abrindo mão de remuneração de que poderia dispor imediatamente, obtida com o aluguel dos serviços de Izabel, Benedicta solicitava sua contratação formal por Alberto Julio da Fonseca e esclarecia acreditar que, ainda que os vencimentos maiores não pudessem compor seu orçamento familiar, o referido *offerecia maior soldada e mais garanta para a mesma sua filha*". Não obstante, a reação do curador-geral de órfãos designado para analisar a solicitação foi de suspeita – primeiro solicitou que a menor fosse depositada em casa de terceiros, de modo a *"acautelar as seduções de sua mãe"*, e só então aquiesceu ao pedido da soldada formal que, de resto, interessava imensamente ao contratante.

Sobre mulheres como Benedicta, Maria, Escolástica ou Germana, portanto, pesavam estereótipos que impunham dúvidas mesmo sobre aqueles que, aos olhos da época, seriam os mais insuspeitos artifícios para gerir suas famílias – nem mesmo o recuso a um expediente judicialmente legitimado, que beneficiava aos contratantes e não trazia proventos que aliviassem a pobreza imediata das famílias dos menores trabalhadores, passava incólume.

Este conjunto de mulheres pobres e chefes de família era definido, em boa medida, por importante recorte racial – grande parte das mulheres enquadradas nas formas da "mãe imprópria" eram egressas da escravidão ou identificadas como "pretas" e "pardas". Em circunstâncias de incontornável pobreza, como eram as destas mulheres e seus filhos, minorar os marcadores raciais com a ascensão social, e, deste modo, adquirir prerrogativas das "mulheres brancas de elite" – que, de resto, eram uma miragem distante mesmo para as mulheres brancas e pobres – era projeto irrealizável.[117] De forma ex-

---

116 Cf. APESP – Juízo de Órfãos, Autos de contrato, lata c05358, documento 43, 1892.

117 Este é um retrato social diverso daquele desenhado por Scheila Faria sobre as libertas "ricamente ataviadas e cheias de joias" do Brasil escravista. Note-se, porém, que a mesma autora sublinha que, a despeito de seus bem-sucedidos empreendimentos, tais

tensiva, contudo, e como se procurou demonstrar até aqui, além das implicações raciais, indisfarçáveis, o estatuto de feminilidade destas mulheres era amplamente afetado pela ilegitimidade de seus filhos e a inconformidade de suas famílias aos modelos normativos vigentes; no limite, além de sua raça e pobreza, era a licenciosidade de suas relações e de sua vida íntima que, tolhendo-lhes as prerrogativas inerentes ao "dever ser feminino", interrompia os vínculos de autoridade, subsistência e afeto que as ligavam aos filhos.[118]

Na expectativa de superar a frágil condição materna a que o caráter espúrio de suas relações lhes expunha, muitas mulheres sós procuravam o reforço de figuras masculinas que pudessem lhes conferir alguma lidimidade como mães. Sophia de Santanna, a mãe de Maria do Carmo que fora representada por Luiz Gama em 1881, com cuja petição se abriu este capítulo, fê-lo ao convocar testemunhas que atestaram, frente ao juiz de órfãos, que ela "vivia honestamente", dedicando "cuidado e asseio à educação da filha". O vigário da paróquia de Santa Efigênia, que depôs a seu favor, declarava

---

mulheres jamais desfrutaram de prestígio e reconhecimento social fora de seus círculos de influência racialmente delimitados (tanto à sua época, observa Faria, quanto na produção historiográfica a seu respeito). A trajetória do "mulato" Antônio Rebouças, retraçada por Keila Grinberg, igualmente ilustra a persistência dos estigmas raciais que pesavam mesmo sobre uma próspera figura pública – alguém que, ademais, alinhava-se empedernidamente à defesa da escravidão com base no princípio do direito à propriedade. Num outro cenário, a natureza móvel e ao mesmo tempo resiliente das classificações raciais é discutida por Martha Hodes a partir do caso de uma mulher branca norte-americana empobrecida e sua ascensão social como "mulher de cor", esposa de um capitão negro no Caribe no século XIX. FARIA, S. C. Mulheres forras..., op. cit; GRINBERG, Keila. *O fiador dos brasileiros: Cidadania, escravidão e direito civil no tempo de Antonio Rebouças.* Rio de Janeiro: Civilização Brasileira, 2002; HODES, Martha. *The Sea Captain's Wife: A True Story of Love, Race & War in the Nineteenth Century.* New York: W.W. Norton and Company, 2006.

118 Analisando a questão dos "filhos naturais" registrados em paróquias de São Paulo, na primeira metade do século XIX, e no Rio de Janeiro, na segunda metade, Elizabeth Kuznesof argumenta que a estigmatização dos filhos ilegítimos decorria, sobretudo, das imputações feitas à moralidade de suas mães – entre as quais predominavam as "mulheres de cor". KUZNESOF, Elisabeth. Sexual Politics, Race and Bastard-Bearing in Nineteenth-Century Brazil: A question of Culture or Power? *Journal of Family History,* v. 16, n. 3, 1991, p. 241-260.

sobre a pleiteante: "(...) *educa sua filha Maria com os recursos de seu trabalho, vivendo ambas em companhia de Francisco de Paula, irmão de Sophia e tio de Maria*". Suas palavras eram ratificadas pelo subdelegado de polícia da mesma freguesia, de modo que não apenas uma, mas três figuras masculinas – duas delas dotadas de boa reputação e responsabilidades públicas – atestavam que Sophia, cumpridora dos "deveres maternos", poderia usufruir os "sentimentos e direitos" que assistiam as mães: seu irmão, um cura e um delegado de polícia.[119] De forma semelhante, em 1891 Eulina Leite contava com o reforço moral de um novo casamento para pleitear o retorno do filho a sua companhia. Segundo relatava seu marido, o operário Felizardo Silva, o menino Antonio residia *"contra a vontade do supplicante"* em casa do capitão Henrique da Fonseca; desejando o padrasto *"mandar ensinar uma arte ao referido menor* (...) *de modo a garantir-lhe o futuro com mais segurança do que o emprego que actualmente ocupa"*, solicitava ao juiz que despachasse pela apreensão e entrega do menino. Os autos, breves, não esclarecem qual era o emprego em que se ocupava correntemente Antonio; transparecem, no entanto, que foi preciso a Eulina a legitimidade de um casamento para que o Juízo pudesse considerar o seu lar um local apropriado ao filho natural.[120]

Nem sempre, porém, foi bem-sucedida a estratégia de recorrer ao respaldo de figuras masculinas que exercessem, se não o papel propriamente dito, ao menos vultos da função de pais, tios, padrastos ou protetores congêneres. Também a masculinidade e a boa paternidade, afinal de contas, tinham suas normas. Entre 1888 e 1890, desenrolou- se a disputa pela tutela de Benedicto, menino pardo que no ano da abolição contava 13 anos de idade.[121] Filho natural de Joana Maria da Conceição e Americo Cezar, furriel reformado, Benedicto nascera "no tempo em que os pais viviam juntos", e aparentemente seguira vivendo somente em companhia da mãe. Quando José Maria de Moraes Calabria, que alegava já conhecer o menino e ter-lhe

---

119 Cf. APESP – Juízo de Órfãos, Autos de tutoria, lata C05455, documento 9206, 1881.

120 Cf. APESP – Juízo de Órfãos, Autos de petição, lata C05428, documento 10795, 1891.

121 Cf. APESP – Tribunal de Justiça de São Paulo, lote 201007000520, Contrato a soldada, 1888-1890.

dispensado "alguma proteção", solicitou ao Juízo a contratação dos seus serviços, comprometendo-se a educá-lo e pagar-lhe soldada mensal de oito mil réis, não foi Joanna, mas sim Americo, quem respondeu ao pleito. Afirmando ter sempre dispensado "cuidados de verdadeiro pai" ao menino, tendo-lhe, a todo o momento, considerado como "seu filho natural", Americo Cezar solicitava ao Juízo ser nomeado seu tutor. Dada a fragilidade do vínculo que dizia nutrir com Benedicto, sobre o qual pesavam a ilegitimidade e a distância que marcavam sua relação, o pai se precaveu das maneiras que pôde. Poucos dias antes de apresentar ao Juízo a petição de tutela, fez doação de "uma pequena casa coberta de telhas" situada em Pindamonhangaba, Vale do Paraíba paulista, no valor de 200 mil réis, em partes iguais a Benedicto e Joanna – o pai ideal, além de bom provedor, cioso das necessidades materiais de sua família era também, segundo a norma vigente, um proprietário. Empenhando ainda mais esforços, Americo Cezar anexava ao processo uma carta em que reconhecia a paternidade de Benedicto, bem como o depoimento de diversas testemunhas – todos homens, todos de seu convívio social e, assim, sujeitos de extração social nada elevada – que confirmavam, uma após a outra, saberem que o menor era mesmo seu filho.

Nada disso parecia suficiente, entretanto, ao curador-geral de órfãos, que emitindo parecer expressava-se da seguinte maneira:

> O suppe (...) não prova regularmente que é pae do orphão de que se trata: conquanto, com a doação de (...) mostre que quis beneficial-o, não está em condições de ser seu tutor, não se comprometendo por qualquer soldada, sendo que o suppe (...) que pedia a nomeação de tutor, offerecia a soldada mensal de 8$ e, por informação que tenho, o mesmo orphão, antes das presentes diligencias, estava ganhando salario.

Testemunhos, carta declaratória e doação de patrimônio não eram, aos olhos do curador, provas cabais da relação paterna que ligava Americo a Benedicto; apenas Joanna, a mulher pobre, solteira e parda, estava inequivocamente unida ao menor segundo as autoridades públicas, e suas chances de sucesso, ao pleitear a tutela do filho, eram pequenas. Note-se, porém, que do mesmo modo não havia qualquer prova de que a afirmação de paternidade apresentada fosse, como parecia supor o curador de órfãos, um bem arquitetado embuste de Joanna e Americo, armado por quaisquer razões que pudesse haver para que ele se sujeitasse a fazê-lo. Ainda assim, a sorte de Benedicto definia-se segundo sua origem ilegítima, e a única solução disponível aos seus pais era que eles próprios arcassem com as despesas da soldada ofertada por José Maria Calabria. Era, afinal, uma opção inviável: o contrato de soldada do menor foi feito em 1890 e o nome do contratante não era Joanna Maria da Conceição nem Americo Cezar.

Ainda que buscassem a legitimidade de figuras masculinas que pudessem sustentar moralmente o direito de manterem sob sua responsabilidade e arbítrio a criação dos filhos – e, assim, decidir como educá-los, sustentá-los e empregá-los –, tais mulheres compartilhavam com as demais mães chefes de família da cidade, cujas histórias são parcialmente recontadas neste capítulo, as premências da pobreza e os modos improvisados de vida que moldavam formas diversas de viver a relação materna e o cuidado dos filhos.[122] No espectro das práticas de maternidade arredadas dos parâmetros das classes médias burguesas em formação, ainda que atravessadas pelas distâncias impostas pelo agenciamento de pequenos trabalhadores nos lares e oficinas alheias, as relações maternas não se interrompiam por completo. No caso dos menores informalmente alugados por suas mães, havia a evidente ligação produzida pela importância que os rendimentos dos menores assumiam na subsistência de suas famílias. Não obstante, ao contrário do que procuravam demonstrar os empregadores destas crianças e jovens, não era este o único vínculo nutrido entre mães e filhos.

O empenho pela remoção dos rebentos para casas onde se achassem "em melhores circunstâncias", as denúncias de maus-tratos e mesmo as eventuais visitas feitas pelas mães aos filhos surgem de forma mais ou menos fur-

---

122 Referindo-se à teoria feminista, Patricia Hill Collins sinaliza a necessidade de que as reflexões sobre a maternidade e suas práticas sejam interseccionais, contemplando, deste modo, modos particulares de ser mãe e cuidar dos filhos intimamente associados a recortes de raça e classe. HILL COLLINS, Patricia. Shifting the center: race, class and feminist theorizing about motherhood. In: GLENN, Evelyn N.; CHANG, Grace; FORCEY, Linda R. *Mothering: ideology, experience and agency*. New York: Routledge, 1994, p. 371-378.

tiva nos autos judiciais. Semelhante é o caso das crianças e jovens formalmente tutelados ou assoldadados cujas mães com frequência procuravam o Juízo para denunciar explorações e crueldades por eles sofridas, quando não para reclamar o direito de ter novamente os filhos em sua companhia – o que significava estarem sob sua autoridade, ainda que não necessariamente sob o seu teto. Escolher onde e com quem os filhos viveriam, manter com eles contato e ter alguma espécie de arbítrio sobre seu destino, uma vez entregues ao serviço de terceiros, era a autonomia materna possível num cenário de ampliada pauperização, no qual famílias inteiras, grandes ou pequenas, eram feitas de trabalhadores.[123]

Esta parecia ser a expectativa de mulheres como Francisca de Assis. Mãe do pardo José Antonio de Assis, seu filho natural de 12 anos de idade, em outubro de 1856 ela peticionou ao juiz de órfãos por providências a respeito da falta de notícias do menino. Aprendiz de marceneiro empregado pelo valor de 200 réis por dia de trabalho, o menor fora levado em janeiro por seu mestre de ofício para a cidade de Mogi das Cruzes, com autorização de Francisca. Na queixa apresentada à justiça, no entanto, a mãe reclamava não ter desde então recebido as remessas do salário do filho e tampouco quaisquer notícias do menor.[124] Quase cinco décadas depois, em 1903, Maria Alves Carencio reclamava que sua filha de nome Julieta, por ela alugada para trabalhar a serviço de Candido da Silva Medeiros, fora por ele levada ao Estado de Santa Catarina, tornando-se impossível para a mãe ter notícias do estado em que se encontrava a menina.[125]

---

123 Embora não se trate de um estudo especificamente dedicado ao tema da maternidade na diáspora, ao tratar da trajetória de deslocamentos atlânticos de Rosalie e sua família entre São Domingos, Cuba, França e o sul dos Estados Unidos em busca da emancipação, o artigo de Rebecca Scott e Jean Hébrard alude às fraturas e também à resiliência das relações entre mães e filhos no contexto da escravidão e da Abolição. SCOTT, Rebecca J; HÉBRARD, Jean M. Rosalie Nação Poulard: liberdade, direito e dignidade na era da revolução haitiana. *Afro-Ásia*, n. 46, 2012, p. 61-95.

124 Cf. Autos de notificação, lata C05419, documento 9440, 1956 – Juízo de Órfãos, APESP.

125 Cf. Autos de petição, lata C05429, documento 10788, 1903 – Juízo de Órfãos, APESP.

Ser mãe e ao mesmo tempo só, pobre e, adicionalmente, como em tantos casos, liberta, "preta" ou "parda", implicava estabelecer vínculos que, mesmo ameaçados pela distância, pudessem mostrar-se resilientes. Esta parece ter sido a força motriz de relações entre mães e filhos trabalhadores na cidade por grande parte do século XIX e mesmo no início do século XX.[126] Roza de Jesus, "parda solteira" e forra, tinha em 1856 quatro filhos vivos – e, possivelmente, um ou mais falecidos. Prestando esclarecimentos ao Juízo por ocasião da solicitação da tutela de sua filha mais nova por uma mulher francesa, que pretendia partir para a Europa levando a pequena em sua companhia, Roza declarou

> (...) que quando ainda captiva libertarão por ella na pia o seo filho de nome Joaquim que terá quinze annos de idade, mora em companhia della respondente (...) que depois que ella respondente libertou-se teve diversos filhos dos quais existem tres que são Anna de cuazi nove annos que esta na casa de um francés, tinureiro morador no Acu. Paula de mais de tres annos, que vive na companhia de Rosie Vaudieu. João de hum anno que está com ella respondente. (...) seu filho Joaquim aprende o officio de sapateiro e ganha o jornal de duzentos e quarenta reis, que serve para pagar o aluguel da casa em que morão. Nada mais disse e nem lhe foi perguntado.[127]

No mesmo ano, a africana livre Maria Conga, empregada no Seminário de Sant'Anna, mãe de dois jovens compulsoriamente contratados à soldada, era quem, apesar da pobreza, vestia o filho crioulo Benedicto, de 17 anos de idade. O menor sofria toda a espécie de agruras em casa de brigadeiro Gavião Peixoto, eminente quadro da sociedade paulistana de meados do sé-

---

126 O decreto nº 181 de 24 de janeiro de 1890, o primeiro dispositivo legal a regulamentar o casamento civil, reconhecia apenas às mulheres que houvessem sido legitimamente casadas o direito à tutela dos filhos. Para Maria Aparecida Papali, tais disposições tornaram ainda mais dificultoso o acesso de mulheres solteiras e empobrecidas à tutela de seus filhos – antes regulada pelas disposições originárias das Ordenações Filipinas. PAPALI, Maria Aparecida. A legislação de 1890..., op. cit.

127 Cf. APESP – Juízo de Órfãos, Autos de tutoria, lata C05453, documento 10255, 1856.

culo: além de ser explorado e receber surras e bofetadas pelos mais torpes motivos, "*não lhe davão roupas senão muito ordinarias que se extragão dentro de poucos dias, sendo fornecida por sua mãi alguma que elle tinha*".[128] Décadas depois, em 1887, a italiana Francisca Volpe, tornando-se viúva e "*ficando na maior mizeria*" com quatro filhas menores de idade, colocara-as em diversas casas na cidade de Piracicaba, no interior da província, "*afim de não sofrerem tanto*". Anos mais tarde, melhor estabelecida na capital da província, encontrando trabalho e vivendo em companhia da filha mais velha e do marido desta, solicitava ao Juízo que o genro tutelasse formalmente as filhas deixadas no interior, para que pudessem encontrá-la em São Paulo "*onde todas podem ficar empregadas e viverem em sua companhia com mais tranquilidade*".[129]

Presentes nos registros do Juízo de Órfãos da maior parte do século XIX, as disputas pela tutela e soldada de menores formal ou informalmente empregados concentram-se nas décadas finais do Oitocentos, no ápice do desmonte da escravidão e das transformações no mundo do trabalho. Sua aglomeração em semelhante contexto sinaliza, certamente, a importância de um problema que, com a abolição e seus desdobramentos, assumia a ordem do dia: a reelaboração dos protocolos do trabalho livre. Opunham-se, naquele cenário, a firme determinação da camada senhorial de dar sobrevida às práticas herdadas da escravidão no mundo pós-emancipação e o empenho de mulheres e crianças subalternas em arranjar para si melhores e mais autônomas condições de vida. Estavam em jogo, além das noções mais elementares de liberdade, grandes questões envolvendo a consolidação de novas concepções de trabalho que seguiriam se afirmando, ao longo do século XX: as lógicas do assalariamento, o controle do trabalhador, os direitos e deveres contratualmente previstos.

---

128 Cf. APESP – Juízo de Órfãos, Autos de tutela, lata C05453, documento 12396, 1856. Este caso é abordado por Enidelce Bertin em maiores detalhes em: BERTIN, Enidelce. Uma "preta de caráter feroz" e a resistência ao projeto de emancipação. In: MACHADO, Maria Helena P. T.; CASTILHO, Celso Thomas (org). *Tornando-se livre: agentes históricos e lutas sociais no processo de abolição*. São Paulo: Edusp, 2015, p. 129-142.

129 Cf. APESP – Juízo de Órfãos, Autos de diligência, lata C05361, documento 6049, 1887.

Todavia, o solo fundamental sobre o qual as transformações do trabalho de menores de idade e suas mães deitavam raízes sedimentara-se na cidade de São Paulo desde há muitas décadas. Era apoiado na vulnerabilidade social de famílias pobres chefiadas por mulheres que o recrutamento de mão de obra informal de crianças e jovens se estabelecera ao longo do século XIX. Era também arrimada na fragilidade dessas famílias, acrescida de novos discursos sobre a "natureza feminina", a normatividade burguesa, as doenças, as contaminações e os atrasos da escravidão, bem como das agitações sociais causadas pela abolição, que a arregimentação de menores de idade se transportava às esferas da formalidade. Nas páginas dos autos do Juízo de Órfãos, era a palavra de autoridades públicas, tutores e contratantes que primeiro se anunciava – domar e silenciar os modos de vida e as agências de mãe empobrecidas e seus filhos era seu interesse, parte de um projeto de amplas proporções com vistas à modernização social e à ordenação do mundo do trabalho. É às mulheres e aos menores de idade, sujeitos cujas palavras e visões de mundo escamoteiam-se nas fontes, que as atenções são aqui dedicadas.

2.
Disputar a maternidade

Maria era uma mulher liberta vivendo na cidade de São Paulo em fins de 1875. Como ocorria a tantas forras que adquiriam a liberdade com pecúlios arduamente amealhados ou compromissos de prestação de serviços por longos períodos, não era apenas a sua própria libertação que consumia seus planos e economias. Para completar seu projeto de emancipação, Maria precisava ainda libertar seu filho, Paulo, de cerca de dez anos de idade, escravizado a José Gonçalves da Cunha. Para comprar a alforria de Paulo, sua mãe mobilizara esforços variados: poupara 200 mil réis, fruto de seu trabalho, e emprestara igual quantia à Dona Luiza Emilia Galvão de Moura Lacerda, que assim se tornava sua credora e fiadora. Os 400 mil réis acumulados com dívida e poupança foram entregues ao proprietário do filho, acompanhados do compromisso adicional de reembolsar-lhe ainda o montante de um conto e 100 mil réis, *"entrando com as quantias no prazo de um ano"*. Não sendo capaz de quitar a dívida – soma incomumente alta para a alforria de uma criança de 10 anos –, era Dona Luiza Emilia Lacerda quem compareceria com os pagamentos devidos a José Gonçalves da Cunha, sendo recompensada por Maria com a prestação de seus serviços arranjados num futuro contrato.[1]

---

1   PCNC, Livro 85, F27, 1875. Como argumentou Mara Lúcia Mott, crianças escravizadas eram reconhecidamente bens de valor inferior aos dos adultos, por este motivo compondo, frequentemente, posses de pequenos e menos abonados proprietários. Sobre o valor de compra e venda e da alforria das crianças escravizadas, pode-se tomar como medida de comparação o valor de indenização estabelecido pela própria Lei 2.040, qual fosse o de 600 mil réis para ingênuos que tivessem completado oito anos de idade. Ao tratar dos preços das alforrias na cidade de São Paulo entre 1871 e 1888 (sem discriminar o valor atribuído a crianças), Enidelce Bertin indica que os preços

Trocando em miúdos, para comprar a alforria do filho, Maria comprometera-se com uma dívida que, repartida em quinhões iguais ao longo do ano que teria para quitá-la, corresponderia a parcelas mensais de 125 mil réis – valor muito superior àquele atribuído aos salários de mulheres libertas empregadas nos serviços domésticos na cidade no fim do século XIX.[2] Imagine-se que, a tais parcelas, somavam-se ainda as despesas necessárias para a subsistência da trabalhadora e de sua família – talvez formada por mais filhos e parentes. Ainda que Paulo, tão logo estivesse formalmente emancipado, fosse engajado pela mãe em algum arranjo de prestação de serviços, os vencimentos que amealhasse ou os gastos que poupasse à família decerto seriam insuficientes para aliviar as pressões financeiras geradas pela compra de sua alforria. Quais eram as chances de que Maria pudesse arcar com os pesados custos da manumissão de seu filho sem ver-se, afinal, engajada em um contrato de locação de serviços que, como tantos outros realizados na cidade aquela época, arregimentavam a mão de obra de homens e principalmente mulheres libertas, relegando-os a condições de dependência e experiências precárias de liberdade?

Os prognósticos, decerto, não eram favoráveis.[3] Muito possivelmente, a enorme empreitada assumida por Maria para libertar Paulo ainda os en-

---

mais altos eram praticados para "homens crioulos", cujas alforrias custavam, em média, um conto de réis. MOTT, Maria Lúcia de Barros. Ser mãe: a escrava em face do aborto e do infanticídio. *Revista História*, São Paulo, n. 120, 1989, p. 85-96; BERTIN, Enidelce. *Alforrias na São Paulo do século XIX: liberdade e dominação*. São Paulo: Humanitas, 2004, p. 96.

2   O Relatório da Província de 1886, citado por Lorena Feres da Silva Telles, apontava que os salários de empregados domésticos e cozinheiros deveriam variar entre 20 e 40 mil réis e entre 25 e 60 mil réis, respectivamente. TELLES, Lorena Feres da Silva. *Libertas entre sobrados: Mulheres negras e trabalho doméstico em São Paulo (1880-1920)*. São Paulo: Alameda Editorial, 2014, p. 121.

3   Em pesquisa anterior, acerca de contratos de locação de serviços celebrados na cidade de São Paulo entre 1830 e 1888, compilei os salários atribuídos aos serviços de mulheres libertandas e constatei que a maior parte deles se situava na faixa entre 10 e 19 mil réis mensais. ARIZA, Marília Bueno de Araújo. *O ofício da liberdade: libertandos locadores de serviços em São Paulo e Campinas (1830-1888)*. São Paulo: Alameda Editorial, 2014, p. 179

volveria em outros arranjos de trabalho dependente, negociações com novos credores e, eventualmente, fugas e ações de liberdade.[4]. Tornar-se livre era uma tarefa de grande monta para qualquer sujeito escravizado; para as mulheres, compreendia adicionalmente as imposições específicas da maternidade que têm escapado, até o momento, à análise mais cuidadosa da historiografia nacional.[5]

O reconhecimento dos vínculos que uniam mães e filhos foi sistematicamente recusado às mulheres escravizadas, como já visto, ainda que sobre a sua condição materna, sob o princípio do *partus sequitur ventrem*, residisse a ideia da própria continuidade da escravidão – especialmente após o fechamento do tráfico atlântico.[6] Ainda assim, a despeito da interdição do acesso destas mu-

---

4   As dinâmicas relativas ao agenciamento do trabalho de libertandos, via contratos de locação de serviços na cidade são mais profundamente analisadas em: ARIZA, M.B.A. *O ofício da liberdade...*, op. cit.

5   No caso da historiografia sobre os Estados Unidos e o Caribe, sobretudo em sua porção britânica, pode- se dizer que os estudos dedicados às intersecções entre escravidão e maternidade há algum tempo vêm constituindo importante acúmulo. Os trabalhos de Jennifer Morgan, Kimberly Wallace-Sanders e Mary Jenkins Schwartz, entre diversos outros, são bons exemplos da diversidade desta produção: MORGAN, Jennifer L. *Laboring Women: reproduction and Gender in New World Slavery*. Philadelphia: University of Pennsylvania Press, 2004; WALLACE-SANDERS, Kimberly. *Mammy: a century of race, gender and souther memory*. Ann Arbor: University of Michigan Press, 2008; SCHWARTZ, Marie Jenkins. *Birthing a Slave: Motherhood and Medicine in the Antebellum South*. Cambridge: Harvard University Press, 2009. Maria Helena Machado sinaliza a relevância destes estudos para a historiografia da escravidão brasileira em: MACHADO, Maria Helena P. T. Mulher, Corpo e Maternidade. In: *Dicionário da Escravidão e Liberdade. 50 textos críticos*. In: SCHWARZ, Lilia Moritz; GOMES, Flávio dos Santos (orgs.). São Paulo: Cia. das Letras, 2018, p. 334-340.

6   Como afirmado anteriormente, os estudos sobre "reprodução escrava" – i.e., índices de natalidade e práticas de maternidade entre mulheres cativas – ainda são escassos no Brasil. Não obstante, é amplamente aceita a noção de que, por conta dos baixos índices de natalidade, o crescimento vegetativo entre as posses escravas brasileiras era negativo, de modo que a população escrava dependia, para sua reprodução, do influxo de africanos trazidos ao Império pelo tráfico atlântico. Robert Slenes argumenta, no entanto, que os impedimentos à reprodução natural da propriedade escrava em território brasileiro deviam-se mais.

lheres às prerrogativas que assistiam as mães consideradas aptas ao cargo, cativas e libertas estiveram ativamente engajadas nos desdobramentos das tensões criadas pela emancipação gradual. Desde a primeira metade do século, africanas livres já disputavam o direito de manter sob seus cuidados e autoridade os filhos crioulos. É o que mostra, por exemplo, Enidelce Bertin, ao discutir o caso de Maria Conga, a *"preta feroz"* que encarou frontalmente as autoridades públicas, ao reclamar o seu direito à emancipação e o de seus filhos.[7] Decerto, ao longo do Oitocentos, muitas outras mulheres cujos filhos encontravam-se sob o cativeiro constituíram poupanças com as quais compraram suas manumissões ou arranjaram-se outros acordos de alforria condicional que, se não promoviam a sua entrada e de sua família no mundo da autonomia plena, ao menos acenavam com a possibilidade de uma emancipação futura.

Nas décadas finais do século XIX, entretanto, as discussões sobre o encaminhamento do trabalho servil jogaram luz intensa sobre as mulheres escravizadas e seus filhos ao endereçarem a aprovação da Lei do Ventre Livre e, ao mesmo tempo, ressaltarem a importância da formação dos menores de idade egressos da escravidão na ética do trabalho livre e disciplinado. Num contexto em que a maternidade era alçada ao posto de representação máxima do devir feminino, também as mulheres escravizadas, por vezes assessoradas por importantes abolicionistas, pleiteavam na justiça o "sagrado direito" de exercer os misteres maternos, disputando os sentidos da lei de 1871 e reclamando para si os filhos e seus destinos. Embora sua atividade nas ações de liberdade tenha produzido importantes significados para o processo da abolição em escala atlântica, os momentos imediatamente seguintes à abolição revelaram-se problemáticos para mães e filhos egressos da escravidão.[8]

---

7   BERTIN, Enidelce. Uma "preta de caráter feroz" e a resistência ao projeto de emancipação. In: MACHADO, Maria Helena P. T.; CASTILHO, Celso Thomas (org). *Tornando-se livre: Agentes históricos e lutas sociais no processo de abolição.* São Paulo: Edusp, 2015, p. 129-142.

8   O trabalho de Camillia Cowling dimensiona a participação de mulheres escravizadas e libertas nos processos de abolição e seus desdobramentos no Rio de Janeiro e em Havana: COWLING, Camillia. *Conceiving Freedom: Women of Color, Gender and the Abolition of Slavery in Havana and Rio de Janeiro.* Chapel Hill, NC: The University of North Carolina Press, 2013.

Acorrendo aos cartórios e Juízos de Órfãos para assegurar o controle sobre os ingênuos e libertos, filhos das escravas libertas pelo 13 de maio, senhores de escravos expropriados encontravam, nas tutelas e soldadas, expedientes úteis para a continuidade de seu domínio sobre ao menos parte da mão de obra. Apoiando-se, novamente, nas representações das mulheres escravizadas como mães inapropriadas – estigma amplamente atribuído às mulheres empobrecidas, como visto no capítulo anterior, mas carregado de tons ainda mais fortes no caso das mulheres egressas da escravidão – ex-senhores agora pleiteantes à tutela e soldada reclamavam para si o direito de educar o trabalhador disciplinado do amanhã. Também as mulheres escravizadas, contudo, se apropriavam dos atributos da maternidade normativa para reclamar a tutela dos filhos, engendrando batalhas de representações que colocava em disputa o destino de famílias egressas da escravidão e o controle da mão de obra livre no pós-emancipação e no pós-abolição.

Viver as práticas e enfrentar as leis

A busca de mulheres escravizadas e com filhos por tornarem-se livres desenhou- se, na prática social, como um empreendimento de muitas etapas. Como têm discutido interessantes estudos sobre as experiências de emancipação antes e após a abolição, "ser livre" era condição que transcendia a formalização de um novo estatuto jurídico, necessitando de cotidiana reafirmação – algo que, no caso das mulheres, compreendia além da própria experiência, também a de seus filhos.[9] Em 1879, por exemplo, a "preta liberta" Innocencia engajava-se num contrato de locação de serviços a serem

---

9   Questões importantes sobre os desdobramentos da abolição foram levantadas em: MATTOS, Hebe; RIOS, Ana Lugão. O pós-abolição como problema histórico: balanços e perspectivas. *Topoi*, v. 5, Rio de Janeiro, 2004, p. 170-198. O volume organizado por Maria Helena Machado e Celso Castilhé e importante referência a respeito de práticas de emancipação e realidade do pós-emancipação: MACHADO, M. H. P. T.; CASTILHO, C. T. *Tornando-se livre...*, op. cit. Em perspectiva atlântica, estudo de referência sobre o tema do pós-emancipação é: COOPER, Frederick; HOLT, Thomas C.; SCOTT, Rebecca J. *Beyond slavery: explorations of race, labor and citizenship in postemancipation societies*. Chapel Hill: University of North Carolina Press, 2000.

114 Marília B. A. Ariza

prestados por quatro anos a Manoel Augusto Alves de Borba, morador da capital, que lhe adiantara os 400 mil réis necessários para indenizar a seu senhor, residente em Atibaia, por sua alforria.[10] A compensação monetária, entretanto, não era a única condição implicada no acordo de manumissão de Innocencia; segundo seu ex-proprietário, Paulino José Marciano, era fundamental que Anna e João, filhos ingênuos da liberta descritos como "crioulos de casa", permanecessem no interior da província em sua companhia, *"obrigados aos cuidados e serviços garantidos pelo artigo 1º paragrafo 1º da lei de 28 de setembro de 1871 durante o tempo previsto pela mesma lei".*[11] Uma vez forra, residindo na capital para reembolsar o credor de sua libertação, possivelmente servindo-lhe como criada como ocorria a muitas outras libertandas locadoras de serviços, é de se imaginar que Innocencia se lançasse, então, ao projeto de financiar também a emancipação dos filhos. Seria certamente uma tarefa de fôlego, que consumiria longos anos, haja vista o fato de que o trabalho exercido em casa de Manoel Borba não seria remunerado, e a formação de pecúlio com o qual pudesse comprar a alforria de Anna e João dependeria de outros empréstimos ou de mais serviços realizados em dias de folga.[12]

---

10 APESP – Juízo de Órfãos, Autos de liberdade, lata C05355, documento 98, 1879. Embora os contratos de locação de serviços tenham surgido na década de 1830 como expediente de controle e arregimentação do trabalho livre, notadamente de imigrantes engajados na lavoura, na cidade de São Paulo seu uso foi disseminado como mecanismo de obtenção de alforrias, especialmente a partir da década de 1870. Henrique Espada Lima é autor de estudos pioneiros acerca da utilização de contratos de locação de serviços como expedientes de alforria, neste caso na cidade de Desterro: ARIZA, M.B.A. O ofício da liberdade..., op. cit; LIMA, Henrique Espada. Sob o domínio da precariedade: escravidão e os significados da liberdade de trabalho no século XIX. *Topoi*, Rio de Janeiro, v. 6, n. 11, 2005, p. 289-326; ____. Trabalho e lei para os libertos de Santa Catarina no século XIX: arranjos e contratos entre a autonomia e a domesticidade. *Cadernos AEL*, Campinas, v. 14, n. 26, 2009.

11 Aqui o peticionário referia-se às disposições sobre a permanência de ingênuos em poder dos proprietários de suas mães até os 21 anos de idade. Os menores poderiam ser remidos dos serviços devidos ao atingirem oito anos, mediante indenização oferecida pelo Estado aos senhores. Cf. Lei nº 2.040, de 28 de setembro de 1871. Disponível em: < hhttp://www.planalto.gov.br/ccivil_03/leis/lim/LIM2040.htm>. Acesso em: 12.12.2019.

12 Entre as libertandas locadoras de serviços na cidade de São Paulo, predominavam aquelas engajadas em serviços domésticos. Nestes e nos demais casos, os arranjos de

Mães infames, filhos venturosos

A libertação de mulheres escravizadas não implicava, portanto, a conclusão de projetos de emancipação que tinham dimensão familiar. De fato, muito frequentemente, mulheres manumitiam-se primeiro para então, encontrando-se em condições um pouco mais confortáveis de acessar a Justiça ou formar poupanças, pleitear a alforria dos filhos. Exemplos desta dinâmica são diversos entre os autos do Juízo de Órfãos e os registros dos Cartórios de Notas de São Paulo nas décadas finais do século XIX. Em 1886, Brazilina, *"cozinheira preta"* manumitida pelo Fundo de Emancipação, pleiteava a classificação junto à mesma instituição de seus filhos menores Thereza, Ignez e Victor, com idades entre 11 e 17 anos.[13] No mesmo ano, a liberta Pulcheria, mãe de três filhos ingênuos com idades entre oito e 15 anos, que seguiam vivendo em casa de seu ex-senhor Antonio Correa da Silva e prestando-lhe serviços, solicitava ao Juízo a interposição de uma ação de liberdade por arbitramento em favor dos menores. A remissão dos serviços dos ingênuos em poder dos senhores ou ex-senhores, de fato, era prevista pela Lei 2.040, contando que suas mães se tornassem libertas antes de os filhos atingirem oito anos de idade.[14] Aproveitando-se desse dispositivo, Pulcheria amealhara a soma de 200 mil réis que peticionava serem depositados junto à Tesouraria da Fazenda, de modo a iniciar-se o processo de emancipação dos filhos.[15]

---

locação, por definição, não previam a remuneração dos serviços prestados por libertandos, uma vez que os trabalhadores deveriam indenizar aos contratantes, seus credores, as despesas realizadas com a compra de suas manumissões. ARIZA, M. B. A. *O ofício da liberdade...*, op. cit.

13 Cf. APESP – Juízo de Órfãos, Autos de liberdade, lata C05356, documento 04, 1886. Sobre os fundos de emancipação, que privilegiavam a libertação de mulheres com filhos, ver o artigo de Camillia Cowling e Celso Castilho: CASTILHO, Celso T.; COWLING, Camillia. Bancando a liberdade, popularizando a política: abolicionismo e fundos locais de emancipação na década de 1880 no Brasil. *Afro-Ásia*, Salvador, n. 47, 2013, p. 161-197.

14 Esta prerrogativa das libertas mães de ingênuos menores de oito anos de idade era prevista no artigo 1º, parágrafo 4º da referida lei. Outra possibilidade para a remissão dos serviços era a indenização pecuniária do senhor, prevista pelo parágrafo 2º do mesmo artigo. Cf. Lei nº 2.040, de 28 de setembro de 1871. Disponível em: < http://www.planalto.gov.br/ccivil_03/leis/lim/LIM2040.htm>. Acesso em: 12.12.2019.

15 Cf. APESP – Juízo de Órfãos, Autos de contrato, lata C05358, documento 21, 1886.

Semelhante era o caso da liberta Benedicta Maria da Conceição, cujo filho Antonio, contando 19 anos em 1887, não poderia usufruir as prerrogativas dos nascidos de ventre livre. No intuito de auxiliá-lo a forrar-se no futuro, Benedicta procurava constituir-lhe um modesto pecúlio de 150 mil réis, depositados em caderneta de poupança em nome de Antonio.[16]

O primeiro aspecto que chama a atenção na reunião desses breves exemplos de financiamento da alforria de mães e filhos é o caráter essencial assumido pelo trabalho árduo, a habilidade de acumular pequenas economias e arranjar-se crédito nos projetos de emancipação femininos e familiares. No contexto do Império brasileiro, em que a manumissão apresentava papel estrutural nas relações escravistas, esta realidade tornava-se ainda mais relevante.[17] Diversos estudos sobre alforria têm, há algum tempo, indicado a prevalência de mulheres entre os cativos beneficiados por manumissões conquistadas em diferentes ajustes: os incondicionais, que cumpriam o papel de fidelizar o escravo e mantê-lo vinculado ao senhor; os condicionais, geralmente atrelados à prestação de serviços por longos períodos; ou ainda os onerosos, que implicavam a indenização monetizada dos senhores.[18] Não obstante, certo olhar histo-

16 Cf. APESP – Juízo de Órfãos, Autos de pecúlio, lata C05422, documento 44, 1887.

17 Sobre práticas de alforria em perspectiva atlântica e sua característica e importância no caso da escravidão brasileira, ver: BRANA-SHUTE, Rosemary; SPARKS, Randy J. *Paths to Freedom: Manumission in the Atlantic World*. Columbia: South Carolina University Press, 2009.

18 Esta classificação é proposta por Enidelce Bertin em seu supramencionado trabalho a respeito das alforrias em São Paulo. Sem embargo, práticas equivalentes de alforria foram documentadas e estudadas em diversas outras localidades. Os estudos sobre alforria, de fato, têm recebido especial atenção dos historiadores nacionais nas últimas décadas. Entre as tendências interpretativas por eles delineadas, duas opõem-se frontalmente: aquela que tende a considerar as manumissões como concessões e instrumentos exclusivos de controle senhorial, submetidos aos ritmos estruturais do tráfico; e aquela que trata as manumissões como conquistas e frutos da agência política de escravizados. Outros estudos têm procurado cunhar interpretações mais equilibradas entre estes dois polos. A título de referência sobre estas diferentes linhas interpretativas, ver: FLORENTINO, Manolo. De escravos, forros e fujões no Rio de Janeiro imperial. *Revista USP*, São Paulo, n. 58, 2003, p. 104-116; SOARES, Márcio de Sousa. *A remissão do cativeiro: a dádiva da alforria e o governo dos escravos em Campos dos Goitacazes, 1750-1830*. Rio de Janeiro: Apicuri, 2009; FERRAZ, Lizandra Meyer.

riográfico que identifica a manumissão de mulheres escravizadas e seus filhos a arranjos de natureza íntimo-sexual entre cativas e senhores, reconhecidamente legatário de narrativas sobre a lubricidade da mulher negra e da mestiçagem brasileira, mostra-se recorrente ainda nos dias de hoje, reiterando o desprezo à importância da capacidade de trabalho, de formação de poupanças e de improviso de modos de vida entre as cativas e libertas.[19]

Na contramão dessas interpretações, os registros que apontam o engajamento de mulheres escravizadas e libertas em arranjos de locação de serviços, formação de pecúlios e, mesmo, seu recurso à Justiça formal, como se verá à frente, são testemunhos do grande empenho por elas depositado em projetos familiares de emancipação.[20] Iniciá-los por sua própria manumissão era uma opção estratégica que levava em consideração os esforços necessários para a aquisição ou conquista judicial de diversas alforrias – desde a sua própria e até as de seus filhos. Embora fossem arquitetados por mulheres que

---

Entradas para a liberdade: formas e frequência da alforria em Campinas no século XIX. 2010. 202f. Dissertação (Mestrado em História) – Universidade Estadual de Campinas, Campinas, 2010; NASCIMENTO, Flaviane Ribeiro. *Viver por si: histórias de liberdade no agreste baiano oitocentista (Feira de Santana, 1850-1888).* 2012. 199f. Dissertação (Mestrado em História Social) – Universidade Federal da Bahia, Salvador, 2012; BERTIN, E. *Alforrias em São Paulo...*, op. cit.

19 A matriz mais notável desta interpretação é, certamente, o pensamento freyreano consagrador da narrativa da escravidão docilizada, que tem em "Casa-grande e senzala" seu maior representante. O conteúdo "afetivo" de relações de exploração tem sido alvo de reflexões e questionamentos interessantes de pesquisadores da escravidão. No que tange aos estudos sobre a alforria, é ainda persistente a referência à atuação de mulheres escravizadas que construíam acessos à liberdade formal por meio de relações que resultavam na produção de filhos ilegítimos de seus senhores. Críticas à reificação da mulher negra e mestiça como símbolo de lascívia, sedução e hipersexualização escamoteada por estas interpretações sobre a agência escrava podem ser encontradas em: HARTMAN, Saidiya. Seduction and the ruses of power. In: *Callaloo*, n. 19, 1996, p. 537-60, 1996; MOUTINHO, Laura. *Razão, "cor" e desejo: uma análise comparativa sobre relacionamentos "inter--raciais" no Brasil e na África do Sul.* São Paulo: Unesp, 2004, p. 51-103.

20 MACHADO, Maria Helena P. T.; ARIZA, Marília B. A. Histórias de trabalho, poupança e resiliência: escravas, libertas e libertandas na cidade de São Paulo (1870-1888). In: BARONE, Ana; RIOS, Flávia (org.). *Negros nas Cidades Brasileiras (1890-1950).* São Paulo: Editora Intermeios, 2019, p.117-142.

118 Marília B. A. Ariza

compreendiam as brechas judiciais e as práticas sociais que poderiam mobilizar, assim como bem conheciam as limitações materiais de sua condição de escravizadas e libertas, esses projetos ampliados de emancipação não se mostravam empreendimentos de fácil execução, como bem demonstra o caso de Lucrecia, "parda forra". Representada por Lins de Vasconcellos, insigne advogado e filantropo paulista, Lucrecia submetia, em 1883, uma petição ao Juízo na qual informava que

> (...) com fundo firmado com o labor próprio, adquiriu trezentos mil reis que confiou ao Sr. Antonio Bento de Souza e Castro para libertar a menor Margarida filha della supplicante e escrava do Major João Antonio Dias. Acontece que alem dessa quantia tem a filha da supplicante mais 200 mil reis que lhe doou Carlos Augusto Borba, e com a qual se pediu deposito da menor para libertar-se por arbitramento. Feito o deposito, o senhor da filha da supplicante libertou-a sem condição, mas pretende ficar com Ella em seu poder, o que será um segundo e pior captiveiro do que o primeiro.[21]

Tendo em defesa de sua causa, além de Lins de Vasconcellos, o apoio do famoso abolicionista Antonio Bento que se tornara guardião do pecúlio por ela acumulado, Lucrecia contava ainda com uma doação que, somada às suas próprias economias, perfazia a indenização de 500 mil réis oferecida pela alforria de Margarida. Ressaltando o esforço empenhado na poupança que fizera, Lucrecia reforçava a capacidade de *"por seu trabalho educar sua filha por quem já fez sacrifícios de economizar aqueles 300 mil reis"*. A despeito de tal abnegação e compromisso, contudo, João Antonio Dias não parecia disposto a abrir mão dos serviços de sua filha. O "segundo cativeiro" a que se referia a petição que o acusava de aceitar o depósito do pecúlio, mas não libertar Margarida, correspondia, precisamente, a seu intuito de tutelá-la e contratá-la à soldada:

> Diz o Tenente Coronel Joaquim Antônio Dias que sendo intimado hontem (...) para o depósito da menor Margarida, de quatorze annos que requereu alforria por pecúlio, e como o supplicante já

---

21   Cf. APESP – Juízo de Órfãos, Autos de diligência, lata C05360, documento 23, 1883.

> tivesse resolvido libertal-a, vem declarar a Vossa Senhoria que concede-lhe a liberdade gratuitamente, sendo o pecúlio recolhido ao cofre dos orphãos em beneficio da mesma menor, requerendo a Vossa Senhoria que seja nomeado tutor à mesma menor, e sendo esta dada à soldada na forma da lei para evitar que seja mantida em companhia de sua mãe que não pode de sua educação.

Sublinhando a incapacidade materna de Lucrecia, Dias prontamente oferecia-se como alternativa adequada aos melhores interesses da menor, propondo-se a assumir os encargos de sua tutela e assoldadamento. Reforçavam o caráter pretensamente desinteressado e caridoso de sua proposta a concessão da alforria gratuita a Margarida, bem como a transformação do pecúlio amealhado por sua mãe em poupança a beneficiá-la futuramente. Nas entrelinhas de seu discurso, porém, lê-se claramente que a manumissão oferecida à filha de Lucrecia nada tinha de efetivamente incondicional. Libertando-a e em seguida engajando-a como tutelada, Dias teria poder sobre a menina até que a mesma completasse 21 anos, sem que sua mãe ou quaisquer abolicionistas seus defensores pudessem recorrer à justiça para emancipá-la – uma vez alçada à liberdade formal, estaria submetida às normas que regiam a tutela dos menores de idade, e estas garantiam amplo espaço para a apropriação da mão de obra de crianças e jovens livres, libertos e pobres, filhos de mães supostamente inadequadas.[22]

Manobras legais como a utilizada por João Antônio Dias para converter menores de idade cativos, passíveis de serem manumitidos, em menores de idade tutelados, submetidos ao domínio de seus "benfeitores" por longo

---

22 Diversos dispositivos das Ordenações Filipinas referem-se à orfandade como condição que englobava os filhos ilegítimos ou de pais falecidos até que completassem 25 anos. Até atingirem esta idade, os órfãos eram passíveis de serem tutelados. Cf. Ordenações Filipinas, Livro 1º, Título 138, Parágrafos 19 a 21. <Disponível em: h ttp://www1.ci.uc.pt/ihti/proj/filipinas/l1p212.htm>. Acesso em: 12.12.2019. O Código Criminal imperial, datado de 1830, estabelecia a maioridade penal aos 21 anos, e foi esta a idade- limite adotada pelas leis orfanológicas, a despeito de serem legatárias das Ordenações Filipinas. Este assunto é objeto de maior detalhamento no capítulo três. ALMEIDA, Angela Mendes de. *Família e modernidade: o pensamento jurídico brasileiro no século XIX*. São Paulo: Porto Calendário, 1999.

tempo e inacessíveis à sua família pelos mecanismos da alforria, eram recorrentemente empregadas na cidade de São Paulo – recebendo ainda maior fôlego, após consumada a abolição, como se verá um pouco mais à frente. Antes mesmo da terminação efetiva da escravidão, entretanto, a arregimentação de filhos de mulheres libertas por meio de soldadas e tutelas já indicava que as contendas em torno da emancipação implicavam a disputa do controle sobre a útil mão de obra de jovens e crianças empregados em diversos misteres urbanos – e esta não era uma batalha que senhores de escravos estivessem dispostos a perder. Em 1873, imbuído dos mais dignificantes espíritos da época, em nome do *"desenvolvimento da liberdade que com energia se vai manifestando neste Imperio e tornando patente o jubilo pela fundação nesta Capital do Conselho Provincial Maçonico"*, Paulo Delfino da Fonseca concedia alforria ao menor João, filho da *"escrava preta"* Maria, com a ressalva de que o liberto ficasse sob sua tutela *"em quanto d'ella precisar, para que possa me dirigil-o em seo beneficio"*.[23] Em 1880, possuindo *"uma escrava crioula"* de nome Francisca, mãe da pequena Benedicta, Francisco Antonio da Barra desistia judicialmente dos serviços da ingênua, apenas para, em seguida, solicitar ser nomeado tutor da mesma menor, oferecendo-se *"pela amisade que tem a mesma a creal-a e educal-a"*.[24]

Os riscos eram grandes para as mulheres que assumiam grandes dívidas para alforriar os filhos: além do quase incontornável aprofundamento de sua pauperização, havia a possibilidade de novas separações, caso os rebentos fossem encaminhados aos serviços em casas de terceiros, e as muitas artimanhas senhoriais que buscavam constranger seus empreendimentos de emancipação familiar. Nestas circunstâncias, mulheres libertas, mães de crianças ingênuas ou nascidas antes da libertação do ventre, exploravam diversas possibilidades dentro de um espectro limitado de alternativas. Algumas delas, a exemplo do que ocorria às mulheres empobrecidas chefes de família de forma geral, procuravam na formação de alianças com antigos senhores ou novos patrões uma medida de acomodação que contemplasse a expectativa de preservar seus laços com os filhos e mantê-los, tanto quanto possível, próximos de seus cuidados, ainda que dentro de estreitas margens de autonomia. Em 1888, passados

---

23 Cf. APESP – Tribunal de Justiça de São Paulo, lote 201006004045, *Contrato a soldada*, 1873.

24 Cf. APESP – Juízo de Órfãos, Autos de liberdade, lata C05355, documento 15, 1880.

poucos meses da abolição, Maria, que seguia vivendo em casa de seu ex-senhor junto aos filhos, recorria a este expediente para impedir que a filha Paula, de 14 anos, se empregasse em casa de terceiros. Os motivos que a levavam a arranjar-se aos serviços de outros patrões não são explicados, sendo tão somente resumidos no recorrente lema da "sedução", largamente utilizado por mães e empregadores de menores em disputas judiciais. Talvez Paula, entendendo-se como trabalhadora livre, julgasse melhor empregar-se longe de seu antigo senhor. Talvez, ainda, em companhia deste novo patrão, recebesse a promessa de vencimentos atraentes e melhor tratamento. Quaisquer que fossem seus motivos, no entanto, não contavam com a aquiescência de sua mãe.

Em petição encaminhada ao Juízo em junho daquele ano, oferecendo-se para o cargo de tutor dos filhos de Maria, Luis Pedroso de Oliveira, o antigo senhor e agora patrão da família, afirmava que

> (...) atendendo aos rogos da liberta Maria, que continua em sua casa delle supplicante e que quer de volta sua filha Paula, e também pela amizade que tem o supplicante aos filhos daquella liberta, vem requerer se digne V.Excia dar a esses ingenuos Paula e Jorge, filhos de Maria, tutor idoneo que zele convenientemente da educaçao e bem estar delles, de modo a impedir que adquiram vicio que os torne máus elementos a sociedade.

Note-se que, evidentemente, também a Luis de Oliveira interessava manter a tutela de Paula consigo. Não era, decerto, apenas por altruísmo e generosidade que ele se dispunha, afinal, a zelar pelos filhos de Maria e por sua formação como "sujeitos sem vícios" e "bons elementos para a sociedade" – alcunhas para a condição de trabalhadores disciplinados. Mesmo que Oliveira se utilizasse da imagem da súplica materna a seu favor, todavia, parece possível que também Maria se beneficiasse, em alguma medida, da manutenção da proximidade com os filhos. Com frequência, mulheres libertas engajavam a si e aos filhos em sucessivos arranjos de serviços na cidade, sempre em busca de melhores condições de vida.[25] Não há porque duvidar que

---

25 É o que demonstra a pesquisa sobre os registros de criadas domésticas estabelecidos por postura municipal na cidade de São Paulo em 1886: TELLES, L. F. S. *Libertas entre sobrados...*; op. cit.

a subjetividade de trabalhadoras libertas pudesse estar implicada nas ações movidas por senhores ou patrões pela curatela formal dos seus filhos.

O caso de Amancia, que havia "*a si se libertado*" – do que se depreende que adquirira sua alforria com expedientes próprios – deixa esta dinâmica ainda mais explícita. Segundo afirmava, ao mesmo tempo em que se forrara, Amancia tomara a iniciativa de "*constituir peculio para libertar sua filha sem clausulas, quando foi prevenida pelo acto de sua senhora*".[26] Ocorria, então, que, tendo Maria, sua filha de cerca de 13 anos de idade, tornado-se liberta com a condição de prestar serviços por ainda sete anos a sua senhora, Eulália Fausta Umbelina da Silva, era agora obrigada a segui-la à província do Rio Grande do Sul, para onde se mudaria. Desconsolada, Amancia apelava ao Juízo:

> A supplicante (...) não se conforma com a separação de sua filha para tão longe e por tantos annos. A supplicante teme que sua filha debil e doentia não resista a mudança do clima e a novas e tão severas condições a que vai ser sujeita. Em todo caso ella a quer ter em sua companhia e a lei lhe permite.

Invocando o mesmo dispositivo da lei de 1871 que admitia a remissão de serviços de ingênuos, referido na petição de Pulcheria antes mencionada, Amancia esperava que o Juízo concedesse a Porfírio de Aguiar, "*a quem actualmente serve e pediu que fisesse essa petição*", a tutela e o contrato de soldada de Maria, pelo preço e nas condições mais bem avaliadas pelo juiz. Respondendo aos apelos da liberta e à proposta de tornar seu patrão também o patrão da filha, a proprietária de Maria respondia:

> A supplicada, que libertou os escravos que possuia, não tem senão palavras de louvor aos que pregão pelo melhoramento das condições dos captivos; entretanto, muitos há que se aproveitão da simplicidade e ignorância dos escravos para, com a miragem da liberdade, utilizarem-se de seus serviços comoda e gratuitamente; a esses a supplicada não louva: censura.

---

26 Cf. APESP – Juízo de Órfãos, Autos de diligência, lata C05360, documento 20, 1883.

Mães infames, filhos venturosos 123

De fato, por volta da década de 1870, quando o encaminhamento da chamada questão servil e o aproveitamento do trabalho dos menores de idade ganhavam importância na agenda pública, tornara-se corrente a comparação das soldadas e tutelas ao mais vil dos cativeiros.[27] Ainda que a analogia empregada pela proprietária – que ironicamente denunciava a "miragem" da liberdade tutelada tendo, ela própria, engajado uma menina de 13 anos a seus serviços até a vida adulta – indicasse a potencial exploração da menor uma vez tomada à tutela e à soldada, tal perspectiva não assustava à Amancia tanto quanto a possibilidade do afastamento permanente que, ao fim, se consumou. Aplicando o bom e velho truque de malabarismo jurídico repetido por outros senhores, Eulália Silva libertara *"pura e simplesmente"* à Maria, sob a única condição de que fosse tutelada por seu genro. Não há qualquer surpresa ao apurar-se, ao fim dos autos, que o genro, junto de sua esposa, acompanharia a sogra na mudança à província sulina. Sua tutelada seguiria com eles.

Prevendo empecilhos semelhantes aos enfrentados por Amancia, que obstavam a possibilidade de manterem-se unidas aos filhos, e talvez calculando também o pesado fardo de dívidas assumidas com a compra de alforrias, algumas mulheres fugiam tão logo se tornavam libertas, carregando consigo rebentos que continuavam atrelados pela lei a seus antigos proprietários. Tal opção, supõe-se, não surpreenderia de todo aos proprietários de escravos da cidade de São Paulo que recebiam do interior da província amiudadas notícias de fugas em massa de cativos, durante a década de 1880.[28] Nesta e na dé-

---

27 As notícias e os debates públicos que circulavam nos periódicos da capital da província na segunda metade do século XIX são tema do próximo capítulo deste livro. De forma semelhante, Patrícia Urruzola refere-se à circulação de denúncias contra o uso de tutelas como "uma nova forma de reescravização" na província do Rio de Janeiro durante a década de 1880. URRUZUOLA, Patrícia. Ex-proprietários nos dias seguintes à abolição: práticas e discursos de "escravização" de ingênuos (Rio de Janeiro, 1888). *História, Histórias*. Brasília, v. 4, n. 8, 2016, p. 155-172.

28 Crescentes preocupações trazidas pelas fugas em massa de escravos instalavam-se entre autoridades públicas que procuravam, sem grande sucesso, conter notícias que pudessem disseminar o pânico entre as populações de diversas localidades no interior na província, como demonstra Maria Helena Machado: MACHADO, Maria Helena P. T. *O Plano e o pânico: os movimentos sociais na década da abolição*. Rio de Janeiro/ São Paulo: Editora UFRJ/ Edusp, 1994. Da mesma autora, ver também: "Teremos

cada anterior, os autos do Juízo de Órfãos e do Tribunal de Justiça registram diversas petições de busca e apreensão encaminhadas por proprietários de libertos condicionais ou contratantes de libertandos locadores de serviços que, possivelmente inspirados pelo clima de explícito enfrentamento à escravidão que tomava conta da província naqueles tempos, procuravam escapar ao controle senhorial implicado nas cláusulas de prestação de serviços, construindo assim vidas efetivamente autônomas.[29]

Diversos desses "fujões" eram libertas condicionais e mães de filhos ingênuos. Em 1884, a "preta crioula" Leocadia abandonava a casa de seu senhor, José Carlos Borba, meses após receber *"liberdade com clausula de prestação de serviços por cinco annos, levando consigo uma filha, tambem preta, de dous annos e meio, ingenua, de nome Justina"*.[30] Na mesma época, Estanislao José de Oliveira Queirós procurava o juiz de órfãos para solicitar sua nomeação como tutor do menor impúbere Luiz, filho da liberta condicional Joanna que, *"ultimamente fugindo-lhe de casa, não obstante a prestação de serviços que lhe deve, não tem meios de tractar do mesmo menor que corre perigo de morrer ao desamparo"*.[31] Semelhante era a reclamação de Lina Pereira de Castro, que acusava aos libertos condicionais Victoriana e seu filho Lucio de *"furtarem-se ao cumprimento de prestar-lhe serviços como são obrigados abandonando a casa da supplicante a dois mezes"*, levando consigo, de quebra, o ingênuo João.[32] Sentindo-se ludibriados, senhores acorriam às autoridades públicas solicitando, com frequência, que tais mulheres fossem recolhidas à Casa de

---

grandes desastres, se não houver providências enérgicas e imediatas": a rebeldia dos escravos e a abolição da escravidão In: SALLES, Ricardo; GRIMBERG, Keila. *O Brasil Imperial: 1870-1889*, v. III. Rio de Janeiro: Civilização Brasileira, 2009.

29 Explorado em pesquisa anterior, o caso do libertando José, que em fins da década de 1870 fugia ao compromisso da prestação de serviços declarando-se livre após o falecimento de seu credor é bom exemplo da debandada dos libertos condicionais e de sua recusa em permanecer sob o domínio de antigos senhores ou patrões. Este e outros casos de disputa dos termos de locação de serviços são discutidos no quarto capítulo de: ARIZA, M. B. A. *O ofício da liberdade...*, op. cit., p. 203-254.

30 Cf. APESP – Juízo de Órfãos, Autos de diligência, lata C05360, documento 32, 1884.

31 Cf. APESP – Juízo de Órfãos, Autos de tutoria, lata C05455, documento 9047, 1884.

32 Cf. APESP – Juízo de Órfãos, Autos de diligência, lata C05360, documento 30, 1884.

Correção e seus filhos encaminhados à tutela – de modo a preservar o domínio sobre a parcela da mão de obra que julgavam ainda poder controlar. Naquela cidade em que a escravidão precocemente dera espaço ao influxo de muitos libertos, a influência deletéria de mulheres forras e indisciplinadas sobre seus filhos tornava-se uma preocupação de variadas proporções: era não apenas uma projeção futura sobre os perigos que assolavam o destino da mão de obra nacional e livre, a serem combatidos incutindo-se nos pequenos ingênuos e libertos a disciplina do trabalho, mas também um problema imediato que cotidianamente transtornava senhores e empregadores e demandava respostas expedientes.[33]

Estratégias de naturezas diversas, pactos com novos patrões, contemporizações com antigos senhores e fugas furam abordagens opostas adotadas por mulheres escravizadas e libertas no enfrentamento de um mesmo problema: a interdição da maternidade que obstava a construção de vidas familiares autônomas no pós-emancipação.[34] Registrados nos autos, esses conflitos muitas vezes transportavam tais mulheres de maneira tortuosa aos foros da Justiça, nos quais surgiam como denunciadas ou coadjuvantes das ações interpostas por empregadores e senhores. Diversos foram os casos, entretanto, de libertas que se apropriaram ativamente do florescimento da Justiça como campo de embates em torno da emancipação – processo que vivia seu

---

33 As fugas de famílias escravizadas – diversas delas compostas por mães e filhos pequenos ou mulheres grávidas – e a importância da preservação dos vínculos familiares para sujeitos cativos que buscavam ativamente sua autonomia são discutidas em: REIS, Isabel Cristina Ferreira dos. "Uma negra que fugio, e consta que já tem dous filhos": fuga e família entre escravos na Bahia. *Afro-Ásia*, Salvador, n. 23, 1999, p. 27-46. Wilma King aborda as fugas de mulheres escravizadas e seus filhos em: KING, Wilma. "Suffer with Them Till Death": Slave Women and Their Children in the Nineteenth-Century America. In: More than chattel p. 157. In: GASPAR, David Barry; HINE, Darlene Clarke (Ed.). *More than Chattel: Black Women and Slavery in the Americas*. Bloomington and Indianapolis: Indiana University Press, 1996, p. 147-168.

34 No que toca às soldadas e tutelas, especificamente, a interdição dos vínculos familiares é abordada, ainda que brevemente, em: ALANIZ, Anna Gicelle García. *Ingênuos e libertos: estratégias de sobrevivência familiar em épocas de transição (1871-1895)*. Campinas: CMU/Unicamp, 1997.

126 Marília B. A. Ariza

auge nas décadas de 1870 e 1880 – para disputar direitos sobre os filhos.[35] Amparadas pelo prestígio e a habilidade de lumiares do abolicionismo nacional e paulista, levaram para as arenas judiciais confrontos cotidianos que envolviam a atribuição de sentidos à emancipação de suas famílias.[36] Nestes embates, a Lei do Ventre Livre, cujos significados eram esquadrinhados e esgrimidos nos autos do Juízo de Órfãos e do Tribunal de Justiça, tornava-se central, e era invocada pelas partes litigantes ora como legitimadora do domínio senhorial, ora como fonte de direitos maternos.

Contraditoriamente, a despeito dos efeitos deletérios da falaciosa emancipação da maior parte dos ingênuos, a discussão sobre a libertação do ventre e sua culminação na lei correspondente consolidavam o reconhecimento público da maternidade e da família escrava.[37] O tema, que eviden-

---

35 Referências fundamentais sobre a compreensão da Justiça como espaço de embates em torno da emancipação são: GRINBERG, Keila. *Liberata, a lei da ambiguidade: as ações de liberdade na Corte de Apelação do Rio de Janeiro no século XIX.* Rio de Janeiro: Relume Dumará, 1994; PENNA, Eduardo Spiller. *Pajens da casa imperial: jurisconsultos, escravidão e a Lei de 1871.* Campinas: Editora Unicamp, 2001; LARA, Silvia Hunold; MENDONÇA, Joseli Maria Nunes (org.). *Direitos e justiças no Brasil: Ensaios de história social.* Campinas: Editora Unicamp, 2006; MENDONÇA, Joseli Nunes. *Entre a mão e os anéis: a Lei dos Sexagenários e os caminhos da abolição no Brasil.* Campinas: Editora da Unicamp, 2008; AZEVEDO, Elciene. *O direito dos escravos: lutas jurídicas e abolicionismo na província de São Paulo.* Campinas: Editora Unicamp, 2010. As especificidades da participação de mulheres escravizadas em contendas judiciais pela emancipação, já sinalizadas no supramencionado trabalho de Keila Grinberg, são tratadas em profundidade por Camillia Cowling: COWLING, C. *Conceiving Freedom...*, op. cit.

36 Sobre a militância abolicionista de advogados paulistas, ver: AZEVEDO, Elciene. *Orfeu de carapinha: a trajetória de Luiz Gama na imperial cidade de São Paulo.* Campinas: Unicamp, 2005; OTSUKA, Alexandre Ferro. *Antonio Bento: discurso e prática abolicionista na São Paulo da década de 1880.* 2016. 234f. Dissertação (Mestrado em História Social) – Universidade de São Paulo, são Paulo, 2016.

37 Sobre o massivo número de ingênuos não libertados por seus senhores em troca da indenização prevista no artigo 1º, parágrafo 1º da lei 2.040, há interessantes comentários em: FONSECA, Marcus Vinícius. *A educação dos negros: uma nova face do processo de abolição da escravidão no Brasil.* Bragança Paulista: EDUSF, 2002. Patrícia Urruzola indica que, no Rio de Janeiro, clubes e representantes do abolicionismo local, como José do Patrocínio, igualmente denunciavam os abusos praticados por ex-senhores de ingênuos que os tomavam à tutela. URRUZOLA, P. *Ex-proprietários nos dias...*, op. cit.

temente entrelaçava-se ao contexto de valorização das representações normativas da maternidade correntes à época, frequentara abrasadores debates legislativos em que, apoiando-se sobre a plataforma da inviolabilidade dos laços maternos, deputados contrários e favoráveis à libertação do ventre escravo afirmavam os prejuízos ou benefícios acarretados pela consolidação da lei. Por um lado, aqueles que se opunham à lei escoravam-se na sacralidade da relação materna para argumentar que a libertação do ventre cativo instalaria o caos entre as famílias cativas – e, evidentemente, entre as posses escravas dos senhores –, separando-as pela emancipação parcial e instigando a inveja de mães contra seus filhos libertos. Por outro, partidários da proposta argumentavam em favor de uma visão "humanitária" da escravidão que evitasse a supressão do direito inalienável de que deveriam usufruir todas as mães – qual fosse o de manterem-se junto a seus filhos, sendo poupadas do sofrimento da separação.[38]

Ao mesmo tempo em que registrava a consagração da maternidade e seus predicados inerentes como tropo das noções de civilização e modernidade embutidas no lento, porém inevitável processo de desagregação da escravidão, a lei de 1871 pontificava sobre outro tema central a que o debate acerca dos direitos e representações maternas estava inextricavelmente imbricado: o controle sobre a mão de obra egressa da escravidão. Decerto, as práticas de alforria, recorrentes por toda a história da escravidão na Colônia e no Império, ganharam novas formas com a promulgação da lei de 1871. Ao romper o princípio do *partus sequitur ventrem*, a libertação do ventre acenava ao final inevitável do cativeiro e abria espaços para a disputa judicial da emancipação de famílias escravizadas.[39] Não obstante, ao prever um extenso período de domínio senhorial sobre os ingênuos e dispor sobre o mecanismo de locação de serviços como expediente de manumissão, a mesma lei consagrava indelevelmente a ligação entre o final do cativeiro e o estabeleci-

---

38 A este respeito, ver: ABREU, Martha. Slave Mothers and Freed Children: Emancipation and Female Space in Debates on the "Free Womb" Law, Rio de Janeiro, 1871. *Journal of Latin American Studies*, Cambridge, n. 28, 1996, p. 567-580.

39 COWLING, C. *Conceiving Freedom...*, op. cit.

mento de formas tutelares de trabalho.[40] Era neste entroncamento de representações maternas e políticas de promoção do trabalho controlado e dependente que famílias compostas por mulheres libertas e seus filhos ingênuos encontravam, ao mesmo tempo, argumentos a favor de sua emancipação e empecilhos à constituição de vidas efetivamente autônomas após a libertação formal. Espelhando os múltiplos e contraditórios significados da Lei do Ventre Livre, os autos que registram o recurso de mães libertas à Justiça descrevem verdadeiras epopeias familiares em busca da emancipação.

É o caso de Rita, "parda liberta" que fora escrava de Manoel Joze Barbosa na capital, tendo se alforriado por meio de uma ação de liberdade por arbitramento encerrada pouco tempo antes, requeria em 1880 *"tomar a si, para crear devidamente"* o filho Elias.[41] Sua petição, amparada no já mencionado dispositivo da lei 2.040 sobre a remissão de serviços de ingênuos menores de oito anos de idade cujas mães eram libertas, recebia como resposta do antigo senhor, em cuja companhia vivia o filho, a breve e peremptória afirmação de que Rita não poderia *"devidamente cuidar da educação do menor"*. Afirmando ter, em companhia de sua senhora, *"criado o menor em sua casa"*, Barboza solicitava sua nomeação como tutor e contratante à soldada, comprometendo-se a *"mandar ensinar [Elias] a ler e escrever e aprender qualquer ofício logo que para isso mostre habilitações"*. Indeferida, a postulação de Barbosa foi substituída, no Juízo, pela nomeação de Jerônimo José Mendes, patrão de Rita, como tutor e contratante do menor. Em 1884, encerrando-se o contrato de soldada celebrado entre Mendes e Elias, o primeiro relatava ao juiz de órfãos que não lhe convinha dar continuidade à tutela e seguir pagando pelos serviços do menor que se encontrava em companhia da mãe – ao que parece, não mais empregada junto ao mesmo Mendes. Não sendo renovado este arranjo, Elias foi ainda assoldadado mais duas vezes até 1887, quando seu último contratante rescindiu o contrato para que o menor, contando então 15 anos de idade, fosse engajado nas oficinas da Companhia Paulista de Estrada de Ferro[42].

---

40   ARIZA, M.B.A. *O ofício da liberdade...*, op. cit.

41   Cf. APESP – Tribunal de Justiça de São Paulo, lote 201006003491, *Contrato a soldada*, 1880-1887.

42   A Companhia, aquela época, empregava amplas e diversas levas de trabalhadores; parte deles, alocados nos mais baixos postos, encontravam-se sob precárias condições

Os autos não esclarecem se Elias acompanhara a mãe nas casas em que ela se empregara entre 1884 e 1887. A jornada rumo à autonomia havia sido longa para Rita até a metade da década – iniciada com a disputa judicial por sua alforria, continuada pela libertação do filho e seu posterior engajamento como assoldadado do patrão da mãe, alterada pela mudança de emprego sugerida pelos registros de 1884. Haveriam mãe e filho seguido juntos à procura por melhores arranjos de trabalho e condições de vida, ou teriam sido separados pela distribuição judicial da mão de obra de menores de idade?

Ainda que o estirão de emancipação de Rita e Elias tenha, de fato, se mostrado longo e algo tortuoso, outros autos apresentavam disputas ainda mais dramáticas entre mães libertas e senhores ávidos pela manutenção do controle sobre seus filhos ingênuos. Bom exemplo é o caso em que Luiz Gama representou Vicencia e sua filha Joanna numa renhida contenda pelos direitos sobre a menina na década de 1880.[43] Libertada com pecúlio de 500 mil réis recebidos do referido abolicionista em 1879, Vicencia fora cativa do francês Jose Cazes, em cuja companhia permanecia sua filha. Mudando-se para a Corte no ano de 1880, Cazes levara consigo Joanna, que então contava, segundo Gama, menos de oito anos de idade. Desejando reaver a filha e trazê-la de volta a São Paulo, Vicencia apelava ao Juízo reclamando o direito garantido pelo mesmo dispositivo de remissão de serviços do parágrafo 4º, artigo 1º da lei de 1871, recorrentemente invocado por mães libertas e seus advogados. Com sua habitual mordacidade, o abolicionista denunciava a imoralidade de Cazes que ilegitimamente interditava a convivência entre a filha e sua mãe *"quase valuetudinaria"*, com mais de 50 anos de idade:

> Obtida, assim, a alforria, depois de obstaculos oppostos por o Senhor que, europeu, civilizado e cidadão francez, bem sabe colher proveitos da escravidão no Brasil, pediu Vicencia a entrega de sua filha menor

---

de trabalho: LANNA, Ana Lúcia Duarte. Trabalhadores das ferrovias: a Companhia Paulista de Estrada de Ferro, São Paulo, 1870-1920. *Varia historia,* v. 23, n. 59, 2016, p. 5050-454. Sobre as condições de trabalho nas estradas de ferro que serviam à economia do café, ver também: LAMOUNIER, Maria Lúcia. *Ferrovias e Mercado de Trabalho no Brasil do Século XIX.* São Paulo: Editora da Universidade de São Paulo, 2012.

43 Cf. APESP – Juízo de Órfãos, Autos de diligência, lata C05360, documento 09, 1880.

> de 8 annos; e José Cazes fez transportar a menor para a Côrte , no intuito malvado e reprovado, de inutilizar o direito da pobre liberta que, até nisto, encontra a malevolência de seu ex-Senhor![44]

Os argumentos a favor do pleito da liberta eram legalmente sólidos, de modo que o juiz do foro paulista determinou a expedição de carta precatória ao Juízo da Corte, solicitando a apreensão de Joanna naquela cidade. A partir de então, instalava-se verdadeiro imbróglio burocrático entre as duas jurisdições: embasadas em tecnicalidades processuais, as autoridades responsáveis no Rio de Janeiro embargaram a petição de Luiz Gama, e a precatória do juiz de órfãos paulista voltou indeferida ao foro da cidade. Um vai-e-vem de novas representações, embargos e argumentações somente foi encerrado no fim daquele ano, cerca de onze meses depois de apresentado o primeiro requerimento em nome de Vicencia, afinal deferido. O retorno de Joanna à capital da província, contudo, não encerrava as reviravoltas do projeto de emancipação encampado por sua mãe desde 1879: embora vivendo na mesma cidade, as duas seguiriam separadas, uma vez que o curador-geral de Órfãos determinara, em princípios de 1881, sem maiores alegações ou justificativas, que a menina fosse dada à tutela e soldada de terceiros. Esta, certamente, era uma realidade que Vicência partilhava com outras mulheres empobrecidas na cidade – disputar a maternidade autônoma era tarefa que não se esgotava com o ingresso formal no mundo da liberdade – fosse o seu próprio ou o dos filhos.

Os resultados de longas batalhas judiciais, entretanto, poderiam dificultar ainda mais este acidentado caminho quando juízes de órfãos não se convenciam dos argumentos esgrimidos em defesa do direito materno de mulheres libertas, como ocorrera à Roza Maria da Conceição em 1882. Na disputa pela tutela do filho Aragão, ingênuo, ela contava com o auxílio de José

---

44 Cf. APESP – Juízo de Órfãos, Autos de diligência, lata C05360, documento 09, 1880, grifo no original. A participação de mulheres mais velhas em disputas judiciais pela emancipação dos filhos – muitos dos quais não mais menores de idade – pouco aparece entre os autos do Juízo de Órfãos da Capital. Sua presença parece ser bastante mais frequente nos arquivos pesquisados por Cowling no Rio de Janeiro e em Havana: COWLING, C. *Conceiving Freedom...*, op. cit.

Fernandes Coelho, destacado advogado abolicionista da cidade, frequentador das rodas íntimas de Luiz Gama.[45] A seu favor, Coelho apresentava petição em que informava que Roza fora escrava do capitão Eugênio Franklin de Carvalho, residente em Casa Branca, no interior da província, recebendo em 1879 liberdade *"sob a condição de servir por certo tempo".*[46] Uma vez condicionalmente alforriada, Roza fora levada por Carvalho e sua senhora a São Paulo, cidade para a qual se mudaram, e onde a liberta estivera *"talvez pelo espaço de dois annos servindo como escrava em diversas cazas, até que conseguiu obter a certidam junta de sua carta de liberdade, pôde por termo desta escravização, começando a alugar-se por sua conta".* O alentado fim de sua escravização, que lhe permitia alugar a si própria como criada, contudo, não significou o fim dos esforços empenhados em seu projeto de liberdade. Conforme informava Roza na petição assinada a seu rogo,

> Acontece porem que o mesmo Capitão Eugênio Franklin de Carvalho não podendo mais subjugal-a, arrebatou-lhe seo filho a cujos serviços não tem direito, e nem a supplicante annue a que fique em seo poder, e conserva-o em sua caza no Marco de Meia Légua incommunicavel para com a supplicante.

Recorrendo novamente ao expediente da remissão dos serviços de ingênuos filhos de mulheres libertas, a petição argumentava que Aragão, nascido no ano de 1873 e contando àquele momento menos de oito anos de idade, deveria ser entregue à mãe, que não anuía em sua permanência em companhia dos antigos senhores. Vítima de *"cruel illegalidade"*, Roza desejava reaver o filho a seus cuidados para *"com o fructo de seu trablho educa-lo"*. Uma certidão de batismo anexada aos autos informava, ainda, que Aragão era filho legítimo de Roza e David, nascido quando seus pais eram ainda *"pretos escravos de José de Carvalho Araújo"*. Antes mesmo da separação do filho provocada por seu último proprietário, a família de Roza já sofrera um possível

---

45   QUINTÃO, Antonia Aparecida. *Irmandades negras: outro espaço de luta e resistência (São Paulo, 1870-1890)*. São Paulo: Annablume/Fapesp, 2002, p. 92.

46   Cf. APESP – Juízo de Órfãos, Autos de diligência, lata C05360, documento 15, 1882.

primeiro fracionamento: onde estaria David, seu marido e pai legítimo do ingênuo em disputa?

Camillia Cowling sugere interessantemente que a ausência dos nomes dos pais em autos de disputa pela emancipação de filhos de libertas não correspondia, necessariamente, à sua omissão nestes alongados processos de emancipação. Apresentar petições e interpor ações de liberdade somente em nome das mães seria, segundo a autora, estratégia que se apoiava no poder de mobilização concentrado na figura materna, valorizada em disputas semelhantes desde as discussões em torno da elaboração da lei de 1871.[47] De fato, diante do cenário verificado por estudos do tema da família escrava, e dos indícios apresentados no próprio processo, esta não é uma possibilidade a ser descartada.[48] Contudo, igualmente plausível seria supor que a família de Roza e David tivesse sido dividida quando da mudança para a capital – a proibição da venda em separado de membros das famílias escravas prevista no decreto de 1869, afinal de contas, na prática não foi observada à risca, e tampouco impedia a um proprietário manter esposas, maridos e filhos em

---

47 COWLING, Camillia. *Conceiving Freedom...*, op. cit., p. 54.

48 Sobre a constituição de vínculos familiares estáveis sob o cativeiro, ver: SLENES, Robert W. *Na Senzala, uma Flor: Esperanças e Recordações na Formação da Família Escrava – Brasil Sudeste, século XIX*. Rio de Janeiro: Nova Fronteira, 1999. Tratando das áreas de plantation do Oeste paulista, o autor indica que a formação de vínculos familiares sólidos era fundamental para a formação de solidariedades e comunidades escravas que, a despeito de sua variada origem étnica, instilavam a resistência e ameaçavam o poder senhorial. Também se reportando à estabilidade da família escrava, mas tratando do Vale do Paraíba fluminense, Florentino e Góes interpretam-na sob outra perspectiva, sublinhando sua importância na diluição de conflitos étnicos no interior das propriedades escravistas e, assim, favorecendo o interesse senhorial de manutenção da "paz nas senzalas": FLORENTINO, Manolo; GÓES, Roberto. *A Paz nas Senzalas: Família Escrava e Tráfico Atlântico 1790-1850*. Rio de Janeiro: Civilização Brasileira, 1997. A formação da família escrava nas cidades era impactada pelo fato de as posses escravas urbanas serem, em geral, menores e mais instáveis do que aquelas das grandes áreas agroexportadoras. As posses de maior proporção, como indica Slenes, eram em geral destinadas ao aluguel, algo que, como no caso em tela, dificultava a manutenção da estabilidade familiar. SLENES, Robert. W.; FARIA, Scheila de Castro. Família escrava e trabalho. *Tempo*, v. 6, n. 3, 1998. Ver também: ALGRANTI, Leila Mezan. *O feitor ausente: estudo sobre a escravidão urbana no Rio de Janeiro*. Petrópolis: Vozes, 1988.

cidades separadas, como poderia ser o caso em questão.[49] Outrossim, ainda que ambos os pais de Aragão estivessem na capital, a realidade do trabalho de criadas alugadas impunha-se à ideia de famílias conformes aos termos da normatividade burguesa: mãe zelosa instalada junto aos filhos no acolhimento do lar, pai provedor, ganhando o pão e retornando à casa ao fim do dia.[50]

Era como mulher liberta e só, portanto, que Roza parecia embrenhar-se na batalha judicial pela tutela do filho. A resposta oferecida ao Juízo pelo capitão Carvalho igualmente referia-se exclusivamente à Roza, ao mencionar a ilegitimidade de seu reclame: tudo se resumia ao fato, simples e inegável, de que ela não era em verdade mulher liberta, e sim escrava fugida. A carta de liberdade que recebera e apensara ao processo, afirmava o capitão, fora-lhe concedida por sua esposa. Pretendendo divorciar- se do marido *"por desarranjo mental"* e não reunindo provas para tanto, a mulher vingara-se forrando seus escravos. Sabendo que esposas não poderiam alienar bens sem o consentimento do marido, cabeça-de-casal, o reclamado solicitava ao juiz de órfãos que impugnasse a petição encaminhada em nome de Roza, sublinhando, numa ameaça velada, que a lei permitia-lhe ainda solicitar, caso desejasse,

---

49 Cf. Decreto nº 1.695 de 15 de setembro de 1869. Disponível em: <http://www2.camara.leg.br/legin/fed/decret/1824-1899/decreto-1695-15-setembro-1869-552474-publicacaooriginal-69771-pl.html>. Acesso: 12.12.2019.

50 Tratando da escravidão na Corte, Flávia Fernandes de Souza discute a realidade das escravas alugadas por seus senhores como criadas domésticas a terceiros, em cujas casas passavam a viver: SOUZA, Flávia Fernandes de. Escravas do lar: mulheres negras e o trabalho doméstico na corte imperial. In: XAVIER, Giovana; FARIAS, Juliana Barreto; GOMES, Flávio dos Santos (orgs.). *Mulheres negras no Brasil escravista e do pós-abolição*. São Paulo: Selo Negro, 2012, p. 244-260. Da mesma autora, ver também: SOUZA, Flávia Fernandes de. *Criados, escravos e empregados: o serviço doméstico e seus trabalhadores na construção da modernidade brasileira (cidade do Rio de Janeiro, 1850-192)*. 583f. Tese (Doutorado em História). Instituto de Ciências Humanas e Filosofia, Universidade Federal Fluminense, Rio de Janeiro, 2017. Sobre a incompatibilidade entre padrões familiares burgueses e populares em Salvador na virada do século e Primeira República, ver: FERREIRA FILHO, Alberto Heráclito. *Quem pariu e bateu, que balance! Mundos femininos, materialidade e pobreza: Salvador, 1890-1940*. Salvador: EdUFBA, 2003.

a captura da escrava fugida.[51] Concluindo suas considerações, pedia respeitosamente *"proteção das authoridades (...) contra o maniqueismo de certos abolicionistas que primão nesta Capital pelo arrogo que tem sem mais respeito algum pelas leis desse pays"*. Acolhendo seus argumentos, o juiz de órfão deliberava contrariamente aos interesses de mãe e filho.

Bem ou malsucedidas, longas narrativas de emancipação coletiva como estas chegavam com frequência ao Juízo de Órfãos e ao Tribunal de Justiça de São Paulo. Representadas por advogados que traduziam sua busca pela libertação e autonomia familiar em disputas frequentemente retóricas, que esmiuçavam os sentidos possíveis da lei de 1871 – notadamente do dispositivo de remissão de serviços de ingênuos encontrado em seu artigo primeiro, constantemente reivindicado –, mães libertas surgiam, em geral, escamoteadas pela parafernália judicial: petições, arrogos e escrivães, despachos, juntadas e a exegese das leis pareciam sobrepor-se às suas palavras. Eram precisamente estas mulheres, no entanto, que capitaneavam com enorme fôlego empreendimentos familiares que envolviam diversas etapas e grande comprometimento: conquistar a própria liberdade; assegurar o direito sobre os filhos; arranjar sobrevivências como famílias libertas; lidar com a imposição de tutelas e soldadas que causavam novas fissuras em seus vínculos familiares. Aliando sua pertinácia, a firme convicção de serem, elas também, portadoras de "direitos maternos sagrados" forjados na moldura da feminilidade burguesa, e ainda o apoio de ilustres figuras do abolicionismo, diversas mães de ingênuos tinham seus pleitos acolhidos pelo Juízo de Órfãos. Outras, de menos sorte, viam suas pretensões serem rechaçadas nas arenas da justiça formal. Talvez, a exemplo do que faziam tantas outras libertas, apelassem depois disso a medidas mais extremas como a fuga.

Desse modo, mesmo que a justiça lhes concedesse o direito de retirar os filhos do poder senhorial e retomá-los a seus cuidados, a construção de vidas familiares autônomas apresentava-lhes cotidianamente novos estorvos e obstruções. A partir de 1888, imediatamente após a abolição, o recurso de senhores expropriados à tutela e a contratação formal de menores egressos

---

51 NEDER, Gislene; CERQUEIRA FILHO, Gisálio. Os filhos da lei. *Revista Brasileira de Ciências Sociais*, v. 16, n. 45, 2011, p. 113-125.

da escravidão cresceram enormemente na cidade. As plataformas sobre as quais estes senhores apresentavam suas demandas já não poderiam mais ser as leis e os direitos costumeiros reguladores da escravidão que, até então, condensava as hierarquias sociais e conferia amplos poderes à camada proprietária. A ausência desta instituição implicava a elaboração de novos códigos de dominação que garantissem o controle sobre a mão de obra perdida à emancipação. Nesta empreitada, pleiteantes à tutela e à soldada dos filhos de mães libertas socorriam-se nas representações da maternidade inadequada das mulheres empobrecidas, adicionando-lhes traços distintivos que fariam das mulheres egressas da escravidão o símbolo definitivo das "mães impróprias" e incapazes de bem educar os filhos, futuro da nação.

Construir e reconstruir representações

Em 14 de maio de 1888, Manoel Ferreira de Almeida, morador de Santa Efigênia, freguesia em expansão que, naqueles tempos, aproximava-se cada vez mais do centro da cidade, submetia uma petição ao Juízo de Órfãos na qual solicitava ser oficialmente nomeado tutor das menores Laudelina e Albina. Com idades de 13 e 14 anos, respectivamente, as meninas eram identificadas como filhas de Ignacia e Cypriana, ex- escravas de Almeida que afirmava querer mantê-las em sua companhia pelo curso de três anos, comprometendo-se a prover-lhes vestuário, alimentação, tratamentos médicos eventualmente necessários e uma soma anual de 100 mil réis em remuneração pelos serviços desempenhados por ambas. Embora não fizesse menção especial ao fato, a petição de Almeida era submetida num momento crítico e altamente simbólico que, decerto, não escapava a nenhum dos envolvidos – menores, suas mães, contratante, escrivão e juiz: exatamente no dia anterior, a escravidão fora abolida no Brasil.[52] Deferido o pedido de Manoel Almeida, Albina e Laudelina foram-lhe imediatamente entregues na condição de tuteladas, registrando-se formalmente seu contrato de soldada no dia 16. Passado pouco mais de um ano, no segundo semestre de 1889, o tutor e contratante retornava ao Juízo para declarar que *"não podendo, por motivos que lhe são*

---

52 Cf. APESP – Juízo de Órfãos, lata C05456, documento 8610, 1888.

136 Marília B. A. Ariza

proprios" continuar a exercer os encargos assumidos, solicitava que os mesmos fossem transferidos a seu filho, capitão Josias de Almeida Camargo. Seus pleitos foram novamente acolhidos e, assim como se faria caso as meninas pudessem ainda ser formalmente definidas como bens semoventes, Albina e Laudelina eram transferidas de pai para filho.

Sobre Ignacia e Cypriana, os autos calam ruidosamente. O que teria acontecido às libertas cujas filhas foram formalmente arregimentadas por seu ex-senhor? Teriam se engajado em serviços em outras casas ou seguiriam em companhia de Almeida, forçadas a estas circunstâncias para poder permanecer junto das meninas? A ressaca da abolição trouxe uma série de novos desafios à emancipação de mães empobrecidas em São Paulo – notadamente, no caso que aqui se desenha, daquelas egressas da escravidão. Diversas libertas do 13 de maio na cidade, empregadas nos serviços domésticos, procuraram deixar a companhia de seus ex-senhores, engajando-se em novos arranjos de trabalho nos quais, talvez, pudessem desfrutar de maior autonomia e melhores condições de vida.[53] O mesmo parecia ocorrer àquelas que, embora libertas antes de extinta formalmente a escravidão, viam-se atadas a ex-senhores que, segundo as disposições da lei de 1871, tinham assegura-

---

53 Sobre libertas que deixavam a casa de seus ex-senhores logo após emancipadas em São Paulo, ver: TELLES, L. F. S. *Libertas entre sobrados...*, op. cit. Sobre a busca de populações egressas da escravidão, de forma geral, por modos autônomos de viver e morar na cidade, ver: SANTOS, Ynaê Lopes dos. Escravidão, Moradia e Resistência: A Prática de Morar Sobre Si no Rio de Janeiro (1831-1840). *Nuevo Mundo – Mundos Nuevos*, n. 1, 2010, p. 1-14. O sonho da terra e da vida camponesa autônoma, distanciada da supervisão e do ritmo de trabalho do eito – subsumido nos Estados Unidos na fórmula *"forty acres and a mule"* – foi um projeto compartilhado por libertos de todas as regiões do atlântico escravista, inspirando políticas de controle do acesso à terra que procuravam impedir a fuga de braços da lavoura. Referências clássicas a este respeito são: FONER, Eric. *Nothing but freedom: emancipation and its legacy*. Baton Rouge and London: Louisiana State University Press, 1983; ____. The meaning of freedom in the age of emancipation. *The Journal of American History*, v. 81, n. 2, p. 435-460, 1994; CARDOSO, Ciro Flamarion. *Escravo ou camponês? O protocampesinato negro nas Américas*. São Paulo: Brasiliense, 1987; MACHADO, Maria Helena Pereira Toledo. Vivendo na Mais perfeita desordem: os libertos e o modo de vida camponês na província de São Paulo do século XIX. *Estudos Afro-Asiáticos*, Rio de Janeiro, n. 25, 1993, p. 43-72.

do os direitos aos serviços de seus filhos ingênuos.[54]. Nestes casos, privados dos serviços que antes desfrutavam, seus antigos proprietários procuravam ativamente garantir o controle sobre ao menos parte da mão de obra que a emancipação lhes tomava. Meio útil para fazê-lo era tutelar ou assoldadar formalmente os ingênuos, como fizeram diversos senhores expropriados que encaminhavam petições ao Juízo de Órfãos da cidade de São Paulo, nos meses seguintes à abolição, ainda em 1888.[55]. A base comum sobre a qual se acomodavam tais solicitações, analisadas a seguir, era o argumento quase irrefutável da incapacidade materna das mulheres libertas.

O emprego dos estereótipos da mãe inadequada, como já se procurou demonstrar, estendia-se amplamente às mulheres empobrecidas cujos filhos eram trabalhadores na cidade, especialmente àquelas que chefiavam suas

---

54 Caso das mulheres cujos filhos, embora ingênuos, contavam mais de oito anos à época da manumissão de suas mães, e que deste modo não poderiam recorrer ao expediente acionado em diversos pleitos judiciais analisados anteriormente.

55 É de Ione Celeste de Sousa, em estudo sobre as soldadas em Salvador nos momentos imediatamente seguintes à abolição, a expressão "corrida aos cartórios": SOUSA, Ione Celeste de J. "Porque um menor não deve ficar exposto à ociosidade, origem de todos os vícios": Tutelas e Soldadas e o trabalho de Ingênuos na Bahia, 1870 a 1900. In: MACHADO, Maria Helena P. T.; CASTILHO, Celso Thomas (org.). *Tornando-se livre: agentes históricos e lutas sociais no processo de abolição*. São Paulo: Edusp, 2015, p. 189-211. Outros estudos sobre soldadas e tutelas referem-se igualmente ao incremento do recurso aos expedientes judiciais de tutelas e soldadas em 1888: ALANIZ, Anna Gicelle García. *Ingênuos e libertos: estratégias de sobrevivência familiar em épocas de transição (1871-1895)*. Campinas: CMU/Unicamp, 1997; ZERO, Arethuza Helena. *O peço da liberdade: caminhos da infância tutelada – Rio Claro (1871-1888)*. 2004. 141f. Dissertação (Mestrado em História) – Universidade Estadual de Campinas, Campinas, 2004; URRUZOLA, Patrícia. *Faces da liberdade tutelada: libertas e ingênuos na última década da escravidão (Rio de Janeiro, 1880-1890)*. 2014. 163f. Dissertação (Mestrado em História Social) – Universidade Federal do Estado do Rio de Janeiro, Rio de Janeiro, 2014. Os trabalhos de Maria Aparecida Papali e Elione Guimarães também apontam o uso de tutelas e soldadas como expedientes de controle de ingênuos no pós-abolição: PAPALI, Maria Aparecida. *Escravos, libertos e órfãos: a construção da liberdade em Taubaté (1871-1895)*. São Paulo: Annablume/Fapesp, 2003; GUIMARÃES, Elione Silva. *Múltiplos viveres de afrodescendentes na escravidão e no pós- emancipação (Juiz de Fora – Minas Gerais, 1828-1928)*. São Paulo: Anablumme; Juiz de Fora: Funalfa Edições, 2006.

famílias e, arranjando-lhes inventiva e improvisadamente formas diversas de sobrevivência, desempenhavam o papel materno em medidas não avalizadas pelos moldes burgueses. O não reconhecimento dos vínculos que uniam estas mulheres a seus filhos, ancorado na ilegitimidade dos últimos e na moralidade desonrosa das primeiras, era acrescido de forma marcante, no caso das mães egressas da escravidão, de um discurso afetivo e tipicamente paternalista, por meio do qual ex-senhores e agora pleiteantes aos cargos de tutores ou contratantes manifestavam seu profundo apreço pelos pequenos trabalhadores. Fundada nesta linguagem característica, que cifrava as relações verticais entre senhores e subalternos sob a escravidão, a impropriedade materna das mulheres libertas era apresentada nos autos do Juízo de Órfãos de duas maneiras: o silenciamento quase completo de sua existência na vida dos filhos, ou a comparação entre sua incapacidade para o exercício virtuoso dos misteres maternos aos cuidados e afeições descomedidos votados pela família senhorial aos ingênuos em disputa.

O apagamento da figura materna, como visto, não era certamente uma distinção especificamente reservada às mulheres libertas. Muito embora elas tenham composto grande parte das mães de menores formalmente assoldadados ou tutelados na cidade, também mulheres empobrecidas de outras origens sociais eram elididas dos registros oficiais que tratavam da arregimentação de seus filhos. Sobre elas, como um todo, pesava a pecha de mães omissas ou "abandonadoras de filhos". No caso das mulheres libertas, essa lacuna produzida nos registros judiciais era mais do que frequentemente preenchida por afirmações do apreço dedicado por ex-senhores aos "filhos sem mães". Assim, em 17 de maio de 1888, Francisco José Bastos, tendo em seu poder os ingênuos Ignez, Ritta, Daniel e Luiz, com idades entre 13 e seis anos, filhos de Gertrudes, sua ex- escrava "há muito libertada", peticionava ao Juízo: *"E como estes ingenuos não estejam mais pela nova lei sujeitos á prestação de serviços até a idade de 21 annos, o supplicante que os criou como seus filhos, quer tomal-os ao seu cuidados, assignando a tutella dos mesmos"*. Petição acolhida, Bastos comprometia-se a oferecer a seus tutelados tratamento médico e vestuário, além de um pequeno salário para as duas meninas, mais velhas; os meninos, alegadamente *"em idade que ainda não lhe podiam prestar serviço"*, não receberiam qualquer vencimento.[56]

Mais sintético era Luiz Pinto de Moraes que, em agosto do mesmo ano, peticionava pela soldada do menor Hypolitho, de nove anos de idade e filho de Joaquina, *"liberta pela lei de 13 de maio"*, a quem tratava *"com todo o carinho, pois foi sua mulher que o criou".*[57] Apelos sentimentais semelhantes expressavam-se no discurso de Francisco Alves de Oliveira, que em fins de junho daquele mesmo ano submetia à apreciação do Juízo a seguinte solicitação:

> Diz Francisco Alves de Oliveira que, tendo creado e educado as duas ingenuas Benedicta e Claudina, filhas de sua ex-escrava Luisa, quer prosseguir neste empenho de amparal-as até a maioridade, movido inicialmente pela affeição que tem a ellas e, para este fim, requere á este Juizo se digne nomea-lo tutor de taes menores para o fim de tel-as em sua companhia, mediante um pequeno salario, que V. Sria arbitrará, tendo em atenção o pouco serviço que podem prestar tem do uma catorze annos e outra (Claudina) apenas sete.[58]

Oliveira fazia interessante escolha de palavras ao indicar que, a despeito de ter supostamente criado e educado as filhas da liberta Luisa, o intuito de estender sobre elas seu domínio motivava-se apenas *"inicialmente pela affeição"* – para além da bem- querença, estava em jogo um indisfarçável interesse nos serviços de trabalhadores como Benedicta e Claudina. Diversas outras petições, apresentadas ao Juízo de Órfãos de São Paulo nos momentos imediatamente posteriores à abolição, empregavam retórica semelhante, valorizando os cuidados e carinhos senhoriais e, ao mesmo tempo, promovendo o virtual sumiço das mães dos ingênuos cuja tutela ou soldada se pleiteava. A despeito de as identificarem como suas antigas cativas, algumas muito recentemente libertas, não restava qualquer referência ao papel por elas desempe-

---

56 Cf. APESP – Tribunal de Justiça de São Paulo, lote 201006004044, *Contrato a soldada*, 1888.

57 Cf. APESP – Tribunal de Justiça de São Paulo, lote 201006003403, *Contrato a soldada*, 1888.

58 Cf. APESP – Juízo de Órfãos, Autos de tutoria, lata c05455 documento 6136, 1888.

nhado naqueles arranjos juridicamente sancionados. Teriam elas negociado com seus senhores a manutenção de toda a sua família sob a sua proteção e obediência? Haviam, alternativamente, rapidamente desertado de suas casas, tentando sem sucesso carregar consigo os filhos? Será, enfim, que a pobreza e vulnerabilidade social daquele momento ao mesmo tempo eufórico e incerto de emancipação as teria feito acreditar que os filhos estariam mais bem acolhidos em companhia dos antigos senhores?

Para essas perguntas, não há resposta fácil. É nítido, todavia, que aqueles que até há muito pouco contavam-se entre os senhores de escravos restantes da cidade se aproveitavam da vulnerabilidade das mulheres libertas para obter na justiça o domínio sobre seus filhos.[59] Ao fazê-lo, demonstravam como os empecilhos e óbices à maternidade de mulheres escravizadas reproduziam-se também no pós-abolição: a desconsideração dos laços que uniam mães e filhos oriundos da experiência do cativeiro manifestava-se, então, na total obliteração destas mulheres como sujeitos sociais. Contrapondo-se às pálidas expressões de sua existência registradas pelos autos judiciais, os ternos vínculos entre ex-senhores e ingênuos eram retratados em vivas cores.

O mesmo não ocorria, porém, a outros tantos pleiteantes ao cargo de tutores e contratantes que não se mostraram capazes de ignorar as importunações de mães de ingênuos cujo domínio pretendiam formalizar na justiça. Talvez estas mulheres oferecessem maior resistência aos intentos de ex-senhores do que as mães sumariamente expungidas nos registros judiciais, recusando-se a permanecer em suas casas e opondo- se à permanência dos filhos em companhia dos mesmos antigos proprietários. Escolhendo a via do enfrentamento para rearranjar sua sobrevivência familiar no pós- emancipação, estas mulheres tornavam-se perturbação suficiente para justificar ataques ferozes à sua capacidade de tratar adequadamente os próprios filhos.[60]

---

59 Em 1886, dois anos antes da abolição, São Paulo contava com uma população de 47.697 habitantes, dos quais apenas 493 eram escravos. MACHADO, Maria Helena P. T. Sendo Cativo nas Ruas: a Escravidão Urbana na Cidade de São Paulo. In: PORTA, Paula (org.). *História da Cidade de São Paulo*. São Paulo: Paz e Terra, 2004, p. 59-99.

60 As disputas judiciais de mulheres libertas pela tutela dos filhos ingênuos são também observadas por Patrícia Urruzola: URRUZOLA, P. *Faces da liberdade tutelada...*, op. cit.; _____. Ex-proprietários nos dias seguintes..., op. cit.

Mães infames, filhos venturosos

É evidente que nem todos os debates acalorados em torno da libertação do ventre e nem toda a campanha abolicionista de tom emocional e apelos humanistas que caracterizavam a aceleração do desmonte da escravidão, nas últimas décadas do século XIX, foram suficientes para transformar por completo os paradigmas da maternidade escrava.[61] Muito embora mulheres cativas tenham progressivamente sido reconhecidas como mães, aproveitando-se deste novo estatuto para reclamar a liberdade dos filhos, a distinção materna a elas atribuída jamais seria equivalente àquela desfrutada por mulheres efetivamente enquadradas nos moldes da normatividade dominante: recolhidas ao lar, aos afazeres e ao controle do mundo doméstico, dedicadas exclusivamente aos filhos e casadas com maridos bem estabelecidos.

Os longos debates da comissão nomeada pela Câmara dos Deputados de São Paulo para estudar o projeto de libertação do ventre escravo já deixavam claro na década de 1870 que, muito embora o reconhecimento da mulher escrava como mãe se afirmasse como um marco civilizatório para o progresso nacional, sua condição materna resumia-se aos instintos naturais mais elementares e mesmo animalizados. No espírito das veleidades científicas da época, procurando defender a capacidade das mulheres cativas de acessarem os elevados instintos maternos, pontificavam os representantes da dita comissão em parecer publicado pelo *Diário de São Paulo*:

> Por mais que exagereis o embrutecimento da escrava, podereis disputar-lhe a instrucção, mas não denegar-lhe os instinctos que a natureza amante derramou no seio de todas as mulheres, que dizemos? Entre os proprios irracionaes, a aguia ou o pombo, ou leão ou a serpente! (...) A sociedade inteira assenta na familia: a familia no amor materno; se deste arrenegais, cautela que arrenegais da sociedade![62]

---

61 Camillia Cowling indica que mesmo antes da aprovação da lei de 1871, os "humanitarian winds" que sopravam sobre a escravidão atlântica atingiam também o Brasil, constrangendo progressivamente a prática do não reconhecimento dos vínculos maternos entre escravas e seus filhos. COWLING, C. *Conceiving Freedom...*, op. cit., p. 74-77.

62 Cf. BN-HDB – Diário de S. Paulo, *Parecer da comissão nomeada pela câmmara dos deputados para estudar o projecto do poder executivo sobre o estado servil*, XXII, 12.07.1871, p.01.

Assim, natural seria, para legisladores, autoridades públicas e proprietários de escravos, forçados a aquiescer sobre a lei de 1871, que entre as mulheres libertas fossem reproduzidos os contornos apenas elementares da maternidade das escravizadas, desprovidas da nobreza de sentimentos da mãe extremosa modelar. Decerto, as práticas populares de maternidade, assinaladas no capítulo anterior, contribuíam para afastar mulheres egressas da escravidão dos protocolos familiares patriarcais e burgueses, evidentemente associados a certa camada de mulheres brancas. Arranjar-se como criada em casas alheias, muitas vezes distanciando-se dos filhos como ocorria a tantas libertas na cidade, e ao mesmo tempo alugar os serviços dos rebentos a terceiros, frequentemente admitindo a possibilidade de que vivessem em companhia de seus empregadores, eram formas de organizar a família e sua subsistência alheias à ideia da domesticidade materna.[63] Afora os imperativos da sobrevivência, contudo, não se pode ignorar que, entre as mães egressas da escravidão, os modos de cuidar dos filhos e exercer a maternidade remetessem, em alguma medida, às matrizes africanas da população escravizada na cidade.

A participação de africanos entre os escravizados em São Paulo jamais se equiparou àquela encontrada em grandes cidades escravistas como Salvador e Rio de Janeiro.[64] Nas décadas iniciais do século XIX, sua proporção entre o contingente total de cativos na capital da capitania e, mais tarde, da província, variou de 18% a 36% – dados referidos, respectivamente, a 1803 e 1836 – declinando sensivelmente a partir de meados do século.[65] No ano de

---

63 TELLES, L. F. S. *Libertas entre sobrados...*, op. cit.; SOUZA, F. F. Escravas do lar..., op. cit.; SILVA, Maciel Henrique Carneiro da. *Pretas de honra: trabalho, cotidiano e representações de venderias e criadas no Recife (1840-1870)*. 2004. 299f. Dissertação (Mestrado em História) – Universidade Federal de Pernambuco, Recife, 2004.

64 A este respeito, ver: KARASCH, Mary. *A vida dos escravos no Rio de Janeiro (1808-1850)*. São Paulo: Cia. das Letras, 2000; REIS, João José. A greve negra de 1857 na Bahia. *Revista USP*, São Paulo, n.18, 1993, p. 8-29 (Dossiê Brasil/África).

65 MARCÍLIO, Maria Luiza. *A cidade de São Paulo: povoamento e população (1750-1850)*. São Paulo: Edusp, 1986. Informações algo discrepantes são encontradas em outras pesquisas: os dados produzidos por Luna e Klein, considerando a cidade de São Paulo e seu entorno, indicam presença ainda mais significativa de africanos na posse escrava da região: 36% em 1804 e cerca de 50% em 1850. Já de acordo com Regiane Augusto de Mattos, os africanos corresponderiam a 12,4% da população escrava da cidade em

1886, o contingente total de africanos em São Paulo, 205 pessoas, representava algo como 0,42% dos 47.697 habitantes da cidade, entre sujeitos livres e escravizados.[66] Embora não correspondessem a amplas proporções da população citadina, os africanos se faziam presentes nas muitas lides e dinâmicas econômicas de São Paulo ao longo de todo o século XIX – notadamente de sua primeira metade –, e certamente influenciaram práticas sociais cultivadas entre os afrodescendentes e os populares de maneira mais extensiva.[67] Etnicamente localizadas entre as populações da África Ocidental e Central, estas matrizes culturais garantiam lugar fulcral à figura materna como portadora e transmissora da memória e dos valores culturais comunitários, conferindo *status* e poder político às mulheres.[68] Ademais, como bem resume

---

1814 e 13,06% em 1825. De todo modo, a queda na participação dos africanos entre a população escrava da cidade a partir da metade do século XIX explica-se, segundo Maria Helena Machado, pelo ampliado processo de crioulização ocorrido na província, bem como pelo encarecimento da mão de obra escrava que inviabilizava a compra de novos cativos na cidade. LUNA, Francisco Vidal; KLEIN, Herbert S. *Evolução da sociedade e economia escravista de São Paulo, de 1750 a 1850*. São Paulo: Edusp, 2006; MATTOS, Regiane Augusto de. *De cassange, mina, benguela e gentio da Guiné. Grupos étnicos e formação de identidades africanas na cidade de São Paulo*. 2006. 239f. Dissertação (Mestrado em História Social) – Faculdade de Filosofia, Letras e Ciências Humanas, Universidade de São Paulo, São Paulo, 2006; MACHADO, M. H. P. T. Sendo Cativo nas Ruas..., op. cit.

66 Os dados do censo de 1886 foram retirados do livro de Lorena Feres da Silva Telles e por ela extraídos do *Relatório Apresentado ao Excellentissimo Senhor Presidente da Província pela Comissão Central de Estatistica* de 1888. TELLES, L. F. S. *Libertas entre sobrados...*, op. cit., p. 47.

67 Enidelce Bertin e Regiane Mattos constatam a predominância, entre os africanos levados a São Paulo pelo tráfico, daqueles oriundos da costa ocidental centro-africana, e indicam sua importância em diversos setores dos serviços públicos da cidade, bem como a serviço de particulares. MATTOS, R. A. *De cassange, mina, benguela...*, op. cit; BERTIN, Enidelce. *Os meias-caras: africanos livres em São Paulo no século XIX*. Salto: Schoba, 2013.

68 Sobre o tema da maternidade na diáspora, as matrizes culturais da África ocidental e a centralidade do papel feminino e materno, ver: BUSH, Barbara. African Caribbean Slave Mothers and Children: Traumas of Dislocation and Enslavement across the Atlantic World. *Caribbean Quarterly*, v. 56, n. 1 / 2, 2010, p. 69-94; GRAHAM, Sandra Lauderdale. Ser Mina no Rio de Janeiro do Século XIX. *Afro-Ásia*, Salvador, n. 45, 2012, p. 25-65.

Camillia Cowling, tais noções de maternidade ligavam-se intimamente à tarefa de prover a subsistência de família e filhos e incluíam a formação de redes familiares estendidas, ao mesmo tempo afastando-se enormemente dos padrões burgueses de origem europeia fundados na domesticidade feminina e na família nuclear, por um lado, e do que a autora chama de "estratégia brasileira" de buscar laços de proteção paternalista que legitimassem seu direito à maternidade, por outro.[69]

Certamente, a transposição pura e simples de modelos culturais definidos genericamente como africanos seria insuficiente para explicar a reprovação social às práticas de maternidade cultivadas entre mulheres libertas na cidade de São Paulo, ao longo do século XIX. Este grupo, como se viu no capítulo anterior, estendia-se de modo a incorporar em condições muito semelhantes outras mulheres empobrecidas, estrangeiras e brancas. Contudo, a contemplação de formas diversas de exercer os cuidados maternos, concebidas para além das fronteiras europeias e dos círculos da elite no Brasil imperial, e sua associação às urgências da sobrevivência impostas pela generalizada pobreza enfrentada por mulheres sós na cidade àquela época, ajudam a delimitar as dimensões de uma maternidade racializada que emergia das páginas dos autos nas últimas décadas do século XIX. A necessidade fundamental de prover a sobrevivência econômica familiar e o destaque dado a esta tarefa entre sociedades da costa ocidental africana alinham-se diretamente a práticas informais de aluguel dos serviços de jovens e crianças, cujos mirrados proventos contribuíam para a subsistência de famílias pobres chefiadas, em grande proporção, por mulheres egressas da escravidão.[70]

Embora essas não fossem estratégias de sobrevivência exclusivas de libertas e seus filhos – uma vez que as relações e práticas maternas entre as mulheres depauperadas e trabalhadoras eram generalizadamente deslegitimadas na cidade –, tais mulheres compuseram grupo majoritário entre as mães

---

69 COWLING, C. *Conceiving Freedom...*, op. cit., p. 201-202; 213.

70 Barbara Bush chega a questionar o real significado da associação feita entre comunidades africanas diaspóricas chefiadas por mulheres nas Américas – notadamente no Caribe inglês – e as premências da pobreza, argumentando que a proeminência e liderança social destas mulheres deviam-se às origens culturais diversas de suas concepções de maternidade e sexualidade. BUSH, B. *African Caribbean Slave...*, op. cit., p. 87.

de menores formalmente assoldadados e tutelados, sendo amplamente identificadas às suas práticas maternas e sociabilidades reprováveis.[71] Conquanto as críticas fundadas na inadequação material e moral das mulheres populares e no controle de seus corpos e sexualidade embasassem largamente a apropriação judicial da mão de obra de jovens e crianças na cidade, era a mãe egressa da escravidão e negativamente racializada que emergia como símbolo máximo da incapacidade materna.[72] Por certo, a adesão de uma identidade racial predominante à imagem da mãe inapropriada dos jovens e pequenos trabalhadores explicava-se, num contexto de baixos índices de africanização como o da São Paulo de fins de século XIX, por motivos diversos daqueles encontrados, por exemplo, na Salvador de meados do mesmo século. Contemplando, nesse contexto, a experiência de uma africana cujos filhos, crioulos livres, eram disputados por sua senhora, Jane-Marie Colllins advoga a existência de uma intrínseca ligação entre a elaboração do *status* da *unfit mother*, processos de crioulização da população escravizada e liberta baiana e

---

71 É o que indica a discussão quantitativa proposta no primeiro capítulo, detalhada nos Apêndices A (p. 453) e B (p. 455) que atestam a presença majoritária de mulheres "pretas" ou "pardas" e libertas entre as mães de tutelados e assoldadados racialmente identificadas. Estas conclusões, conforme apontado no mesmo capítulo, consideram ainda os marcadores raciais atribuídos a menores filhos de mães sós e aludem a extrapolações possíveis, considerando as informações sobre marcadores raciais de menores sem filiação identificada. Essa discussão é retomada no capítulo quatro, do ponto de vista dos menores trabalhadores.

72 Discutindo as disputas judicias pela tutela de ingênuos no Rio de Janeiro na década de 1880, Urruzola argumenta que a caracterização de mulheres libertas como moral e materialmente incapazes de manterem os filhos consigo tinha como objetivo enquadrá-las nas categorias de tutores inábeis definidas pelas Ordenações Filipinas – sobretudo na categoria "inábeis por justo receio". Embora interessante, tal constatação não parece aplicar-se exatamente aos discursos e representações negativas esgrimidas na Justiça de São Paulo contra as mulheres libertas – contexto em que sua detração moral ligava-se a um cenário ampliado de desagregação da escravidão e emergência de normatividades sociais modernizantes. URRUZOLA, P. *Faces da liberdade tutelada...*, op. cit.; _____. Ex-proprietários nos dias seguintes... op. cit.; _____. Libertas e ingênuos, ou mães e filhos no processo de tutela? (Rio de Janeiro, 1880-1890). *Dia-Logos*, Rio de Janeiro, n. 8, 2014, p. 11-122.

o combate aos legados da intensa africanização na província, ainda desassossegada pelo levante malê de 1835.[73]

Decerto, a fabricação de uma imagem racializada da maternidade inapropriada nutria, também em São Paulo, íntimas relações com concepções mais amplas sobre os desígnios nacionais. No contexto dos desdobramentos da abolição, a emergência desta representação negativa ligava-se, em última instância, à própria concepção de uma nação a caminho da modernização, que, neste percurso, precisava eliminar a escravidão de seu repertório civilizacional. Privar mulheres egressas da escravidão de seus filhos e atribuir a educação destes a famílias brancas e bem estabelecidas, mais apropriadas para a tarefa, era, por um lado, expressão da aplicação deste grande projeto nacional – cujas dimensões, são, certamente, ampliadas em sentido atlântico – à escala das práticas sociais do cotidiano[74]. Por outro lado, no entanto, a ideação de tais representações prestava-se à função de justificar retoricamente a continuidade de práticas de exploração intimamente associadas à experiência da escravidão, como cabalmente demonstrado pela corrida aos cartórios e Juízos de Órfãos na expectativa de assoldadar ou tutelar ingênuos, após

---

73 COLLINS, Jane-Marie. Intimacy, inequality and *democracia racial*: theorizing race, gender and sex in the history of Brazilian race relations. *Journal of Romance Studies*, v. 2, n. 7, 1997, p. 19-34; ____. Mãe Africana, Pátria Brasileira: negotiating the racial politics of identity, freedom and motherhood in nineteenth-century Bahia, Brazil. In: COLLINS, Jane-Marie. *Intimacy and Inequality: female histories and feminist readings of manumission and motherhood in Brazilian slave society (Bahia 1830-1888)*. Liverpool: Liverpool University Press. No prelo. Note-se que autora não se refere mais profundamente ao problema da disputa pela mão de obra implicada na elaboração dos estigmas da mãe inapropriada, concentrando suas atenções no "problema" da crioulização da população de origem africana. Alberto Heráclito Ferreira Filho refere-se à condenação moral, em circulação na imprensa, dos arranjos familiares populares, majoritariamente chefiados por mulheres em Salvador na Primeira República: FERREIRA FILHO, A. H. *Quem pariu e bateu...*, op. cit.

74 O paralelo com a Lei Moret, aprovada em 1870 em Cuba e que igualmente estabelecia o fim do princípio do *partus sequitur ventrem* e a sujeição dos nascidos de ventre livre ao poder dos senhores das mães escravizadas é, neste sentido, inescapável: COWLING, C. *Conceiving freedom...*; SCOTT, Rebecca. 1991. *Emancipação Escrava em Cuba: a transição para o trabalho livre, 1860-1899*. Rio de Janeiro: Paz e Terra, 1991.

o 13 de maio. Diferentemente do que ocorria em Salvador e possivelmente em outros centros de grande presença africana até as décadas finais do século XIX, a considerar-se os argumentos de Collins, em São Paulo era principalmente ao engendramento de mecanismos de controle e apropriação da mão de obra de menores de idade afrodescendentes – e, por conseguinte, também de suas mães – que o emblema racializado da mãe inadequada se prestava.[75] As libertas eram as mulheres que o incorporavam de modo mais frequente, as que surgiam mais claramente adornadas com os predicados da escravidão e de seu legado, e as herdeiras, ainda que distantes, de práticas culturais estrangeiras amplamente reprovadas pela norma familiar vigente.[76]

Essa representação tão negativa quanto eficaz, mesmo surgindo casual e fortuitamente em alguns autos que tratavam as mães de ingênuos como vultos desimportantes e secundários à narrativa do afeto paternalista, era recorrente e amplamente aceita pelos juízes de órfãos da capital, que em 1888 e nos anos subsequentes distribuíram diversas tutelas e soldadas a antigos senhores – fossem de "seus próprios ingênuos" ou de "ingênuos alheios". Encaminhada ao Juízo por Francisco Ignacio do Sacramento Messias, a solicitação de tutela do menor Antonio, de dez anos, filho natural da Maria, ex-escrava de João Fernandes de Almeida, apelava aos argumentos da desqualificação e desinteresse maternos, contrapondo-os à afirmação da capacidade e benévola disposição do peticionário para prestar ao menino os cuidados que não receberia da mãe:

---

75 No contexto da primeira metade do século XIX, quando a presença de africanas era maior na cidade, a racialização da incapacidade materna talvez tenha sido mais direta e explícita. O caso de Maria Conga, discutido por Enidelce Bertin, ilustra esta possibilidade: BERTIN, E. Uma "preta de caráter feroz..., op. cit.

76 Parece claro que, a esse momento, as ideações sobre africanos e suas práticas culturais imiscuíam- se às teorias racialistas que proliferavam entre os intelectuais nacionais entre fins do século XIX e inícios do século XX. Sobre o florescimento destas teorias, ver: SCHWARCZ, Lília Moritz. *O Espetáculo das Raças: Cientistas, Instituições e Questão Racial no Brasil do Século XIX (1870-1930)*. São Paulo: Cia. das Letras, 1993; MACHADO, Maria Helena Pereira Toledo. *Brasil a vapor: raça, ciência e viagem no século XIX*. 2005. 245f. Tese (Livre-Docência) - Universidade de São Paulo, Faculdade de Filosofia, Letras e Ciências Humanas, São Paulo, 2005.

> (...) a mai do dito menor é incapas de tel-o em sua companhia, já por que não o têm capacidade de educal-o – tão convenientemente como o supplicante, que, têm toda paciencia, e mesmo, quer educal-o – já pondo em um officio – para sua garantia fuctura. Nestes termos para poder dar como se o fosse vem requerer a VSria se digne de nomêar ao supplicante tutor do dito menor – a fim de poder não só tomar conta, delle como dar-lhe-a precisa educação.[77]

Reforçando a sugestão do desprezo de Maria pelos cuidados para com o filho, Almeida mencionava, casualmente, que o menor se encontrava em sua companhia há cerca de nove meses. Ao mesmo tempo em que atestava a inaptidão da liberta para o adequado desempenho dos cuidados maternos, contudo, a afirmação levantava suspeitas sobre os motivos que teria o peticionário para decidir-se pela formalização do vínculo que o unia a Antonio. Por que fazê-lo justamente naquele momento, depois de nove meses de informalidade? A resposta encontra-se nos próprios autos e indica que Maria não era, em realidade, tão displicente com o filho quanto Almeida gostaria de fazer parecer. Alguns meses depois de nomeado tutor, Messias retornava ao Juízo para reclamar um mandado de apreensão de Antonio, que, sem seu consentimento, "(...) *por exigencia da mãi ausentou-se para a Freguesia da Penha para casa de João Fernandes de Almeida, onde vive o dito menor, com taboleiro vendendo doce, pelas ruas sem ter a precisa educação*". Parece que, à semelhança do que faziam outras mães, Maria procurara alguma estabilidade familiar na companhia do antigo senhor, contrapondo-se aos interesses do empregador de seu filho para reconstituir, como possível, os vínculos e a autonomia maternos.

Mais agressiva era a representação da incapacidade materna forjada por Brasilico de Aguiar e Castro contra Josepha, por ele alegadamente libertada com condição de prestação de serviços, e que "*há dias se ausentara de sua companhia carregando consigo uma filha ingennua, de nome Trinea, de 8 annos mais ou menos de idade, a quem o supplicante e sua senhora tem criado com afeto*".[78] Neste caso, o domínio sobre a ingênua era disputado pela liberta e seu

---

77 Cf. APESP – Juízo de Órfãos, Autos de tutoria, lata C05456, documento 8612, 1888.

78 Cf. APESP – Juízo de Órfãos, Autos de tutoria, lata C05456, documento 6104, 1888.

ex-senhor. Ao solicitar nomeação como tutor de Trinea, e afirmando ter o interesse da menor em mente, Castro apelava aos estereótipos das libertas e escravas baderneiras e viciadas que povoavam as ruas e a imaginação de autoridades públicas e da boa sociedade com suas desordens.[79] Sublinhando seu desprezo por Josepha, desdenhava os serviços que a mesma supostamente lhe devia, anunciando interessar-se tão somente pela pequena Trinea:

> Não fasendo o supplicante questão alguma do resto de tempo que ainda compre a dita Josepha prestar-lhe serviços, deseja, entretanto, evitar que a filha da mesma fique d'entro em bares viciada o que necessariamente aconteserá se permanecer em tal companhia.

As evocações do afeto paternalista emanavam, é fato, da instituição familiar senhorial arreada no modelo patriarcal, e, portanto, amplamente tributária do poder subsumido na figura masculina do chefe de família. Não obstante, as representações da incapacidade materna de libertas eram potencializadas por outro poderoso símbolo: a "mãe senhorial". Em tempos de ascendente valorização do papel familiar burguês feminino, com suas virtudes domésticas e essência materna, a mulher branca das famílias abastadas e remediadas da cidade tornava-se um emblema poderoso na disputa pelo

---

79 Lorena Telles aborda a desclassificação social imputada às mulheres libertas nas décadas finais do século XIX na cidade, salientando sua íntima associação com o controle da mão de obra liberta. De forma mais ampla, no entanto, mulheres afrodescendentes engajadas nos múltiplos serviços urbanos – notadamente os domésticos – eram vistas com desconfiança por senhores, empregadores e autoridades públicas. Sua participação nas agitações e dinâmicas das ruas era acompanhada por agentes do controle social, como ocorria às quitandeiras presas por embriaguez e vadiagem. O domínio feminino nos *zungus* era outro índice da moralidade desviante destas mulheres. TELLES, L. F. S. *Libertas entre sobrados...*, op. cit.; GOMES, Flávio dos Santos; SOARES, Carlos Eugênio Líbano. "Dizem as Quitandeiras..." – Ocupações urbanas e identidades étnicas em uma cidade escravista: Rio de Janeiro, século XIX. *Acervo*, Rio de Janeiro, v. 15, n. 2, 2002, p. 3-16; DIAS, Maria Odila Leite da Silva. Nas Fímbrias da Escravidão Urbana: negras de tabuleiro e de ganho". *Estudos Econômicos*, São Paulo, n. 15, 1992, p. 89-109; FARIAS, Juliana Barreto et alii. *Cidades Negras: Africanos crioulos e espaços urbanos no Brasil escravista do século XIX*. São Paulo: Alameda Editorial, 2009.

domínio dos ingênuos no pós-abolição.[80] A contraposição da idealização de sua desmesurada vocação para os sublimes sacrifícios da maternidade à inépcia das mulheres libertas para os mesmos encargos, que iluminava vivamente a desqualificação das últimas, era tributária da representação de mulheres escravizadas como mães relapsas, cujos filhos adoeceriam e morreriam com enorme facilidade e pelos quais elas pouco lamentariam. A falta de cuidados e de alimentação apropriada, ocasionada pelo retorno prematuro de mães puérperas ao trabalho – no eito, nos serviços domésticos ou como amas de leite – era reelaborada, na linguagem da escravidão, como demonstração da negligência com que mulheres cativas tratavam os próprios filhos.[81] Altamente evocativas deste estigma são as memórias de Maria Paes de Barros, que, recontando a experiência da abertura de fazendas na expansão das fronteiras do café na província paulista, junto de sua distinta família em meados do século XIX, retratava sua mãe como a própria encarnação da zelosa liderança doméstica, cuja ascendência estendia-se inclusive aos cuidados com os escravos.[82] Relembrando uma cena ocorrida na cozinha da fazenda, onde sua mãe comandava o preparo da comida dos escravos realizado por duas "pretas cativas", escrevia a autora:

---

80 MALUF, Marina; MOTT, Maria Lúcia. Recônditos do mundo feminino. In: SEVCENKO, Nicolau (org.). *História da Vida Privada no Brasil*, v. 3. São Paulo: Cia. das Letras, 1998, p. 367-421.

81 O artigo de Wilma King, anteriormente citado, problematiza a noção de negligência materna das mulheres escravizadas, contrapondo-a aos empecilhos impostos aos cuidados dos filhos. KING, W. Suffer with Them..., op. cit. Ver também: MACHADO, Maria Helena P. T., Mulher, Corpo e Maternidade. In: *Dicionário da Escravidão e Liberdade. 50 textos críticos*. SCHWARZ, Lilia Moritz; GOMES, Flávio dos Santos (org.). São Paulo, Cia das Letras, 2018, p. 334-340

82 Observe-se que, a despeito do retrato desabonador das mães escravizadas, as memórias de Maria Paes de Barros constituem importante fonte para a reavaliação do papel das mulheres na gestão dos assuntos da Casa, entendido como o mundo do governo doméstico dos assuntos e propriedades senhoriais, entre as quais se incluíam os próprios escravos, conforme proposto por Ilmar Mattos. MATTOS, Ilmar R. *O Tempo Saquarema: a formação do Estado Imperial*. São Paulo: Hucitec, 2004.

Mães infames, filhos venturosos   151

> No chão, sobre uma esteira, apesar das moscas que esvoaçavam ao redor, dormia a sono solto uma criança de poucos meses, roliça e satisfeita, coberta apenas por um pedaço de uma velha baeta vermelha.
>
> — É seu filho, Lucinda? – perguntou a senhora à cozinheira. – Veja se cria este direito e não deixa morrer, como o outro.
>
> — O outro era mesmo doentio – volveu a preta para se desculpar.
> — Este já nasceu sacudido.[83]

Decerto, a representação da mãe senhorial das *plantations* não seria exatamente a mesma da cidade de São Paulo, na qual os plantéis eram menores e as atividades econômicas diversas. Os paradigmas de negligência materna das escravizadas e da soberania doméstica de suas senhoras, entretanto, seriam preservados e reatualizados no contexto da emergência das classes médias urbanas.[84] Acrescido dos atributos da sentimentalidade, devoção e autossacrifício, ladeados pela elevação da criança ao epicentro da sociedade e pelo intento de reinvenção nacional, o retrato da mãe branca e burguesa tinha como contraponto fundamental as representações da incompetência materna da mulher egressa da escravidão. Uma vez proscritas pela emergência de discursos médico-higienistas e campanhas pelo aleitamento materno, as amas de leite, símbolo da escravidão docilizada, não projetariam qualquer luz favorável sobre estas mulheres.[85] Atingindo diversos graus de dramaticidade, a compara-

---

83 BARROS, Maria Paes de. *No tempo de dantes*. São Paulo: Paz e Terra, 1998, p. 75.

84 Jane-Marie Collins argumenta que, nas casas de pequenos e médios proprietários de escravos, o controle e a exploração das vidas afetivas e reprodutivas das mulheres escravizadas seriam ainda mais rigorosos do que no ambiente da *plantation*. COLLINS, J-M. Mãe Africana, Pátria Brasileira..., op. cit., p. 19.

85 Como argumentado no capítulo anterior, a agressiva campanha pelo aleitamento materno e contra o uso dos serviços de amas de leite, capitaneada por médicos e higienistas e que tinha em mira a eliminação dos legados nocivos da escravidão, não impediu de fato o recurso a estas mulheres na prática social. CARNEIRO, Elisabeth Ribeiro. *Procura-se uma "preta com muito bom leite, prendada e carinhosa": uma cartografia das amas de leite na sociedade carioca (1850-1888)*. 2016. 419f. Tese (Doutorado em História) – Universidade de Brasília, Brasília, 2006; MACHADO, Maria Helena P. T. Entre dois Beneditos: histórias de amas de leite no ocaso da escravidão. In: XAVIER,

ção entre estas representações antagônicas de maternidade foi recorrente nos autos de tutela e soldada produzidos na cidade imediatamente após a abolição. Neles, as libertas consolidavam a mais perfeita tradução das vulnerabilidades que faziam da maternidade ao mesmo tempo desígnio natural incontornável e apanágio de poucas merecedoras. Tratava-se, afinal, da oposição entre as verdadeiras mães e as mães impostoras, mulheres incapazes da depuração de modos e virtudes – e, no limite, do refinamento racial – próprios da tarefa de criar os pequenos e guiá-los no caminho do futuro afortunado.

A sexualidade e, portanto, a capacidade de gerar os filhos, não fazia parte da equação das qualidades intrínsecas à maternidade proba: como visto, a mãe burguesa era uma representação assexuada, ao passo que à mãe popular cabiam os predicados da lubricidade desvirtuada. As mulheres negras, em particular, eram amplamente definidas à luz da suposta lascívia e disponibilidade sexual com que perturbavam a harmonia dos lares patriarcais – reificação que seria reafirmada pela literatura sociológica e historiográfica. Desse modo, a reclamação dos direitos sobre os ingênuos poderia ser feita por famílias senhoriais por meio da exaltação das mulheres brancas das boas famílias paulistanas, ícone racializado e burguês da maternidade. Etéreo, sacralizado, caracterizado pelo desvelo ilimitado, o papel de mãe dos ingênuos era apresentado como legitimamente pertencente às mulheres das famílias senhoriais; às libertas não lhes competia qualquer lidimidade materna apenas por terem parido os menores, uma vez que a maternidade pertencia a instâncias mais elevadas do que às dimensões da carne.[86]

Interessantemente, portanto, os discursos sobre a "natureza feminina" que localizavam na função materna a razão biológica e moral de ser da mulher eram mobilizados e reelaborados de formas diversas para legitimar o controle sobre a mão de obra de menores empobrecidos no contexto da desagregação da escravidão. Projetado sobre as mulheres empobrecidas e, notadamente, so-

---

Giovana, FARIAS, Juliana Barreto e GOMES, Flávio dos Santos (org.). *Mulheres negras no Brasil escravista e do pós-abolição*. São Paulo: Selo Negro, 2012, p. 199-212.

86 ALMEIDA, Angela Mendes de. *Mães, esposas, concubinas e prostitutas*. Seropédica: EDUR, 1996; MALUF, Marina; ROMERO, Mariza. A sublime virtude de ser mãe. *Projeto História*, n. 25, São Paulo, 2002, p. 221-241.

bre as libertas, esse discurso refletia a sexualidade sem freios que gerava filhos ilegítimos pelos quais as mesmas não se responsabilizariam adequadamente. Projetada sobre as mulheres brancas e não empobrecidas, a mesma arenga espelhava sua maternidade biologicamente transcendente, entranhada em uma natureza sexualmente asséptica e epitomada no ato do aleitamento.

A petição apresentada por Maria Barbara d'Almeida e Silva é exemplar desta dinâmica. Em agosto de 1888, a referida mulher procurava o Juízo de Órfãos para informar *"ter em seo poder dous de seus ex-ingenuos"*, de nomes Antônio e Georgina, filhos de suas ex-escravas Antonia e Juliana, a quem gostaria de haver por contrato de soldada.[87] Assim justificava sua solicitação:

> A supplicante não pretende auferir os serviços dos menores; mas, tendo os criado com os carinhos de mãe, votando-lhes a maior amizade, encaminhando-os em educação não poderá vel-os sahir de sua cia para de suas mães, onde necessariamente soffrerão privações, ate da propria educação, o que será inevitável pois as suas mães estarão sempre atarefadas com seus serviços para proverem em sua subsistência.[88]

A afirmação de que não pretendia utilizar os serviços dos ingênuos é obviamente digna de todo o descrédito, mostrando-se descabida ao surgir numa manifestação que pleiteava, justamente, a contratação à soldada dos referidos menores. Afora este artifício patentemente empregado por Maria Bárbara Silva para engrandecer os propósitos de sua solicitação, a subscritora da petição desfazia-se em autoelogios e compadecimento pelos filhos das libertas, mencionando preocupações com sua partida e seu futuro, aludindo à dor da separação e ao empenho empregado em sua criação. No limite, a peti-

---

87 Segundo as prescrições das Ordenações Filipinas, os encargos de tutor eram compreendidos como competências essencialmente masculinas, somente em eventuais circunstâncias podendo recair sobre mulheres. Era o caso, por exemplo, de mulheres viúvas, que poderiam tutelar os filhos contanto que não se recasassem. Ver especialmente: Ordenações Filipinas, Livro 4º, Título 102. Disponível em: < h ttp://www1. ci.uc.pt/ihti/proj/filipinas/l1p212.htm>. Acesso em: 12.12.2019.

88 Cf. APESP – Tribunal de Justiça de São Paulo, lote 201006003452, *Contrato a soldada*, 1888.

cionária atribuía-se o papel de verdadeira mãe dos menores, buscando suprimir de sua narrativa quaisquer traços de investimento de Antonia e Juliana no cuidado dos filhos e, desse modo, tacitamente eliminar qualquer vínculo ou precedência que tais mulheres poderiam ter sobre os mesmos – nem mesmo más influências morais são mencionadas. Traindo, e certa forma, suas pretensões, ao referir-se às privações que Antonio e Georgina sofreriam em companhia das mães a peticionária revelava justamente a tenacidade com que estas se dedicavam ao trabalho do qual extrairiam a subsistência de suas famílias. A contradição essencial entre a obliteração das mães dos ingênuos como agentes de sua criação e o compromisso com a manutenção dos filhos no discurso da peticionária passaria desapercebida ou seria simplesmente ignorada pelo juiz de órfãos que acedia formalmente à solicitação de Maria Bárbara Silva, apenas um dia depois de apresentada a petição.

Decerto, assim como ocorria às disputas em torno dos direitos garantidos às libertas pela Lei do Ventre Livre, não era de forma impassível que estas mulheres recebiam as imputações e os retratos delas pintados nos autos. Engajadas na briga pela emancipação efetiva de seus filhos – e, por conseguinte, da sua própria emancipação – disputavam com os recursos disponíveis os símbolos legitimadores da boa mãe contra elas empunhados. Num embate de representações e contra representações, suas trajetórias em direção à liberdade e autonomia reais descreviam longas narrativas – às quais os historiadores têm acesso a partir dos relatos dos poderes constituídos. Veja-se, por exemplo, a história da liberta Thereza, que começa a ser contada numa petição encaminhada por Tristão Alves Siqueira, seu antigo senhor.

Em fins de junho de 1888, Siqueira, residente à freguesia de Nossa Senhora do Ó, arrabalde ainda distante do centro, comunicava ao Juízo de Órfãos ter, em 25 de fevereiro daquele ano, concedido liberdade a todos os seus escravos *"em homenagem ao natalício de Silva Prado"*. Às portas da abolição, a concessão de alforrias coletivas foi adotada por diversos senhores como estratégia de fidelização de seus cativos no pós-emancipação. Ritualizando a doação da manumissão e desempenhando o papel de nobres beneméritos, senhores de escravos pretendiam afirmar sua ascendência sobre os libertos, gerando dívidas simbólicas de gratidão e, assim, mantendo-os sob seu continuado domínio, uma vez formalmente eliminados os laços da escravidão.[89] Não parecia ser outra a expectativa de Tristão Alves Siqueira ao conceder a alforria a seus cativos na comemoração do aniversário de Antonio da Silva Prado, notável político paulista e conselheiro do Império que, naquele ano, integraria o gabinete responsável pela elaboração da Lei Áurea.[90]

Entre os libertos do generoso senhor, contudo, havia Thereza, mãe de *"quatro filhos, todos de menor edade, que foram creados pela mulher do suppli- cante com o amor e caridade maternal".* Recorrendo à exaltação da verdadeira mãe contra a mulher parideira, Siqueira dizia-se consternado com as cir- cunstâncias em que se encontravam Ambrozio, Marcos, Brazilia e Benedicta, filhos de Thereza com idades entre oito anos e oito meses. Desde que a en- tão liberta – a quem o peticionário sintomaticamente referia-se como escra- va – deixara sua casa levando os filhos, *"de cuja creação e educação não pode ella se encarregar, pela falta de meios",* todos vivim em um quarto alugado na Travessa da Glória, no centro da cidade. Interessando-se pelo destino e bem- -estar dos menores, conforme afirmava, o peticionário solicitava ao Juízo ser formalmente nomeado tutor dos pequenos.

Passado um mês da concessão de sua nomeação como tutor, contudo, os filhos de Thereza continuavam ocultos em companhia da mãe. Siqueira, agora portador de direitos formalmente constituídos sobre os menores, im- pacientava-se com a demora de seu retorno e, deste modo, voltava ao Juízo para solicitar a expedição de mandado de busca e apreensão das crianças. Em nova petição submetida à apreciação do juiz de órfãos, na qual denunciava

---

89 Entre outros estudos, as pesquisas de Hebe Mattos e Celso Castilho e Camillia Cowling documentam a realização de cerimônias coletivas de manumissão respectiva- mente nas áreas de *plantation* do Sudeste e no Recife urbano. MATTOS, Hebe Maria. *Das cores do silêncio: os significados da liberdade no Sudeste Escravista – Brasil, séc. XIX.* Rio de Janeiro: Nova Fronteira, 1998. CASTILHO, C. T.; COWLING, C. Bancando a liberdade..., op. cit.

90 Nascido em 25 de fevereiro de 1840, Antônio da Silva Prado foi filiado ao Partido Conservador. O eminente filho da aristocracia paulista exerceu diversos cargos pú- blicos – chefe de polícia, . deputado federal e senador – antes de sua nomeação como conselheiro do Império em 1888. Logo após a proclamação da república, tomou posse como intendente da cidade de São Paulo. DARREL, Levi E. *A família Prado.* São Pau- lo: Cultura 70, 1977.

ter "*a preta Thereza sob futil pretexto seduzido os menores da casa do supplicante e não os quer entregar*", o tutor não economizava nos vitupérios dirigidos à liberta, e tampouco poupava-se às autocongratulações:

> O supplicante declara a V Excia que tem sempre desempenhado perfeitamente o cargo de tutor, e que a preta Thereza, casada e mulher de má vida, envide todos os esforços para retirar os menores do poder do supplicante, pelo que vêm justificar o seguinte:
>
> 1º - Que o supplicante é homem trabalhador, de familia constituida, de costumes morigerados, e que sempre deu bom tracto aos menores seus pupilos, sendo certo que a sua propria mulher amamentava-os em seus seios e os estima demasiadamente.
>
> 2º - Que a preta Thereza é uma preta viciada, dada a prostituição e leva uma vida escandalosa, não achando-se em condições de ter em sua companhia aquelles menores.

Apresentando-se como tutor exemplar que desempenhava irrepreensivelmente os encargos e os bons exemplos de um pai de família esculpido à perfeição nos moldes do comedimento de hábitos e disciplina de trabalho, Siqueira criava para si uma imagem em tudo oposta à que desenhava para Thereza: viciada, prostituída, dona de vida aerada apesar de casada.[91] A despeito de toda sugestão de sua superioridade moral na representação, o principal antagonista da liberta em seu discurso não era o próprio tutor, mas sua mulher – figura inominada que parece não ter qualquer outra função na narrativa de Siqueira além da afirmação simbólica dos contornos da maternidade ideal, nos quais Thereza não poderia se encaixar. Era ela, a mulher do tutor peticionário, quem amava verdadeira e desmesuradamente aos filhos de Thereza, oferecendo-lhes a mais incontestе demonstração da dedicação materna: o próprio seio.[92]

---

91 MALUF, M; MOTT, M. L. Recônditos do mundo feminino..., op. cit.

92 As discussões sobre a eleição do aleitamento materno como símbolo fundamental das virtudes e da natureza feminina, bem como do melhoramento racial e da modernização nacional, encontram-se mais bem detalhadas no capítulo anterior. Referências sobre o tema são: MARTINS, Luiz Carlos Nunes. *No seio do debate: amas de leite, civilização e sa-*

Chamadas a depor, arroladas pelo peticionário, três testemunhas – todos homens, casados e empregados públicos – confirmavam rigorosamente as asserções de Siqueira. Nas palavras de uma delas, Thereza era mulher dada ao vício, cujo mau procedimento *"publico e notorio das pessoas da Freguesia do Ó"*, em que residiam todos os envolvidos, fazia com que não se portasse como deveria uma mulher casada. Outra testemunha afirmava de maneira ainda mais categórica que *"Thereza pelo seu pessimo procedimento e vicio de embriaguez não pode ter em sua companhia os alludidos menores alem do que como mulher casada goza de má reputação"*. Todos concordavam em duas coisas. A primeira: a liberta era *"bem conhecida do povo da Freguesia do Ó"* – frase que representava alegórica e vivamente a ideia da mulher pública, inclinada ao mau procedimento moral e sexual.[93] A segunda: "a senhora de Siquera", que aos ingênuos amamentara *"em seu seio, como se fossem seus proprios filhos, e isso e notoriamente sabido"*, devotada mulher do mundo doméstico e materno – tão recolhida que sequer tinha o nome mencionado – era o mais perfeito avesso de Thereza.

Note-se que parte de sua descrição como mulher indecorosa e mãe incapaz, em tudo diversa da "senhora de Siqueira", devia-se ao fato de, embora sendo casada, portar- se publicamente com vícios e modos incompatíveis a tal condição. Curiosamente, todavia, não havia quaisquer outras menções àquele que seria o marido de Thereza nos autos produzidos em 1888 afora as referências genéricas feitas com o único propósito de desabonar o caráter da liberta – talvez não fosse sujeito digno de nota, como o era o tutor. Após um longo lapso nos registros, que cessavam temporariamente depois de reafirmada a concessão de tutela dos menores a Tristão Siqueira, os personagens da alentada narrativa voltavam à carga em 1896, desta vez chamados à ação por Vicente José de Oliveira – o marido inominado da liberta, então

---

ber médico no Rio de Janeiro. 163f. 2006. Dissertação (Mestrado em História das Ciências da Saúde) – Casa de Oswaldo Cruz, FIOCRUZ, Rio de Janeiro, 2006; CARNEIRO, E.R. *Procura-se uma "preta..."*, op. cit.; STEPAN, Nancy Leys. *A hora da eugenia: raça gênero e nação na América Latina.* Rio de Janeiro: Editora Fiocruz, 2005.

93 Sobre a figuração da mulher pública nestes termos, ver: ENGEL, Magali. *Meretrizes e doutores: saber médico e prostituição no Rio de Janeiro (1840-1890).* São Paulo: Brasiliense, 1988.

não mais apresentada como *"preta de má vida"*, mas como Thereza Maria do Espírito Santo. Àquela altura dos acontecimentos, Brazilia, filha de ambos – e aparentemente a única entre os menores perfilhada por Vicente – contava já 12 anos de idade. Desejando tê-la em sua companhia, e acusando Siqueira de apoderar-se da menor e não querer devolvê-la, seu pai recorria ao Juízo para solicitar ser nomeado seu tutor. Respaldando seu pleito, anexava aos autos dois documentos. Primeiro, apensava a certidão de seu casamento, realizado na Paróquia do Senhor Bom Jesus do Brás em princípios de 1889 – alguns meses depois, portanto, dos filhos de Thereza terem sido definitivamente entregues à posse do tutor anteriormente nomeado. Em seguida, juntava a certidão do batismo de Brazilia, realizado em fevereiro de 1884 na mesma paróquia, e que a identificava como filha natural da *"preta, solteira, crioula"*.

Decorridos oito anos desde que recebera legalmente a guarda dos menores, depois de tê-los por sabe-se quanto tempo sob seu domínio, junto da mãe, como seus cativos, Tristão Alves Siqueira enfurecia-se sobremaneira com a ousadia de Vicente. Respondendo à ordem judicial para entregar Brazilia ao pai, a quem chamava por Vicente de tal, recusava-se a fazê-lo apresentando as seguintes justificativas:

> (...) vem perante V. Excellencia declarar que não por desobediencia ao mandado mas por saber como esta prompto a pregar que o dito Vicente alem de não ser pae não tem capacidade para tel--a consigo visto como incapaz tambem e a mae da mesma menor com que ultimamente uniu-se aquélle preto Vicente; alem disso acrese que os officiaes da diligencia estando completamente ebrios procederão desbaratada e violentamente na casa do supplicante n'essa diligencia. Em vista de tudo isso pede a V. Excellencia que se digne naquélla tutoria alem de tudo porque a menor não quer abandonar sua caza.

Era assim, acusando a incompetência dos oficiais de justiça e, sobretudo, levantando suspeitas sobre a honestidade dos vínculos que uniam Thereza a Vicente, que Siqueira buscava defender a manutenção da tutela de Brazilia. Não só o alegado pai não era, a exemplo da mãe, capaz de ter a menor consigo, como nem mesmo pai verdadeiro seria. Nesse ponto, o embaraço judicial envolvendo Thereza e seus filhos chama atenção para uma importante dinâmica, abordada no capítulo anterior: a busca de mulheres sós pela legitimação de figuras masculinas poderiam atribuir à sua condição materna. No caso de Thereza, não bastava apenas mostrar-se casada – atributo que, segundo depoimentos, já tinha, muito embora tivesse também comportamentos indecorosos que não refletiam o pudor adequado de uma mulher comprometida. Todas as alegações sobre seu estatuto marital, feitas antes do aparecimento de Vicente nos autos, parecem suspeitas; o registro de batismo de sua terceira filha indica que, à época de seu nascimento, sua mãe era solteira. Quatro anos depois, quando os filhos lhe foram judicialmente arrancados, depoimentos apontavam-na como casada. Finalmente, em 1896, uma certidão de casamento comprovava sua nova condição, reforçada com a adoção de um nome santo, de modo a garantir ainda mais credibilidade àquela renovada figura que, anos depois, emergia dos registros. É possível que, em sentido contrário ao que ocorreria às ações de liberdade e disputas de tutela iniciadas pelas mães dos menores ingênuos – processos em que importava valorizar os direitos maternos de mães libertas e escravizadas – o primeiro marido de Thereza, talvez pai de Marcos e Ambrozio, fosse estrategicamente reduzido pelos depoentes a uma presença desimportante de modo a não municiá-la com argumentos que legitimassem a permanência dos filhos em sua companhia.[94] Confirmando-se esse cenário, os motivos pelos quais não teria ela própria procurado amparar-se na lidimidade do casamento para reclamar a tutela de suas crianças não ficam claros. De todo modo, o contrário ocorria quando vinha à tona, anos depois, o casamento formalmente constituído com o pai de Brazilia.

Por mais desesperadas que pudessem parecer, as acusações feitas por Tristão Siqueira não eram de todo desprovidas de cabimento. A formalização de seu matrimônio somente após a consolidação da perda dos filhos poderia

---

94 Os depoentes fariam, deste modo, o caminho inverso do procedimento adotado por mães libertas em busca da emancipação judicial de seus filhos, conforme descrito por Camillia Cowling e anteriormente discutido. Neste caso específico, mencionar a inadequação de Thereza aos comportamentos apropriados a mulheres casadas, ao mesmo tempo reduzindo a existência de seu marido a breves menções, poderia colaborar para caracterizá-la como mãe imprópria, eliminando o risco de que a tutela de seus filhos fosse concedida ao referido marido. COWLING, C. *Conceiving Freedom...*, op. cit.

indicar que, ainda que se passassem anos, Thereza tinha em mente um projeto amplo de emancipação familiar que requeria adequar-se a normas sociais e, eventualmente, estabelecer-se financeiramente antes de pleitear a tutela da filha. Ao mesmo tempo, Vicente apresentava-se como pai de Brazilia, mas não de Benedicta, a filha caçula. É difícil imaginar com clareza as circunstâncias nas quais, sendo pai das duas meninas, Vicente não procurasse afirmá-lo. Talvez a união entre ele e Thereza correspondesse justamente ao espírito das denúncias de Siqueira: uma associação de ocasião, forjada a partir da solidariedade entre pares, com o intuito exclusivo de auxiliar uma mãe a reaver sua filha. Qualquer que fosse a natureza desse vínculo, era justamente este o efeito que Thereza produzia ao valer-se dela para disputar a guarda da filha: o de uma contrarrepresentação que respondia diretamente à imagem de incapacidade materna esgrimida contra ela e sua família.

A estratégia de reapresentação ao Juízo como uma mulher honesta e casada de fato rendeu-lhe frutos. Após recusar-se a atender à determinação judicial que ordenava a apreensão de Brazilia em sua casa e posterior entrega da menor ao pai, "*declarando com modos ameacadores que de seu poder não sahia a dicta menor e que não reconhecia o mandado do juiz*", como reportavam os oficiais de justiça responsáveis pela ação, Tristão Alves Siqueira finalmente capitulava em princípios do ano de 1897. Nessa ocasião, não apenas abria mão do domínio sobre Brazilia, como também daquele que tinha sobre Ambrozio e Marcos – não deixando, porém, de registrar em documento encaminhado ao Juízo que os menores "*nascidos em sua caza (...) abandonavam o domicilio onde receberão educação e isso fizeram com toda a ingratidão*". Nenhuma soldada lhes devia, segundo argumentava, porque debandavam justamente "*na epocha em que podião começar a pestar serviços*" – muito embora, a julgar-se pelo tempo transcorrido e a idade dos menores informada no início dos autos, eles contassem em 1896 entre 16 e 12 anos, momento em que muitos já eram considerados amplamente integrados à força de trabalho adulta.[95]

---

95 Estudos importantes já debateram a idade em que trabalhadores escravizados eram integrados ao mundo do trabalho adulto. Embora com pequenas divergências, estudiosos indicam que desde os 14 anos, adolescentes já acompanhavam adultos em todas as lides. A este respeito ver, entre outros: MATTOSO, Kátia. O filho da escrava: em torno da Lei do Ventre Livre. *Revista Brasileira de História*, São Paulo, v. 8, n. 16, 1988, p. 37-55, 1988;

A despeito desse alentado e penoso sucesso, o projeto de emancipação familiar de Thereza, arquitetado ao longo de oito anos, permanecia ainda incompleto: Benedicta, a filha mais nova, então com cerca de oito anos de idade, continuaria sob a tutela de Siqueira. Seus filhos mais velhos, tão logo deixaram o domínio do antigo senhor e tutor, foram encaminhados pelo Juízo ao trabalho à soldada em casa do Dr. Costa Machado. Tornar-se livre, como demonstram as histórias de diversas mulheres libertas, não era exatamente tornar-se completamente autônoma. Retirar os filhos do poder de um ex- proprietário, contudo, poderia oferecer a Thereza e seus meninos algum sentido mais concreto de liberdade.

Acossadas pela preeminência social dos chefes de família que acessavam expedientes judicias de arregimentação de seus filhos e oprimidas pelo poder simbólico da "mãe branca senhorial", outras mulheres libertas como Thereza aderiam à estratégia da contrarrepresentação encontrada na legitimação atribuída pelo casamento, perfilhação ou associação a figuras masculinas que pudessem trazer algum verniz de adequação às normas sociais vigentes.[96] Isso não significa dizer, evidentemente, que antes de terem os filhos arrancados de sua companhia ou de sua autoridade, essas mulheres não desfrutassem de relacionamentos, breves ou estáveis, com os pais de seus filhos ou outros companheiros.[97] Aos olhos da Justiça e, sobretudo, dos pleiteantes

---

GÓES, João Roberto; FLORENTINO, Manolo. Crianças escravas, crianças dos escravos. In: PRIORE, Mary Del (org.). *História das Crianças no Brasil*. São Paulo: Contexto, 2015, p. 177-191. Uma discussão mais aprofundada sobre as idades dos trabalhadores arregimentados por meio de tutelas ou soldadas encontra-se no quarto capítulo.

96 Tratando de disputas judiciais semelhantes às abordadas neste capítulo, Urruzola refere-se, brevemente, à "luta de representações" empreendida pelas mulheres libertas. URRUZOLA, P. *Faces da liberdade tutelada...*, op. cit.; ____. Ex-proprietários nos dias seguintes..., op. cit.

97 É o que atestam estudos sobre índices de nupcialidade e ilegitimidade de filhos entre mulheres afrodescendentes, como o de Elizabeth Kuznesof. Maria Odila Leite da Silva Dias refere-se à recorrência de uniões afetivas breves entre mulheres empobrecidas na cidade de São Paulo, que certamente contemplavam também às mulheres libertas e escravizadas. Como afirma Eni Samara, de fato, entre as mulheres populares, era maior a possibilidade de constituição de relações afetivas mais fluidas, uma vez que estavam distanciadas das necessidades de afirmação social, alianças política e da

162   Marília B. A. Ariza

à tutela ou soldada de seus filhos, no entanto, era necessário fazerem-se parecer mulheres aptas a atender às expectativas sociais nutridas sobre as mães adequadas – serem casadas, donas de comportamento virtuoso e reputação honesta – para aproximarem-se, tanto quanto possível, das prerrogativas da feminilidade doméstica e aburguesada.[98]

Luisa, liberta e mãe de Claudina e Benedicta, irmãs ingênuas assoldadadas por seu ex-senhor Francisco Alves de Oliveira, adotava explicitamente a tática de traduzir o longo relacionamento com o pai de suas filhas ao idioma das normas sociais. Em 30 de junho de 1888, cinco dias apenas depois de serem as meninas formalmente contratadas, nova petição era apensa ao processo, dirigindo-se ao Juízo nos seguintes termos

> Diz o liberto Fortunato que tendo n'esta data contrahido matrimonio com a liberta Luisa, que foi escrava de Francisco Alves d'Oliveira, residente na Freguesia do Ó, conforme documento que junta, com a qual liberta houve elle suplicante duas filhas Benedicta e Claudina, ora legitimadas pelo casamento e desejando ter estas, que são menores, em sua companhia para tratal-as como suas filhas, vem pedir a V Excia que se digne de mandar que ao supplicante e á sua dita mulher sejam entregues aquellas menores (...).[99]

Anexada à petição, seguia a certidão do casamento de Luisa e Fortunato, realizado no mesmo 30 de junho, na igreja Matriz de Nossa Senhora do Ó, em que afirmavam os contraentes terem, no estado de solteiros, recebido as

---

legação de heranças em que se fundamentavam os casamentos entre membros das elites. KUZNESOF, Elisabeth. Sexual Politics, Race and Bastard-Bearing in Nineteenth-Century Brazil: A question of Culture or Power? *Journal of Family History*, v. 16, n. 3, p. 241-260, 1991; DIAS, Maria Odila Leite da Silva. *Quotidiano e poder em São Paulo do século XIX*. São Paulo: Brasiliense, 1995; SAMARA, Eni de Mesquita. *As mulheres, o poder e a família: São Paulo, século XIX*. São Paulo: Marco Zero e Secretaria de Estado da Cultura de São Paulo, 1989.

98   Sobre os padrões da feminilidade burguesa e doméstica, ver: MALUF, M.; ROMERO, M. A sublime virtude de ser mãe..., op. cit.; MASSAINI, Marcia Ignez. Representações do amor e da família. In: D'INCAO, Maria Angela (org.). *Amor e família no Brasil*. São Paulo: Contexto, 1989, p. 72-87.

99   Cf. APESP – Juízo de Órfãos, Autos de tutoria, lata C05455, documento 6163, 1888.

filhas Benedicta e Claudina respectivamente nos anos de 1873 e 1879. Os autos não esclarecem se os pais das ingênuas eram escravos da mesma propriedade, ambos cativos de Francisco Alves de Oliveira, ou se cada um pertencia a um proprietário diferente. De todo modo, relações estáveis entre homens e mulheres escravizados poderiam existir nas duas circunstâncias, fomentando, como afirma Robert Slenes, a formação de famílias escravas sólidas que nutriam expectativas e projetos de libertação.[100]

Como também ocorria às outras mulheres empobrecidas cujos filhos eram arrebatados por contratantes e tutores, todavia, nem sempre o recurso das libertas aos símbolos das prerrogativas da mãe branca aburguesada era suficiente para assegurar-lhes o acesso aos direitos maternos. Interessante, contudo, é observar como tais faculdades eram reclamadas por mulheres libertas justamente num momento em que as próprias mulheres brancas e burguesas lançavam-se às ambições de transcender as esferas domésticas de sua influência, inserindo-se em debates e disputas do mundo público.

As décadas finais do século XIX, e notadamente a década de 1880, foram cenário da expansão do movimento abolicionista no Império. A este movimento integraram-se significativos números de mulheres de elite já experimentadas no envolvimento em organizações de caridade e ações de beneficência. A despeito da ampliação de sua participação nas ações de militância na década da abolição, desde os anos 1870 tais mulheres encontravam-se engajadas em campanhas pela emancipação gradual. No início daqueles anos, nomes femininos de importantes famílias da aristocracia paulista, como Veridiana da Silva Prado, foram incorporados à Sociedade Redentora, ligada à loja maçônica América, criada com o objetivo de alforriar crianças de até sete anos de idade na cidade de São Paulo.[101] No mesmo período, di-

---

100 SLENES, R. W. *Na senzala, uma flor...*, op. cit. Sobre o tema da estabilidade das famílias escravas, ver também o artigo de Jonis Freire: FREIRE, Jonis. Para além da partilha: divisão e manutenção de famílias escravas (Minas Gerais, Século XIX). *História Unisinos*, v. 1, n. 15, 2011, p. 23-30.

101 É que demonstra a pesquisadora Renata Ribeiro Francisco em sua dissertação sobre as sociedades antiescravistas em São Paulo. Francisco sugere que parte das mulheres de elite engajadas na Sociedade Redentora seria parente dos maçons ligados à loja América, que tinha Luiz Gama em seu quadro de fundadores. FRANCISCO, Renata

164 Marília B. A. Ariza

versas mulheres de proeminentes famílias paulistanas eram chamadas à mobilização em favor da libertação do ventre escravo. Neste espírito, o editorial d'*O Correio Paulistano*, por exemplo, conclamava as *"matronas paulistas"* a tomarem parte na defesa de *"tudo o que e venerado e sagrado na maternidade"*:

> Conquistado o sceptro da familia, é preciso que, novas Déboras, vão tomando parte nos negócios da republica: exiladas, é preciso que comecem a quebrar com suas mãos delicadas, mas poderosas, as conchas em que tem sido escripto seu ostracismo civil. (...) Mulheres querem a conquista completa da dignidade de seu sexo – e ahi onde encontram a infeliz com o corpo velado pelo crepe da escravidão, esquecem distincção de cores, perdem a bitola com que se mede cathegorias sociaes e estendem o braço como irmãs para erguer do abysmo a criatura sua semelhante que ali jaz.[102]

A evocação da figura bíblica de Débora, profetisa e juíza que liderou o povo de Israel em sua libertação de Canaã, estrategicamente apelava à consagração cristã da participação feminina no enfrentamento à escravidão.[103] Referindo-se à demanda feminina pela completa dignidade de seu sexo – que residia, justamente, no desimpedimento do devir materno –, o editorial aludia à existência de um sentimento fraterno entre mulheres que suplantava barreiras de cor e categorias sociais em nome de uma causa justa. Referindo-

---

Ribeiro. *As sociedades antiescravistas na cidade de São Paulo (1850-1871)*. 2010. 149f. Dissertação (Mestrado em História e Cultura Política) – Universidade Estadual Paulista Júlio de Mesquita, Faculdade de Ciências Humanas e Sociais, 2010.

102 Cf. BN-HDB – O Correio Paulistano, *As senhoras*, 12.04.1870, p.01. Ao momento da publicação do editorial, conforme indica Lília Schwarcz, o Correio Paulista afirmava-se como uma folha de tendências políticas fluídas, somente mais tarde vindo a se afirmar definitivamente como republicano. De todo modo, é interessante a menção à tarefa republicana das mulheres – as novas Déboras – que alude à modernização social e política da nação. SCHWRACZ, Lília Moritz. *Retrato em branco e negro*: JORNAIS, ESCRAVOS E CIDADÃOS EM SÃO PAULO NO FINAL DO SÉCULO XIX. São Paulo: Cia. das Letras, 1987, p. 65-66.

103 Sobre a personagem bíblica Débora como símbolo de liderança feminina, ver: SCARDUELI, Maria Cristiana Nunes; SANTOS, Daiane Cardoso dos. A construção linguística do poder feminino em textos bíblicos: análise das ações de Débora e Jezebel. *Ciências & Letras*, Porto Alegre, n. 54, 2013, p. 177-193.

Mães infames, filhos venturosos

se de maneira ainda mais direta ao engajamento feminino no enfrentamento do cativeiro, o artigo, enfim, recorria à figura de Harriet Beecher Stowe:

> Quando Madame Stowe escreveu *A Cabana do Pai Thomaz* para desenrolar aos olhos do mundo o sudário de horrores da escravidão, esse livrinho cheio de lagrimas e de fogo foi julgado a nota mais aguda e vibrante soltada no meio do universal concerto do púlpito, da tribuna, dos livros e dos jornaes, que fulminavam esse vestígio do barbarismo.[104]

Artigos de tom semelhante, convocando mulheres de elite ao engajamento na campanha pela libertação do ventre e na formação de associações beneficentes de emancipação, seguiram frequentando as páginas dos jornais em circulação no Império, ao longo da década de 1870, ganhando ainda maior destaque na década seguinte. No momento em que o abolicionismo atingia o mais pleno vigor, a agregação das mulheres a segmentos do movimento – grupos abolicionistas femininos dedicados, no mais das vezes, à arrecadação de fundos para a compra de manumissões de cativos, notadamente de mulheres escravizadas e seus filhos – conferia-lhe ares humanitários e sentimentais, epitomados nas imagens da princesa Isabel e da imperatriz Teresa Cristina como "mães do povo", presenças ilustres nas cerimônias de emancipação do Livro de Ouro.[105] Embora, segundo Roger Kittleson, o *mise-en-scène* dessas cerimônias

---

104 Harriet Stowe, escritora branca de família calvinista do norte dos Estados Unidos, publicou "Uncle Tom's Cabin" em 1852. Denunciando as agruras da escravidão no sul do país, o livro foi largamente influente nos círculos abolicionistas dos anos anteriores à Guerra de Secessão. Seu extensivo recurso a estereótipos raciais como a "mammy", o "pickninny" e o próprio "Uncle Tom", imagem do escravo diligente e fiel à família senhorial, foi largamente examinado e criticado pela historiografia norte-americana. Ver, por exemplo: GOLDNER, Ellen J. Arguing with pictures: race, class ante the formation of popular abolitionism through "Uncle Tom's Cabin". *Journal of American Culture*, v. 24, n. 1-2, 2001, p. 71-84.

105 HANER, June Edith. *Emancipating the female sex: the struggle for women's rights in Brazil*. Durham: Duke University Press, 1990; COWLING, Camillia. Debating Womanhood, Defining Freedom: The Abolition of Slavery in 1880's Rio de Janeiro'. *Gender & History*, v. 22, n. 02, 2010, p. 284-301; KITTLESON, Roger A. Women and notions of womanhood in Brazilian abolitionism. In: SCULLY, Pamela; PATON, Diana (ed.).

e o ativismo feminino de modo geral tenham sido apropriados pelos líderes masculinos do abolicionismo de elites como símbolos subsidiários da potência conciliadora do movimento, o engajamento das mulheres de proeminentes famílias imperiais na referida causa atribuía-lhes papéis até então desconhecidos de agentes políticos do debate público.[106]

Com efeito, na mesma década de 1880, o ativismo das mulheres de elite abarcava ainda outras causas, como o direito à participação política e a importância da educação feminina, defendidas em periódicos fundados por militantes como Francisca Diniz e Josephina de Azevedo.[107] É fato que a plataforma da maternidade como elemento fundamental de uma condição feminina unívoca era o sustentáculo dos pleitos pela emancipação das mulheres: era ressaltando seu *locus* familiar privilegiado e com vistas ao melhoramento social por meio do adequado exercício dos deveres maternos que elas projetavam suas demandas. Os argumentos em prol da educação feminina, particularmente, ancoravam-se profundamente na ideia de que era a mãe a responsável por criar os futuros cidadãos da nação. Nestas circunstâncias, franquear-lhe acesso à instrução era etapa fundamental do desenvolvimento civilizacional. Como indicava o artigo publicado em 1888 no jornal *A Familia*, editado Azevedo, "*as ideias que a mãe transmitte ao filho são as mesmas que o homem transmitte á sociedade*".[108]

Gender and Slave Emancipation in the Atlantic World. Durham: Duke University Press, 2005, p. 99-120.

106 Observe-se, contudo, que o debate proposto por Kittelson se atém exclusivamente à participação das mulheres de elite no abolicionismo. Noutra perspectiva, Camillia Cowling demonstra o engajamento de mulheres libertas e escravizadas em ações de liberdade na década de 1880 e sua fundamental contribuição para o encaminhamento da abolição. KITTLESON, R. A. Women and notions of woomanhood..., op.cit.; COWLING, C. Debating womanhood..., op. cit.

107 HAHNER, J. *Emacipating the female sex...*, op. cit.; SOUTO, Bárbara Figueiredo. *Senhoras do seu destino: Francisca Senhorinha da Motta Diniz e Josephina Alvares de Azevedo – projetos de emancipação feminista na imprensa brasileira (1873-1894)*. 2013. 197f. Dissertação (Mestrado em História Social) – Faculdade de Filosofia, Letras e Ciências Humanas, Universidade de São Paulo, São Paulo, 2013.

108 Cf. BN-HDB – A Familia, *Mãe*, 15.12.1888, p. 02.

Mães infames, filhos venturosos 167

A ousada editora da folha defensora da emancipação feminina ia ainda mais longe em seus pleitos pelos direitos das mulheres ao replicar, no ano seguinte, artigo de autoria de Maria Amália Vaz de Carvalho – poetisa, cronista e periodista portuguesa – em defesa não apenas da necessidade da educação das mães de família como também de seu direito à profissionalização:

> A mulher de familia não é decerto a matrona desageitosa, deselegante, só occupada em dar a vida, o leite e o alimento aos filhos de um affecto, despeito de todas as flores e de todas as poesias. Não, ella deve ser instruida, profundamente instruida, tendo ao mesmo tempo a consciencia de que essa instrucção a não aparta do cumprimento religiosos dos mais humildes deveres do amanho da casa e da maternidade. O homem deve achar n'ella não só a enfermeira desvelada das suas doenças; não só a distribuidora sensata e economica do seu alimento; não so a dona de casa asseiada, vigilante, infatigavel; não so a mãe carinhosa, dedicada, capaz dos maximos e dos mais perseverantes sacrificios, senão tambem a companheira do seu espirito; a socia de suas aspirações; a intelligencia que comprehenda e partilhe as suas legitimas ambições (...).[109]

Ainda que aportada em firme compromisso com a noção de centralidade familiar das mulheres burguesas, a replicação do texto da intelectual portuguesa era, sem dúvida, uma provocação e tanto aos cânones da domesticidade feminina. Evidentemente, é necessário considerar a limitada circulação de periódicos dedicados à emancipação da mulher, caso do jornal editado

---

109 Cf. BN-HDB – A Familia, *O trabalho das mulheres*, 23.02.1889, p. 05. Maria Amália Vaz de Carvalho destaca intelectual portuguesa, frequentadora das altas rodas literárias de seu país natal, foi também assídua contribuinte dos jornais imperiais desde a década de 1870, quando suas crônicas e pequenas narrativas – versando sobre temas relativos ao "mundo feminino", bem como sobre assuntos considerados próprios do universo masculino, como política e literatura – passaram a ser publicadas no *Jornal do Commercio* da Corte. A educação feminina foi matéria de recorrente preocupação da autora, como demonstra Bianca dos Reis: REIS, Bianca Santos Coutinho. *"Cérebros e Corações": a ficção de Maria Amália Vaz de Carvalho no Jornal do Commercio, Rio de Janeiro*. 2012. 121f. Dissertação (Mestrado em Literatura Portuguesa). Universidade do Estado do Rio de Janeiro, Rio de Janeiro, 2012.

por Josephina Azevedo – num país de poucos leitores, há de se desconfiar da amplitude efetiva das repercussões de posições inflamadas como as veiculadas pela folha em questão. Mesmo assim, a ousadia de mulheres de elite como Josephina de Azevedo e as autoras dos artigos por ela publicados indica que, no ápice das tensões envolvendo a terminação da escravidão e em seus momentos subsequentes, elas disputavam para si espaços sociais que ampliavam as estreitas fronteiras do quinhão doméstico que o mundo reservava às mais distintas mães de família. Ainda que sem arrenegar tal papel, as mulheres comprometidas com a "emancipação feminina", insufladas pela experiência do ativismo abolicionista, disputavam espaços públicos e tensionavam consensos burgueses sobre suas competências, direitos e deveres.[110]

Nessa medida, interessantemente, colocavam-se em condição diametralmente oposta à das mulheres libertas e escravizadas. Vivendo as convulsões da emancipação nas trincheiras, disputando a própria liberdade e a dos filhos, improvisando maneiras de sobreviver e resistir mantendo sua autonomia e seus vínculos familiares, essas mulheres tinham contra si todos os atributos que as definiam como "mulheres públicas" por excelência. Ocupadas nos serviços domésticos de portas adentro e portas afora, engajadas no comércio ambulante, circulando entre praças, várzeas e chafarizes, transitando entre diferentes áreas da cidade em busca de melhores arranjos de trabalho, a rua era seu mundo.[111] Aos imperativos da subsistência que lhes roubavam qualquer possibilidade de apropriar-se das prerrogativas das mulheres reco-

---

110 A alcunha "emancipação feminina" era adotada pela militância de Francisca Diniz e Josephina Álvares de Azevedo, que não incorporara ainda o termo "feminismo", conforme destaca Bárbara Souto. Note-se que, conforme demonstra a autora, o movimento pela emancipação feminina é anterior ao engajamento de mulheres de elite no abolicionismo; não obstante, como demonstra June Hahner, a adesão à militância contra a escravidão constituiu importante acesso das mulheres aos debates políticos no mundo púbico. SOUTO, B. *Senhoras de seu destino...*, op. cit.; HAHNER, J. *Emancipating the female sex...*, op. cit.

111 Sobre a presença de criadas domésticas no mundo das ruas, ver o modelar trabalho de Sandra Lauderdale Graham: GRAHAM, Sandra Lauderdale. *Proteção e obediência: criadas e seus patrões no Rio de Janeiro, 1860-1910*. São Paulo: Cia. das Letras, 1992. Sobre o trabalho doméstico em São Paulo, largamente integrado por mulheres libertas nas últimas décadas do século XIX, ver: TELLES, L. F. S. *Libertas entre sobrados...*, op. cit.

lhidas ao lar, acresciam-se os predicados negativos das dilatadas noções de moral duvidosa que compreendiam a sexualidade insalubre e todos os comportamentos dela indicativos. Mulheres amancebadas, solteiras, viúvas, sem o escudo da legitimação masculina, eram, por associação, sujeitos evocativos da prostituição – e as prostitutas, por sua vez, eram a definitiva tradução do reverso da maternidade sacralizada.[112]

Apartadas da proteção do lar e dos signos que as identificariam a um mundo ordenado segundo normas do poder masculino e patriarcal, mulheres trabalhadoras e egressas da escravidão viam-se constantemente ameaçadas pela pobreza e a desintegração familiar. A conquista da maternidade e da sobrevivência eram etapas fundamentais de seus longos processos de emancipação. Encerrada formalmente a escravidão, pela alforria ou pela abolição, era necessário ainda disputar acirradamente a tutela dos filhos nos foros do Juízo de Órfão. Nestas circunstâncias, o carimbo de "mulheres públicas" que sobre elas caía pesadamente em nada remetia às expectativas de agência política de mulheres brancas e burguesas. Ironicamente, na contramão do movimento que buscava, como afirmava um dos lemas do jornal de Josephina de Azevedo, "acabar com a escravidão feminina", os desafios do pós- emancipação empurravam as mulheres efetivamente egressas da escravidão à busca por signos de dignidade social que suas contrapartes brancas e elitizadas começavam a questionar publicamente, em fins do século XIX.[113] Provar-se

---

112 ENGEL, Magali. *Meretrizes e doutores...*, op. cit., p. 81-102; ALMEIDA, A.M. *Mães, esposas, concubinas e prostitutas...*, op. cit.

113 June Hahner descreve a ascensão do movimento de "emancipação feminina" ou "feminismo", como viria a ser nomeado em princípios do século XX, como um processo intrinsecamente associado às mulheres das camadas médias e, principalmente, altas da sociedade. O movimento definia-se, deste modo, dentro de estreitos limites sociais que pouco ou nada diziam sobre as vidas e demandas de mulheres das classes populares – entre as quais se incluíam, é claro, as mulheres negras. Essa matriz de classe média, essencialmente branca e autorreferente do feminismo que se desenvolveria ao longo do século XX não seria exclusividade do caso brasileiro, como demonstram as críticas elaboradas pelo movimento feminista negro dos norte-americanos desde a década de 1970. Sobre este tema, ver: HAHNER, J. *Emancipating the female sex...*, op. cit, p. 77-120.; SMITH, Barbara. Toward a Black Feminist Criticism. *Women's Studies Int. Quart.*, v. 2, 1979, p. 183-194; HOOKS, Bel. *Ain't I a Woman: Black Women and*

170   Marília B. A. Ariza

mulher de reputação ilibada, ou ao menos recuperar a notabilidade pública, mostrar-se casada, afirmar a legitimidade dos filhos, ou aludir à proteção de qualquer figura masculina com algum grau de distinção social – como ocorria às mulheres que teciam acordos com ex-senhores e patrões – eram medidas estratégicas para conquistar, ainda que dentro de estreitos limites, a emancipação familiar.[114]

As petições de soldada e tutela de filhos de mulheres egressas da escravidão, é claro, continuaram a ser encaminhadas ao Juízo de Órfãos da cidade, após 1888. De fato, ainda durante a década seguinte o uso destes expedientes mostrou-se vigoroso na cidade, declinando a partir do início do século XX. Sem embargo, ainda que tais petições lentamente escasseassem nas décadas que se seguiram à abolição, a consagração das libertas e mulheres afrodescen-

---

Feminism. New York: South End Press, 1999; CARNEIRO, Sueli. Mulheres em movimento. *Estudos Avançados*, v. 49, n. 17, 2003, p. 117-132.

114 Este, certamente, é um cenário diverso daquele verificado para as áreas de *plantation* nas quais, após a abolição, novos arranjos familiares de libertos procuravam afastar mulheres e crianças do trabalho da lavoura – como observa George Reid Andrews a respeito das lavouras paulistas. Andrews argumenta que a aquiescência de imigrantes à inclusão de mulheres e crianças no trabalho familiar do sistema de colonato foi parte importante da preferência dada a estes trabalhadores em detrimento dos libertos no pós-abolição. Para estes últimos, segundo Andrews, o trabalho de mulheres e crianças na lavoura remetia a experiências de exploração e violação típicas da escravidão sendo por isso rechaçado. Semelhante é o diagnóstico de Bridget Brereton sobre o Caribe britânico – para a autora, o abandono do trabalho no eito por mulheres e crianças libertas, recolhidas ao trabalho doméstico, teria sido uma estratégia familiar de proteção contra explorações e violência sexual. Ainda que estes argumentos sejam bastante úteis para esclarecer as dinâmicas de trabalho e reconstituição de papéis familiares no pós-abolição, pode-se considerar, talvez, que determinados discursos normativos de gênero tenham sido incorporados e reinterpretados por famílias populares, a exemplo do que Margareth Rago sugere a respeito da adoção de parâmetros da feminilidade burguesa pelo movimento operário. ANDREWS, George Reid. *Negros e Brancos em São Paulo, 1888-1988*. Bauru: Edusc, 1998; BRERETON, Bridget. Familie Strategies, Gender and the Shift to Wage Labor in the British Caribbean. In: SCULLY, Pamela; PATON, Diana (ed.). *Gender and Slave Emancipation in the Atlantic World*. Durham: Duke University Press, 2005, p. 143-160; RAGO, Margareth. *Do cabaré ao lar: a utopia da cidade disciplinar. Brasil, 1890-1930*. Rio de Janeiro: Paz e Terra, 1985.

Mães infames, filhos venturosos

dentes como epítomes da impropriedade materna seguiu vigorosa nos autos judiciais. Em 1894, o curador-geral de órfãos solicitava a nomeação formal de Jose Cardoso de Almeida como tutor da menor Maria, "preta", de 14 anos de idade, filha de "*Angelina, ex-escrava de Polycarpo Queiroz*". A liberta, segundo argumentava o curador, era "*mulher de máus costumes, e reside fóra d'esta Capital*", estando a menor há anos entregue aos cuidados do referido Almeida. O signo da mãe imprópria era facilmente reconhecível nas imputações feitas à Angelina: moralmente decaída, era ainda por cima negligente e desinteressada da filha, de quem vivia apartada há muito tempo.[115] Que circunstâncias levariam Angelina a viver afastada de sua filha? Em 1897, o juiz de órfãos da capital determinava a apreensão do menor sugestivamente nomeado Luiz Gama, filho de uma mulher identificada tão somente como Joanna, "*que não cuida da criação e educação dos seus filhos*".[116] Por que motivos Joanna descurava, segundo afirmavam as autoridades públicas, da educação de seus filhos?

Outras mulheres identificadas como "pardas" ou "pretas", carregando consigo os estigmas de descendentes do cativeiro, surgiram nos anos seguintes em registros do Juízo de Órfãos que as desqualificavam moral e materialmente para o exercício da maternidade. Por certo, o avesso do emblema da mãe inapropriada, em muitos, senão todos estes casos, eram intrincadas tramas de agências em busca da emancipação e sobrevivência que se traduziam em vidas de árduo trabalho, arranjos familiares não normativos e reconstrução permanente de laços. A vulnerabilidade social dessas mulheres e de seus filhos fez de suas famílias alvos fáceis para a reinvenção de políticas de trabalho compulsório, nos momentos terminais da escravidão e seus desdobramentos. A persistente e aguerrida vigilância das libertas, entretanto, tornou essa empreitada um tanto mais difícil para senhores, ex-senhores e autoridades públicas.

---

115 Cf. APESP – Juízo de Órfãos, Autos de tutoria, lata C05458, documento 6185, 1894.

116 Cf. APESP – Juízo de Órfãos, Autos de apreensão e entrega, lata C05336, documento 15, 1897.

3.
Acolher desamparados, criar trabalhadores

Em 06 de agosto de 1828, quando a capital da província de São Paulo não era, ainda, muito mais do que uma acanhada vila do interior, o sargento Bento José Gonçalves, morador da então distante Freguesia da Penha, acompanhado do pequeno Miguel, procurou o escrivão do Juízo de Órfãos da cidade para registrar a seguinte petição:

> Diz, Bento José Gonçalves (...) que, em dias da semana próxima passada , estando a porta da sua venda e casa a beira da Estrada, que desta cidade sobe o morro para aquella Freguesia [da Penha], apareceu- lhe ali hum minino, que appresenta, respondendo-lhe com lagrimas tinha fugido de sua May, que muito o tiranizava com crueis e desapiedadas surras, então o Supplicante interveio por tão tenra idade errante fugido por aquelles bosques, o recolheu sem saber, e sem conhecer quem era a sua May, passados 5 dias appareceo-lhe ali a May a buscar o [dito] a qual hé hua viúva muito pobre da Villa de Mogy das Cruzes mudada para esta cidade de nome Feliciana Maria da Conceição, e moradora debaixo de São Bento, e entregando-lhe o Supplicante o minino, suplicando-lhe não castigasse nem o maltratasse, quando hontem, 5 do corrente lhe tornou apparecer o presente minino tyranisado no estado lastimoso em que aprezenta a V Sa. que como Pay tão bem [pede pelos] pobres e desvalidos seja servido proteger este Orphao (...).[1]

Chamado a examinar as machucaduras com que o órfão se apresentava, devendo informar *"suas qualidades e com que instrumentos demonstravam terem*

---

1   Cf. APESP – Juízo de Órfãos, Autos de Diligência, C05336 - documento 01, 1828.

sido feitas" a título de exame de corpo de delito, o cirurgião-mor da Câmara afirmou ter encontrado "*nodoas e contusoens na região das costas e barriga, mas que nenhuma tinha ferimento*". Acrescentou, ainda, que tudo mostrava "*terem sido feitas com azurrago ou sipó, mas que não denotão perigo de vida, allijão ou deformidade*". Ao ser questionado pelo juiz sobre a ocasião, o motivo e o responsável pelo delito contra ele cometido, Miguel informou ter ocorrido

> No dia cinco do corrente mez e anno, em casa de sua mãi, as dez horas do dia, feito pela sua mãi, e que o motivo não sabia, pois chegando da escolla, ella dita sua mãi pegou em hum sipó, e lhe deu com elle as pancadas, e que muita gente ouvirão elle apanhar, mas não virão em razão de ter se havido em um quarto.

Feliciana Maria da Conceição, a mãe do pequeno, acompanhava as declarações feitas pelo filho aos presentes. Perguntada, por sua vez, pelos motivos que teria para cometer semelhante agressão contra o próprio rebento, Feliciana respondeu que o fizera "*para castigo do mesmo, e por motivos de ser costumado a furtar coisas que acha com facilidade, pois que teme que continue, e passe a fazer maiores furtos (...)*". A despeito da denúncia sobre a gatunagem de Miguel, as justificativas dadas pela desprovida mãe não bastaram para convencer o magistrado de que o menino devesse permanecer em sua companhia. Já no dia seguinte, o juiz despachava nomeando o mesmo sargento Gonçalves para cuidar do miúdo – tarefa para a qual teria mais condições do que Feliciana, "*visto o tratamento com que a mãe do pequeno (...) o tem flagelado, donde se mostra ser pouco humana para com seu filho (...)*". Nos termos definidos pelo juiz para a concessão da tutela de Miguel, o legatário deveria incumbir-se de tratá-lo, curá-lo, alimentá-lo "*e todo o mais necessário*", podendo "*utilizar-se dos serviços*" do mesmo. Recebendo o órfão por determinação do Juízo e pelas mãos dos oficiais de justiça, Gonçalves assinou termo em que se comprometia a educá-lo "*tanto quanto deve fazer hum pai a hum filho, tanto em Religião como em officio*".

Lavrados os autos, pode-se imaginar Miguel tomando o rumo de sua nova casa, em direção à estrada no sopé do morro, acompanhando o sargento vendeiro que se tornara então seu pai-patrão. Usando seus serviços, é possível que Gonçalves o ocupasse como caixeiro da venda, ou em um sem-fim de outras tarefas domésticas que caracterizavam o cotidiano de pequenos trabalhadores como ele. De outra sorte, é possível vislumbrar o retorno de Feliciana ao largo de São Bento, agora desacompanhada – talvez parasse ali mesmo, no largo, para retomar as vendas ao tabuleiro com que se ocupavam tantas mulheres despossuídas na cidade.[2] O abreviado relato das agruras da criança de cor e idade não identificadas, da pobreza e alegada impiedade de sua mãe, da benfazeja acolhida de seu tutor e do arbítrio dos operadores da lei que decidiram, ao menos momentaneamente, o destino daquela aparentemente pequena família, é o primeiro registro localizado por esta pesquisa entre os papéis do Juízo de Órfãos a dar conta dos arranjos de trabalho de menores de idade na São Paulo Imperial.

Rascunho do mapa de transformações e permanências a atravessar o caminho de pequenos e jovens trabalhadores na cidade ao longo do século, anunciam-se nas linhas dos autos de diligência pela tutela de Miguel aspectos que ganhariam, com o correr das décadas e, especialmente, com a aproximação e os desdobramentos da abolição, contornos diferentes – e, não raro, mais rigorosos. Ali, nas entrelinhas, estão registrados o recalcitrante reconhecimento dos vínculos de trabalho e dependência de menores de idade, bem como a vacilante mão do Estado a se insinuar sobre estas práticas sociais e que dividiria suas responsabilidades pelo acolhimento da infância pobre com agentes particulares por todo o século XIX. Da mesma forma, os autos indicam a suposta incapacidade das mulheres pobres, especialmente daquelas vivendo sós com seus filhos, para o exercício das responsabilidades maternas, bem como acusam o perigo das tendências criminosas dos pequenos despossuídos, iluminando assim temáticas que ganhariam renovado fôlego nas décadas finais do século. Por fim, o documento expressa as múltiplas vocações da tutela, que se prestava aos papéis de instrumento paternalista de acolhimento e correção moral da pobreza, e, ao mesmo tempo, mecanis-

---

2   Sobre as mulheres pobres e suas escravas engajadas no comércio de gêneros alimentícios na cidade e nas vendas de tabuleiro na cidade, especialmente na primeira década do século, ver: DIAS, Maria Odila Leite da Silva. *Quotidiano e poder em São Paulo no século XIX*. São Paulo: Editora Brasiliense, 1984; DIAS, Maria Odila Leite da Silva. Nas Fímbrias da Escravidão Urbana: negras de tabuleiro e de ganho. *Estudos Econômicos*, São Paulo, n. 15, 1992, p. 89-109.

176 Marília B. A. Ariza

mo de expropriação do trabalho dos acolhidos. A ambivalência das tutelas, atualizada e reinventada segundo as tendências e necessidades do contexto cambiante das relações de trabalho no século XIX, seria acompanhada pela proliferação dos contratos de soldada desaguando, nos estertores da escravidão e no nascedouro da República, em complexos protocolos do trabalho livre exercido por crianças de variadas origens sociais na cidade.

Estado e particulares no cuidado aos pequenos desvalidos

Este intrincado quadro da história do trabalho dependente e tutelado de menores de idade que se desenvolveu ao longo do oitocentos, entretanto, não se projetava com os mesmos tons em 1828. O caso da tutela de Miguel se apresentava com a simplicidade com que eram encaradas, naquele momento, práticas corriqueiras que, consolidadas na sociedade colonial, alcançaram o Império passando, a partir de então, por transformações lentas e incompletas. O espírito caritativo de homens como Bento Gonçalves, cujas virtudes e compromissos paternais foram sublinhados pelo despacho judicial, era já notícia velha numa época em que a adoção de "filhos de criação", como se viu, era expediente comum entre famílias abastadas, remediadas e mesmo pobres do campo e da cidade, em diversas paragens do disperso território imperial.[3]

Conformada pelas Ordenações Filipinas e confirmada por alvarás régios expedidos nos séculos XVII e XVIII, a determinação de que as Câmaras municipais se responsabilizassem pela criação dos menores expostos onde não houvesse instituições destinadas a acolhê-los deu margem à adoção destas crianças como fonte suplementar de renda, uma vez que os expostos eram entregues a amas mercenárias e famílias criadeiras em troca de estipêndios pagos regularmente. Tal regulamento, embora designando valores irrisórios aos cuidados dos pequenos abandonados, onerava pesadamente as Câmaras municipais e resultava, segundo Maria Luiza Marcílio, em verdadeiros "siste-

---

3 MARCÍLIO, Maria Luiza. *História social da criança abandonada*. São Paulo: Hucitec, 1998.

mas de criação de expostos" engendrados por famílias que recebiam diversas crianças ao mesmo tempo como modo de ampliar suas minguadas receitas.[4]

Tratando dos filhos de criação na São Paulo colonial, Alessandra Zorzetto Moreno comenta a dilatada existência da prática social de "dar a criar" os pequenos de famílias pobres na cidade, forjando-se amplas redes de agregação de filhos alheios e a circulação de crianças entre famílias extensas. Embora reconhecendo que as crianças tomadas à criação pudessem ser empregadas como aprendizes e que o engajamento como "auxiliares domésticos" tenha sido "válido para uma parcela das crianças e jovens que participou da prática de acolhimento domiciliar na cidade de São Paulo", a autora reputa tal expediente como uma "prática sociocultural" de solidariedade proporcionada, em grande medida, por laços de parentesco e compadrio.[5] Em sentido diverso, notas menos favoráveis - talvez, mais realistas – são registradas por Marcílio a respeito desta "tradição de acolhimento". Os enjeitados eram, segundo a autora, generalizadamente maltratados, ocupando posição ambígua entre filhos e serviçais das famílias adotivas. Secundando esta interpretação, Marcílio indica que em 1830 implementou-se no Rio de Janeiro uma postura municipal obrigando famílias ou indivíduos com filhos de criação a tratá-los

---

4   MARCÍLIO, M. L. *História social da criança...*, op. cit., p. 142. Renato Pinto Venâncio atribui as altas nos ciclos de abandonos de crianças em Catas Altas do Mato Dentro, durante o século XIX, à política de estímulo ao acolhimento de enjeitados mediante remuneração oferecida pela Câmara de Mariana, a que a freguesia rural esteve subordinada até 1840. Neste caso, a remuneração camarária em retribuição à criação de enjeitados teria implicado a ressignificação de práticas de agregação familiar tradicionais no meio rural, aliando a recorrente circulação de crianças de famílias pobres em Catas Altas à possibilidade de aumentarem seus parcos rendimentos. VENANCIO, Renato Pinto. Os expostos de Catas Altas – Minas Gerais, 1775 – 1875. In: RIZZINI, Irene (org.). *Olhares sobre a criança no Brasil – séculos XIX e XX*. Rio de Janeiro: Petrobras – BR: Ministério da Cultura: USU Ed. Universitária: Amais, 1997, p. 127-142. Sobre o tema dos expostos e dos sistemas de criação dos mesmos, ver ainda do mesmo autor: VENANCIO, Renato Pinto. *Famílias abandonadas: assistência à criança de camadas populares no Rio de Janeiro e em Salvador – séculos XVII e XIX*. Campinas: Papirus, 1999.

5   MORENO, Alessandra Zorzetto. Na roda da vida: os filhos de criação em São Paulo colonial. In: VENANCIO, Renato Pinto. *Uma história social do abandono de crianças. De Portugal ao Brasil: séculos XVIII-XX*. São Paulo: Alameda Editorial, 2010, p. 99-121.

"humanamente", sob risco de multa de 30 mil réis e oito dias de prisão.[6] O trabalho árduo parece, de fato, ter sido, desde tempos coloniais, a tônica dominante do cotidiano de menores de idade órfãos, retirados da companhia de suas famílias ou por elas "dados a criar".[7] É isto que demonstra a diligência envolvendo a tutela de Miguel: a caridosa disposição de Bento Gonçalves em afastá-lo dos desmazelos de sua mãe, oferecendo-lhe a segurança doméstica provida por um verdadeiro pai de família, seria retribuída com o usufruto de serviços e eventuais ofícios que o pequeno viesse a exercer.

Miséria, honra injuriada, fuga da escravidão, quaisquer que fossem os motivos que assolavam as mulheres e as impeliam a entregar os filhos a instituições de caridade como as rodas de expostos, era quase certo que as crianças não seriam mais tarde reclamadas por suas famílias. Sobrevivendo aos altos índices de mortalidade infantil que vicejavam então, seu destino certamente seria o trabalho. Proliferando-se pelo Império a partir da independência, as rodas tornaram-se repositórios de mão de obra gratuita entregue à exploração de particulares, empregada nas casas das famílias caridosas e nas oficinas dos artesãos.[8] Neste contexto, instituições asilares e de recolhimen-

---

6   Diz a postura: "Toda a pessoa que tiver a seu cargo a criação e educação de órfãos e expostos será obrigada a tratá-los humanamente, e não lhes poderá fazer castigo corporal de que resultem contusões, ou nódoas, ou ferimentos; os infratores serão multados em 30 mil réis e oito dias de cadeia, sem prejuízo das penas mais graves a que estejam sujeitos pelas leis criminais nos casos mais agravantes". Cf. Coleção de Leis do Império, 1832. Decisões do Governo, p. 71, apud MARCÍLIO, M.L. *História social da criança...*, op. cit., p. 139.

7   O estudo de Cláudia Fonseca sobre as práticas de circulação de crianças em Porto Alegre nas décadas iniciais do século XX apontam no mesmo sentido. FONSECA, Cláudia. Pais e filhos na família popular. In: D'INCAO, Maria Ângela. *Amor e família no Brasil*. São Paulo: Contexto, 1989, p. 95-128.

8   Sobre mortalidade de expostos nas Santas Casas de Misericórdia ver os estudos já citados: MARCÍLIO, M. L. *História Social da Criança...*, op. cit; VENANCIO, R. P. *Famílias abandonadas...*, op. cit.; MESGRAVIS, L. *A Santa Casa de Misericórdia...*, op. cit. Sobre os usos da mão de obra de menores acolhidos pelas rodas, ver especialmente os estudos de Marcílio e Venâncio. Ver também: CARVALHO, V. M. *Girando em torno da roda...*, op. cit.; KUHLMANN JR., Moysés; ROCHA, José Fernando Telles da. Educação no Asilo dos Expostos na Santa Casa em São Paulo: 1896-1950. *Cadernos de Pesquisa*, v. 36, n. 129, 2006, p.597-617..

Mães infames, filhos venturosos

to dedicadas a educar os enjeitados foram fundados entre o final do século XVIII e meados do XIX, com o objetivo de ensinar-lhes rudimentos das primeiras letras e cálculos, oferecer formação religiosa e, fundamentalmente, inculcar-lhes a moral da disciplina do trabalho, repassando, após iniciadas estas lições, a responsabilidade sobre os menores e seu aprendizado a agentes particulares.[9]

Na cidade de São Paulo, que contava em meados do século XIX com altas taxas de exposição de crianças, duas instituições asilares públicas, geridas com parcos recursos provinciais e o apoio de doações particulares, foram inauguradas em 1825, mesmo ano de criação da roda dos expostos – os Seminários de Sant'Anna, dedicado ao acolhimento de meninos, e da Glória, que recebia meninas. Instalado na chácara da Glória, o seminário que levava este nome acolhia, além das menores expostas, órfãs de pais militares, todas recolhidas em regime de internato e clausura e dedicadas ao aprendizado de noções elementares de leitura, escrita e aritmética, mas, especialmente, dos misteres domésticos e dos princípios religiosos. Dali, saíam para o casamento, incentivado por um sistema de dotes, ou para o serviço doméstico em casa de particulares.[10] Nos primeiros estatutos de fundação do Seminário da

---

9   Estudos sobre estas instituições em Salvador e no Recife podem ser encontrados em: MATTA, Alfredo Eurico Rodrigues. *A Casa Pia Colégio de Órfãos de São Joaquim: de recolhido a assalariado*. 228f. Dissertação (Mestrado em História) – Universidade Federal da Bahia, Salvador, 1996; MOURA, Vera Lúcia de Braga. *Pequenos aprendizes: assistência à infância desvalida em Pernambuco no século XIX*. 171f. Dissertação (Mestrado em História) – Universidade Federal de Pernambuco, Recife, 2003; NASCIMENTO, Alcicleide Cabral do. *A sorte dos enjeitados: o combate ao infanticídio e a institucionalização da criança enjeitada no Recife (1789-1832)*. 305f. Tese (Doutorado em História) – Universidade Federal de Pernambuco, Recife, 2006. Maria Luiza Marcílio refere-se ainda à fundação dos Seminários de Santo Antônio e São Joaquim no Rio de Janeiro entre a metade e o final do século XVIII. MARCÍLIO, M. L. *História social da criança...*, op. cit., p. 180.

10 A partir da instalação da Escola Normal na Chácara da Glória em 1852, e paulatinamente ao longo da segunda metade daquele século, as educandas passaram a ser formadas também para o magistério, compondo grande parte do professorado na capital da província, como indicam Maria Luiza Marcílio e Carmen Sylvia Vidigal Moraes. MARCÍLO, M. L. *História social da criança...*, op. cit.; MORAES, Carmen Sylvia Vi-

180 Marília B. A. Ariza

Glória, ainda na década de 1820, estão sublinhadas as suas vocações para a correção moral de meninas desvalidas, reforçando-se o compromisso da instituição com o disciplinamento da pobreza por meio das virtudes religiosas e do trabalho, prevenindo-se, deste modo, que internas reproduzissem a moralidade deletéria de suas mães.[11]

O Seminário de Sant'Anna, fundado na fazenda de mesmo nome, em freguesia afastada cerca de uma légua do centro da pequena capital, dedicava-se igualmente ao acolhimento dos órfãos e expostos, sendo ainda procurado por diversas famílias pobres que tencionavam, internando seus filhos como pensionistas, prover-lhes educação na leitura, escrita e nas contas, bem como nos princípios da moral cristã. Mantido com fundos escassos, além dos irregulares pagamentos dos pensionistas e eventuais contribuições particulares, e recebendo uma quantidade de educandos superior às suas capacidades de alojamento, o seminário mantinha os internos em condições precárias. As instalações eram insalubres, os educandos andavam sujos e andrajosos, faltava-lhes alimentação adequada, atingiam-lhes moléstias como as diarreias, verminoses e sarnas, a disciplina e os castigos eram rigorosos. Após algum tempo de internamento, como ocorria a menores de institutos assemelhados, muitos eram remetidos às casas de particulares, onde eram empregados como aprendizes para que se desse, então, continuidade à sua educação prática nas virtudes do labor.[12]

---

digal. A normatização da pobreza: crianças abandonadas e crianças infratoras. *Revista Brasileira de Educação*, n. 15, 2000, p. 70-96.

11 Conforme destaca Carmem Sylvia Vidigal Moraes, previam estes estatutos que a beneficência do Seminário seria destinada à "mísera orfandade do sexo feminino cuja pobreza, poderoso veículo de tantos costumes e vícios que desgraçadamente transmitidos pelas mães às filhas tanto influem na depravação e estraga geral dos costumes". Estatuto de 10 de agosto de 1825, APESP, Registro de Documentos de Ouro enviados ao Ministério Público, livro 216, lata 78, nº de ordem 436, apud MORAES, C. S. V. A normatização da pobreza..., p. 76.

12 MARCÍLIO, M. L. *História social da criança...*, op. cit., especialmente p. 288-295. Ver também: SILVA, Robson Roberto da. O cotidiano dos meninos internados no Seminário de Santana na cidade de São Paulo (1825-1868). *Faces da História*, Assis, v. 2, n. 1, 2005, p. 202-222. Cristina Inoue faz uma descrição detalhada das condições de alimentação, vestuário e alojamento dos educandos de Sant'Anna nos primeiros anos

Registros desta passagem do Seminário de Sant'Anna à aprendizagem sob a curatela de particulares são encontrados entre os contratos de soldada providos pelo Juízo de Órfãos da cidade, especialmente nas décadas de 1840 e 1850. É o que demonstra, por exemplo, o pedido de tutela do órfão Carlos Augusto Mello feito à presidência da província em 1842 por José Baptista das Chagas, em que se lê:

> (...) tendo necessidade de um caixeiro para sua loja e constando ao supplicante acharem-se no Siminario de Sant'Anna alguns aptos para este fim, acrescendo alem disto achar-se Carlos Augusto Mello orphão de pai e mai vem perante Vossa Excellencia a graça de conceder-lhe ditto minino (...).[13]

Note-se a esclarecedora observação do pleiteante sobre o reconhecimento aparentemente público do que se entendia como a disponibilidade dos menores educandos para o emprego a cargo de interesses privados. Diversas outras petições encaminhadas ao Juízo de Órfãos reforçam esta interpretação. É o caso da solicitação apresentada em 1855 por Manoel Joaquim de Souza Magalhães, interessado em contratar o educando Theodoro Martins para caixeiro de seu *"negócio de molhados, louças finas e cristais"*. Dirigindo- se ao juiz de órfãos, Magalhães afirmava "[saber] *que Vossa Excelencia tem mandando dar a alguns negociantes d'esta cidade meninos Educandos do Seminário de Sant'Anna"*, e deste modo requeria a curatela do menor.[14] Apresentada pouco tempo depois, em 1857, a petição em que os serviços do educando José Corrêa eram solicitados demonstra cabalmente o estabelecimento de

---

da instituição em: INOUE, Cristina. *O Seminário de Santana: o cotidiano da vida e da escola (1825- 1831)*. 113f. Trabalho Complementar de Curso (Instituto de Pedagogia – Departamento de Filosofia da Educação). Universidade de São Paulo, São Paulo, 2006. A respeito desta instituição, ver também: HILSDORF, Maria Lúcia Spedo. Os seminários de educandos em São Paulo. In: MENEZES, Maria Cristina (org.). *Educação, memória e história: possibilidades e leituras*. Campinas: Mercado de Letras, 2004, p. 213-263.

13 Cf. APESP, Juízo de Órfãos - Autos de contrato, lata C05359, documento 02, 1842.

14 Cf. APESP, Juízo de Órfãos - Autos de contrato, lata C05358, documento 16, 1855-1856.

um sólido convênio unindo os interesses dos pequenos e médios comerciantes da cidade àqueles das autoridades públicas em torno dos cuidados dispensados à infância desvalida:

> Diz João Pedro Schimidt com caza de molhados, e padaria na travessa da rua do Ouvidor, que necessitando para seu negocio de um caixeiro, e constando ao supplicante haver no Seminario d'Educandos, um menino de nome José Corrêa e de idade 12 annos, ao qual deseja o supplicante prodigalizar lições commerciaes, encarregando-se do resto de sua educação, e obrigando-se a a tratal-o como a seo proprio filho; mas não sendo possivel obtel-o sem o respeitavel despacho de Vossa Excelencia por isso (...) pede deferimento (...).[15]

Além de sublinhar a disponibilidade dos menores do Seminário para os usos como trabalhadores de baixo custo na economia urbana, sancionada pelo próprio órgão regulador do interesse destes educandos, a petição encaminhada por João Pedro Schimdt desnuda as plataformas sobre as quais se estabelecia este mecanismo de arregimentação de trabalho. A oferta de lições do ofício comercial, a incumbência pelo "resto da educação" de José, e a dedicação de cuidados paternais sinalizam claramente a tarefa que, reclamada pelo negociante, era-lhe repassada pelo Estado: a transformação do miserável ocioso em trabalhador sob tutela paternalista de agentes particulares. Respondendo à interpelação do juiz de órfãos sobre as vantagens da proposta de Schmidt, o diretor do Seminário acedeu à solicitação e entregou José Corrêa para caixeiro dos negócios *do allemão*, observando, contudo, que havendo permanecido no Seminário por dois anos incompletos, o menino não se encontrava ainda *"prompto de ler, escrever e contar"*. A incumbência de completar a educação elementar de José passava, assim, às mãos de seu contratante, apresentando-se como instância secundária do verdadeiro saber a ser adquirido pelo caixeiro – qual fosse, o das virtudes e misteres de seu ofício. De fato, as referências a noções apenas rudimentares de leitura, escrita e cálculo dos educandos surgem em diversos outros documentos.

---

15 Cf. APESP, Juízo de Órfãos - Autos de contrato, lata C05358, documento 10, 1857.

Não apenas os menores recolhidos ao Seminário de Sant'Anna, porém, foram entregues aos cuidados de particulares sob a justificativa de assim obterem melhor encaminhamento; também órfãos e empobrecidos não institucionalizados tiveram sorte semelhante. Em 1857, Marcelino Antônio do Valle, proprietário estabelecido em São João do Rio Claro, interior da província, tomando conhecimento de que existia na capital *"sem ocupação alguma"*, o menor órfão de pai Joaquim, contando sete para oito anos, oferecia-se para contratá-lo à soldada pelo espaço de três anos. No contrato, firmado com a anuência do juizado, estipulava-se que entre as obrigações do contratante, além do pagamento de 24 mil réis anuais, constasse o provimento de *"vestuário, comida, curativo no caso de enfermidades"*, além do compromisso de mandar *"ensinar-lhe algum officio para o qual tenha o ditto menor vocação"*.[16]

O entendimento estabelecido entre Estado e particulares no que dizia respeito aos cuidados dispensados à infância parece ter consolidado um sistema duplamente útil de agenciamento de mão de obra barata que, ao mesmo tempo, poupava ao governo despesas maiores com a manutenção dos menores de idade abandonados, orfanados, ou simplesmente arrancados de suas famílias pelas circunstâncias da mais absoluta miséria. Este mecanismo de alívio e acolhimento da pobreza que delegava a particulares o acolhimento de crianças e jovens depauperados, embutindo neste vínculo a prerrogativa de utilizar seus serviços, certamente não foi invenção de uso exclusivo da América Portuguesa ou do Império do Brasil. Na Inglaterra, onde a utilização do trabalho de crianças aprendizes remete ao início do século XVII, intensificando-se diante da expansão da industrialização e do assalariamento, a prática das *apprenticeships* respondeu a momentos de crise econômica. Caracterizando-se pela responsabilização do contratante pelo provimento de subsistência de crianças pobres trabalhadoras, a utilização do trabalho de aprendizes minorava as responsabilidades públicas sobre as despesas do sistema de *poor relief*.[17]

A concepção britânica de auxílio à pobreza e as noções correlatas de hospitalidade e caridade foram apropriadas em território americano desde o

---

16 Cf. APESP, Juízo de Órfãos – Autos de contrato, lata C05338, documento 11, 1857.

17 HERNDON, Ruth Wallis; MURRAY, John E. *Children Bound to Labor: The Pauper Apprenticeship System in Early America*. Ithaca and London: Cornell University Press, 2009.

princípio da colonização da Nova Inglaterra. Lá, porém, a implementação do trabalho servil infantil disseminou-se de forma ainda mais ampla, justificada por um discurso que dava conta da necessidade de preparação dos jovens trabalhadores para a vida adulta e do combate às influências deletérias da pobreza por meio do aprendizado de algum ofício. Neste sentido, o trabalho destas crianças e jovens desenvolveu-se como um projeto de educação para s as camadas pauperizadas que tinha como objetivo torná-las úteis à comunidade. Extraindo-as de seios familiares nocivos, tendentes à indolência, resgatando-as da orfandade ou do abandono e das imoralidades associadas à pobreza, as práticas de "educação pelo trabalho" adotadas antes e após a independência dos Estados Unidos variaram localmente segundo especificidades sociais e econômicas, e também segundo critérios raciais e de gênero.[18] Contudo, diferentemente do que ocorrera na metrópole britânica, onde a função primordial dos *apprenticeships* teria sido a desoneração dos gastos públicos com a manutenção das crianças e jovens pobres, o aliciamento do trabalho de aprendizes na chamada *early America* serviu ao propósito fundamental de recrutar mão de obra barata, concomitantemente promovendo a educação dos descendentes dos colonizadores e o controle das populações de origem indígena e africana.[19] Com o avançar do século XIX e o desenvolvimento de instituições públicas para o encaminhamento da pobreza nos Estados Unidos, a arregimentação de mão de obra de menores de idade por meio das aprendizagens tendeu a diminuir.[20]

No Brasil, onde a terceirização dos cuidados com a infância desvalida parece ter atendido tanto ao propósito de reduzir despesas públicas quanto ao de atender a demandas privadas de força de trabalho, o estabelecimento de vínculos entre políticas de assistência social e de arregimentação de mão de obra por particulares mostrou-se vigoroso, avançando à segunda metade do século XIX

---

18 HERNDON, Ruth Wallis; MURRAY, John E. A proper and instructive Education: Raisin Children in Pauper Apprenticeship. In: HERNDON, Ruth Wallis; MURRAY, John E. (ed.). *Children Bound to Labor...*, op. cit., p. 3-18.

19 HINDLE, Steve; HERNDON, Ruth Wallis. Recreating Proper Families in England and North America: Pauper Apprenticeship in Transatlantic Context. In: HERNDON, Ruth Wallis; MURRAY, John E. (ed.). *Children Bound to Labor...*, op. cit., p. 19-35.

20 HERNDON, R. W; MURRAY, J. E. A proper and instructive Education..., op. cit.

e mesmo aos inícios do XX. As observações de Walter Fraga sobre o tratamento dispensado aos meninos e meninas desvalidos de Salvador desde a primeira metade do século são sugestivas neste sentido. Desde a década de 1820, órfãs de "todas as cores" eram recebidas na Casa Pia do Coração de Jesus, "de onde deveriam sair para o serviço religioso ou doméstico". A partir de 1837, autoridades policiais passaram a apreender os "moleques vadios" que ocupavam as ruas do centro da cidade, entregando-os a mestres de ofício incumbidos de lhes ensinar uma profissão e a moralidade do trabalho, livrando as ruas do centro de sua perniciosa presença. *"Transferir para particulares a tarefa de reter os moleques longe das ruas"* era, segundo Fraga, a forma mais cômoda e econômica para o Estado de lidar com o problema.[21]

Em São Paulo, então imensamente menor do que a capital da província baiana, o agravamento da presença de menores de idade nas ruas deu-se nas décadas finais do século, diante de intenso crescimento urbano e populacional.[22] De modo geral, no entanto, fosse por meio da adoção de "filhos de criação", do acolhimento nas irmandades leigas das Santas Casas de Misericórdia – mantidas basicamente com rendas particulares – e da posterior entrega dos sobreviventes destas instituições às redes de trabalho tutelado urbano, fosse

---

21 FRAGA, Walter. *Mendigos, moleques e vadios na Bahia do século XIX*. São Paulo: Hucitec, 1996, p. 125-131. Segundo Fraga, a Santa Casa de Misericórdia soteropolitana cumpria também o ritual de encaminhar meninos à aprendizagem e meninas aos serviços domésticos desde a colônia. Destaque-se que o autor sublinha o significado racial da expressão moleques, comumente referida a crianças e jovens negros e egressos da escravidão.

22 A crescente concentração de "crianças de rua" na cidade de São Paulo entre os anos finais do XIX e iniciais do XX é apontada em estudos centrados no cotidiano da população empobrecida da capital e seus embates com os agentes do Estado, como: PINTO, Maria Inez Machado Borges. *Cotidiano e sobrevivência: a vida do trabalhador pobre na cidade de São Paulo (1890-1914)*. São Paulo: Edusp, 1994; FAUSTO, Boris. *Crime e cotidiano: a criminalidade em São Paulo (1880-1924)*. São Paulo: Edusp, 2001; BIROLLI, Maria Izabel de Azevedo Marques. *Os filhos da República: a criança pobre na cidade de São Paulo, 1900-1927*. 246f. Dissertação (Mestrado em História) – Pontifícia Universidade Católica, São Paulo, 2000; MARIANO, Hélvio Alexandre. *A infância e a lei: o cotidiano de crianças pobres e abandonadas no final do século XIX e nas primeiras décadas do século XX e suas experiências com a tutela, o trabalho e o abrigo*. 178f. Dissertação (Mestrado em História) – Pontifícia Universidade Católica, São Paulo, 2001.

ainda por meio da apreensão de menores vadios depois encaminhados ao trabalho como aprendizes, este convênio entre as tarefas públicas e as iniciativas e interesses privados parece ter vicejado no Brasil até as décadas iniciais da República. Até lá – e mesmo depois, com a continuidade de práticas informais e tutelares de agenciamento dos serviços de menores de idade – crianças e jovens depauperados tornaram-se frequentemente os principais responsáveis por sua própria sobrevivência.[23] As tutelas e soldadas constituíam mecanismos úteis para azeitar esta engrenagem de "autoassistência social" que retirava as responsabilidades sobre a sobrevivência destes sujeitos das competências do Estado e, por meio do trabalho dependente, passavam-nas às mãos dos mesmos trabalhadores. Sob a supervisão paternal de seus contratantes e tutores, eles deveriam ser "merecedores" do sustento que lhes era provido.

A norma jurídica que balizou as práticas de soldada e tutela produzida ao longo do século XIX consolidou-se como um conjunto babélico de Avisos, decretos e leis expedidos ao sabor de demandas sociais, pouco específicos e, destarte, abertos a interpretações variadas, misturando-se ou justapondo-se às regulações da assistência social.[24] De maneira geral, porém, as Ordenações Filipinas foram o principal suporte para a arregimentação de menores empobrecidos, estabelecendo as bases dos arranjos de trabalho dependente que os enredavam. Na capital da província, é nítida sua importância nas disputas envolvendo os serviços de menores trabalhadores, informando as decisões de curadores e juízes e sendo frequentemente mencionadas nas ações movidas no Juízo de Órfãos.[25] A substância legal das Ordenações, entretanto, é

---

23 Sobre a continuidade de práticas informais e tutelares de arregimentação de trabalhos de menores de idade já entradas no século XX, ver: BIROLLI, M. I. A. M. *Os filhos da República...*, op. cit.

24 Um extenso apanhado da legislação produzida a respeito dos menores de idade sob o Império e no início da República, não apenas no tocante à questão do trabalho, pode ser encontrada em: RIZZINI, Irene. Crianças e menores: do pátrio poder ao pátrio dever. Um histórico da legislação para a infância no Brasil. In: RIZZINI, Irene; PILOTTI, Francisco (org.). *A arte de governar crianças. A história das políticas sociais, da legislação e da assistência à infância no Brasil*. São Paulo: Cortez, 2009, p. 97-153.

25 Os dispositivos das Ordenações Filipinas relacionados aos menores de idade constituíam, de fato, a base da legislação civil sobre o processo orfanológico imperial, tendo sido

evasiva, colocando os pequenos assoldadados e tutelados sob o amplo guarda-chuva das lógicas de agregação social que acomodavam tantos outros sujeitos, e especialmente os criados domésticos. Desse modo, não seria como trabalhadores portadores de direitos, aos moldes das modernas relações trabalhistas, que juizados, tribunais e empregadores encarariam crianças e jovens arregimentados sob o augúrio do código reinol.[26]

As Ordenações discriminavam, é verdade, entre os órfãos abonados e os empobrecidos. Aos primeiros, *"filhos de taes pessoas, que não devem ser dados em soldada"*, designava-se um tutor, procedendo-se imediatamente ao inventário dos bens herdados. Os tutores ficariam encarregados da educação dos menores abonados, responsabilizando-se por providenciar que aprendessem a ler e escrever até os doze anos, a partir de qual idade seguiriam *"ordenando sua vida e ensino, segundo a qualidade de suas pessoas e fazenda"*.[27] Os títulos relacionados às tutelas, com efeito, dizem respeito essencialmente aos órfãos possuidores de bens, de cuja manutenção os tutores ficariam também

reunidos em compêndios conhecidos como guias orfanológicos, publicados ao longo do século XIX. Estes guias constituem a fonte principal de diversos historiadores da infância para a consulta às leis orfanológicas imperiais. Interessante é constatar, entretanto, que nos autos produzidos no âmbito do Juízo de Órfãos da cidade de São Paulo aqui analisados, juízes e curadores de órfãos referem-se diretamente às Ordenações, deixando de referenciar guias populares como aquele organizado por José Pereira de Carvalho. Por esse motivo, a pesquisa ora apresentada toma igualmente o texto original das Ordenações Filipinas como fonte e objeto de análise. Sobre a elaboração do guia orfanológico de Carvalho e a importância de seu compêndio no tratamento dedicado pelo Juízo de Órfãos à infância pobre, ver, por exemplo: BOTIN, Livia Maria. *Trajetórias cruzadas: meninos (as), moleques e juízes em Campinas (1866-1899)*. 186f. Dissertação (Mestrado em História Social). Instituto de Filosofia e Ciências Humanas, Universidade Estadual de Campinas, 2007. Sobre a tipologia documental do Juízo de Órfãos de São Paulo, ver: RODRIGUEZ, Sonia Maria Troitiño. *O Juízo de Órfãos de São Paulo: caracterização de tipos documentais*. 283f. Tese (Doutorado em História Social). Faculdade de Filosofia, Letras e Ciências Humanas, Universidade de São Paulo, 2010.

26 Os títulos relativos a criados, soldadas, tutelas e curatelas encontram-se em: Ordenações Filipinas, Livro 4º, Títulos 29, 30, 31, 32, 33, 34, 35, 52 e 54. Disponível em:<http://www1.ci.uc.pt/ihti/proj/filipinas/l1p212.htm>. Acesso: 12.12.2019.

27 Ordenações Filipinas, Livro 1º, Título 88, §15. Disponível em: <http://www1.ci.uc.pt/ihti/proj/filipinas/l1p212.htm>. Acesso: 12.12.2019.

encarregados. Aos órfãos pauperizados, despossuídos de bens ou prestígio social, eram consignadas outras recomendações pelas mesmas Ordenações. Os filhos legítimos, tendo mães vivas, seriam criados por elas somente quando as mesmas tivessem *"qualidade e condição"* de fazê-lo, e apenas *"até o tempo que sejam em idade em que possam merecer alguma cousa por seu serviço"*.[28] No caso dos filhos ilegítimos, também considerados órfãos, a precedência sobre a criação dos mesmos deveria recair sobre seus pais, e apenas se estes "não tivessem por onde fazê-lo", os pequenos retornariam aos cuidados das mães, nas mesmas condições anteriormente apontadas de serem encaminhados aos serviços tão logo fosse possível.[29] Aos sete anos, os órfãos pertencentes a essa extensiva classe de desvalidos estariam disponíveis para serem contratados à soldada, sendo arrematados por quem maior valor oferecesse por seus serviços em pregões realizados pelo Juízo de Órfãos. A remuneração dos assoldadados, segundo previa o código, deveria ser estipulada pelo Juízo no caso de meninos menores de 14 e meninas menores de 12 anos. Menores de sete anos, definidos no texto do Título 31 do Livro 4º como *"moços ou moças pequenos"*, não venceriam qualquer soldada, porque *"a criação, que se nelles faz, lhes deve ficar por satisfação de qualquer serviço que façam"*.[30]

Considerações sobre a educação dos órfãos assoldadados, diferentemente das referências explícitas feitas no caso dos órfãos de posses, não são

---

28 O parágrafo em questão, parte do subtítulo "Criação", parece indicar que as condições e qualidades mencionadas teriam caráter acentuadamente moral, como se vê no seguinte trecho: "Porem se alguma mãi, for de tal qualidade e condição que não deva criar seus filhos ao peito, ou por algum impedimento não os possa criar, será o Orfão dado á Ama, que o crie assi de leite, como de toda outra criação, que lhe for necessaria a custa dos bens dos ditos Orfãos. E se não tiverem bens, per que se possa pagar a sua criação, suas máis serão constrangidas que os criem de graça de toda criação, até serem de idade em que possam merecer soldada". Ordenações Filipinas, Livro 1º, Título 88, §10, op. cit.

29 Cf. Ordenações Filipinas, Livro 1º, Título 88, §11, op. cit. O parágrafo em questão observa, ainda, que não podendo nem o pai e nem a mãe do órfão ilegítimo responsabilizarem-se por sua criação, nem havendo parentes que pudessem fazê-lo, os órfãos deveriam ser encaminhados a hospitais ou albergarias. Na inexistência de tais aparelhos, seriam criados às expensas da municipalidade.

30 Ordenações Filipinas, Livro 4º, Título 31. Disponível em: <http://www1.ci.uc.pt/ihti/proj/filipinas/l1p212.htm>. Acesso: 12.12.2019.

senão indiretas e intimamente atreladas à sua instrução nos serviços. Assim, o parágrafo 16 do Título 88, Livro 1º, previa que

> (...) se forem filhos de oficiais mecânicos, serão postos a aprender o ofício de seus pais, ou outros, para que mais pertencentes sejam, ou mais proveitosos, segundo sua disposição e inclinação, fazendo escrituras públicas com os Mestres, em que se obriguem a os dar ensinados em aqueles ofícios em cero tempo (...).[31]

No parágrafo 13 do mesmo Título, justamente o primeiro que inicia uma sequência de alíneas referidas ao emprego dos órfãos em regime de soldada, sublinha-se a preferência dada ao encaminhamento dos assoldadados aos serviços de lavoura, especialmente no caso de serem os mesmos órfãos filhos de lavradores.[32] Aludindo às estruturas sociais e econômicas eminentemente agrárias de um Portugal medieval, o Código Filipino aplicado à sociedade da capital da província de São Paulo pouco se relacionava ao caráter urbano de muitas das ocupações em que eram engajados os pequenos empobrecidos da cidade. Essa incongruência, no entanto, não impediu que as disposições das Ordenações fossem frequentemente invocadas por advogados, juízes e pleiteantes ao posto de contratantes ou tutores como base jurídica para a implementação de tutelas e soldadas em São Paulo. Adentrando o século XIX, tais regulamentos foram essenciais para a definição de sentidos dilatados de orfandade que balizavam tutelas e soldadas.

No correr daquele século, outras regulações referidas ao trabalho de menores de idade, criadas por legisladores do Império, viriam assomar-se às Ordenações Filipinas. Nenhuma delas, contudo, estabeleceu de fato normas precisas para a arregimentação desta mão de obra por meio das soldadas ou de qualquer outro expediente contratual.[33] Logo após a Independência e an-

---

31 Cf. Ordenações Filipinas, Livro 1º, Título 88, especialmente §13 a §21, op. cit.

32 Previa-se, inclusive, sanções aos Juízes e tutores que desrespeitassem essa orientação: "E o Juiz, que o filho do Lavrador der a quem não for Lavrador, para outro serviço, achando Lavrador, que o queira tomar, pagará mil réis: e o Tutor, que em tal dada consentir, outros mil (...)". Cf. Ordenações Filipinas, Livro 1º, Título 88, §13, op. cit.

33 Ainda sob a Colônia, um Alvará expedido em 23 de outubro de 1814 determinava que " (...) *quem criar orphão gratuitamente, o mandar aprender a lêr e escrever nas cidades ou*

190   Marília B. A. Ariza

tes mesmo da outorga da Constituição Imperial, uma provisão expedida em
23 de fevereiro de 1823 confirmava um alvará português de 1775 que, em
linhas gerais, reiterava as determinações das Ordenações Filipinas quanto ao
encaminhamento dos meninos e meninas ao trabalho a partir dos sete anos
de idade, notadamente aos serviços de lavoura.[34] Em 19 de janeiro de 1835,
uma decisão da Secretaria do Estado dos Negócios do Império instava a
Administração da Casa dos Expostos da Corte a dirigir-se ao Juízo de Órfãos
tão logo as "expostas de cor" pudessem ser dadas à soldada, em conformidade com o Título 88 do Livro 4º das Ordenações – recomendando cautela
para que as menores assoldadas não fossem reduzidas ao cativeiro.[35] A lei
de locação de serviços de 11 de outubro de 1837 assinalava a possibilidade
de contratação de estrangeiros menores de 21 anos de idade, esclarecendo
que aqueles desacompanhados de pais ou parentes poderiam engajar-se em
contratos, recorrendo à assistência de curadores.[36] Em 1859, o Aviso 312,
expedido a 20 de outubro, confirmava as definições de orfandade constantes
nas Ordenações Filipinas, referindo-se especificamente "às menores" filhas

---

villas, o pode conservar sem soldada até a idade de dezesseis anos e oferecel-o no sorteamen-
to para soldado em lugar de filho" Cf. nota 2 referida ao parágrafo 8 do título "Como se
pagarão os serviços e soldadas de criados que não entrarem a partido certo". Ordenações Filipinas, Livro 4º, Título 31, §8, op. cit.

34   Cf. Regimento da Casa dos Expostos da Santa Casa de Misericórdia do Rio de Janeiro.
Rio de Janeiro: Typographia Nacional, 1840, p, 23, apud VENANCIO, R. P. *Famílias
abandonadas...*, op. cit. p. 141-42.

35   Decisão nº 23, Império, 19 de janeiro de 1835. In: *Colecção das Decisões do Governo
do Império do Brasil de 1835*. Rio de Janeiro: Typographia Nacional, 1864, p. 62-63.
Disponível em: <http://www2.camara.leg.br/atividade-legislativa/legislacao/publi-
cacoes/doimperio>. Acesso: 12.12.2019.

36   Lei nº 108 de 11 de outubro de 1837, artigos 2º, 3º e 4º. In: *Colecção das Leis do Império do Brasil de 1837. Parte I*. Rio de Janeiro: Typographia Nacional, 1861, p. 76-80.
Disponível em:<http://www2.camara.leg.br/atividade-legislativa/legislacao/publi-
cacoes/doimperio>. Acesso: 12.12.2019.. Sobre esta lei e seu papel no conjunto da
regulação das locações de serviços, ver: LIMA, Henrique Espada. Trabalho e lei para
os libertos de Santa Catarina no século XIX: arranjos e contratos entre a autonomia e
a domesticidade. *Cadernos AEL*, v. 14, n. 26, 2009.

de "pais incógnitos" que, embora tivessem mãe viva, seriam consideradas órfãs e estariam, portanto, sujeitas à arregimentação por tutelas ou soldadas.[37]

Tangenciando o tema da contratação de serviços e afirmando os amplos usos da arregimentação da mão de obra de menores de idade, a partir da década de 1830 foram expedidos avisos, decretos e portarias a respeito do encaminhamento de crianças e jovens desvalidos ao aprendizado nos Arsenais da Marinha e da Guerra. Assim, o Decreto de 21 de fevereiro de 1832, sobre as reformas a serem feitas nos Arsenais da Corte e demais localidades do Império, determinava que somente poderiam ser aceitos como aprendizes os expostos nas Santas Casas de Misericórdia, os órfãos indigentes e os filhos de pais pobres.[38] O Decreto de 29 de dezembro de 1837, entre outras coisas, determinava que apenas menores entre oito e 12 anos de idade poderiam ser admitidos como aprendizes e estabelecia prêmios a serem distribuídos àqueles que maiores progressos apresentassem no aprendizado das letras e ofícios ensinados nos Arsenais.[39] A multiplicação de Companhias de Aprendizes Marinheiros e de Guerra a partir de 1840, para onde muitos meninos desvalidos que não encontravam acolhimento em hospitais ou asilos de caridade eram remetidos, deu margem à publicação de ainda outros dispositivos legais, regulando os termos do recrutamento do trabalho destes menores nas lides militares.[40]

---

37 Cf. *Coleção de Decisões do Governo do Império do Brasil, 1859*. Tomo XXII. Rio de Janeiro: Typographia Nacional.

38 Cf. Decreto de 21 de fevereiro de 1832, Capítulo IV, art. 48 e 49. In: *Coleção de Leis do Império do Brasil - 1832*, Vol. II, p. 37. Disponível em: <http://www2.camara.leg.br/legin/fed/decret_sn/1824- 1899/decreto-37356-21-fevereiro-1832-563924-publicacaooriginal-87986-pe.html>. Acesso: 12.12.2019.

39 Cf. Decreto de 29 de dezembro de 1837. In: *Coleção de Leis do Império do Brasil - 1837*, Vol. I, p. 61. Disponível em: <http://www2.camara.leg.br/legin/fed/decret_sn/1824-1899/decreto-37356-21-fevereiro- 1832-563924-publicacaooriginal-87986-pe.html>. Acesso: 12.12.2019.

40 A nota 3 do título 88, §13, livro 1º das ordenações refere-se a uma série de regulações expedidas com relação à arregimentação de menores para os Arsenais da Guerra e da Marinha. Cf. Ordenações Filipinas, Livro 1º, Título 88 §13, op. cit. Renato Pinto Venâncio aponta a destacada importância e compulsoriedade da participação de menores desvalidos, muitos deles negros, nestas companhias, sublinhando o recrudescimento

Nos anos iniciais da nascente República, a legislação expedida para normatizar o trabalho desta categoria social referia-se mais detidamente ao trabalho nas fábricas que então se expandiam nos grandes centros urbanos; os serviços de lavoura e, principalmente, o trabalho doméstico, que consumiu a maior parte da mão de obra de meninos e meninas formalmente arregimentados na cidade de São Paulo, permaneceram alheios às instâncias da lei e do controle público. Assim, o Decreto 1.313 de 17 de janeiro de 1891 estabelecia como idade mínima para emprego nas fábricas os 12 anos de idade, salvo o caso dos aprendizes, que poderiam ser admitidos a partir dos oito anos de idade.[41] Já o Código Sanitário Estadual de 1894, extensamente familiar às novas ordens higiênicas e fabris do mundo moderno que então se procurava criar, determinava que crianças menores de 12 anos de idade não pudessem ser admitidas *"nos trabalhos communs das fabricas e officinas"*, ressalvando, entretanto, que as autoridades competentes poderiam *"determinar certa ordem de trabalho accesível ás creanças de 10 a 12 annos"*.[42]

---

desta arregimentação à época da Guerra do Paraguai. VENÂNCIO, R. P. Os aprendizes da guerra. In: DEL PRIORE, Mary (org.). *História das Crianças no Brasil*. São Paulo: Contexto, 2015, p. 192-209. Sobre a importante participação dos meninos pobres no serviço militar, ver também de outros autores: SOUSA, Jorge Prata de. A mão de obra dos menores: escravos, libertos e livres nas instituições imperiais. In: SOUSA, Jorge Prata de (org.). *Escravidão: ofícios e liberdade*. Rio de Janeiro: Arquivo Público do Estado do Rio de Janeiro, 1998, p. 33-63; CRUDO, Mathilde Araki. *Infância, trabalho e educação: os aprendizes do Arsenal de Guerra do Mato Grosso*. 382f. Tese (Doutorado em História) – Universidade Estadual de Campinas, Campinas, 2005.

41 O decreto estabelecia ainda o limite de horas trabalhadas por dia para aprendizes e menores de idade a partir dos 12 anos. Cf. Decreto 1.313 de 17 de janeiro de 1891. In: *Coleção de Leis do Brasil - 1891*, v. 4, p. 326. Disponível em: <http://www2.camara. leg.br/legin/fed/decret/1824-1899/decreto-1313-17-janeiro-1891-498588-publi-cacaooriginal-1-pe.html>. Acesso: 12.12.2019.

42 Cf. Decreto 233 de 02 de março de 1891. In: *Diario Official do Estado de São Paulo*, anno 3, 08 de março de 1894. Cap VII: Fabricas e Officinas, art. 180. Disponível em: <http://dobuscadireta.imprensaoficial.com.br/default.aspx?DataPublica-cao=18940308&Caderno=DO&N umeroPagina=9605>. Acesso: 12.12.2019. Maria Izabel Birolli refere-se ainda ao regulamento do Serviço Sanitário que, em 1911, "proibiu o trabalho noturno de menores de 18 anos e o emprego de menores de dez anos nas unidades produtivas". BIROLLI, M. I. A. M. *Os filhos da República...*, op. cit., p. 49.

Avançando às primeiras décadas do século XX, os serviços dos menores de idade passaram com mais e mais frequência a figurar em projetos de lei e debates parlamentares, conforme o interesse pelo papel social da criança ganhava espaço.[43] Esse movimento redundou na inclusão, no Código de Menores de 1927, de um capítulo dedicado à regulamentação do trabalho infantil e juvenil restringindo, conforme aponta Irene Rizzini, "locais, horários e pessoas que empregavam os menores", bem como estabelecendo a duração das jornadas de trabalho e a dos intervalos de descanso dos menores trabalhadores. Estes novos dispositivos, no entanto, mais uma vez referiram-se primordialmente ao ambiente fabril, deixando à margem os menores que, contratados por soldada ou tutelados a pretextos outros que não a arregimentação de seus serviços, eram engajados em outras atividades econômicas.[44]

Ao longo do século XIX, a mão de obra de menores de idade conservou-se, deste modo, no amplo vácuo legal em que se estabeleceu, de modo extensivo, o trabalho livre na sociedade escravista. As imprecisões jurídicas cultivadas pela legislação possibilitavam que os arranjos de trabalho permanecessem, em grande medida, consignados ao âmbito das negociações particulares em que homens, mulheres e seus filhos empobrecidos, muitos deles egressos da escravidão, disputavam com empregadores os termos frequentemente precários em que se realizaria seu trabalho. Nestas disputas privadas, trabalhadores livres buscavam acomodar sobrevivência e desejos de autonomia a um cenário que favorecia a reprodução de vínculos de dependência.[45]

---

43 Proliferavam, nesse momento, as instituições correcionais que pretendiam coibir a vadiagem e a criminalidade dos jovens e crianças por meio do trabalho, como o Instituto Disciplinar de São Paulo, fundado em 1902, a Colônia Correcional de Dois Rios e a Escola Correcional Quinze de Novembro, do Rio de Janeiro, fundadas em 1903. Para uma discussão sobre estes institutos, ver, entre outros: MARIANO, H. A. *A infância e a lei...*, op. cit.; RIZZINI, Irene. *O século perdido: raízes históricas das políticas públicas para a infância no Brasil*. São Paulo: Cortez, 2008; RIZZINI, I. Crianças e menores: do pátrio poder..., op. cit.

44 A autora faz detalhado histórico da elaboração de leis referidas aos menores de idade ao longo do século XIX, reconstituindo o percurso que levaria ao enquadramento jurídico da infância empobrecida pelo Código de Menores de 1927. RIZZINI, I; PILOTTI, F. *A arte de governar crianças...*, op. cit., p. 121-139.

45 Sobre este vazio legal acerca da regulamentação do trabalho livre no Brasil imperial,

Um aparte teórico, neste sentido, faz-se importante. Ainda que a literatura aponte a generalizada vulnerabilidade dos sujeitos inseridos nos quadros do trabalho livre numa sociedade eminentemente fundada na escravização, e ressaltada a particular fragilidade das crianças e jovens empobrecidos neste cenário, há de se observar algum distanciamento crítico das condenações exclusivamente morais dos usos e abusos da mão de obra destes pequenos trabalhadores. Conquanto seja inegável que os mecanismos de extração de trabalho destes sujeitos tenham conformado um sistema predatório, marcado pela compulsoriedade e justificado pela alegada necessidade de encaminhamento dos órfãos e desvalidos aos bons caminhos do trabalho, da autonomia futura e da utilidade social, é fato que o cotidiano dos subalternos esteve sempre profundamente atrelado às demandas do trabalho e da sobrevivência, dos improvisos cotidianos nos serviços eventuais aos arranjos de dependência permanentes. Nessas circunstâncias, o que se classificaria, na linguagem atual, como "trabalho infantil", compunha seguramente uma instância regular da vida das camadas depauperadas, podendo mesmo ser fundamental para a manutenção de famílias e comunidades empobrecidas, como já argumentado.[46]

---

perturbado somente pela expedição de leis pontuais referidas a relações de locação de serviços, ver, entre outros: LIMA, H. E. Trabalho e lei para os libertos...; LIMA, Henrique Espada. Sob o domínio da precariedade: escravidão e os significados da liberdade no século XIX. *Topoi*, v. 6, n. 11, 2005, p. 289-326; DANTAS, Mônica Duarte; COSTA, Vivian Chieregati. O pomposo nome da liberdade do cidadão: trabalhadores livres e as tentativas de arregimentação e coerção da mão de obra no Império do Brasil. *Estudos Avançados*, v. 30, n. 87, 2016, p. 29-48. Sobre a fragilidade do trabalhador livre no campo durante o século XIX, ver a obra clássica de Peter Eisenberg: EISENBERG, Peter L. *Homens esquecidos: escravos e trabalhadores livres no Brasil – séc. XVIII e XIX*. Campinas: Editora da UNICAMP, 1989.

46 De fato, como afirma Valmir Luiz Stropasolas, ainda hoje o trabalho de menores de idade desempenha papel fundamental na articulação de modos de vidas rurais, nos quais a "ajuda" prestada por crianças na produção agrária familiar ou no trabalho doméstico importa tanto para a manutenção e subsistência da família quanto para a formação da criança para a vida adulta. Stropasolas é cuidadoso, entretanto, ao apontar que as práticas predatórias do agronegócio, alheias aos modos de vida da economia agrária familiar, vitimam tanto adultos quanto crianças. Segundo o autor, a persistente

Mães infames, filhos venturosos

A idealização da infância como uma fase específica da vida social, portadora de necessidades particulares e também de direitos próprios, não se afirmaria massivamente na sociedade brasileira antes da incorporação dos hábitos e mentalidades burgueses que, ao final do século XIX, consagravam à criança e à mãe o centro da instituição familiar.[47] Esta emergente normativi-

---

dicotomia no senso comum, nas ciências humanas e na produção de políticas públicas entre a percepção do trabalho como "mal social", por um lado, ou como "instrumento disciplinador", por outro, fragiliza a compreensão crítica das várias formas da infância, bem como de seus diferentes relacionamentos com o trabalho. STROPASOLAS, Valmir Luiz. O trabalho infantil no campo: do problema social ao objeto sociológico. *Revista Latino-Americana de Estudos de Trabalho*, n. 72, 2012, p. 249-286. Um apanhado analítico sobre formas de mensuração dos índices de trabalho infantil no Brasil, referindo-se também à indicadores internacionais e aderindo igualmente a uma visão crítica sobre definições estanques de trabalho infantil, pouco atentas a seus impactos diversos à infância, pode ser encontrado em: KASSOUF, Ana Lúcia. O que conhecemos sobre trabalho infantil? *Nova Economia*, Belo Horizonte, n. 17, v. 2, 2007, p. 323-350. Como indica Kassouf, procurando sublinhar o caráter especialmente nocivo de determinadas formas de trabalho, a Organização Internacional do Trabalho (OIT) adota a definição "child laborer" para as seguintes categorias: menores de 12 anos exercendo qualquer tipo de trabalho; jovens entre 12 e 14 anos de idade engajados por 14 horas semanais ou mais em atividades não consideradas "de risco"; jovens na mesma faixa etária engajados em 1 hora ou mais de atividades consideradas de risco. No entanto, a Convenção nº 182 da OIT, adotada em 1999, urge ao combate e eliminação daquelas que são consideradas "as piores formas de trabalho infantil", entre as quais incluem-se a exploração sexual e a prostituição, todo tipo de servidão ou escravidão, o envolvimento de crianças em conflitos armados e em atividades prejudiciais à saúde, como o trabalho nas minas de carvão. DENNIS, Michael J. The ILO Convention on the Worst Forms of Child Labor. *The American Journal of International Law*, v. 93, n. 4, 1999, p. 943-948. No Brasil, a definição atual de trabalho infantil ilegal, expressa no título II, capítulo V do Estatuto da Criança e do Adolescente, compreende menores abaixo de 16 anos de idade exercendo qualquer tipo de trabalho, salvo na condição de aprendizes – para o que se qualificam adolescentes a partir dos 14 anos de idade com acesso regular à escola, entre outras garantias. Cf. Estatuto da Criança e do Adolescente, tit. II, cap. V, art. 61 a 69. Disponível em: <http://www.planalto.gov.br/ccivil_03/leis/L8069Compilado.htm>. Acesso: 12.12.2019.

47 A literatura dedicada a este tema fundamenta-se, em grande parte, no estudo de Philippe Arriès sobre a "descoberta da infância", ou seja, a compreensão da infância como uma fase particular na vida, na Europa burguesa do século XVIII. ARIÈS, Philippe.

dade espelhava um processo ampliado de transformações sociais e políticas que sublinhavam as expectativas de modernização dos hábitos e instituições imperiais, sinalizada pela virtual eliminação da escravidão e, no limite, da própria Monarquia.[48] Neste novo "processo civilizador", a criança assumia o papel de célula fundamental da sociedade, centro propulsor de suas transformações e, ao mesmo tempo, interstício para a reiteração dos vícios e atraso social herdados de seus pais – e notadamente, de suas mães -, representantes de uma ordem a ser superada.[49] Conquanto os filhos da elite tenham sido percebidos anteriormente como agentes formadores da "boa sociedade", vulgarizando-se a partir da metade do século XIX discursos sobre a educação infantil e novos papéis familiares amoldados às exigências burguesas, a valorização da infância como política de Estado imposta às camadas pauperizadas foi somente operada a partir das décadas finais dos Oitocentos, com os instrumentos da medicina social higienista e do enquadramento judicial da infância pobre.[50] A disseminação desses discursos e sua transformação em

---

História social da criança e da família. Rio de Janeiro: LTC, 2014.

48 Silvia Lara, em artigo seminal para o impulso de estudos sobre a história social do trabalho numa perspectiva mais inclusiva da escravidão, indica que a literatura sociológica e historiográfica reproduziu, em suas reflexões, os paradigmas artificiais que oporiam estatutos de modernidade, em que se incluíam o trabalho fabril e assalariado, ao cativeiro, entendido como expressão do arcaísmo social brasileiro. Além deste seu artigo, são também referências fundamentais sobre as oposições excludentes e artificiais entre cativeiro e trabalho livre, economia agrícola e economia industrial, bem como sobre seus desdobramentos nos estudos sobre escravidão, as reflexões de John French, Flávio Gomes e Antonio Luigi Negro: LARA, Silvia Hunold. Escravidão, cidadania e história do trabalho no Brasil. *Projeto História*, São Paulo, n.16, 1999, p. 25-38; FRENCH, John. As falsas dicotomias entre escravidão e liberdade: continuidades e rupturas na formação política e social do Brasil moderno. In: LIBBY, Douglas C; FURTADO, Júnia Ferreira (org.). *Trabalho Livre, Trabalho Escravo: Brasil e Europa, Séculos XVIII e XIX*. São Paulo: Annablume, 2006; NEGRO, Antonio Luigi; GOMES, Flávio. Além das senzalas e fábricas: uma história social do trabalho. *Tempo Social*, v. 18, n.1, 2006, p. 217-240.

49 RIZZINI, I. *O século perdido...*, op. cit.

50 Marina Muaze indica que "a descoberta da infância" entre as elites nacionais iniciou-se na década de 1840, com a consolidação do Estado Imperial após a maioridade do imperador menino. Segundo a autora, a emergência destes novos conceitos sobre família e infância, dando-se entre os membros constituintes da chamada "boa sociedade", expres-

Mães infames, filhos venturosos 197

medidas de gestão social redundaram, entre o final do século e a terceira década republicana, em teses, congressos e publicações, consubstanciando-se finalmente na elaboração do já referido Código de Menores.[51]

Somente a partir de então a infância seria encarada, do ponto de vista das políticas e do imaginário públicos, como sujeito de tratamento, assistência e proteção específicos. Evitar o apelo dos filtros analíticos calcados em concepção moralizante e naturalizada da infância e seu papel na constituição das famílias e da sociedade e, ao mesmo tempo, documentar o cotidiano frequentemente abusivo e violento dos trabalhadores menores de idade, parece estratégia mais interessante à compreensão do espaço ocupado por estes sujeitos no mundo do trabalho dependente no século XIX e, mais especificamente, no processo de reelaboração das relações de trabalho sob a égide da emancipação gradual. Observar a participação dos meninos e meninas desvalidos na formação de um incipiente mercado de trabalho livre urbano, fora dos quadros tradicionais do trabalho fabril comumente referidos a São Paulo, implicará assim compreender as influências das práticas e convenções da escravidão e das formas variadas de compulsoriedade longamente experimentadas pela sociedade imperial sobre a constituição dos protocolos do trabalho livre que deveriam vigorar a partir da eliminação do cativeiro.[52] No

---

sava o desejo de formar cidadãos adequados à ordem civilizacional do Império. MUAZE, Mariana de Aguiar Ferreira. *A descoberta da infância: a construção de um habitus civilizado na boa sociedade imperial.* 144f. Dissertação (Mestrado em História) – Pontifícia Universidade Católica, Rio de Janeiro, 1999. A respeito da generalização das noções da primazia social da infância e da operação do Estado sobre esta agenda com o auxílio das plataformas da criminalização da infância pobre e da medicina social, ver: RIZZINI, I. *O século perdido...*, op. cit.; ASSIS, Márcio Branco de. *A criança e a ordem: teoria e prática jurídica no tratamento da criança desviante na Belle Époque carioca.* 241f. Dissertação (Mestrado em História) – Faculdade de Filosofia, Letras e Ciências Humanas, Universidade de São Paulo, São Paulo, 1997.

51 Sobre o código de menores e a consagração da abordagem judicial da infância, ver: ASSIS, M. B. *A criança e a ordem...*, op. cit.; ALVAREZ, Marcos César. *Emergência do Código de Menores de 1927: uma análise do discurso jurídico e institucional da assistência e proteção aos menores.* 235f. Dissertação (Mestrado em Sociologia) – Faculdade de Filosofia, Letras e Ciências Humanas, Universidade de São Paulo, São Paulo, 1989.

52 Sobre crianças no trabalho fabril em São Paulo entre o final do século XIX e início do

contexto da elevação da criança ao posto de agente do futuro nacional, pequenos e jovens trabalhadores desempenharam papel-chave ao equacionar projetos e discursos de pretensão modernizante à preservação de antigas práticas e de níveis estruturais de exploração, como se verá à frente.

Pequenos trabalhadores nos debates públicos: usos e abusos

O leque de trabalhadores menores de idade na cidade de São Paulo abrangia a pobreza em suas mais diversas origens sociais. Das páginas dos autos do Juízo de Órfãos e do Tribunal de Justiça produzidos ao longo do século, surgem escravizados, africanos livres, ingênuos e "livres pobres", massa fugidia de que muitos libertos e filhos de egressos da escravidão faziam parte, ao lado de brancos e estrangeiros depauperados. Recrutando este variado grupo de jovens trabalhadores, que espelhava a multiplicidade do cenário social na cidade, as tutelas e soldadas regulavam relações de trabalho inscritas sob o amplo guarda-chuva dos arranjos de trabalho livre e dependente, não se referindo, portanto, aos menores formalmente escravizados.[53]

Não obstante, com o avançar da segunda metade do século XIX e notadamente em suas décadas finais, providências para o encaminhamento da mão de obra de crianças e jovens socialmente vulneráveis foram atravessadas por preocupações cada vez mais prementes com os desdobramentos da emancipação gradual e a eminência da abolição. No seio desta conjuntura, diante do afloramento de uma nova normatividade familiar, do enquadramento judicial das crianças pobres e da desqualificação de suas mães como tutoras adequadas, e, ainda, da vulgarização das noções cientificizantes da

---

XX, ver: MOURA, Esmeralda Blanco B. de. *Mulheres e menores no trabalho industrial: os fatores sexo e idade na dinâmica do capital.* Petrópolis: Vozes. 1982.

53 Fátima Neves faz um detalhado estudo da população escrava infantil na cidade de São Paulo ao longo do século XIX. As crianças representavam parcela significativa da população escrava da cidade e engajavam-se em grande sorte de atividades urbanas, sendo inclusive empregadas como aprendizes: NEVES, Maria de Fátima Rodrigues das. *Infância de faces negras: a criança escrava brasileira no século XIX.* 306f. Dissertação (Mestrado em História Social) – Faculdade de Filosofia, Letras e Ciências Humanas, Universidade de São Paulo, São Paulo, 1993.

medicina social e do higienismo, os discursos e políticas de arregimentação dos trabalhadores- criança passaram por transformações e reinterpretações.[54]

Maria Luiza Marcílio argumenta que na sequência do fechamento definitivo do tráfico, em 1850, a tônica da caridade privada que caracterizava as medidas de assistência à infância desvalida seria paulatinamente substituída por uma filantropia dotada de racionalidade de Estado, estabelecida por meio de parcerias com iniciativas privadas e comprometida com a preparação da mão de obra.[55] Assim, segundo a autora, a partir de 1855 instituições do tipo Asilo de Expostos, semelhantes aos Seminários de Sant'Anna e da Glória, multiplicaram-se por "quase toda as capitais regionais do Império". Embora não fossem sempre públicas, recebiam com frequência o incentivo de fundos provinciais, e tinham a finalidade específica de levar aos órfãos, enjeitados e desvalidos, a instrução elementar e formação para o trabalho – especificamente o trabalho agrícola, no caso dos meninos, e o trabalho doméstico e o magistério, no caso das meninas.[56] A partir da década de 1870, diante da ascensão dos protocolos da modernização social, as instituições asilares foram também renovadas, dando lugar a liceus e institutos de artífi-

---

54 Sobre a emergência das noções da medicina social e do higienismo no cuidado das crianças, ver, entre outros: GONDRA, José G. A sementeira do porvir: higiene e infância no século XIX. São Paulo. *Educação e Pesquisa*, v. 26, n. 1, 2000, p. 99-117; ASSIS, Márcio Branco. *A criança e a ordem...*, op. cit.; RIZZINI, I. *O século perdido...*, op. cit.

55 Maria Luíza Marcílio intitula-a de "fase filantrópica" da assistência social, substituta da "fase caritativa". A culminação da "utopia filantrópico-burguesa", como a chamou Marcílio, atingida somente nas décadas finais do XIX, seria a construção de uma "sociedade harmônica e estável", alcançada por meio da educação que incutisse na infância assistida os "sentimentos de ordem, de respeito às normas, de estímulo à família e de amor ao trabalho (...) tudo fundado da melhor ciência e no culto ao progresso ininterrupto". MARCÍLIO, M. L. *História social da criança...*, op. cit., p. 206.

56 Para uma visão ampla sobre as transformações nos mecanismos de institucionalização da infância, ver: RIZZINI, Irene; RIZZINI, Irma. *A institucionalização de crianças no Brasil: percursos históricos e desafios do presente*. Rio de Janeiro: Ed. PUC-Rio; São Paulo: Loyola, 2004. A tese de Maria das Graças Leal detalha o funcionamento do Liceu de Artes e Ofícios da Bahia, criado em 1872 e que permaneceu ativo por um século: LEAL, Maria das Graças de Andrade. *A arte de ter um ofício: Liceu de Artes e Ofícios da Bahia (1872-1972)*. 321f. Dissertação (Mestrado em História). Faculdade de Filosofia e Ciências Humanas, Universidade Federal da Bahia, Salvador, 1995.

200 Marília B. A. Ariza

ces cujo objetivo era oferecer, além da educação elementar, a formação em ofícios especializados.[57]

O próprio Seminário de Sant'Anna da cidade de São Paulo foi convertido em Instituto de Artífices em 1864 por meio de decreto provincial. O regulamento do instituto, publicado nas páginas do *Correio Paulistano*, indicava que a instituição seria então destinada ao acolhimento do *"orphão indigente, filho-familia abandonado por seus paes, filho de paes pobres, que não lhe podem dar educação, ou exposto da Santa Casa de Misericordia"*, contanto que fosse maior de sete e menor de 14 anos e não portasse qualquer moléstia contagiosa.[58] Além de listar as escolas e oficinas disponíveis no colégio, entre as quais se destacariam as de alfaiate, sapateiro, funileiro, marceneiro e serralheiro, o instituto proveria a instrução nas primeiras letras, nas noções de aritmética, álgebra e doutrina cristã. O regime disciplinar descrito no regulamento indicava a adoção de um rígido cronograma de estudos e trabalho para os menores, assim como de um sistema de punições que, embora não mencionasse castigos físicos, incluía sanções e recompensas de caráter moral limítrofes a este tipo de violência. Assim, o expediente punitivo de advertências públicas e execução de tarefas durante o recreio poderia chegar, no limite, à *"prisão de até três dias com tarefa ou sem ela"*, e, finalmente, à expulsão do colégio, que se completaria com a remissão dos expulsos às companhias de aprendizes marinheiros ou do arsenal de guerra.[59] O forte apelo moralizante do regulamento, que proibia aos alunos perturbarem o silêncio na escola, praticar jogos de azar, introduzir armas ou bebidas alcoólicas no colégio, brigar, proferir palavras indecorosas, receber visitas ou escrever cartas sem autorização expressa de superiores, complementava o ensino dos ofícios artísticos de

---

57 Marcílio cita uma série de instituições asilares de acolhimento aos menores desvalidos que surgiram por volta da metade do século em municípios nos diversos cantos do Império: MARCÍLIO, M.L. *História social da criança...*, op. cit., p. 203-206.

58 Cf. BN-HDB – Correio Paulistano – *Regulamento para o collegio de alunos artífices...*, p. 01, 02.07.1864.

59 O envio dos menores indisciplinados aos arsenais era comum, como se nota em frequentes menções na documentação de época. Venâncio indica que as crianças acusadas de delinquência e vadiagem foram alvo preferencial destas instituições: VENÂNCIO, R. P. Os aprendizes da guerra..., p. 198.

modo a atender à missão precípua de institutos como aquele: a formação do trabalhador pobre e livre, porém morigerado.

O Instituto de Artífices constitui um bom exemplo do impulso de estatização das políticas de acolhimento destinadas a meninos e meninas pobres e a seu ulterior encaminhamento às disciplinas do trabalho, nas décadas finais do século XIX, identificado por estudiosos da assistência social. A despeito desta inclinação, todavia, o convênio entre interesses de Estado e interesses privados no tratamento da infância pobre e trabalhadora parece ter permanecido vigoroso, ao longo da segunda metade daquele século. Nas folhas paulistas, pipocavam desde a década de 1850 e continuamente até os anos 1880 notícias relacionadas à prática do assoldadamento de jovens e pequenos trabalhadores por particulares em diversas áreas da província, sempre sob os auspícios do Juízo de Órfãos. Entre 1855, por exemplo, o expediente da Presidência da Província publicado pelo *Correio Paulistano* referia-se a acusações apresentadas pela Câmara Municipal de Mogi das Cruzes – no interior, mas não muito distante da capital – contra o juiz de órfãos da municipalidade. A Câmara denunciava-o por entregar à soldada órfãos que não seriam desvalidos, obrigando seus padrastos a arcar com o pagamento de estipêndios caso desejassem manter os enteados em companhia familiar. A prática, acusava a Câmara, mostrava-se "(...) *inconveniente, e repugnante com as luzes do século, e nossos hábitos*", o que se comprovaria pelo fato de não se achar em uso na capital, "(...) *onde existem as maiores illustrações da província*".[60] A resposta da Presidência rechaçava as denúncias oferecidas, ponderando não parecer "*repugnante às luzes do século*" a prática de preceitos esclarecidos pelas Ordenações Filipinas; deste modo, argumentava, "*a presidencia não pode ordenar ao juiz, que deixe de dar orphãos a soldada, por que essa ordem seria illegal (...)*".

Em 1856, novamente as animosidades entre a Câmara de Mogi das Cruzes e o juiz de órfãos local surgiam nas páginas da mesma folha. Desta vez, o expediente da Presidência da Província replicava a defesa apresentada pelo referido juiz após arguições feitas à sua conduta em uma série de casos

---

60 Cf. BN-HDB – Correio Paulistano – *Parte Official – Expediente da Presidencia* – p. 02, 13.02.1855.

202 Marília B. A. Ariza

relacionados a soldadas. A primeira inculpação de que o juiz se defendia dizia respeito à prisão de Luiza Maria, que, segundo ele,

> (...) não foi simplesmente [presa] por não querer dizer onde estava escondido um filho, mas sim por que tendo sido o filho dado á soldada, na forma da lei, e não querendo ella entregar foi chamada á juízo para dar explicação, e no interrogatorio procedeu de modo que reclamou um procedimento mais enérgico (...).[61]

Justificando sua aparentemente predileção pela atribuição de menores como mão de obra a particulares, o juiz avançava refutando peremptoriamente os argumentos da Câmara, segundo os quais as Ordenações relativas a soldadas se encontravam em desuso: "(...) *a ordenação está em vigor e é executada*". Seguindo a toada de sua defesa, revelava detalhes sobre ainda outros casos em que sua ingerência teria sido considerada abusiva. A primeira referia-se igualmente a uma prisão, desta vez decretada a uma órfã que se recusava a cumprir a soldada determinada:

> Parece que a camara ignora os meios com que a lei armou o juiz, nas suas relações com os orphãos, para chamal-os a obediencia, se assim não fora não alegaria contra mim o facto de prender Benedicta Maria Barbosa, que recusou obedecer a ordem que lhe foi dada de acompanhar a Eduardo José Pinto Mourão que arrematara seus serviços.

Depois de desmentir acusações de que teria dado à soldada um órfão de um aldeamento da Freguesia do Arujá sob administração da Diretoria dos Índios, a defesa do juiz manifestava-se sobre a derradeira acusação que lhe fora imputada, referida a ainda outro assoldadamento – desta vez, de uma órfã aparentemente mais nova do que os sete anos mínimos previstos nas Ordenações para a prestação de serviços:

---

61 Cf. BN-HDB – Correio Paulistano – *Parte Official – Expediente da Presidencia* – p. 02, 08.07.1856.

Acerca da orphã Anna assalariada a João Augusto Rodrigues Ferreira, houve o seguinte: Na lista do inspetor de quarteirão estava ella indicada, como menor, e por isso foi assoldada sem recclamação, porem appresentada depois certidão de edade, em vista della rescindio se o contracto (...). Este engano resultante da indicação do inspector de quarteirão e trivial, e estou persuadido que a camara não o quererá attribuir a vingança.

O imbróglio envolvendo autoridades públicas e distribuição de órfãos e desvalidos à soldada no município de Mogi das Cruzes ilumina uma senda de possibilidades a considerar a respeito deste sistema de aproveitamento de mão de obra. Conquanto os Juízes de Órfãos funcionassem em instâncias municipais, e considerando- se ainda as comparações feitas pela Câmara entre as práticas do Juízo de Mogi e o da Capital, é de se supor que a liberalidade com que o juiz da primeira comarca distribuía crianças à criação e usufruto de terceiros não se restringisse apenas àquela localidade. O pouco rigor aplicado pelo magistrado no caso de Anna, por exemplo, resultou na utilização dos serviços de uma criança considerada jovem demais para as tarefas a que seria destinada, mesmo por um código legal datado do século XVII. As menções à lista produzida pelo inspetor de quarteirão, aparentemente responsável por enumerar os meninos e meninas disponíveis para a incorporação ao sistema de soldadas, reforçam a ideia da associação de engrenagens públicas a interesses particulares na condução das políticas de assistência à pobreza e arregimentação de mão de obra barata.[62] Finalmente, a menção às prisões de Luiza Maria

---

62 Tratando das soldadas e tutelas em Campina Grande, Joan Meznar se refere especificamente à atuação dos inspetores de quarteirão junto aos juízes de órfãos no aliciamento do trabalho de menores de idade. De forma semelhante, Gislaine Azevedo, estudando as tutelas e soldadas na cidade de São Paulo, ora discutidas, indicou, ainda que brevemente, a conformação de uma rede de aliciamento de menores que atuaria com o auxílio de autoridades públicas e em favor de interesses privados. Esta temática será mais profundamente explorada no capítulo seguinte. Sobre este tema, ver também as considerações de Maria Aparecida Papali: MEZNAR, Joan. Orphans and the transition from slave to free labor in the Northeast Brazil: the case of Campinas Grande, 1850-1888. *Journal of Social History*, n. 3, v. 27, 1994, p. 499-515; AZEVEDO, Gislane Campos. *De Sebastianas e Geovannis: o universo do menor nos processos dos juízes de órfãos da cidade de São Paulo (1871-1917)*. 181f. Dissertação (Mestrado em História)

e Benedicta Maria dimensionam os amplos poderes consignados aos juízes de órfãos para constranger famílias e menores de idade ao trabalho compulsório como contratados - sinalizado, neste contexto, a enorme distância entre estes contratos e as modernas relações trabalhistas e salariais.[63]

Ao longo das décadas de 1850 e 1860, ainda outras notícias do uso disseminado de soldadas chegariam de diversas paragens da província aos jornais em circulação em São Paulo. O *Correio Paulistano*, por exemplo, publicou em outubro de 1856 um edital para o pregão dos serviços de um órfão da Capital, conclamando os interessados a apresentarem por escrito suas propostas.[64] Em 1862, no expediente da Presidência da Província publicado no mesmo jornal, autoridades provinciais recomendavam aos termos de São Sebastião e Villa Bella, no litoral, que os "órfãos desvalidos sejam dados a soldada e *que esta presidencia recommende a assembleia provincial e promova pelos meios a seo alcance a creação de um azylo onde sejam recolhidos e convenientemente educados*".[65] Em 1868, um novo expediente da mesma presidência registrava, entre suas várias deliberações, os trâmites entre os Juízos de Órfãos da Capital e de Campinas, tendo o primeiro cedido dois órfãos para serem contratados à soldada na fábrica de chapéus de João Bierrembach.[66]

Certamente, nem todas as menções encontradas nos jornais à prática aparentemente extensiva de soldadas pela província eram elogiosas. O *Diário de S. Paulo*, por exemplo, publicava em 1867 na seção "Publicações Pedidas" uma nota de autoria anônima criticando a conduta do Juízo de Órfãos de Araraquara, acusado de dificultar as soldadas a alguns e favorecê-las a seus

---

– Pontifícia Universidade Católica, São Paulo, 1995; PAPALI, Maria Aparecida C. R. *Escravos, órfãos e libertos: a construção da liberdade em Taubaté (1871-1895)*. São Paulo: Annablume/Fapesp, 2003.

63 Gislane Azevedo aponta a centralidade do Juízo de Órfãos no que qualifica de "distribuição e legitimação da mão de obra infantil" em São Paulo. Conquanto esta interpretação nos pareça algo discutível, conforme argumentos adiante mencionados, indica-se aqui a perspectiva da autora: AZEVEDO, G.C. *De Sebastianas e Geovannis...*, op. cit.

64 Cf. BN-HDB – Correio Paulistano – *Edital*, p. 04, 28.10.1856.

65 Cf. BN-HDB – Correio Paulistano – *Expediente da Presidencia*, p. 02, 02.06.1862.

66 Cf. BN-HDB – Correio Paulistano – *Expediente da Presidencia*, p. 01, 01.01.1867.

apaniguados.[67] A partir da década de 1870, contudo, as divergências a respeito da utilidade e moralidade do uso das soldadas como forma de acolhimento e disciplinamento da pobreza avolumam-se, estendendo-se paulatinamente a comparações com a escravidão, aos debates sobre o encaminhamento do "elemento servil" e, assim, incorporando explicitamente os ingênuos e libertos como sujeitos de interesse à discussão sobre a mão de obra de menores de idade. Naquela década e nas seguintes, as soldadas continuaram frequentando as páginas dos jornais, ora em editoriais que laureavam juízes de órfãos que tomavam atitudes assertivas contra a disseminação do ócio dos menores desvalidos, ora em notas sarcásticas ou claramente delatórias dos desmandos de magistrados e dos abusos de contratantes.[68]

A transcrição dos debates sobre a instrução pública e a obrigatoriedade da educação havidos na sessão de 28 de março de 1871 da Assembleia Provincial, encontrada nas páginas do *Diário de S. Paulo*, é reveladora desta aproximação costurada nos debates públicos entre o expediente das soldadas e as agruras do cativeiro. Defendendo a imprescindível subvenção pública às escolas católicas, o deputado M. de Almeida encontrava nas críticas à prática de soldadas um argumento algo confuso para sublinhar a importância das instituições religiosas. Suas denúncias, ainda que meandrosas, são reveladoras de um ponto de vista que, com o avançar dos anos, mostrava-se cada vez mais consensual.[69] Dizia o deputado:

---

67 Cf. BN-HDB – Diário de S. Paulo – *Publicações Pedidas – Araraquara*, p. 03, 08.06.1867.

68 Irma Rizzini nota que no contexto da Amazônia imperial da década de 1880, largamente diverso da província paulista, a exploração do trabalho de crianças indígenas tapuias, feita inclusive com recurso a tutelas, era largamente denunciada pelos "formadores de opinião" das capitais amazônicas. O sistema de exploração desta mão de obra redundava, como aponta a autora, no esvaziamento de instituições asilares destinadas a educar e "civilizar" crianças. RIZZINI, Irma. *O cidadão polido e o selvagem bruto: a educação dos meninos desvalidos na Amazônia imperial*. 456f. Tese (Doutorado em História Social) – Universidade Federal do Rio de Janeiro, Rio de Janeiro, 2004.

69 Embora a folha não reproduza o nome completo do deputado, parece tratar-se de João Mendes de Almeida, advogado e jurista que atuou como deputado pela província de São Paulo em sucessivas legislaturas entre 1868 e 1878. Um dos líderes do Partido Conservador entre fins das décadas de 1850 e 1870, quando manifestou sua oposição à escravidão, Mendes teve importante papel na redação e aprovação da Lei do Ventre

Os orphãos pobres são lançados ao mais deploravel abandono: e finalmente, dahi o que resulta? São elles entregues a este ou aquelle individuo que os pedem para os servirem como escravos! Ora, senhores, n'um paiz em que se trata de emancipar o homem, este facto merece toda censura e reclama séria providencia. Todos vós sabeis que há uma ordenação que sujeita a soldada todos os orphãos pobres; mas, póde se dizer que na maior parte do Brasil, esta disposição está em desuso; e raro é o orphão que é dado á soldada, por que importa o mesmo que servir como escravo! Se, para ser dado á soldada, fosse consultada a vontade do orphão em relação á pessoa a quem teria de servir, haveria ao menos a voluntariedade. Mas, em nosso paiz não acontece isso, é inteiramente o contrario; um sujeito qualquer, que dá-se com o tutor de um orphão, consegue leval-o para sua companhia, muitaz veses á força, mediante ridícula soldada. Eis aqui, senhores, um homem livre servindo a outro como se fôra escravo! Eu, como advogado, tenho tido occasião de tratar destes assumptos, e posso asseverar que é o que se dá.[70]

Almeida era eloquente nas críticas às prevaricações cometidas por juízes que cediam a seus chegados a soldada de órfãos sem qualquer consideração pelos reais interesses dos menores de idade, sublinhando serem estes por vezes remetidos à força aos serviços mal remunerados de particulares. Comparando abertamente os assoldadados aos homens e mulheres sob cativeiro, e sinalizando a urgência crescente dos debates sobre a abolição, Almeida enfatizava a contradição fundamental entre a tarefa da emancipação e a manutenção do expediente das soldadas. Numa outra passagem de tom igualmente dramático, o deputado esclarecia ainda suas preocupações especiais com a submissão de meninas ao regime das soldadas, deixando subentendida a referências aos perigos adicionais da violação sexual que envolvia estas pequenas trabalhadoras:

Livre. AMBROSINI, Diego Rafael; FERNANDES, Maria Fernanda Lombardi. Elite política, abolicionismo e republicanismo: 1850-1889. In: MOTA, Carlos Guilherme (org.). *Os juristas na formação do Estado-Nação brasileiro (de 1850 a 1930)*. São Paulo: Saraiva, 2010, p. 199-217.

70 Cf. Diário de S. Paulo – *Assembléa Provincial, continuação da sessão de 28 de março* – pp. 1-2, 27.04.1871.

> O que dói mais, senhores, não é que o orphão do sexo masculino seja dado á soldada, porque, emfim, soffrerá até certo tempo, porém depois poderá rehabilitar-se para vida livre; mas, muitaz vezes, é dada uma menor orphã a um homem que não offerece a menor garantia para apoiar e manter a sua moralidade!

O deputado poderia estar certo sobre a exploração digna de cativeiro imposta aos meninos e meninas assoldadados; entretanto, sua afirmação sobre o desuso desta prática "na maior parte do Brasil" não bem fundamentada. Reproduzindo nota publicada no *Limeirense*, o *Correio Paulistano* ecoava em 1875 elogios feitos ao juiz de órfãos da comarca de Casa Branca *"relativamente ao interesse que lhe tem merecido a orfandade desvalida, dando-se a á soldada, preparando dest'arte o porvir destes, a quem a fatalidade privou de seu natural apoio"*. A nota seguia registrando a justeza com que a imprensa registrava *"actos tão meritorios e humanitarios"*, elencando ainda louvores ao juiz de órfãos de Cunha, município que compartilhava a sorte de Casa Branca tendo um magistrado *"(...) infatigavel em promover o futuro dos orphãos miseraveis, dando-se á soldada e nomeando-se tutores"*. Por fim, ainda saudando este juiz, a nota lembrava ter sua brilhante carreira sido iniciada em Uruguyana, província de São Pedro do Rio Grande do Sul, onde, assim como em terras paulistaa, fora o primeiro a pôr em prática *"tão assignalado favor sempre recommendado aos juizes pelas leis orphanologicas"*.[71]

De fato, estudos variados têm registrado a ampla utilização dos expedientes de soldadas e tutelas em diversas partes do território imperial. Notadamente dedicadas ao período posterior à aprovação da Lei do Ventre Livre, as pesquisas, embora ainda longe de esgotar o tema, têm indicado que tutelas e soldadas eram empregadas em contextos urbanos e rurais tão diversos como Campina Grande, Salvador e adjacências, Desterro, Mariana e Juiz de Fora, Rio de Janeiro, municípios do interior da província paulista como Franca, Taubaté, Itu, Socorro e Campinas, além da própria Capital.[72] Se a vul-

---

71 Cf. BN-HDB – Correio Paulistano – *Noticiário Geral – Limeira*, página 2, 06.05.1875.

72 Esta literatura será mais profundamente discutida no próximo capítulo. AZEVEDO, G. C. *De Sebastianas e Geovannis...*, op. cit.; ALANIZ, Anna Gicelle García. *Ingênuos e libertos: estratégias de sobrevivência familiar em épocas de transição (1871-1895)*. Campinas:

garização do uso desse expediente de arregimentação de serviços caminhava a passos largos por todo o Império, especialmente a partir da década de 1870, críticas como as do deputado M. de Almeida, igualmente se multiplicavam. No mesmo ano de 1871, um autonomeado "Confucio" reprochava, em um artigo republicado pelo *Diário de S. Paulo,* o juiz municipal de Brotas, a quem acusava de exercer impropriamente seus deveres, favorecendo asseclas e perseguindo os Conservadores da cidade. Ao denunciá-lo, "Confucio" destacava a cruel conduta dirigida aos órfãos do município e os abusos pessoais que fazia desse expediente:

> (...) tira de casas honestas, onde se criarão, orphãos, dando-os aos que nao estão em iguaes circumstancias e nem podem dar uma educação exemplar, visto que sendo os tutores immoraes e destituidos

CMU/Unicamp, 1997; DAVID, Alessandra. *Tutores e tutelados: a infância desvalida em Franca (1850-1888).* 147f. Dissertação (Mestrado em História) – Faculdade de História, Direito e Serviço Social, Universidade Estadual Paulista, Franca, 1997; PAPALI, Maria Aparecida. *Escravos, libertos e órfãos...,* op. cit.; PINHEIRO, Luciana de Araújo. *A civilização do Brasil através da infância: propostas e ações voltadas às crianças pobres no final do Império (1879-1889).* 144f. Dissertação (Mestrado em História Moderna e Contemporânea) – Universidade Federal Fluminense, Niterói, 2003; GEREMIAS, Patrícia Ramos. *Ser "ingênuo" em Desterro/SC: a lei de 1871, o vínculo tutelar e a luta pela manutenção dos laços familiares das populações de origem africana (1871-1889).* 117f. Dissertação (Mestrado em História). Universidade Federal Fluminense, Niterói; ZERO, Arethuza Helena. *O preço da liberdade: caminhos da infância tutelada – Rio Claro (1871-1888).* Mestrado em História. 141f. Universidade Estadual de Campinas, Campinas, 2004; GUIMARÃES, Elione Silva. *Múltiplos viveres de afrodescendentes na escravidão e no pós-emancipação: Juiz de Fora – Minas Gerais, 1828-1928.* São Paulo: Anablumme; Juiz de Fora: Funalfa Edições, 2006; TEIXEIRA, Heloísa Maria. *A não infância: crianças como mão de obra em Mariana (1850-1900).* 302f. Tese (Doutorado em história Econômica) – Faculdade de Filosofia, Letras e Ciências Humanas, Universidade de São Paulo, São Paulo, 2007; SIQUEIRA, Lucília. As crianças pobres nas franjas da economia cafeeira: os contratos de órfãos em Socorro/SP na década de 1880. *Revista Brasileira de História e Ciências Sociais,* v. 2, n. 4, 2010, p. 22-34; SOUSA, Ione Celeste de J. "Porque um menor não deve ficar exposto à ociosidade, origem de todos os vícios": Tutelas e Soldadas e o trabalho de Ingênuos na Bahia, 1870 a 1900. In: MACHADO, Maria Helena P. T.; CASTILHO, Celso Thomas (org.). *Tornando-se livre: agentes históricos e lutas sociais no processo de abolição.* São Paulo: Edusp, 2015, p. 189-211.

Mães infames, filhos venturosos

de garantias, se servem desses orphãos igualando-os aos captivos que, expira á voz do mando, quando prestes está a cahir a hora do trabalho. O mesmo juiz tem um orphão que arrancou do braço de uma sra. que o tinha creado desde tenra idade, tendo-lhe aquelle amor materno que é proprio das mães carinhosas; era esse seu único filho, e sua única esperança e arrimo; e sendo seu marido homem honrado e em posição de mais tarde fazer feliz esse orphão, mas sem attender a todas essas considerações tão justas quão dignas de uma mãi, arranca sem mais preambolos do braço della o innocente, deixando aquella inconsolável vertendo lagrimas do desespero e da saudade, para tel-o como seu criado e pagem de carregar (...).[73]

De modo semelhante ao que fizera o deputado Almeida, o denunciante dos desmandos do juiz municipal de Brotas ressaltava a flagrante contradição da manutenção de expediente tão cruel como a soldada quando "prestes estava a cair a hora" do trabalho escravo. Sublinhava, também, a seleção pouco criteriosa e responsável dos tutores a quem eram entregues os órfãos que quase nenhuma educação recebiam à custa de muita exploração. O apelo emocional de suas denúncias, entretanto, amparava-se na ideia fulcral da violação da família do órfão, que poderia encontrar no filho seu arrimo, e especialmente da interrupção do vínculo fundamental entre a mãe amorosa e o filho "arrancado a seus braços". Era justamente a partir dessa década que o tema da maternidade ganhava espaço nos debates públicos sobre a emancipação – o regime de trabalho assoldadado, pouco se diferenciando do trabalho escravo, como apontavam seus críticos, era também alvo das denúncias que encontravam nas representações da violação dos laços entre mães e filhos uma plataforma de disputa.[74]

---

73 Cf. BN-HDB – Diário de S. Paulo – *Scenas Negras – Brotas, Factos Diverso* – p. 02, 03.09.1871.

74 Sobre este assunto, ver os recentes estudos produzidos por Camillia Cowling: COWLING, Camillia. Debating Womanhood, Defining Freedom: The Abolition of Slavery in 1880s Rio de Janeiro. *Gender & History*, v. 22, n. 2, 2010, p. 284, 301; "As a slave woman and as a mother": woman and the abolition of slavery in Havana and Rio de Janeiro. *Social History,* v. 36, n.3, 2011, p. 294-311; *Conceiving Freedom: Women of Color, Gender and the Abolition of Slavery in Havana and Rio de Janeiro.* Chapel Hill:

210   Marília B. A. Ariza

As críticas veiculadas nos jornais da província ultrapassavam mesmo os limites de seu território. Em 1878, o *Correio Paulistano*, novamente, reproduziu artigo originalmente publicado na *Gazeta de Notícias* recriminando o que chamava de "*caçada dos menores vagabundos*" na Corte. A folha carioca começava suas críticas indicando que os responsáveis pela apreensão dos menores nas ruas da cidade não usavam do necessário escrúpulo na realização de sua tarefa, e seguia afirmando que a "demasiada presteza" com que os apreendidos eram despachados a destinos "que os repugnavam" impedia-os de oferecer provas "que os isentassem da pecha de vagabundos". Deste modo, asseverava o artigo: "(...) *se tem abusado disso, que se pretendeu apresentar como uma medida humanitaria e civilizadora*".[75]

Para ilustrar seus argumentos, o artigo da *Gazeta* mencionava a história de um menor apreendido à noite na praça da Constituição e imediatamente remetido ao trabalho numa fazenda do interior da província fluminense. Ao ser capturado, o menino teria, em sua defesa, informado ter pai e mãe vivos, além de estar empregado numa fábrica de cigarros ganhando 20 mil réis mensais. A despeito destas afirmações, confirmadas pelo pai do menino, o juiz decidira por manter seu encaminhamento à fazenda. Neste momento, antes de informar que o menor somente fora reencontrado pela família seis meses depois, num leito do hospital de Misericórdia da capital do Império, a *Gazeta* levanta suas acusações sobre os mecanismos suspeitos e viciosos de encaminhamento ao trabalho dos meninos e meninas tidos como vagabundos:

> Seja-nos permittido fazer um ligeiro reparo. Um menor e remettido para a fazenda; admittamos que o dono da fazenda o trate muito bem; mas um companheiro do menor ou um escravo mata-o; o dono da fazenda, para evitar massadas, manda dizer ao juiz de orphãos que o menor fugio, da-se-lhe baixa e esta tudo prompto.

Interessante é a insinuação do artigo – não se tratava, exatamente, do problema de remeter menores ociosos ao trabalho agrícola, onde poderiam

---

The University of North Carolina Press, 2013.

75   Cf. BN-HDB – Correio Paulistano – *Noticiário Geral - Menores Vagabundos* – p. 02, 03.09.1878.

eventualmente encontrar bom tratamento por parte dos fazendeiros. Nas entrelinhas da observação feita pelo autor não identificado, encontra-se, entretanto, a desconfiança sobre o processo de regeneração da juventude exposta à propensão dos vícios de um ambiente contaminado por influências da escravidão. O problema apontado não era, assim, o trabalho no campo, mas os perigos da escravidão que ali vicejavam, contaminando trabalhadores e proprietários. Deste modo, o artigo sinaliza uma tendência dos debates públicos havidos nos jornais, nas Câmaras e nos Congressos Agrícolas de 1878, que se agudizaria no correr da década de 1880: a da enunciação clara das preocupações da lavoura com as transformações do trabalho acarretadas pela abolição, colocando na ordem do dia a agenda da formação dos sujeitos livres e libertos numa nova ética do trabalho.[76]

Nas décadas finais do século XIX, a iminência da abolição parecia direcionar grande parte das preocupações de lavradores e autoridades públicas para o encaminhamento dos menores desvalidos ao trabalho rural – e assim emergia um alentado debate sobre as colônias orfanológicas como uma das saídas para a crise de mão de obra instalada. Este modelo de institucionalização de menores de idade fundado no trabalho agrícola espalhou-se por diversas províncias nas duas últimas décadas do Império, resistindo à inauguração da República e acolhendo, além dos órfãos miseráveis e menores abandonados, também ingênuos e libertos.[77] Diversos juízes de órfãos da província passavam então a questionar a legitimidade de distribuição da mão de obra menores de idade à particulares, que dela usufruiriam individualmente, diante de um cenário em que a crise da lavoura demandava o influxo massivo de braços. Neste sentido, apropriavam-se das críticas que

---

76 Sobre as preocupações da lavoura com o "encaminhamento do elemento servil", são referências fundamentais: EISENBERG, Peter. "A mentalidade dos fazendeiros no Congresso Agrícola de 1878". In: *Homens esquecidos...*, op. cit.; LAMOUNIER, Maria Lucia. *Da escravidão ao trabalho livre: a lei de locação de serviços de 1879*. Campinas: Papirus, 1988.

77 A este respeito ver as considerações do livro já citado de Marcílio: MARCÍLIO, M. L. *História social da criança...*, op. cit., p. 211-214. Ver também, sobre as colônias destinadas a receber ingênuos: FONSECA, Marcus Vinícius. E *educação dos negros: uma nova face do processo de abolição da escravidão no Brasil*. Bragança Paulista: EDUSF, 2002, especialmente capítulo 2.

comumente lhe eram dirigidas a respeito do pouco discernimento aplicado à seleção de tutores e à distribuição irresponsável de soldadas para indicar que as colônias orfanológicas ofereciam a vantagem de garantir ao Juízo maior controle sobre as condições em que viveriam os menores. Os danos de avaliações pouco criteriosas de juízes pressionados pelas amplas demandas de encaminhamento de meninos e meninas ociosas, argumentavam, poderiam ser minorados ao serem submetidos a uma mesma e idônea instituição. É o que pensava o desembargador da comarca da Guaratinguetá que, em comunicado originalmente publicado no *Parahyba*, em 1880, relatava sua experiência com a vasta distribuição de tutelas. Com satisfação, Vossa Excelência informava ter, até aquele momento, concedido 200 tutelas a mestres de ofício ou a *"tutores que os empregariam em diversos misteres úteis"*, alguns deles já percebendo soldada. No entanto, observava ele:

> Em uma correição em que se tem de attender a necessidade de dar tutor a tão grande numero de orphãos em praso tão curto, e principalmente, attendendo-se a que é preciso habituar a população a uma medida que tão de perto lhe interessa, é de crer que muitos tutores não sejam os mais idoneos, e que portanto não se poderá obter de prompto o resultado que se deseja de ver entregue ao trabalho toda legião de meninos de mais de 10 annos, que por ahi vagueia.[78]

Buscando, talvez, a paternidade de uma ideia que já não era novidade para autoridades públicas e lavradores – a Colônia Agrícola Izabel, afinal, fora fundada em 1873 no Recife – o orgulhoso desembargador acrescentava:[79]

> Foi, attendendo á este inconveniente, que tive a idéa de crear o instituto agricola orphanologico, idea que ainda não abandonei e cujo exito depende da aceitação merecedora dos homens bons

---

78 Cf. BN-HDB – Correio Paulistano – *Guaratinguetá, Orphãos da Comarca* – p. 02, 08.09.1880.

79 Sobre a Colônia Isabel, ver: ARANTES, Adlene Silva. *O papel da Colônia Orfanológica Isabel na educação e na definição dos destinos dos meninos, negros, brancos e índios na província de Pernambuco (1874-1889)*. 233f. Dissertação (Mestrado em Educação) – Universidade Federal de Pernambuco, Recife, 2005.

Mães infames, filhos venturosos

e importantes da terra. Se fôr possivel leval-a á effeito há ali um abrigo seguro para 50 oprhãos e o instituto será um grande auxiliar da idea de dar serviço á estes futuros trabalhadores. E esse o meio mais seguro de resolver a grave questão do trabalho no paiz. Educando os jovens no trabalho com certeza [teremos] bons trabalhadores para o futuro. O que cumpre é derrotar a ociosidade e é isso que pretendo.

Em 1882, num longo artigo cujos autores eram identificados como "Os Orphãos", representantes da classe dos juízes de órfãos mostravam-se sinceramente ofendidos por uma peça publicada na *Gazeta do Povo,* na qual se criticava um projeto apresentado à assembleia provincial para a distribuição de um conto de réis em auxílio a dez colônias orfanológicas. Ainda que assentindo na conveniência de tais instituições, o autor do artigo veiculado na *Gazeta* duvidava da capacidade de que a assembleia legislasse com justiça a respeito de instituições sobre as quais não havia ainda regulamentação geral, e concluía com uma acusação direta aos juízes:

> (...) como podem os juizes de orphãos arrancar estes infelizes do poder das mãis, para, infringindo as leis, applical-os exclusivamente a fazer a fortuna do fundador da colônia? (...) os juizes de orphãos, nesse intuito tem restabelecido as antigas bandeiras, determinando o recrutamento e a caçada de orphãos, para fazerem jus a um juizado de direito e a fortuna dos proprietarios de colônias.[80]

"Os Orphãos", francamente revoltados com a calúnia e difamação sofridas, argumentavam, de sua parte, que a existência das Ordenações do Reino eliminava a necessidade de uma regulação geral sobre o trabalho dos menores de idade nas colônias agrícolas, e acrescentavam: "*Se o orphão, sendo pobre, pode ser dado ao salario, que inconveniente há em ser elle proporcionado pelo fundador ou proprietario de uma colonia?*". Contraditoriamente, uma instância anônima representando os interesses de juízes de órfãos reconhecia os pequenos desvalidos como trabalhadores úteis e ativos, e, ao mesmo tempo, reforçava o vácuo legal sob o qual se assentavam suas relações de trabalho. O serviço nas colônias,

---

80 Cf. BN-HDB – Correio Paulistano – *As colonias orphanologicas* – p. 03, 24.02.1882.

entende-se, não era para os magistrados diferente do trabalho comumente executado pelos menores de idade livres e pobres – era trabalho e era também tutela, e por isso poderia prescindir de regras claras em favor do discernimento e arbítrio de tutores e donos de colônias agrícolas.

A tarefa desses fazendeiros, que *"longe de se tornarem simples especuladores"* davam provas de *"verdadeiro e sublime rasgo de patriotismo e philantropia"* correspondia a serem, para os filhos de pais e mães falecidos, de mães viúvas, pobres, desencaminhadas pelo vício e pela prostituição,

> (...) um verdadeiro pae, que os recolhe a um estabelecimento dessa ordem, onde sob os auspicios de um regime especial e benefico, á sombra das leis existentes e fielmente observadas, recebem protecção e amparo, que lhes desenvolvem as forças physicas e moraes por meio do trabalho methodico e lucrativo, pela cultura das artes e das letras e pela satisfação que podem ter, proporcionando desde logo no futuro o socorro, que por ventura exigirem suas mães ou avós necessitadas.

As mães, decerto, surgiam nesse e em outros documentos como elementos fulcrais do discurso sobre o trabalho de menores de idade. Raras vezes denunciava-se o rompimento dos vínculos materno-filiais como consequência do uso do trabalho dos órfãos. Via de regra, as mães eram referidas como a própria razão para encaminhá-los ao trabalho, onde se veriam distanciados de influências nocivas de mulheres transviadas. O fazendeiro proprietário da colônia, por sua vez, era retratado com tintas diversas: ele seria a inspiração e orientação paterna que faltava aos órfãos para que se transformassem, no futuro, em trabalhadores morigerados que pudessem, inclusive, acudir suas mães desvirtuadas.

Recorrendo ao mesmo argumento de que seria mais seguro e proveitoso submeter diversos jovens ao trabalho supervisionado por um único fazendeiro – *um verdadeiro pae* –, em lugar de diversos tutores mais ou menos idôneos, "Os Orphãos" argumentavam:

> Se, pois, é licito dar orphãos a soldada, porque motivo hão de ser preferidos os simples particulares, quando estes, espalhados em

Mães infames, filhos venturosos

distancias mais ou menos longas pela superficie de um ou mais termos, apenas se limitam a fazer dos orphãos seus camaradas, criados, tropeiros e tudo mais quanto serve a rebaixal-os a condição igual senão inferior a dos escravos; sem beneficio, instrucção alguma physica, intellectual e moral; porque a acção protectora do juiz nem sempre chega para fiscalizar a todos, assim disseminados? Que inconveniente e illegalidade existe em reunil-os n'uma colonia onde, ao contrario, dispondo o fundador quase sempre de recursos e a acção do juiz sendo prompta, mais facilmente se preenchera o fim das ordenações, dando- se aos orphãos uma educação conveniente e garantindo-se-lhe um futuro auspicioso e seguro, sob uma direcção intelligente, methodica e racional?

Por fim, os articulistas concluíam sua arguição indicando a tarefa fundamental a ser cumprida pelas colônias orfanológicas e seus proprietários na eliminação das ameaças à pátria, representadas pela desocupação e mandriice dos pequenos desvalidos – a melhor defesa, diz a sabedoria popular, é o ataque:

> melhor é ver-se os orphãos assim encaminhados e protegidos á deixa- los em completa ignorancia e ociosidade, mimoseando mais tarde a patria com um enxame de mendigos e vadios, com uma enxente de criminosos e facinoras, para vergonha nossa e *belleza* da estatistica criminal deste pobre e infeliz paiz, *não obstante ser elle essencialmente agricola!*... como bem termina o *generoso* articulista.

Ainda que os debates e elogios acerca das colônias orfanológicas tivessem se ampliado suficientemente para suplantar, nas palavras de diversos articulistas, as virtudes da tutela e da soldada individuais, a tarefa de educar o pobre e prepará-lo a ocupar o papel de trabalhador disciplinado, obreiro do futuro nacional contra o fracasso do crime e da vadiagem, continuava cabendo a particulares. As colônias orfanológicas, embora concebidas como projeto nacional de encaminhamento da "questão servil", estiveram em grande medida na dependência de subsídios e iniciativas privadas, preservando--se assim o convênio fundamental entre Estado e particulares com relação à assistência à pobreza – que, nesse momento, confundia-se irremediável e profundamente à arregimentação da mão de obra de crianças e jovens. Os órfãos livres desamparados, porém, não eram mais os únicos, ou ao menos os preferenciais alvos dos debates e políticas público-privadas de constrangimento ao trabalho. Também os ingênuos eram promovidos a papeis de protagonistas nestes planos.

A Constituinte, folha paulista, publicava em abril de 1880 um robusto arrazoado da Assembleia Provincial sobre o exercício de 1879. Destacavam-se no conjunto de considerações os vivos louvores prestados ao deputado republicano Paula Souza e seu projeto de núcleos agrícolas, instituição *"onde o ingenuo, o orphão, o desvalido, devem receber instrucação elementar, a lição pratica do trabalho"* e que, embora em fase embrionária, constituía exemplo para a província paulista e além, tendo inclusive recolhido elogios do governo imperial.[81] Seguindo-se a essas considerações, e à indicação de que o governo imperial instava às presidências de província fomentar as "escolas práticas de agricultura", a representação da assembleia trazia considerações sobre os caminhos adotados até ali para combater *"os effeitos da lei de 28 de Setembro"*. A lei, concebida sob influências opostas, quais fossem a causa abolicionista e o *"interesse daquelles que, dominados em demasia pelo principio uttilitario, tentava abafar os sentimentos generosos da nação"*, legara ao Império, segundo a representação, a tarefa de contornar a consequente crise da mão de obra. A opção pela imigração, mais profundamente experimentada na grande lavoura do Sudeste, teria sido equivocada, segundo o arrazoado da assembleia. Os europeus trazidos ao Brasil não seriam exemplares do *"homem laborioso e apto para os trabalhos do campo, mas a lia social das cidades européas"*. Os asiáticos eram descritos com grande sorte de maus predicados retirados do relatório do cônsul dos Estados Unidos: *"Os chins são suspeitosos, desleaes, mentirosos, não criam amor á terra para onde emigram, são concupscientes"*.[82]

A única solução possível para a crise da lavoura e "garantia do futuro nacional", segundo a Assembleia Provincial, seria *"seguir a larga estrada do*

---

81 Cf. BN-HDB – A constituinte – *Collaboração – Representação Provincial* – pp. 01-02, 27.04.1880.

82 Os motivos da não adoção do trabalho contratado de asiáticos no Brasil não parecem ainda de todo esclarecidos. Peter Eisenberg aborda os debates em torno da vinda de trabalhadores asiáticos no Congresso Agrícola de 1878, ressaltando que as oposições ao projeto se davam geralmente em termos civilizacionais, apontando a contribuição deletéria destes trabalhadores para a formação do caráter racial nacional. Maria Lúcia

progresso", dando atenção à descurada necessidade de aproveitar *"as forças vivas do país"*. Àquela altura dos acontecimentos, crianças e jovens, que assumiam no discurso familiar burguês o papel de célula institucional, já estavam lançados ao centro do debate sobre a superação da emancipação e da crise da mão de obra. Desvalidos, órfãos e ingênuos eram retratados como o gérmen do progresso – contanto que devidamente afastados das influências deletérias da escravidão e de suas mães viciadas. Assim, a representação provincial chegava ao fim recomendando:

> Os nucleos agrícolas devem ser abertos o quanto antes para receber os orphãos de que trata a ord., livro 1º, tit. 88 § 15 e 16, constrangidos já pelos meios de persuasão, já por outros que o pae dos mesmos orphãos empregaria se vivo fosse; para receber os menores desvalidos que os juizes podem dar á soldada; os ingenuos que o governo receber á troco do titulo de renda de que trata a lei de 28 de Setembro, os ingenuos por cujos serviços optar o fazendeiro, mas que os retirar do centro dos escravos para melhor se educarem. Tenha o governo o patriotismo de compreender o espirito da lei, para executal-a com exito. A creação dos nucleos não podia deixar de ser official, mas na administração o governo tem o dever de contar com o axilio e interferencia dos particulares.

Órfãos desvalidos, pequenos miseráveis e ingênuos, desse modo, encontravam-se então explicitamente reunidos pelo discurso político numa única categoria de personagens aparentados, peças fundamentais de um mesmo mundo em transformação a que, em realidade, sempre haviam pertencido: o mundo do trabalho. Os ingênuos se tornariam um problema mais premente para o Estado, e especialmente para as províncias do Sudeste, a

---

Lamounier e Luiz Felipe de Alencastro tratam brevemente da vinda de chineses no âmbito dos projetos de imigração negociados pelo governo imperial. EISENBERG, Peter. A mentalidade dos fazendeiros no Congresso Agrícola de 1878. In: *Homens esquecidos...*, op. cit.; ALENCASTRO, Luis Felipe de. Proletários e escravos: imigrantes portugueses e cativos africanos no Rio de Janeiro, 1850-1872. *Novos Estudos CEBRAP*, n. 21, 1998, p. 30-56; LAMOUNIER, Maria Lucia. Agricultura e mercado de trabalho: trabalhadores brasileiros livres nas fazendas de café na construção de ferrovias em São Paulo, 1850-1890. *Estudos Econômicos*, São Paulo, v. 37, n. 2, 2007, p. 353-372.

partir de 1879, quando o prazo de oito anos em que permaneceriam sob a responsabilidade dos senhores de suas mães se encerrava e os menores de idade poderiam ser e entregues ao governo em troca da indenização prevista na lei.[83] Desse modo, as colônias agrícolas que se multiplicavam ao longo das décadas finais do século XIX incorporavam também os *"rio brancos"* aos quadros dos educandos trabalhadores. Algumas delas, como a pioneira Colônia Izabel instalada no Recife pouco após a promulgação da lei 2040, destinavam-se abertamente a este fim. Outras, como informa Marcos Fonseca, foram criadas durante a década de 1880 se não com o propósito exclusivo de receber ingênuos, com protocolos amplamente inclusivos a esta categoria de pequenos trabalhadores.[84]

Fossem as colônias criadas e mantidas com fundos públicos, fossem elas empreendimentos de fazendeiros que convertiam suas propriedades em instituições asilares, usufruindo assim do lucro fácil do trabalho tutelado e mal remunerado dos menores institucionalizados, certamente não se furtariam a receber o influxo dos ingênuos ao rol de seus internos. De fato, não apenas os ingênuos, mas também os pequenos libertos poderiam ser admitidos nesses

---

83 De acordo com o art. 1º § 1º da lei 2040, a indenização corresponderia a 600 mil réis. Alguns autores já destacaram o fato de que, para as províncias dos atuais norte e nordeste, os ingênuos consistiam num problema menos pronunciado, haja vista o fato de o tráfico interprovincial ter já encaminhado grande parte da propriedade escrava ao Sudeste. Neste sentido, a preocupação nestas áreas concentrava-se em elaborar medidas que obrigassem a população não escravizada ao trabalho. Leituras clássicas a este respeito são: CONRAD, Robert. *Os últimos anos da escravatura no Brasil*. Rio de Janeiro: Civilização Brasileira, 1978, especialmente p. 149-165; EISENBERG, P. A mentalidade dos fazendeiros..., op. cit. Ver também: DANTAS, M. D.; COSTA, V. C. O pomposo nome da liberdade do cidadão: tentativas de arregimentação e coerção da mão-de-obra livre no Império do Brasil. *Estudos Avançados*, 2016, n. 87, v. 30, p. 29-48. O texto clássico de Ademir Gebara sobre "a transição do escravismo ao trabalho livre" aborda a centralidade da preocupação com os ingênuos nas áreas cafeeiras: GEBARA, Ademir. *O mercado de trabalho livre no Brasil*. São Paulo: Brasiliense, 1986.

84 Eram os casos da Colônia Oprhanolgica Cristina, fundada no Ceará justamente em 1880; da Colônia Blasiana, criada em 1881 em Goiás; da Colônia Ophanologica de Nossa Senhora de Itabira, de Minas Gerais, em 1884; e da Colônia Orfanológica Isabel, de Salvador, em 1886. FONSECA, M. *A educação dos negros...*, op. cit., p. 99-103.

Mães infames, filhos venturosos 219

empreendimentos, como foi o caso de José, Theotonio e Maximiano, filhos da finada Emilia e ex-escravos de Belchior da Rocha Penteado, proprietário de São Paulo, que entre os finais de janeiro e inícios de fevereiro de 1878 foram contratados à soldada para trabalhar na "Colônia Orphanologica São Paulo das Cachoeiras". De propriedade dos Srs. Gomes e Mouth e instalada numa fazenda a cerca de três léguas da cidade de Amparo, a colônia era apresentada nas páginas do *Correio Paulistano* como um ensaio de *"systema de trabalho não só util aos seos estabelecimentos como á sociedade"*.[85] Os meninos contavam, então, as idades de 14, 11 e nove anos, respectivamente, de modo que nenhum nascera de ventre livre. Depois de orfanados e libertos, permaneceram sob a tutela de seu antigo senhor, até que este veio a falecer e a sorte dos pequenos foi lançada às mãos do Juízo de Órfãos da Capital.

Gomes e Mouth, proprietários da colônia, procuraram o Juízo por saber da existência dos três meninos desvalidos no termo da Capital, propondo contratá-los nas condições do convênio inscrito na Província no ano anterior.[86] Deste modo, José, o mais velho dos irmãos, poderia imediatamente passar a vencer soldadas a serem depositadas em uma caderneta em seu nome na Caixa Econômica provincial. Theotonio e Maximiano, mais novos, no entanto, somente poderiam receber pagamentos quando atingissem 13 anos de idade; até lá, receberiam educação moral e religiosa, tratamento e vestuário. Consultado acerca das vantagens oferecidas aos menores, o curador dos "escravos", como os irmãos foram referidos nos autos de contrato, assentiu concordando que, sob a direção de Gomes e Mouth na colônia, adquiririam "hábitos de trabalho e educação".[87]

Quando o relatório do comissário provincial para inspeção da colônia foi publicado no *Correio* em 1881, nenhuma menção foi feita ao fato de o empreendimento aceitar, entre seus trabalhadores, meninos libertos. O relatório informava ser a cultura do café a principal da colônia, contando àque-

---

85 Cf. BN-HDB – Correio Paulistano – *Colonia orphanologica* – p. 01-02, 08.02.1881.

86 O convênio infelizmente não foi localizado entre a documentação disponível no APESP, de modo que as minúcias das condições de contratação dos libertos não podem ser esclarecidas.

87 Cf. APESP – Juízo de Órfãos – Autos de contrato – Lata C05358, documento 6, 1878.

le momento com 56 mil pés, entre maduros e recentemente plantados, que produziriam cerca de 400 ou 500 arrobas por ano. O cafezal, conforme esclarecia o relato, fora plantado à empreitada por paulistas e cearenses remunerados em 400 réis por pé, além do *"direito de plantarem no intervalo dos pés todos os cereais necessarios a seo sustento"*.

Os primeiros dois órfãos contratados pela colônia, fundada em novembro de 1877, haviam lá chegado em janeiro de 1878, de sorte que José, Theotonio e Maximiano estavam certamente entre os menores pioneiramente arregimentados pelo empreendimento. Nenhuma observação específica, entretanto, é feita a respeito da origem social destes jovens e pequenos trabalhadores; se eram libertos, como os três irmãos orfanados de que trata o contrato em questão, ingênuos, nacionais livres ou imigrantes, não se sabe ao certo. Possivelmente todas essas categorias de subalternidade viam-se representadas e reunidas, se não numa única colônia como a "São Paulo das Cachoeiras", nas diversas espalhadas pelo território imperial. Naquele ano de 1881 em que escrevia, o relator informava dispor a colônia de 36 órfãos de idades entre nove e 19 anos. Fazia parte dos planos do diretor, esclarecia o observador, que os maiores e mais robustos fossem treinados no serviço por empreitada por três anos, entregando-lhes um certo número de pés de café para serem cuidados a ver se poderiam, no futuro, substituir aquelas entre as 12 famílias de empreiteiros ainda residentes na colônia que viessem a se retirar. O relatório era concluído, enfim, numa nota positiva observando que

> a colonia agricola orphaonologica dos srs. Gomes & Mouth não passa por enquanto de um ensaio, mas (...) já mostra o quanto se deve esperar deste systema de trabalho agricola, que póde tornar-se um importante auxiliar para a grande lavoura (...) a iniciativa dos proprietarios da colonia de S Paulo das Cachoeiras é digna dos maiores elogios, pois mostra que, nesta provincia, com as terras de cultura que possuimos, com o nosso clima excellente e com o tirocinio que já temos embora pequeno, do trabalho livre, não devemos descrer no futuro, quaisquer que sejam os abalos sociaes porque tenhamos de passar. O que cumpre aos nossos fazendeiros é deixarem a rotina, despirem-se dos preconceitos e entrarem desassombrados no caminho das reformas do processo agricola que

> as circumstancias exigem como único meio de evitar os perigos da
> transformação social por que vamos passar.

O tom animador das conclusões do observador enviado pelo governo provincial certamente não deve ter escapado aos leitores do *Correio*, entre os quais haveria tantos outros fazendeiros amedrontados pelas transformações vindouras com o fim cada vez mais eminente da escravidão. Superar a crise instalada nos corações e mentes de proprietários e autoridades públicas tratava-se, então, de abandonar preconceitos e investir num "novo modelo" de sistema agrícola – que, a bem da verdade, pouco tinha de efetivamente inovador. A mão de obra ali empregada consistia numa mistura de modelos de arregimentação de trabalhadores que formavam um mosaico de protocolos de trabalho formalmente livre ensaiados e praticados até então no Império. Por um lado, havia o sistema de empreitada envolvendo, além de trabalhadores locais, os migrantes da grande seca que assolava o Ceará naqueles tempos.[88] Por outro, havia o trabalho tutelado de menores de idade que, na prática, espelhava os íntimos compromissos da cafeicultura paulista com a escravidão. Genericamente chamados de órfãos pelo relator, estes trabalhadores poderiam ser, como José, Theotonio e Maximiano, libertos, ou ainda ingênuos e pobres livres de todos os matizes e cores. O convênio entre Estado e particulares no tratamento da infância pobre e aproveitamento de sua força de trabalho, arraigado desde suas formas primitivas de adoção informal de filhos de criação e crianças expostas, continuava ativo e vigoroso na proposta das colônias orfanológicas. A grande novidade apresentada no relatório talvez fosse, justamente, a ideia de substituir os braços dos empreiteiros adultos

---

88   A "Grande Seca" seca que atingiu o Ceará entre 1877 e 1879 trouxe uma série de consequências para a província, desde a morte de grande parte da população até sua massiva migração para o Amazonas. José Weyne Sousa avalia os impactos trazidos por este fenômeno ao crescimento da população de crianças pobres nas ruas de Fortaleza, e as consequentes medidas tomadas pelo Estado para conter os delitos da chamada "Companhia da Russega". Sobre a grande seca e seus muitos impactos sociais, ver: NEVES, Frederico de Castro. "A capital de um pavoroso reino": Fortaleza e a seca de 1877. *Tempo*, Niterói, n. 9, 2000, p. 93-111; SOUSA, José Weyne de. *Artífices, criadas e chicos: as experiências urbanas das crianças órfãs e pobres em Fortaleza (1877-1915)*. 219f. Dissertação (Mestrado em História Social) – Pontifícia Universidade Católica, São Paulo, 2004.

pelos daqueles novos trabalhadores, formados na disciplina moral e religiosa e no conhecimento das lides da cultura de café desde a juventude, moldados às necessidades de um mundo tensionado pela emancipação. Nesse cenário, a arregimentação sistemática de crianças e jovens trabalhadores pobres poderia, de fato, ser a salvação da lavoura.

Tutelas e soldadas no limiar da abolição

Apresentadas na década de 1880 por autoridades públicas e proprietários como um modelo de produção agrícola e manejo de mão de obra regenerador da lavoura, afastando- a da decadência da escravidão, formando a mão de obra de menores de idade para uma nova ética do trabalho, as colônias agrícolas tinham a intenção de atrair para seu empreendimento boa parte dos jovens e pequenos trabalhadores empobrecidos na província de São Paulo e, decerto, também alhures. O emprego destes trabalhadores nos pequenos serviços urbanos e especialmente nos serviços domésticos, porém, ainda que essencialmente informal, era prática consolidada – sua presença é registrada, por exemplo, pelos olhares de viajantes, ou pelas fontes que revelam a administração cotidiana da cidade e seus ritmos.[89] Teria, nesse sentido, o afã regenerador da economia agrária das últimas décadas da escravidão, e notadamente de seus últimos anos, esvaziado as políticas e práticas de domínio individualizado de trabalhadores menores de idade, transferindo-os a uma tutela centralizada nas colônias e instituições asilares afins? Teriam os temores do campo absorvido os jovens trabalhadores tutelados dos afazeres urbanos, onde tinham sempre sido personagens corriqueiros e essenciais?

É fato que as últimas décadas do XIX e as décadas iniciais do XX assistiram à proliferação das colônias orfanológicas e instituições asilares. Do mesmo modo, o envio dos menores tidos como "indisciplinados ou vadios"

---

89 Mesmo não recebendo atenção específica dos viajantes em passagem pelo Brasil, a participação de crianças livres empobrecidas e escravizadas no mundo do trabalho é recorrentemente aludida nos seus relatos, como indica o artigo de Miriam Moreira Leite. LEITE, Miriam Lifchitz Moreira. A infância no século XIX segundo memórias e livros de viagem. In: FREITAS, M. C. (org.). *História social da infância no Brasil*. São Paulo: Cortez/USF. 1997, p. 17-50.

Mães infames, filhos venturosos 223

para as Companhias de Aprendizes da Marinha ou da Guerra não mostrava sinais de esgotamento. A vitalidade destes expedientes revelava a crença florescente na institucionalização da infância como forma de conter problemas sociais que assolavam o fim do Império e a nascente República: a abolição e a necessidade de controle sobre a população liberta, o crescimento da pobreza e da criminalidade. Amparada em emergentes ideias médico-higienistas e racialistas e no pensamento jurídico, a "sociedade brasileira", em processo de modernizar-se, recorria a estas instituições para reordenar relações sociais convulsionadas pela emancipação.[90]

Sem embargo, a despeito de crescentes críticas e equiparações ao cativeiro, as notícias sobre os desvalidos e desafortunados contratados à soldada por particulares continuavam a chegar às páginas dos jornais, vindas da província paulista e de outras paragens, como a Corte e a província da Bahia.[91]

---

90 Importantes referências a este respeito, que espelharam interpretações de inspiração foucaultiana sobre o controle social, dando menor ênfase à questão da emancipação, são: COSTA, Jurandir Freire. *Ordem médica e norma familiar*. Rio de Janeiro: Graal, 1989; RAGO, Luzia Margareth. *Do cabaré ao lar: a utopia da cidade disciplina – Brasil (1890-1930)*. Rio de Janeiro: Paz e Terra, 1997. Estudos clássicos como os de Ademir Gebara e Lúcio Kowarick, por sua vez, embora atados a paradigmas de "transição de formas de trabalho" já criticados, deram maior ênfase aos significados da abolição para a emergência de ideias nacionais modernizantes: GEBARA, A. *O mercado de trabalho...*, op. cit.; KOWARICK, Lucio. *Trabalho e vadiagem: a origem do trabalho livre no Brasil*. São Paulo: Paz e Terra, 1994.

91 Da Corte chegava o relato de que o Ministério da Justiça expedira Aviso informando que, sendo apreendidos pelo chefe de polícia *"menores nacionaes ou estrangeiros que vagam pelas ruas da cidade sem amparo ou protecção"*, o juiz de órfãos responsável deveria procurar sua admissão nas Companhias de Aprendizes de Guerra ou da Marinha, no Asilo de Meninos Desvalidos do município neutro ou, por fim, dá-los à soldada, *"não só os mesmo orphãos como os filhos de paes incognitos"*. Da Bahia, repercutia a notícia de que a presidência da província recebia em 1887 circular do Ministério da Agricultura a respeito da *"sorte dos menores desvalidos que em lastimosa condição de ignorancia e ociosidade, abundam nas cidades, villas e povoados dessa província"*. O *"modo pratico de melhorar aquella condição"*, segundo a circular, seria que os juízes de órfãos dessem os menores à soldada, na expectativa de que *"a predicta providencia produza na pratica os melhores resultados, concorrendo para formar cidadão úteis a si e á pátria"*. Cf. Bn-HDB – Correio Paulistano – *Infancia desvalida* – p. 01, 01.12.1885; Correio Paulistano –

224 Marília B. A. Ariza

Em 1886 o *Correio Paulistano* trazia loas aos juízes municipais de Lorena e Brotas por sua atuação na concessão de contratos a órfãos desamparados. O último, segundo informava o jornal, "*em pouco mais de dois mezes de exercício de seu cargo já deu tutores a 14 orphãos e com elles fez contracto de locação de serviços de seus tutellados*". A título de feliz conclusão, observava-se que "[o órfão] *ao emancipar-se não só terá o espírito iluminado pela instrucção, com a vantagem ainda de achar-se convenientemente preparado para o trabalho*".[92] Ainda que os discursos sobre a assistência se modificassem, abrangendo as inquietações mais pressurosas do momento, os princípios morais da caridade não haviam sido abandonados. Encarregar-se da educação e do disciplinamento dos menores de idade para o trabalho, ao mesmo tempo contribuindo para o controle da pobreza no Império e República, continuavam, desse modo, sendo tarefas atribuídas pelo Estado a particulares. O pânico da falta de braços nas lavouras, o espocar de mentalidades cientificizantes e das instituições asilares que lhes eram tributárias, desse modo, não esvaziaram as práticas de dominação e dependências operadas em nível individualizado. Os domínios do poder pessoal de benfeitores de crianças desvalidas sobre seus dependentes continuavam ativos, validados pelos códigos do paternalismo, ultrapassando os limites das instituições filantrópicas que foram consideradas por diversos estudiosos a fórmula final da assistência aos menores desamparados no final do século XIX.[93] Até o início do século seguinte, o convênio estabelecido entre interesses particulares e públicos transcendia os limites

---

Menores desvalidos – p. 01, 19.10.1887.

92 Cf. BN-HDB – Correio Paulistano – *Oprhãos e menores* – p. 01, 21.10.1886.

93 MARCÍLIO, M. L. *História social da criança...*, op. cit., p. 222. Além de Marcílio, os autores dedicados ao tema da assistência social tendem a reiterar a ideia de que as instituições filantrópicas foram o principal modelo de encaminhamento dos menores desvalidos no final do XIX, dando pouca atenção a mecanismos de poder pessoal e individualizado como as tutelas e soldadas: RIZZINI, I. *O século perdido...*, op. cit.; FONSECA, Sérgio. *Infância e disciplina: O Instituto Disciplinar do Tatuapé em São Paulo (1890-1927)*. Curitiba: Aos Quatro Ventos, 2007; FONSECA, Sérgio. A interiorização da assistência à infância durante a Primeira República. *Educação em Revista*, Belo Horizonte, v. 28, n. 1, 2012, p. 79-108.

Mães infames, filhos venturosos 225

de instituições asilares e estendia-se pelo campo da dominação pessoalizada, espelhando estruturas de poder herdadas da escravidão.

O caso particular dos ingênuos é bastante ilustrativo da extensão de domínios pessoalizados que atravessaram os "novos modelos" de assistência à infância. Embora tenham sido citados nos debates públicos como parte integrante do plano de institucionalização de menores para salvaguarda dos interesses econômicos dominantes no país, muito poucos foram aqueles entregues aos cuidados do Estado pelos senhores de suas mães. Segundo dados apontados por Marcus Fonseca, e obtidos em relatório do Ministério da Agricultura de 1885, apenas 113 dos 403.827 ingênuos matriculados no Império foram entregues ao Estado em troca de indenização – menos de 1% do contingente total, portanto.[94] Fonseca argumenta que os altos custos da montagem de um aparato público capaz de acolher todos os ingênuos a partir de 1879, quando a primeira leva de "rio brancos" atingiria a idade de oito anos e poderia ser trocada por indenizações, preocupava o governo. Desse modo, como demonstra o relatório do Ministério da Agricultura apresentado à Assembleia Legislativa em 1878, o governo, na figura do ministro Cansanção Sinimbu, recomendava à Assembleia o estímulo a iniciativas privadas e à permanência dos ingênuos sob o poder de "empresas ou particulares" que provessem sua educação:

> Convem, ao meu ver, estimular por meio de auxilio pecuniário, proporcional ao numero de ingenuos que lhes hajam de ser entregues, a organização de sociedades que se constituam com determinados requisitos, fixados em especial regulamento, sejam ellas meramente phillantropicas, sejam industriaes. Mediante contracto de locação de serviços, celebrados perante os juizes de órfãos e sob sua inspecção executados, podem alguns menores ser confiados a empresa ou a particulares, de reconhecida idoneidade, obrigando--se aquelles e estes a dar-lhes educação. Por fim, cumpre fundar,

---

94 FONSECA, M. A educação dos negros..., op. cit., p. 96-97. Ione Celeste de Souza cita os mesmos dados, acrescentando que a estimativa inicial do governo era que 240 mil ingênuos fossem entregues ao Estado. SOUSA, Ione Celeste de Jesus. Escolas ao povo: experiências de escolarização de pobres na Bahia (1870-1890). 403f. Tese (Doutorado em História Social) – Pontifícia Universidade de São Paulo, São Paulo, 2006, p. 133.

> sobre plano modesto, asylos agricolas e industriaes, onde recebam os ingenuos, ao par com instrucção elementar e religiosa, a lição pratica do trabalho. Combinando este e vários meios que podem ser desenvolvidos, á medida que a experiência trouxer o seu conselho, não é para mim duvidoso que a despeza com a educação dos ingenuos sera compensada pelos seus resultados.[95]

A opção da manutenção dos ingênuos sob o domínio de particulares, prevista logo nos primeiros parágrafos da Lei 2.040, era uma das alternativas apresentadas por Sinimbu como forma de evitar rombos nas contas públicas com a criação das instituições asilares.[96] Esta alternativa, entretanto, parece ter estado longe de ser secundária aos olhos do ministro conformando, em realidade, uma "escolha transparente do governo", que lhe *"pouparia despesas (...) e possibilitaria ao senhor* [de escravos] *usufruir de uma mão de obra no auge de sua força"*, como indica Ione Celeste de Sousa. A autora aponta que ao fim do mesmo ano de 1878, em comunicação ao presidente da província da Bahia, Sinimbu sugeria vivos esforços para que senhores mantivessem consigo seus ingênuos:

> (...) cumpre, entretanto, que V. Exa. empregue desde já a influencia de que dispõe e os meios a seo alcance para que os senhores optem, nos termos daquella Lei, pelos serviços dos filhos de suas escravas. Empenhando egualmente neste sentido e debaixo da forma reservada, o zelo das autoridades, que lhes inspirem a necessaria confiança.[97]

---

95 Cf. *Relatorio apresentado á Assembleia Geral Legislativa na Primeira Sessão da Décima Sétima Legislatura pelo Ministro e Secretario de Estado dos Negocios da Agricultura, Commercio e Obras Publicas,* João Lins Vieira Cansanção de Sinimbu. Rio de Janeiro: Imprensa Industrial de João Ferreira Dias, 1878, apud FONSECA, E. *A educação dos negros...,* op. cit., p. 80.

96 Cf. Lei nº 2.040 de 28 de setembro de 1871, art. 1º §1º. Disponível em:<http://www. planalto.gov.br/ccivil_03/leis/LIM/LIM2040.htm>. Acesso: 12.12.2019.

97 Arquivo Público da Bahia, livro 773. Ministro e Secretario de Estado dos Negocios da Agricultura, Commercio e Obras Publicas. Directoria da Agricultura. 2ª Secção. Circular Reservada. Rio de Janeiro, 22 de Novembro de 1878. Ministro João Luis Vieira Cansanção de Sinimbu, apud SOUSA, I.C.J *Escolas ao povo...,* op. cit., p. 133.

Mães infames, filhos venturosos 227

A arregimentação dos ingênuos é exemplo bem-acabado da utilização da tutela e artifícios aparentados, como as soldadas, como instrumentos de contenção de danos trazidos pelo avançar da emancipação. No entanto, não apenas estes menores, como se viu até aqui, permaneceram sob o domínio pessoalizado de particulares nas décadas finais do XIX. Política de dominação que remontava a práticas sociais enraizadas desde a Colônia, recaía como uma ameaça generalizada sobre as crianças e jovens empobrecidos no Império e no início da República – não apenas aqueles habitantes das áreas rurais próximas à economia de *plantation*, mas também os habitantes das regiões de produção para abastecimento interno e das áreas urbanas – desenhando paralelos com o recrutamento forçado para os serviços militares, amplamente temido pela população pobre.[98]

Não se pode negar, como se verá adiante, que parte significativa dos menores que se encontravam em situação de grande vulnerabilidade social, e assim, viviam ainda mais expostos ao aliciamento compulsório de seu trabalho, era justamente a população dos menores egressos ou descendentes da escravidão.[99] Esta ameaça, porém, estendia-se às diversas gradações da pobreza enredadas nas malhas de acolhimento e proletarização que entrelaçavam interesses públicos e privados e intensificava-se na mesma proporção em que cresciam a pobreza urbana e a população de crianças desvalidas nas cidades. A presença de crianças empobrecidas nas ruas, engajadas nos pequenos serviços e também nas diabruras, gatunagens e até violências que

---

98 O recrutamento compulsório era motivo de generalizado pavor entre os homens empobrecidos e suas famílias no Império, especialmente no caso dos sujeitos sem ofício certo e vivendo no limite do improviso e da sobrevivência. Autoridades públicas provinciais e municipais encarregavam-se de preencher os claros do serviço militar determinados pelo Ministério da Marinha e da Guerra, utilizando-se para tanto de violentas campanhas de recrutamento. Como argumenta Peter Beattie, tais campanhas redundaram, em última análise, no trabalho compulsório nas fileiras do exército, ambiente de grande brutalidade a que eram lançados os arregimentados. BEATTIE, Peter. *The tribute of blood: army honor, race and nation in Brazil (1864-1945)*. Durham: Duke University Press, 2001.

99 Sousa aponta a "profusão de menores libertos recrutados" pela Marinha entre as décadas de 1840 e 1870, com crescente expressividade na década de 1860 em função da Guerra do Paraguai. SOUSA, J. P. A mão de obra de menores..., op. cit., p. 45.

228 Marília B. A. Ariza

tanto importunavam à boa sociedade, foi uma constante nas cidades imperiais desde a primeira metade do século XIX. Miriam Moreira Leite destaca
os comentários do viajante Robert Walsh sobre os ataques violentos promovidos por bandos de moleques no Rio de Janeiro durante a Revolta de
São Cristóvão, em 1828.[100] Walter Fraga demonstra que, desde o início do
século, "maltas de peraltas" formadas por meninos livres, libertos e escravos reuniam-se nas ruas de Salvador, engajando-se em todo o tipo de desafio
à ordem pública e privada correspondente ao mundo dos adultos integrado por policiais, senhores e mestres de ofício.[101] Tratando da cidade de São
Paulo, Boris Fausto indica que desde o começo do oitocentos a "quebra dos
bons costumes" era associada a *menores vadios, mendigos e meninas prostitutas*".[102] Ao longo do século, e notadamente a partir da década de 1870, no
entanto, com o crescimento acelerado das cidades e, consequentemente, da
população e da pobreza urbanas, a preocupação com os "meninos e meninas
vadios" ganhou maior espaço entre autoridades públicas e elites e passou a
movimentar mais ativamente o debate público sobre os encaminhamentos
da infância e sua instrução no amor ao trabalho.[103]

---

100 LEITE, M. L. M. A infância no século XIX..., op. cit.

101 Reportando-se a uma notícia publicada n'*O Alabama* em 1868, o autor descreve vivamente as peraltices em que se envolviam estes meninos: abandonavam a escola,
apedrejavam os passantes, policiais e trabalhadores urbanos, furtavam quitandas, ra-
biscavam nos muros das casas figuras obscenas, *"atiram pedras da rampa do theatro,
esgalham as árvores plantadas na praça, perseguem os mendigos, cosem as caponas das
velhas, quebram as vidraças das egrejas, praticam imoralidades pelas ruas"*. FRAGA, W.
Mendigos, moleques e vadios..., op. cit., p. 115.

102 FAUSTO, B. *Crime e cotidiano...*, op. cit., p. 95.

103 Estudos como os de Walter Fraga, Vera Lúcia Braga de Moura e Irene Rizzini, por
exemplo, indicam que o combate à proliferação dos menores vadios nas cidades, bem
como nas áreas rurais, teria ocupado grande parte dos esforços de autoridades públicas com a criação de instituições asilares nas décadas finais do XIX. Opondo, de
modo algo esquemático, projetos políticos e práticas sociais, Silvania Damacena Martins reputa esta interpretação como ingênua, mencionando que a presença de crianças
empobrecidas e potencialmente consideradas vadias nas ruas das cidades fora uma
constante durante o século XIX. Deste modo, para a autora, a questão fundamental
do período não seria o combate à vadiagem, mas a existência de um projeto políti-

A solução para o problema, que se generalizava nos grandes centros urbanos, seria definida, já sob a República, pela judicialização da infância, percebida como uma categoria ambígua, vocacionada ao mesmo tempo para os papéis de "célula do vício" e "gérmen da virtude" nacionais, e que, portanto, deveria ser protegida, punida e recuperada quando necessário[104]. Antes da definição estrita destes parâmetros jurídicos de tratamento da infância desvalida, no entanto, o problema dos "menores vagabundos e ociosos" era encarado pelo Estado imperial com as armas disponíveis nas décadas finais do século XIX, que consistiam num repertório de aparatos públicos, com as Companhias de Aprendizes do Arsenal da Marinha e da Guerra, e de mecanismos do convênio público-privado exitosamente estabelecido ao longo daquele século.

Em 1885, o Aviso 50 expedido pelo Ministério dos Negócios da Justiça em resposta à interpelação da 1ª vara do Juízo de Órfãos da Corte recomendava as providências a serem tomadas para conter a "vadiagem" e a "indigência" de crianças e jovens, situação que então configurava preocupante fenômeno social no município neutro, cujas ruas se encontravam repletas de menores de cores e nacionalidades diversas:

> Recomendo a Vossa Excelência quando pelo chefe de polícia da corte forem enviados a esse juízo menores nacionais ou estrangeiros que vagam pelas ruas da cidade sem amparo ou proteção, deve proceder a respeito do modo seguinte: 1º Solicitar a ajuda general do Exército ou da Armada, ou ao diretor do Arsenal da Guerra admissão dos menores em qualquer das companhias de aprendizes da guerra ou da marinha; 2º Requisitar ao Ministério do Império, quando possa, ser ali acceito, para que sejam admitidos no Asylo dos meninos desvalidos; 3º Dar a soldada na forma da Ord. Livro I, Ti. 88 §13 a disposição do Aviso nº312 de 20 de Outubro de 1859

---

co modernizante e civilizatório nas últimas décadas do Império. MARTINS, Silvania Damasceno. *Reformando a casa imperial: assistência pública e a experiência do Asylo de Meninos Desvalidos da Corte (1870-1888).* 100f. Dissertação (Mestrado em História Social) – Universidade Federal do Rio de Janeiro, Rio de Janeiro, 2004.

104 OLIVEIRA, Paloma Rezende de. *Criança: "futuro da nação", "célula do vício". Políticas de Assistência à infância em Juiz de Fora/MG na transição Império/ República.* 164f. Dissertação (Mestrado em Educação). Universidade Federal de Juiz de Fora, 2009.

> não só os menores órfãos mas com pais incógnitos; 4º Finalmente, comunicarem ao agente consular respectivo, logo que for reconhecida a nacionalidade do menor estrangeiro (...).[105]

O Aviso elencava mecanismos de assistência social e arregimentação de trabalho que desde há muito vinham sendo aplicados aos menores de idade empobrecidos no Império. Listadas logo depois das menções a instituições públicas de caráter militar e asilar, as soldadas tinham naquele contexto sua importância afirmada também como instrumento repressivo dos menores desordeiros. O objetivo final desses empreendimentos, entretanto, extrapolava a retirada dos pequenos vagabundos das ruas: era necessário transmutá-los em trabalhadores disciplinados e aptos ao exercício da boa cidadania. Tomar um menino ocioso à soldada, deste modo, compreendia mais do que o benefício imediato dos contratantes: tratava-se de uma incumbência de significados abrangentes, um serviço prestado ao Estado por particulares. Assim, ressaltando o caráter público das responsabilidades assumidas pelos contratantes à soldada, aludidos em suas recomendações, o Aviso notava em seu parágrafo final que o Juízo de Órfãos deveria somente entregar os menores aos empregadores domiciliados em distritos de sua jurisdição, devendo dar preferência aos estabelecimentos industriais e fiscalizá-los no cumprimento de suas responsabilidades.

Em São Paulo, onde o crescimento urbano não havia deslanchado até os anos de 1870, tornando-se mais intenso nas duas décadas finais do século, o "problema das crianças nas ruas" não foi menor, embora tenha sido, talvez, mais tardio, do que o encontrado na Corte e em cidades como Salvador e Recife. De fato, por volta da última década do século XIX, a chegada de imigrantes à cidade atingia seu ápice, misturando estrangeiros aos "nacionais" entre os quais se contavam muitos afrodescendentes, desenhando-se uma população urbana heterogênea e pauperizada. Nestas circunstâncias, a "boa sociedade paulistana" já se mostrava deveras incomodada com a presença de crianças pobres e vadias ocupando as ruas da cidade. Boris Fausto indica que,

---

105 O Aviso foi reiterado em 1892 por nova consulta feita ao mesmo ministério, conforme indica Hélvio Mariano. *BRASIL. N.º6 – aviso de 22 de março de 1892*, apud MARIANO, H. A. *A infância e a lei...*, op. cit., p. 53-54.

conquanto a presença dos "menores vagabundos" tenha sido uma constante na vida da cidade desde os primórdios do século, a imprensa local teria passado a destacar o problema mais ativamente a partir da década de 1870, surgindo então repetidas notícias das perturbações trazidas à vida pública pela presença desagradável e desordeira dos pequenos vadios nas ruas. Como demonstra o autor, em 1886, o *Diário Popular* acusava a presença de "um bando de meninos insuportáveis" na ladeira da Tabatinguera, onde, além de "ações vergonhosas e exercícios de capoeiragem, o bando era acusado de esbordoar crianças indefesas e assaltar pobres vendeiras, roubando-lhes frutas, doces etc."[106] As notícias, segundo Fausto, continuavam a frequentar as páginas dos jornais nas décadas seguintes e teriam se tornado especialmente recorrentes nos anos anteriores à aprovação do Instituto Disciplinar de São Paulo em 1902, quando uma campanha se armou na imprensa para pressionar o governo do estado à criação da instituição.[107]

Até a instalação do referido Instituto, inaugurado como solução para o tratamento dos menores incorrigíveis e repetidamente apanhados pelas autoridades públicas cometendo arruaças e delitos, contudo, o problema dos pequenos vadios deveria ser atacado com outros métodos.[108] O editorial publicado em 1893 n' *O Commercio de S. Paulo* demonstra, neste sentido, que não havia consenso em torno das determinações do Aviso de 1885, relativo à Corte, quanto às providências a serem tomadas a este respeito na cidade. No parágrafo de abertura, o artigo comunicava de pronto sua avaliação sobre o grau de perturbação trazido pelos pequenos ociosos à capital do agora estado: "*Parece-nos intuitiva e urgente a necessidade que ha de providenciar o poder*

---

106 FAUSTO, B. *Crime e cotidiano...*, op. cit., p. 95.

107 FAUSTO, B. *Crime e cotidiano...*, op. cit., p. 95-96. A este respeito, conferir também as observações de Cândido Nogueira da Motta, que registrou o crescimento da criminalidade de menores de idade na década de 1890 na cidade: MOTTA, Cândido Nogueira da. *Os menores delinquentes e seu tratamento no estado de São Paulo*. São Paulo: Typographia Diario Oficial, 1909.

108 Sobre a fundação do Instituto Disciplinar e sua relação com a emergência do controle judicial da infância, ver: MARIANO, H. A. *A infância e a lei...*, op. cit.; ALVAREZ, M. C. *Emergência do Código de Menores...*, op. cit.; FONSECA, Sérgio C. *Infância e disciplina...*, op. cit.

competente, com a máxima energia, no sentido de rarearem as grandes turmas de meninos desocupados que infestam a nossa cidade".[109]

A atuação da polícia, seguia argumentando o editorial, não seria bastante para sanear a problemática situação, uma vez que não se tratavam os menores de "malfeitores" a quem ela pudesse "perseguir, processar, prender e condenar". Seria necessário, assim, contar com a intervenção dos juízes de órfãos, cujo auxílio não poderia se demorar dada a calamitosa situação instalada na cidade:

> Que este auxilio, porem, não lhe ha de faltar logo que a policia inciar a execução de providencias naquelle sentido, dil-o honrada solicitude com que dignos magistrados sabem cumprir os seus deveres, o que é uma garantia de que não lhes póde ser indifferente a sinistra sorte que no futuro espera os menores vadios que enchem as ruas da capital, se não forem chamados ao trabalho productivo e honesto, evitando-se assim que o numero desses infelizes desamparados e ociosos cresça de dia para dia, como actualmente acontece, sendo já impossivel assistir a uma festa ou reunião publica em que da affluencia delles não derivem incommodos e vexames geraes. Ora isto é simplesmente insupportavel e, por honra nossa, não deve continuar.

No espírito do projeto de transformação da cidade em vibrante metrópole, o editorial do *Commercio* equiparava o controle sobre a população pobre e menor de idade na cidade a uma questão civilizatória. O editorial argumentava que na capital fluminense, a imprensa local havia, há tempos, reclamado a intervenção dos juízes de órfãos na questão, tendo como desdobramento o internamento dos menores em colônias orfanológicas e asilos. Neste ponto, o artigo fazia ressalvas, advertindo para o perigo do encaminhamento dos pequenos mandriões a tais instituições por considerar que, a despeito das boas intenções dos juízes fluminenses, os resultados obtidos não poderiam ter sido "mais desastrosos": *"Ficou averiguado que ás desgraçadas crianças deportadas para taes asylos e colonias aguardavam supplicios atrozes, tão brutaes e deshumanos que, sob seus rigores, perderam a vida ou inutilisaram-*

---

109 Cf. BN-HDB – *O Commercio de S. Paulo – Pequenas Notas*, p. 01, 17.09.1893.

-se para o trabalho. Não é isso o que pedimos". Encaminhar as crianças pobres e ociosas aos bons passos da educação pelo trabalho, acudindo os desamparados, seria, segundo o editorial, antídoto mais adequado e eficaz para o problema em questão:

> Esses meninos, em sua generalidade, ainda não commetteram delitos que expliquem ou justifiquem tão dura e severa punição, se ha delictos que possam justifical-a. Victimas do desamparo, elles precisam tão somente que, na falta de quem os encaminhe e eduque, o poder publico assuma essa generosa missão, os aconselhe e obrigue a tomar profissão conhecida e util a si e á sociedade. (...). Entregal-os á soldada em casa de familia, para serviços domesticos, ou nas mesmas condições a fabricas e outros estabelecimentos industriaes, como operarios, eis o destino que se devia dar aos menores desoccupados (...) A escola de apprendizes marinheiros deveria ser o reccurso extremo, della se deveria lançar mão somente para aquelles que, por actos posteriores á primeira dilligencia feita a favor do seu futuro, provassem ser incorrigiveis.

Competiria ao Estado, então, assumir a tarefa de encaminhar o acolhimento e educação dos pequenos ociosos ainda inocentes, assim como dos transgressores ainda passíveis de regeneração, inserindo-os nas disciplinas do ambiente doméstico e do trabalho morigerado, sem recurso às violentas práticas havidas nas colônias e asilos. Na opinião do editorial da folha paulistana, ademais, esta missão pública deveria se realizar, em primeiro lugar, pelas mãos dos chefes de família, ou, alternativamente, dos industriais paulistas, e somente em últimos e irreparáveis casos recair sob a responsabilidade das companhias de aprendizes dos serviços militares. Invertendo a ordem dos fatores apresentada pelo Aviso de 1885, o auxílio de particulares, e, portanto, o antigo convênio público-privado individualizado de assistência social e arregimentação de trabalho, emergia como a opção primordial para a solução da "infestação" de menores empobrecidos e vadios na cidade. Sem dúvida, concorriam para o estabelecimento de tal prioridade os interesses da ascendente classe média paulistana representada pelo *Commercio*.[110] De todo modo, como demonstra-

---

110 Segundo Affonso de Freitas, *O Commercio de S. Paulo*, fundado no mesmo ano de 1893 em que foi publicado o editorial em questão, constituiu-se "num dos principais

do pelo Aviso publicado quase dez anos antes na Corte, entendidas como recurso importante no saneamento dos espaços urbanos, as soldadas cumpriam o papel de obstar, por meio da instrução para o trabalho, a transformação dos empobrecidos em agentes viciosos da sociedade. Ao final do editorial, no melhor espírito dos discursos sobre a ambivalência da infância e a modernização nacional, e em linha com os estudos criminológicos tão em voga à época, observavam-se os perigos a serem enfrentados uma vez ignorado o tratamento adequado das crianças ociosas: *"E preciso que se não perca de vista que em cada um desses ociosos ha a semente de um gatuno, de um ladrão, de um assassino, semente que, para dar seus funestos fructos, espera apenas o trabalho do tempo e da occasião. E é isto que é preciso prevenir e evitar".* [111]

A ideia de que seria necessário proteger os pequenos assoldados e tutelados das influências nocivas da vagabundagem, certificando-se de que se tornariam sujeitos morigerados, trabalhadores com condições de viver sobre si no futuro e cidadãos úteis, é fato, lastreou o emprego deste tipo de mão de obra dependente na cidade de São Paulo desde os primórdios de sua utilização. As preocupações e compromissos assumidos com a educação dos pequenos tutelados e assoldadados, promovida essencialmente por meio da introdução ao "trabalho diligente", foram argumentos constantemente repetidos nas solicitações de tutela e soldada encaminhadas aos juízes de órfãos nesta cidade e nos diversos outros contextos em que foram utilizadas, como demonstram estudos sobre o tema. Da mesma forma, a arenga da caridosa

---

órgãos da imprensa paulistana", tendo pertencido inicialmente à firma comercial Cezar Ribeiro & Comp. Inicialmente folha monarquista, sob direção de intelectuais ilustres como Eduardo Prado e Couto de Magalhães Sobrinho, *O Commercio de S. Paulo* dedicou-se, em seus primeiros anos, a criticar ferrenhamente o governo republicano. Em 1915, quando Freitas publicou seu inventário da imprensa paulistana, o jornal alinhava-se ao governo, tendo aderido abertamente ao republicanismo. FREITAS, Affonso. *A imprensa periódica de São Paulo desde seus primordios em 1832 até 1914.* São Paulo: Typographia do Diario Official, 1915, p. 396-397.

111 Uma significativa literatura jurídica sobre infância e criminalidade foi produzida entre as duas décadas finais do século XIX e o início do XX no Brasil, inspirada pela vulgarização das teorias criminológicas lombrosianas, das ideias higienistas e racialistas e das ascendentes preocupações com o destino da infância no projeto de modernização nacional. A este respeito, ver: BRANCO, M. A. *A criança e a ordem...*, op. cit.

disposição em zelar pelo encaminhamento moral dos menores, frequentemente complementada por afirmações da amizade ou afeto dedicados por contratantes e tutores aos mesmos menores, foi repisada em muitas solicitações encaminhadas aos Juízos de Órfãos nos diversos cantos do Império.

A retórica da moralização dos pequenos desvalidos por meio da disciplina do trabalho não era propriamente inédita, porém, quando, a partir da década de 1880, as solicitações de tutela e soldada se acumularam na cidade de São Paulo (Tabela 1, p. 235). A criação das primeiras instituições asilares na capital da província, como os educandários de Sant'Anna e da Glória, fundava-se também na noção de que a educação pelo trabalho seria instrumento de morigeração de sujeitos que, de outro modo, ficariam entregues aos perigos do ócio e seus vícios morais.[112] As tutelas e soldadas determinadas pelo Juízo da cidade até a década de 1850, no entanto, não sublinhavam de forma tão enfática o papel de tutores e contratantes como agentes educadores dos menores desvalidos por eles empregados. Encontram-se nestes autos registros de compromissos vagos como o de "completar a educação" do menor contratado, fornecer "educação em escrita e contas", prover a instrução nos serviços ou ofícios contratados ou, ainda, garantir a "educação religiosa dos menores". As menções à instrução dos pequenos ao longo deste período década são menos carregadas do tom apostolar que viriam a assumir anos mais tarde diante do acirramento das emancipações e do pós-abolição.

T1. Registros de contratação de serviços de menores de idade por década (São Paulo, 1820-1910)

Décadas	1820	1830	1840	1850	1860	1870	1880	1890	1900	1900
Registros	1	-	5	26	5	8	62	50	24	6
Total										187

Fonte: APESP, Juízo de Órfãos, 2014/201.

Nestas circunstâncias de fins de século, a utilização de diferentes modalidades de trabalho não escravizado que, na prática, constrangiam a liberdade de fato de seus executores amparou-se justamente na noção de que seria

---

112 Ver, por exemplo: MORAES, C. S. V. A normatização da pobreza..., op. cit.

necessário educá-los para a ética do trabalho livre – educação a que deveriam ser submetidos tanto os egressos da escravidão quanto os livres pobres, e que não poderia ser oferecida por suas famílias, largamente chefiadas por mulheres sós. Assim, as referências mais sóbrias à tarefa educativa de tutores e contratantes da década de 1850 seriam complementadas, especialmente a partir da década de 1880, por um conteúdo marcadamente moralizante. Caso exemplar que se assoma ao editorial do *Commercio de São Paulo* é o da petição encaminhada ao Juízo de Órfãos por Emilio Lemcke, negociante residente na capital da província, que pleiteava os serviços de Juvêncio, órfão de pai e filho de Constantina Maria de Jesus, contando 11 anos em 1887. Propondo contratar Juvêncio pela soldada mensal de cinco mil réis e dispondo-se a aumentar o valor dos vencimentos quando considerasse o menor realmente apto a prestar serviços remuneráveis, Lemcke manifestava com bastante clareza a grandeza moral de sua proposta:

> O suppe, admittindo este orphão em sua casa, o fez com o pensamento de tornal-o um homem util, educando-o para o trabalho e misteres da vida, e evitando que o mesmo se torne vagabundo; está disposto a pagar já pelo mesmo a soldada que offerece, e logo que o menor preste para algum serviço pagará maior soldada.[113]

Outras referências, menos explícitas do que a oferecida por Emilio Lemcke, igualmente denunciam a operação ideológica que identificava o aprendizado das virtudes morais do trabalho a um encargo de suma importância nos quadros complexos das transformações sociais do final do XIX. O italiano Francisco Gaettano, naturalizado brasileiro e declarando-se eleitor, solicitava ao Juízo em 1890 assoldadar o menor pardo Antonio Companhia São Benedicto, de cerca de 14 anos, filho da liberta Benedicta Companhia São Benedicto. Em defesa de sua petição, Gaettano destacava a necessidade que tinha o referido menor *"de um benfeitor que o guie no caminho do bem e do honesto"*. Ao pleiteante, bem como ao Juízo que acedeu à sua solicitação, parecia claro que a mãe de Antonio não seria a pessoa mais adequada para mantê-

---

113 Cf. APESP – Juízo de Órfãos, Autos de Contrato, lata C05358, documento 20, 1887.

-lo nos trilhos da vida proba.[114] Outro exemplo encontra-se na solicitação da tutela "do filho de mãe solteira" Olegário, encaminhada ao Juízo por Joaquim de Moraes Pinto em 1891, na qual o peticionário indicava sua intenção de *"protegel-o, dando-lhe uma educação e profissão honesta".*[115] As manifestações mais explícitas destas preocupações surgiam sempre entremeadas às diversas acusações feitas a mães de menores desvalidos, de cuja companhia e poder se retiravam os filhos para que não fossem contaminados por suas imorais influências. Ébrias, viciadas, vagabundas, as mães dos assoldadados e tutelados eram a personificação do caminho a ser evitado na condução dos menores ao *ethos* do bom trabalhador. Em contrapartida, tutores e contratantes eram os lumiares da moralidade que poderiam conduzir os filhos de mulheres vadias ao cumprimento apropriado de seus desígnios sociais.

Chegando-se às décadas finais do século, portanto, as alusões à capacidade regenerativa do trabalho disciplinado adquiriam renovada importância, sustentada por duas plataformas sobre as quais o papel das soldadas e tutelas era reelaborado como instrumento de ordenação das relações sociais em ebulição: o ideário da aprendizagem que se afirmava como pilar fundamental do gradualismo em perspectiva Atlântica, e a emergência dos debates e políticas relacionados à instrução pública imperial. Alessandra Schueler indica que, desde 1854, as reformas propostas para a instrução pública da Corte, moldando as políticas a serem adotadas nas demais províncias, já haviam consagrado a instrução primária como eminentemente dedicada à formação básica da mão de obra. A partir da década de 1870, com a popularização dos ideais filantrópicos de inspiração modernizante e laica, e dos problemas urbanos ligados ao crescimento das cidades, da pobreza e da população liberta, as instituições escolares primárias se multiplicaram, carregando consigo a tarefa da instrução elementar dos trabalhadores do futuro. Neste espírito, e sob o auspício do eminente fim da escravidão decretado pela Lei de 1871, também os operários e demais trabalhadores adultos tornaram-se alvo de iniciativas educacionais, cujo intuito não superava, de modo geral, a instru-

---

114 Cf. APESP - Tribunal de Justiça de São Paulo, lote 201006003403 - *Contracto a soldada*, 1888.

115 Cf. APESP – Juízo de Órfãos, Autos de Tutoria, lata C05457, documento 6335, 1891.

ção básica nas capacidades de leitura, escrita e aritmética.[116] Dessa forma, embora a agenda da instrução pública remontasse pelo menos à metade do século XIX, a tarefa de educar o trabalhador livre e formá-lo para o progresso da nação assumiu o *status* de responsabilidade do Estado somente em suas décadas finais, diante da iminência da abolição.[117]

Ao mesmo tempo, a ideologia da aprendizagem, fundada na premissa de que os sujeitos procedentes de experiências de escravização deveriam ser educados nos modos de vida e, especialmente, no regime de trabalho do mundo da liberdade, sustentava as políticas de encaminhamento gradual da emancipação em diversos contextos da escravidão nas Américas, assumindo em cada parte feições específicas e locais.[118] A aplicação deste princípio

---

116 De forma semelhante, Irma Rizzini indica que iniciativas de educação de adultos como praças da polícia, empregados nos arsenais da marinha, trabalhadores em geral e mesmo escravos proliferaram no Amazonas e no Pará, a partir da década de 1870. RIZZINI, I. *O cidadão polido e o selvagem...*, op. cit.

117 Diversos autores têm ressaltado o importante papel desempenhado pela instrução pública nos projetos de modernização e integração nacional, bem como na formação de mão de obra livre. Ver, entre outros: SCHUELER, Alessandra F Martinez de. Crianças e escolas na passagem do Império para a República. *Revista Brasileira de História*, São Paulo, v. 19, n. 37, 1999; MARTINEZ, Alessandra Frota. *Educar e instruir: a instrução popular na Corte imperial. 1870-1889.* Dissertação (Mestrado em História). Universidade Federal Fluminense, Niterói, 1997. A este respeito, ver também: SOUSA, I. C. J. *Escolas ao povo...*, op. cit. Referências clássicas a respeito da história da instrução pública na província paulista, bem como no nascente estado republicano, são os estudos de Moacyr Primitivo: PRIMITIVO, Moacyr. *A instrução e as províncias: subsídios para a história da educação no Brasil (1834-1889).* São Paulo: Companhia Editora Nacional, 1940; ____. *A instrução pública no estado de São Paulo: primeira década republicana (1890-1900).* São Paulo: Editora Nacional, 1942.

118 Sobre o desenvolvimento da ideologia da aprendizagem em diferentes contextos da escravidão atlântica, ver as discussões de Rebecca Scott e Thomas Holt, respectivamente sobre o Caribe espanhol e o Caribe inglês, bem como o trabalho de Joanne Melish para a Nova Inglaterra: HOLT, Thomas C. *The problem of freedom: race, labor and politics in Jamaica and Britain, 1832-1938.* Baltimore: Johns Hopkins University Press, 1992; MELISH, Joanne Pope. *Disowning slavery: gradual emancipation and "race" in New England, 1780-1860.* Ithaca, New York: Cornell University Press, 2000; SCOTT, Rebecca J. *Emancipação Escrava em Cuba: a transição para o trabalho livre, 1860-1899.* Rio de Janeiro: Paz e Terra, 1987.

original da aprendizagem às crianças egressas da escravidão expressa-se de forma clara no caso dos ingênuos brasileiros e dos filhos do ventre livre em outros contextos como Cuba e a Nova Inglaterra, embora a "pedagogia da transição", como a chamou Célia Marinho Azevedo, não se ativesse aos filhos de mães escravas.[119] De todo modo, ao promover os estatutos da tutela sob o pretexto da adequação dos libertos a novas éticas do trabalho, e, assim, proporcionar a continuada exploração dos trabalhadores libertos em moldes de dependência e subordinação, as diversas experiências de aprendizagem engendradas no arco das emancipações atlânticas traçaram íntimas relações com a emergência de concepções liberais de sociedade e trabalho.

A experiência jamaicana de emancipação gradual, como demonstra Thomas Holt, é bastante ilustrativa a este respeito. Ocorrida no âmbito da *Great Reform Act* britânica de 1832, que consistiu num abrangente conjunto de medidas liberais relacionadas à ampliação dos direitos eleitorais, à reforma das políticas prisionais, da polícia e do sistema de *poor relief*, a emancipação gradual na colônia escravista ligou-se intimamente ao projeto reformista metropolitano. De acordo com Holt, o "problema da liberdade" instalado com o acirramento das tensões em torno da abolição imediata na ilha caribenha nas décadas iniciais do século XIX refletiu as preocupações britânicas com a formação de trabalhadores livres adaptados aos preceitos liberais da sociedade de mercado. Assim, nos debates parlamentares e discursos de estadistas e governantes da época, transformar a "disciplina da escravidão" passou a significar promover a "disciplina da virtude do trabalhador". Neste sentido, as medidas gradualistas, como a instalação das *apprenticeships*, e os demais expedientes de reforma na Grã-Bretanha consistiam em mecanismos de uma política ampliada de educação e disciplinamento dos trabalhadores que resultavam num jogo de espelhos entre a disciplina das fábricas e a disci-

---

119 AZEVEDO, Célia Marinho. *Onda negra, medo branco: o negro no imaginário das elites do século XIX*. São Paulo: Annablume, 2008, p. 45. A respeito do contexto cubano e da Nova Inglaterra, ver: MELISH, J. P. *Disowning slavery...*, op. cit.; SCOTT, R. J. *Emancipação escrava em Cuba...*, op. cit.

240 Marília B. A. Ariza

plina das *plantations* – ambas fundadas no controle do trabalhador por meio da supervisão, da divisão e controle do ritmo de trabalho e da punição.[120]

No Brasil, o estabelecimento do paradigma fundamental da transformação do Império escravista em nação moderna, na qual os vícios morais e econômicos herdados do cativeiro estariam consignados ao passado superado pela racionalização liberal, foi proporcionado pela conjugação de discursos reformistas que, como demonstrado, compreendiam os princípios da emancipação gradual e da educação elementar da mão de obra livre e liberta[121]. A metamorfose de homens, mulheres e principalmente das crianças livres pobres e egressas da escravidão em trabalhadores virtuosos, morigerados e adaptados às disciplinas do regime de trabalho livre era uma tarefa de vulto nacional. Os agentes desta transformação, contudo, não seriam as mães dos menores, e tampouco seriam apenas o próprio Estado, como bem demonstram os debates nos jornais, as tutelas e soldadas e sua homilia sobre

---

120 Note-se, a este respeito, que as preocupações com a formação da população pobre para a ética do trabalho livre na sociedade de mercado britânica redundaram, a partir da década de 1840, na elaboração de uma série de projetos de educação dos trabalhadores fabris. Comentando a justaposição do ideário liberal que orientava as reformas do trabalho fabril na metrópole britânica e a agenda da emancipação gradual na colônia caribenha, diz Holt: "*Those who attended the parliamentary hearing on slavery abolition heard much the same message about blacks, in much the same words, that they might have heard elsewhere in its halls about white labor. In a sense, the British experience with its own working class was a rehearsal for the formulation of policy for West Indian freed people*". HOLT, T. *The problem of freedom...*, op. cit., p. 39.

121 As políticas de trabalho tutelado, contudo, não foram exclusividade do período de encaminhamento formal da abolição gradual no Brasil. O trabalho compulsório de indígenas e mestiços, desde o século XVIII estimulado pelo Diretório dos Índios pombalino e continuamente empregado ao longo do XIX, bem como a legislação referida aos africanos livres na primeira metade do Oitocentos, demonstram-no claramente. Sobre tais temáticas, ver, entre outros: ALMEIDA, Rita Heloísa de. *O Diretório dos Índios: um projeto de 'civilização' no Brasil do século XVIII*. Brasília: Editora UnB, 1997; CUNHA, M. C. da. Política indigenista no século XIX. In: CUNHA, M. C. da (org.). *História dos índios no Brasil*. São Paulo: Companhia das Letras: Secretaria Municipal de Cultura: Fapesp, 1992, p. 115-174; MAMIGONIAN, Beatriz. *Africanos livres: a abolição do tráfico de escravos no Brasil*. São Paulo: Cia. das Letras, 2017; BERTIN, Enidelce. *Os meias-caras: africanos livres em São Paulo no século XIX*. Salto: Schoba, 2013.

a formação dos bons e úteis cidadãos. Parte dos menores orfanados e desvalidos e dos ingênuos, nestas circunstâncias, foi encaminhada aos institutos asilares que proliferavam no Império e na República nascente entre o final do século XIX e o início do XX. Não obstante, outra parcela destas crianças e jovens, não pequena, permaneceu sob o domínio da domesticidade e do poder pessoalizado de sujeitos que se apresentavam como seus benfeitores e educadores, junto a quem seriam ensinados sobre as responsabilidades e encargos de seu papel subalterno no jogo social.

No controle do mundo privado das relações de trabalho, praticamente impenetrado pelo Estado como agente fiscalizador, regulador ou garantidor de direitos, estes sujeitos podiam rever livremente os termos de seus compromissos éticos com a formação dos tutelados ou contratados – e, com efeito, os princípios da educação pelo trabalho eram frequentemente convertidos em códigos de poder muito próprios do mundo da escravidão, como os castigos físicos a que tantos pequenos trabalhadores eram expostos. Mesmo os compromissos mais desapaixonadamente assumidos com a instrução elementar dos assoldadados e tutelados, que poderia redundar no aprendizado rudimentar de leitura e escrita, perdiam-se no cotidiano que se seguia às momentâneas promessas e manifestações de elevação moral nas petições.

Em 1890, ao solicitar a formalização da tutela de Alexandrina, menor *"de côr preta"* de sete para oito anos de idade que lhe fora entregue por outra *"preta chamada Maria"* há perto de um ano, o Capitão Antônio Joaquim de Souza Pinheiro afirmava "votar à menor o sentimento de amizade" e comprometia-se a dar-lhe educação *"conforme suas forças"*. Em vistas dadas aos autos, o curador-geral de órfãos sugeriu que a tutela fosse convertida em contrato de soldada no valor de cinco mil réis mensais a serem pagos assim que a menor atingisse a idade de 12 anos, ficando ainda o capitão obrigado a *"vestil-a, cural-a, educal-a, fasel-a aprender a lêr e escrever"*. Dez anos mais tarde, em junho de 1900, os autos voltavam a assinalar os passos de Alexandrina; então casada, vinha ela ao Juízo acompanhada do marido solicitar o levantamento do pecúlio acumulado com os serviços prestados. O final do documento traz a prova cabal de que a educação dos assoldadados ou tutelados não passava de artimanha retórica: em lugar da assinatura dos pleiteantes, a petição era subscrita a seu rogo por terceiros. Os anos passados como contratada do

242   Marília B. A. Ariza

Capitão Pinheiro, enfim, não haviam sido suficientes para que Alexandrina adquirisse rudimentos de alfabetização e pudesse assinar o próprio nome.[122]

Diante desse cenário, e entendendo-se as tutelas e soldadas como mecanismos intimamente comprometidos com a ideologia da aprendizagem e a manutenção dos poderes das camadas proprietárias, ao mesmo tempo em que se apresentavam como modelos de arregimentação de trabalho de sujeitos socialmente vulneráveis, cumpre perguntar-se: qual teria sido o papel desempenhado por tutores e contratantes e pelos mecanismos que eles operavam na agenda da modernização do trabalho e da sociedade escravista de finais do século? Conquanto não se possa ignorar que os mesmos tenham arrogado para si o papel de agentes da educação das crianças e jovens desvalidos na ética do trabalho disciplinado, tendo recebido do Estado, por meio do Juízo de Órfãos, o aval para exercer tal mister, é interessante observar sua posição quase paradoxal no quadro das renovações desejadas pela nação. Armados de expedientes legais obsoletos e da legitimidade que lhes era conferida pela condição de proprietários, estes sujeitos ocuparam a rabeira de um processo de modernização programada em que ganhavam importância as medidas de controle público dos corpos de trabalhadores por meio de discursos médico-higienistas, o enquadramento policial e jurídico da vadiagem, as políticas de educação primária da instrução pública e os institutos e educandários patrocinados pela filantropia privada. Na retaguarda da vanguarda, as tutelas e soldadas que se disseminaram na cidade de São Paulo e em outras localidades nos anos finais do Império e iniciais da República expressavam as contradições inerentes à adaptação de uma sociedade escravista aos estatutos das sociedades de mercado – equação operada em diversas sociedades coloniais e escravistas onde a emergência de protocolos de trabalho assalariado e livre não redundou na eliminação de mecanismos variados e longevos de dependência.[123]

---

122 Cf. APESP – Juízo de Órfãos, Autos de Tutela, lote C05456, documento 6024, 1890-1900.

123 MONTEIRO, John Manuel. Labor Systems, 1492-1850. In: COATSWORTH, John H; CORTÉS-CONDE, Roberto; BULMER-THOMAS, Victor (ed.). *Cambridge Economic History of Latin America*. Cambridge: Cambridge University Press, 2005. Disponível em: http://www.ifch.unicamp.br/ihb/estudos/Labor1492-1850.pdf). Acesso:

Nos debates havidos entre autoridades públicas, proprietários, potenciais empregadores, magistrados e formadores de opinião que aludiam aos projetos nacionais de preparo dos futuros cidadãos, o aviltamento da liberdade dos pequenos trabalhadores sujeitos a tutelas, soldadas e modalidades semelhantes de trabalho contratado parcamente estabelecidas pela lei surgia em críticas ou denúncias de tom ora piedoso, ora indignado. Em contrapartida, o incentivo a estas mesmas práticas verifica-se não apenas nas notícias e discursos elogiosos que frequentaram as páginas dos jornais, mas na própria vitalidade destes mecanismos entre o final do século XIX e o início do XX. Os significados profundos que esses arranjos institucionais assumiriam nas vidas dos próprios trabalhadores menores de idade e de suas famílias, entretanto, não poderiam ser mapeados apenas pelo exame das considerações dos operadores e produtores da lei, ou da camada proprietária que se beneficiou de expedientes legais e práticas informais que permitiam a arregimentação da mão de obra de crianças e jovens de variados matizes de pobreza. A investigação detalhada das condições em que se deram tais arranjos de trabalho poderá aclarar os efeitos sentidos pelos próprios trabalhadores em questão, bem como sua inserção num quadro ampliado e complexo de práticas de trabalho livre no fim do século XIX. É a esta tarefa que se dedicará o próximo capítulo.

Uma pequena notícia de jornal de 1883 encontrada nas páginas do *Correio Paulistano*, entretanto, talvez possa, a propósito de encerramento algo melancólico, apresentar em termos menos normativos e mais práticos os efeitos produzidos pelo "escandaloso sistema" denunciado por Luiz Gama nas vidas cotidianas dos meninos e meninas desvalidos.[124] Evocando, de forma quase alegórica, as malsinações apontadas pelo notável advogado provisionado – e valendo-se, decerto, da retórica inflamada dos opositores de soldadas habitualmente encontrada na imprensa –, a nota reportava-se a um comunicado recebido da vila de Araçariguama, vizinha à capital, onde

---

24 set. 2016; STANLEY, Amy Dru. *From bondage to contract: wage labor, marriage and the Market in the age of slave emancipation.* Cambridge: Cambridge University Press, 1998.

124 Cf. APESP – Juízo de Órfãos, Autos de tutoria, lata C05455, documento 9206, 1881.

244   Marília B. A. Ariza

residia um menor instado por seu tutor a comparecer à vila de Cotia, então jurisdição do Juízo de São Paulo. Segue sua transcrição:

> Na madrugada do dia 25 do corrente mez, no sitio denominado – Cumbe ou Cumem do municipio desta villa, deu-se um incidente contristador e ainda mais por sua originalidade. Um menino de 13 a 14 annos de idade, orphão de pai e mãi, teve ordem de seu tutor para se apresentar na villa da Cotia, onde se achava: o menino mostrou má vontade ao receber a intimação; mas, ou com tenção de obedecer ou por ardiloso, declarou ao seu conductor que o acompanharia. Era noite, e o infeliz apromptou sua roupa; e, em vez de acondicional-a para a viagem, distribuiu-se aos irmãos, bem como sua roça de milho, etc. Aquella hora, sendo o primeiro que sahiu ao terreiro da casa, ouviram o estampido de um tiro, que não fez muito echo, e um brado – Me acudam; o infeliz menino já era cadaver. A carga de chumbo entranhou-se pelo diafragma do lado direito e perto do ventricolo, e varou por entre a espinha dorsal e homoplata. A autoridade policial procedeu a corpo de delicto, sem demora, apprehendendo a espingarda que foi de antemão preparada pelo suicida, amarrando um cadarço vermelho sobre o gatilho da arma para, com o pé, fazel-a disparar. Araçariguama, 29 de novembro de 1883.[125]

---

125 Cf. BN-HDB – *Correio Paulistano* – Sessão *"Daqui e d'ali"*, sem título, p. 02, 04.12.1883.

4.
Tramas do contrato

No final de janeiro de 1888, três meses apenas após procurar a Santa Casa de Misericórdia de São Paulo *"pedindo uma exposta para morar em sua companhia e educal-a"*, o Dr. Eugenio da Silva acorreu ao Juízo de Órfãos. Renunicava, então, aos direitos e responsabilidades antes adquiridos sobre a menor Olympia, que se encontrava fugida de sua casa. Antes da debandada, a pequena, identificada como parda e filha da também parda Emília de tal, fora-lhe cedida pelo distinto provedor da Misericórdia, Rafael Tobias de Aguiar Paes de Barros, por estar *"em idade de ser tutellada, a fim de se achar conveniente dal-a tutella daquelle Senhor (..)"*[1]. Sobre o destino de Olympia, após sua escapulida, nada se sabe, assim como nada informam os autos sobre o momento em que os vínculos com sua mãe, apenas corriqueiramente mencionada, foram rompidos. É possível que Emília tivesse falecido após o parto de sua filha no Hospital de Misericórdia, que àquela época atendia a grande quantidade de parturientes pobres e negras. Não tendo quem mais por ela

---

1   Cf. APESP – Tribunal de Justiça de São Paulo, lote 201006003491, *Contrato a soldada*, 1887. Até 1896 a Santa Casa de Misericórdia mantinha um asilo de expostos em suas dependências, onde eram abrigados os órfãos de mulheres falecidas no hospital de caridade ou as crianças abandonadas após o nascimento na mesma instituição. A partir desta data, diante da emergência do sanitarismo e higienismo que condenavam a permanência de crianças nos ambientes insalubres da Misericórdia, o asilo foi transferido para a Chácara Wanderley, situada na região do Pacaembu, vindo depois a chamar-se Asilo de Expostos Sampaio Vianna em homenagem a seu mais entusiasmado proponente e primeiro diretor. KUHLMANN Jr, Moysés; ROCHA, José Fernando Telles da. Educação no Asilo dos Expostos na Santa Casa em São Paulo: 1896-1950. *Cadernos de Pesquisa*, v. 36, n. 129, 2006, p. 597-617.

se responsabilizasse, Olympia talvez tivesse ali permanecido, sem pais ou família, aos cuidados do asilo de expostos.[2] É possível, da mesma forma, que fustigada pela profunda pobreza que atingia boa parte da população na cidade, Emília tivesse entregado anonimamente sua filha aos cuidados da mesma instituição, esperando que assim tivesse melhor sorte do que vivendo em sua companhia.[3] É plausível, afinal, que depois dessa forçada separação, Olympia tivesse fugido justamente para reunir-se à sua mãe, como acontecia a outros tantos menores trabalhadores da cidade.

Se os descaminhos que separaram mãe e filha encontram-se obscurecidos na documentação judicial que alcança nossos dias, os vínculos que ataram, ainda que por curto tempo, as vidas de Olympia e Dr. Eugenio Silva, são elucidados pela justiça. À solicitação da tutela de "uma exposta" pelo mesmo Silva e à ulterior concessão da guarda de Olympia a ele feita pelo provedor da Santa Casa de Misericórdia, sucedeu-se a formalização do arranjo estabelecido por meio de um contrato de soldada, cujos termos foram determinados pelo juiz depois de emitido parecer do curador-geral de órfãos. Destarte, ficou acertado entre curador e contratante que

> (...) Dr Eugenio Silva recebe em sua casa a orphan Olympia, parda, filha de Emilia de tal, para prestar-lhe os serviços domesticos compativeis em suas habilitações, pelo tempo de 3 annos, obrigando-se a, alem de sustental-a, vestil-a cural-a, quando doente, pagar por aquelles serviços, no 1º anno a rasão de 5$ por mês, no 2º anno a

---

2   MESGRAVIS, Laima. *A Santa Casa de Misericórdia de São Paulo (1599?-1884): contribuição ao estudo da assistência social no Brasil*. São Paulo: Conselho Estadual de Cultura, 1976 (Coleção Ciências Humanas, 3). Durante toda a década de 1880 e 1890, são frequentes nos jornais os anúncios de eventos beneficentes feitos em prol da construção e dos melhoramentos da maternidade da Santa Casa, bem como as campanhas tocadas por ligas de senhoras da elite paulistana que objetivavam levantar fundos para o mesmo fim.

3   Sobre a pobreza urbana em São Paulo entre o final do século XIX e o início do XX, ver: PINTO, Maria Inez Machado Borges. *Cotidiano e sobrevivência: a vida do trabalhador pobre na cidade de São Paulo, 1890-1914*. São Paulo: Edusp: Fapesp, 1994; SANTOS, Carlos José Ferreira. *Nem tudo era italiano: São Paulo e pobreza (1890-1915)*. São Paulo: Annablume/Fapesp, 2008.

Mães infames, filhos venturosos

> rasão de 6$, e no 3º anno a rasão de 8$ por mês, pagando adianta-
> mente a importancia de cada trimestre, que exhibirá neste cartorio
> para ter o destino legal; e se dentro de oito dias depois do começo
> de qualquer trimestre não effectuar o pagamento adiantado (...)
> será mais obrigado a pagar a multa de 20$. E de como assim ajusta-
> ram e declararam, lavrei este termo (...).

Chama a atenção, no caso do agenciamento do trabalho de Olympia, o recurso feito pelo contratante a uma instituição asilar como repositório de mão de obra infantil. Conquanto esta prática tenha sido apontada por estudiosos da assistência social como rotineira, entre os contratos de trabalho e as tutelas de menores de idade formalizados pelo Juízo de Órfãos da cidade de São Paulo, raríssimos são os que apontam o recurso a instituições do tipo após a década de 1850 – são, precisamente, apenas dois, incluindo-se aí aquele envolvendo os serviços da própria Olympia.[4] Afora essa peculiaridade, entretanto, o contrato dos serviços em questão é bastante representativo das configurações assumidas pela arregimentação formal da mão de obra de menores nas décadas finais do século XIX. Como visto no capítulo anterior, é entre as décadas de 1880 e 1890 que se amonta a mais expressiva quantidade de registros de trabalho de crianças e jovens contratados na cidade (capítulo 3, Tabela 1, p. 235). Nesse momento, os contratos localizados assumem contornos bastante assemelhados ao arranjo dos serviços de Olympia no que diz respeito à definição de valores de soldadas, frequentemente progressivos, ao compromisso de depositá-los periodicamente na Caixa Econômica da província e às multas implicadas pela ausência de pagamento. A provisão de vestimenta, a alimentação e os cuidados básicos com a saúde dos menores igualmente frequentam a maior parte dos contratos do tipo. Comuns ainda, embora não infalíveis, são as referências ao período de vigência do contrato.

Esse modelo convencional de contratos de trabalho de menores de idade assalariados, somente aptos a recolher os proventos de seus serviços quando atingissem a maioridade, não se encontrava minuciosamente defini-

---

4   A respeito do agenciamento da mão de obra de crianças institucionalizadas, ver, entre outros: MARCÍLIO, Maria Luiza. *História social da criança abandonada*. São Paulo: Hucitec, 1998.

do por nenhum manual jurídico ou orientado por qualquer jurisprudência. Associadas a uma escassa produção legislativa relativa ao tema do trabalho de menores de idade gerada ao longo do século XIX, as Ordenações Filipinas foram o solo onde essa modalidade de arregimentação de trabalho deitou suas raízes. Esses códigos, entretanto, pouco regularam os mecanismos processuais de contratação da mão de obra de meninos e meninas desvalidos. À exceção de breves disposições acerca da idade mínima para a contratação dos menores e dos serviços a que deveriam ser prioritariamente destinados, da responsabilização de juízes pela atribuição dos valores das remunerações devidas, bem como das brechas apresentadas aos contratantes para a não remuneração de menores a quem fosse oferecida educação na leitura e escrita, as minúcias dos arranjos de trabalho ficavam a cargo da negociação entre as partes contratantes.[5] No arranjo desigual de poderes envolvendo operadores da lei, menores trabalhadores, suas famílias e seus contratantes, tais negociações assumiam caráter francamente desigual.

Os parâmetros legais evasivos que regulamentavam a prática do engajamento do trabalho de menores de idade redundaram num conjunto diversificado de arranjos mais ou menos aproximados de formas estritas de contratação por soldada. Na capital da província, os arranjos formais de trabalho envolvendo pequenos assalariados ajustaram-se a limites característicos deste tipo de contrato a partir de uma série de adaptações havidas ao longo do século e culminantes em seus momentos finais, à época do acirramento das tensões em torno da abolição e do pós-abolição. O abandono de determinadas fórmulas e propósitos, como o da aprendizagem de ofícios artísticos, assim como a renúncia à exigência da apresentação de fiadores pelos contratantes dos serviços dos menores, foram pareados pela delimitação mais significativa de critérios raciais e o apelo a justificações morais que deram o tom e a cara definitiva às soldadas em sua "era dourada"[6]. Uma relação de

---

5   Ordenações Filipinas, Livro 4º, Título 31. <Disponível em: http://www1.ci.uc.pt/ ihti/proj/filipinas/l1p212.htm>. Acesso: 12.12.2019. O restante das disposições das Ordenações Filipinas aplicáveis aos menores assoldadados, além de genéricas, referiam-se amplamente a todo o conjunto de criados e trabalhadores empobrecidos sujeitos à legislação, inclusive os adultos.

6   O decreto nº 1.237, expedido em setembro de 1864, dispunha sobre as *hypothecas legaes especialisadas*, entre quais se incluía a das tutelas, que deveria lastrear, por meio de um

Mães infames, filhos venturosos   249

talhada dos arranjos de trabalho envolvendo crianças e jovens formalizados pelo Juízo de Órfãos municipal, ao longo do século XIX, mostra-se útil para aclarar a compreensão sobre políticas de formalização de vínculos de trabalho estabelecidos, desde há muito, no campo da informalidade.

Tutelas e soldadas: formas, normas e desvios

Não apenas os contratos de soldada prestaram-se, ao longo do século XIX, à arregimentação formal de pequenos trabalhadores em São Paulo e outras paragens do Império. Embora não mencionando explicitamente o aproveitamento dos serviços de menores de idade, também as tutelas serviram a este fim, estabelecendo-se como expedientes recorrentes para a obtenção da mão de obra de jovens e crianças empobrecidas, conforme ressaltam diversos estudiosos do tema. Na cidade de São Paulo, segundo argumenta Gislane Campos de Azevedo, a distribuição de tutelas de menores empobrecidos era resultado da paulatina transformação das atribuições do Juízo de Órfãos municipal; ocupado, a princípio, com a curatela e a administração de espólios de menores herdeiros, o órgão passava, na segunda metade do século XIX, à instância agenciadora de mão de obra de pequenos desvalidos.[7]

De fato, os autos de tutela produzidos no Juízo de Órfãos de São Paulo documentam vastamente sua utilização como expediente de extração de trabalho de crianças pobres. Amparados por discursos de tom afetivo, em que demonstravam consternação pelas miseráveis circunstâncias de meninos e meninas orfanados, depauperados, e sobretudo filhos de mães viciadas e

---

fiador, a idoneidade do tutor e assegurar o adequado encaminhamento dos bens do tutelado. A partir da década de 1870, as menções a hipotecas e fiadores são abolidas das soldadas, muito provavelmente porque, em se tratando de menores empobrecidos, não possuíam bens a serem assegurados. A última referência a fiadores encontradas nos contratos de soldada data de 1874. Cf. Decreto nº 1.237 de 24 de setembro de 1864. <Disponível em: http://www2.camara.leg.br/legin/fed/decret/1824-1899/decreto-1237-24-setembro-1864-554789-publicacaooriginal-73725-pl.html>. Acesso: 12.12.2019.

7   AZEVEDO, Gislane Campos. *De Sebastianas e Geovannis: o universo do menor nos processos dos juízes de órfãos da cidade de São Paulo (1871-1917).* 181f. Dissertação (Mestrado em História). Pontifícia Universidade Católica, São Paulo, 1995.

imorais, afirmando o intuito de ampará-los e protegê-los, tutores logravam arrebanhar para seus domínios mão de obra útil e barata. Ainda que evocassem em termos genéricos o nobre compromisso de educar, proteger e prover a subsistência dos tutelados, pleiteantes ao cargo de tutor recorrentemente salientavam em suas solicitações a "educação em ofícios" ou "educação doméstica" dos menores, ou ainda se referiam de forma breve a ocupações como "cuidar ou brincar com crianças". De maneira mais explícita, alguns peticionários mencionavam a disponibilidade de dar aos menores "profissão honesta" e mesmo de remunerá-los no futuro, sem que qualquer desdobramento da relação tutelar em contrato de trabalho fosse mais tarde mencionado nos autos. Esses códigos, que indiretamente delatavam a apropriação da força de trabalho dos menores, eram corriqueiramente validados por autoridades públicas despreocupadas em assegurar para os pequenos e jovens trabalhadores arranjos remunerados de serviços.

Com alguma regularidade, no entanto, tutelas solicitadas e concedidas eram acompanhadas de contratos de soldada, realizados, de modo geral, por designação de curadores e juízes de órfãos. Os autos de tutela do menino Braz, de idade não identificada, são exemplo explícito de como os códigos para a apropriação indireta da mão de obra de meninos e meninas empobrecidos na cidade eram amplamente conhecidos – e poucas vezes contrariados. Em 1893, José de Araújo Leite solicitava ao Juízo tornar-se tutor formalmente constituído de Braz, órfão de pai e filho de mãe residente na Estação Rio Grande da comarca de São Paulo. Tendo o menor em sua companhia há nove meses, Leite sujeitava-se, humildemente, "*a todo o onuz imposto pela lei*". Consultado, o curador-geral de órfãos ofereceu ao Juízo parecer categórico, recomendando, em lugar da tutela, ao assoldamento do menor: "*Sou de opinião que o menor seja assoldadado pelo supplicante, segundo as leis vigentes. Sera isso preferivel a ser elle tutellado; visto me parecer (...) que o supplicante quer auferir gratuitamente os serviços (...)*"[8].

Conforme apontado na Tabela 2, abaixo, o exame das tutelas sancionadas pelo Juízo de Órfãos corrobora a tendência, notada entre os arranjos de traba-

---

8   Cf. APESP – Juízo de órfãos, Autos de tutoria, lata C05457, documento 6010, 1893-1894.

lho explicitamente apresentados como tal (capítulo 3, Tabela 1, p. 235), de acúmulo nas décadas de 1880 e 1890. Cumpre observar, entretanto, que os dados relacionados nas tabelas se referem apenas às solicitações de tutela envolvendo crianças e jovens não possuidores de bens ou legatários de herança. Trata-se, desse modo, de menores de idade despossuídos e socialmente vulneráveis, colocados sob a guarda de terceiros, excluindo-se deste grupo: a) os menores de idade aos quais se atribuíam tutores para gerir seus bens, e b) os menores cuja curatela era disputada entre parentes, como pais, mães, avós e tios[9].

T2. Registros de tutelas de menores de idade despossuídos por década (São Paulo, 1840-1900)[10]

Décadas	1840	1850	1860	1870	1880	1890	1900
Registros	6	5	2	7	48	50	11
Total							129

Fonte: APESP, Juízo de Órfãos, 2015.

9 A metodologia de pesquisa, neste caso, adotou parâmetros distintos daqueles aplicados à busca por registros abertamente relacionados à arregimentação de serviços. Se, neste caso, diversas séries documentais foram vasculhadas em busca de indícios de formalização de arranjos de trabalho, no caso das tutelas apenas o conjunto intitulado "Autos de Tutoria", pertencente ao fundo Juízo de Órfão de São Paulo, foi inventariado de modo a compor-se uma amostra documental seriada. Essa opção metodológica explica-se pela dificuldade de definir-se, entre os diversos registros disponíveis, um tipo documental específico que caracterizasse as relações tutelares. Muitos são os documentos indiretamente referidos à guarda de menores de idade na cidade de São Paulo ao longo do século XIX, e as referências a essas relações surgem em circunstâncias bastante diversas, como em solicitações de apreensão de menores, pedidos de emancipação para casamento ou disputas entre familiares. Dado o caráter fragmentário desses vestígios de relações tutelares, que não poderiam ser recompostas em sua integralidade, optou-se por utilizá-los somente de forma qualitativa nos capítulos do livro.

10 O recorte temporal apontado no título desta e das demais tabelas relativas a tutelas refere-se ao período delimitado pela localização de contratos de trabalho junto aos autos do fundo Juízo de Órfãos do APESP. A despeito desse recorte ampliado, não foram localizados registros formais de tutela de menores despossuídos antes da década de 1840 e após a década de 1900.

Desse conjunto de tutelas, 48 foram convertidas ao longo dos autos em contratos de trabalho, assumindo formas cambiantes ao longo das décadas, como se verá à frente. Para fins de quantificação, esses casos foram incorporados ao conjunto dos registros de contratação de menores de idade referidos na Tabela 3, no capítulo anterior. As 81 tutelas restantes (Tabela 5, p. 283), ainda que não assumindo a forma de arranjos de trabalho explicitamente definidos em contrato, mencionam com frequência o emprego da mão de obra dos menores tutelados, fazendo para tanto recurso aos aludidos códigos indiretos para a apropriação de seus serviços. São tutelas judicialmente formalizadas unindo sujeitos descritos como proprietários, negociantes e empregados no comércio, profissionais liberais e funcionários públicos a menores de idade com quem, frequentemente, já tinham alguma relação pregressa de curatela informal. Com efeito, na maior parte das solicitações de tutela, os requerentes já tinham os menores vivendo em sua companhia, eram empregadores, senhores ou antigos senhores de suas mães. Havia, ainda, os casos de tutelas arranjadas por intermédio das mães dos menores, examinadas em detalhe anteriormente, bem como de curatelas repassadas por tutores a seus conhecidos ou parentes. Não raro, as petições de tutela eram apresentadas ao Juízo por parentes dos menores que procuravam reavê-los do domínio irregular e exploração de terceiros.[11]

T3. Registros de tutelas de menores de idade despossuídos por década e sem soldadas (São Paulo, 1840-1900)*

Décadas	1840	1850	1860	1870	1880	1890	1900
Registros	6	1	1	7	31	27	8
Total							81

Fonte: APESP, Juízo de Órfãos, 2015.

* Números aproximados

---

11 As 129 tutelas distribuem-se da seguinte maneira no que tange às relações pregressas entre candidatos a tutores e tutelados: 56 pleiteantes tinham relações de tutela informal com os menores, frequentemente sendo senhores ou ex-senhores de suas mães; 28 tutelas são solicitadas por parentes, que desejam retirar os menores do domínio informal de terceiros; 5 tutelas são solicitadas pelos próprios menores; 5 são solicitadas por parentes ou conhecidos de tutores anteriores; 4 tutores são indicados pelas mães dos menores. Finalmente, há 31 casos para os quais não existe menção a qualquer relação pregressa entre tutores e tutelados.

A sobreposição das finalidades dadas a tutelas e contratos de soldada e o recurso comum a ambos, especialmente na segunda metade do século XIX, fizeram com que esses mecanismos fossem tratados de maneira indistinta pela literatura relativa ao tema do trabalho de menores de idade. De fato, fruto das evasivas balizas legais que regulavam sua utilização na prática social, as confusões entre esses expedientes diversos se expressam com frequência na própria documentação judicial. O negociante Manoel Pinheiro Guimarães, por exemplo, requeria em 1895 que a tutela de Antônio, menor de dez anos e que há cinco encontrava-se em sua companhia, fosse formalizada pelo Juízo. Justificando seu pedido, Guimarães afirmava *"ter ganhado afeição"* ao menor que, sem pais ou parentes no Brasil, fora por ele sempre *"educado como filho"*; curiosamente, ao encerrar sua petição *"obrigando-se a tratar o menor com os cuidados e carinhos de um bom pai de família"*, o autonomeado pleiteante à tutela solicitava a concessão da soldada do menor.[12]

A despeito dos usos muito semelhantes dados a tutelas e soldadas, porém, cumpre observar as particularidades das fontes – cada qual iluminando perspectivas diferentes dos descaminhos da formalização de protocolos do trabalho de menores de idade no Brasil do século XIX.[13] Integrando-se a um cenário cambiante de relações de trabalho proporcionado pelas pressões da emancipação, as tutelas mantiveram-se, do ponto de vista formal, relativamente inalteradas em sua diversidade. Concedidas em resposta a solicitações encaminhadas ao Juízo de Órfãos ou por recomendação de autoridades públicas, eram sempre justificadas pelo interesse de acolher menores desvalidos e orfanados. Legitimando judicialmente relações de agregação social

---

12 Cf. APESP – Juízo de Órfãos, Autos de tutoria, lata C05458, documento 6033, 1895.

13 De fato, as tutelas e soldadas têm sido abordadas pela literatura de forma relativamente indistinta, de modo que as particularidades de cada uma das fontes se perdem com frequência nas análises. Patrícia Geremias, que pesquisa os contratos de soldada celebrados no Rio de Janeiro no final do século XIX, tem chamado a atenção para a utilidade de analisar os contratos a fundo como parte da história social do trabalho livre. GEREMIAS, Patrícia Ramos. "Dê- se à soldada ao suplicante": a contratação de menores trabalhadores através do Juizado de Órfãos da cidade do Rio de Janeiro, 1877 – 1887". IV Seminário Internacional Mundos do Trabalho, Universidade Federal do Amazonas, Manaus, 2016. (Comunicação Oral).

que remontavam a práticas coloniais, as tutelas não desenharam, ao longo do período analisado, um padrão de formalização rigoroso ou marcadamente particular.[14] Os arranjos explícitos de arregimentação da mão de obra dos menores de idade, por seu turno, embora se concentrando nos mesmos períodos em que se verifica o acúmulo de tutelas, espelharam a aproximação dos protocolos do trabalho considerado livre a formas contratuais de arregimentação de serviços – processo inaugurado na primeira metade do século XIX, mas agudizado em suas décadas finais.[15] No limite, o abandono dos contratos de soldada, nas décadas iniciais do século XX, em contraposição à longevidade das tutelas denota, como se verá adiante, a vitória do imperativo da dependência sobre o trabalho de menores de idade no pós- abolição – ao menos na cidade de São Paulo, até a aprovação do Código de Menores, e notadamente no que diz respeito ao trabalho doméstico.

Assim como ocorreu às tutelas, a diversidade também marcou por algum tempo os arranjos formais de trabalho que recrutavam explicitamente os serviços de crianças e jovens na cidade de São Paulo. Ao longo do século XIX, esses arranjos assumiram formas e condições variadas, frequentemente identificando-se pelo nome genérico de "contrato de soldada".[16] Os 187 registros de arre-

---

14 A este respeito, ver: MARCÍLIO, Maria Luiza. *História social da criança...*, op. cit.; VENANCIO, Renato Pinto. *Famílias abandonadas: assistência à criança de camadas populares no Rio de Janeiro e em Salvador – séculos XVII e XIX.* CampinaS: Papirus, 1999.

15 Sobre a emergência da legislação de contratos individuais de trabalho, iniciada com as leis de locação de serviços de 1830 e 1837, ver: LAMOUNIER, Maria Lucia. *Da escravidão ao trabalho livre: a lei de locação de serviços de 1879.* Campinas: Papirus, 1988; LIMA, Henrique Espada. Trabalho e lei para os libertos de Santa Catarina no século XIX: arranjos e contratos entre a autonomia e a domesticidade. *Cadernos AEL*, v. 14, n. 26, 2009.

16 Conforme indicado anteriormente na Tabela 3, o exame extensivo de diversas séries documentais do Juízo de Órfãos da cidade, permitiu a localização de 187 registros de arregimentação explícita e formal de trabalho de menores de idade distribuídos de maneira bastante desigual ao longo do século XIX. As séries examinadas, parte do fundo "Juízo de Órfãos de São Paulo" do APESP, são as seguintes: Autos administrativos; Autos de apreensão e depósito; Autos de contrato; Autos de diligência; Autos de petição; Autos de requerimento; Autos de tutoria. Para além desses acordos expressamente documentados, contudo, os autos indicam a existência de outros arranjos formais

gimentação formal de serviços de crianças e jovens, por sua vez, correspondem a um total de 156 menores recrutados entre as décadas de 1820 e 1910 – período delimitado pela localização de autos relacionados ao tema entre a documentação dos fundos pesquisados (Tabela 6, p. 285). A discrepância entre o número de arranjos formais de trabalho e o número de trabalhadores neles compreendidos explica-se pelo fato de haver menores engajados em mais de um contrato de trabalho, por vezes em décadas distintas, bem como pela existência de contratos que arregimentavam, de uma só vez, mais de um trabalhador. Um exemplo desse tipo de sobreposição encontra-se no caso da contratação dos irmãos Lindoro e Martinho, de 14 e sete anos, respectivamente. Em 24 de julho de 1888, João Mathias Coelho, negociante residente no "*aterrado de Sant'Anna*", procurou o auxílio do Juízo de Órfãos para manter em sua companhia os menores de idade, filhos ingênuos de Felisarda – a quem Coelho, passados mais de dois meses desde que fora sancionada a lei de 13 maio, ainda se referia como "*sua escrava*". Num só esforço jurídico, com a anuência do curador-geral de órfãos, Coelho contratou os dois à soldada, comprometendo-se a oferecer-lhes "*comida, roupa e tratamento na enfermidade*", pagando a Lindoro a quantia de 72 mil réis anuais, correspondentes a seis mil réis mensais semestralmente depositados em uma caderneta aberta em seu nome na Caixa Econômica provincial. Quanto a Martinho, muito embora já se encontrasse em idade suficiente para ser adequadamente remunerado, segundo dispositivos das Ordenações Filipinas, o contratante pleiteava que o juiz somente lhe discriminasse uma soldada "*quando* [ele] *pudesse prestar serviços*". Pedido negado, o juiz determinou para seus vencimentos a soma anual de 12 mil réis, correspondentes ao minguado valor de mil réis mensais.[17]

O caso de Guilhermina, por sua vez, exemplifica a ocorrência de menores engajados em mais de um contrato ao longo dos anos. Filha do finado

---

que, tendo sido também celebrados judicialmente ao longo do século XIX, surgem indiretamente mencionados em processos envolvendo disputas de guarda ou novas contratações dos menores. Esses casos, embora consistam num reduzido e lacunar apanhado de referências, indicam, interessantemente, que o universo da formalização do trabalho de menores de idade parece ser ainda mais amplo do que permitem supor os contratos integralmente recuperados pela pesquisa.

17   Cf. APESP - Juízo de Órfãos, Autos de Tutoria, lata C05456, documento 8637, 1888.

Bento José de Siqueira e de sua esposa Policena Maria da Conceição, contando então 14 anos, a menor fora contratada em 30 de abril de 1874 pelo comendador Joaquim Fernandes Coutinho Sobrinho. Este se comprometia a mantê-la consigo pelo prazo de três anos, além de *"dar-lhe alimentação, vistuario e curativo em caso de molestia, a mandar lhe ensinar a ler e escrever, a não consentir que a orphã saia á rua sem ser em cia de sua familia"*. Embora omitisse quaisquer referências diretas ao empenho de serviços devido por Guilhermina em troca do tratamento prometido, o comendador Coutinho compromissava-se ainda com o encargo de *"pagar-lhe a soldada mensal de 5$ no primeiro anno; de sete mil reis no segundo anno, e de 9$ no terceiro e ultimo anno"*. Passados pouco mais de um ano e meio da celebração do contrato, em dezembro de 1875, o mesmo comendador retornava ao Juízo solicitando, sem maiores esclarecimentos ou justificativas, que o compromisso fosse encerrado *"por não lhe convir mais ter a menor em sua companhia"*. Nos dois meses passados entre a desistência dos serviços do primeiro contratante de Guilhermina e o aparecimento de um novo interessado em contratá-la, nada se registrou sobre o paradeiro e as circunstâncias em que vivia a menor. Para onde teria ido Guilhermina quando fora "devolvida" ao Juízo pelo comendador Cunha? Os autos voltam a registrar seus passos quando, em fins de fevereiro de 1876, Antonio Augusto Rodrigues de Vasconcellos comprometeu-se judicialmente como novo contratante dos serviços de Guilhermina, que então contava 16 anos de idade, oferecendo-lhe

> (...) necessaria educação, isto é, o ensino dos serviços domesticos, vestil-a decentemente e proporcionar-lhe o tratamento em caso de molestia pagando-lhe no primeiro anno a soldada na rasão de 3$000 mensaes, e do segundo anno em diante o que fôr compactivel com os serviços prestados pela dita orphã.[18]

Guardadas eventuais particularidades, casos assemelhados a esses redundam na discreta desconformidade entre o número total de arranjos formais localizados pela pesquisa e o número de trabalhadores arregimen-

---

18   Cf. APESP - Tribunal de Justiça de São Paulo, *Contrato a soldada*, lata 201007000209, 1874.

tados pelos mesmos arranjos[19]. Repetições e multiplicações de menores nos contratos, embora apresentadas em números relativamente pequenos para a amostra total, espelham a vulnerabilidade social e a ampla utilidade dos mesmos como trabalhadores urbanos em São Paulo. Submetidos ao controle de diferentes contratantes ao longo de suas vidas, estas crianças e jovens circulavam no mundo do trabalho citadino sendo, ao mesmo tempo, amparados e empregados em estruturas de domínio particulares publicamente chancelados pela justiça.

Mesmo admitindo que os registros judiciais não deem conta da totalidade dos menores empobrecidos trabalhadores da cidade no correr do século XIX, sabendo-se que grande parte deles permaneceu relegada aos domínios da imperiosa informalidade, e considerando-se, ainda, perdas e extravios que costumam acometer a todo tipo de arquivo histórico, parece relevante acompanhar as tendências delineadas pela distribuição dos registros localizados, tratando-os como indícios da crescente opção pela formalização das relações de trabalho envolvendo menores de idade no período. O acúmulo de notas de arranjos formais acompanha, de modo geral, o avançar das décadas. Entre o início do Oitocentos e o começo do século XX, contudo, o número de registros localizados desenha trajetória acidentada. O único registro produzido na década de 1820 localizado pela pesquisa indica as longas distâncias percorridas entre formas fluidas de arregimentação judicial de trabalho e os contratos de soldada com protocolos mais consistentes praticados nas décadas finais do século XIX.

---

19 Há, na documentação coligida, um total de 24 menores cujos serviços são arregimentados por mais de um contratante. Desse total, 21 menores têm seus nomes associados a dois contratos; 2 menores têm seus nomes envolvidos em 3 contratos e, finalmente, um menor é contratado em 4 oportunidades diferentes. No tocante aos "contratos múltiplos", ou seja, aqueles que arregimentam a mão de obra de mais de uma criança ou jovem, tem-se a seguinte situação: 5 contratos engajam 2 menores; 1 contrato arregimenta 3 e outro arregimenta, ao mesmo tempo, 4 pequenos trabalhadores.

T4. Menores de idade contratados no período analisado
(São Paulo, 1820-1910)[20] * **

Décadas	1820	1830	1840	1850	1860	1870	1880	1890	1900	1910
Registros	1	-	3	20	4	7	54	43	20	4
Total										156

Fonte: APESP, Juízo de Órfãos, 2015.

* Incluídos todos os menores contratados em cada década, excluídas as repetições no mesmo período. / ** Números aproximados

Como se observa nos autos de 1828, que iniciam a discussão do capítulo anterior, os serviços do pequeno Miguel são auferidos como retribuição à educação religiosa e ao ensino de ofícios a ele oferecidos, além da proteção contra os maus-tratos que o mesmo alegadamente sofria em companhia da mãe. A arregimentação de sua força de trabalho, assim, aproximava-se de um campo ainda alargado de práticas caritativas informais como a adoção de "filhos de criação", fortemente marcados por noções paternalistas de proteção e agregação social[21]. Afora as menções genéricas à educação e cuidados devidos, não há quaisquer delimitações do que seriam os compromissos do empregador de Miguel, e nada que remeta, ainda que remotamente, a práticas salariais e obrigações contratuais, por exemplo.

Comparadas a esses autos, as soldadas das décadas finais do XIX apresentam-se como modelo mais bem-acabado de arregimentação contratual

---

20 Observe-se, ainda a respeito da relação entre número de contratos e número de contratados, que a Tabela 4 se refere ao total de trabalhadores menores de idade formalmente arregimentados ao longo do período delimitado, excluindo as eventuais repetições de um mesmo menor contratado mais de uma vez em décadas diferentes. O Apêndice B (p. 455) aponta a quantidade de menores arregimentados em cada década, incorporando as citadas repetições. Este é o caso de dois menores de idade contratados na década de 1890 que já haviam sido engajados em outros contratos na década de 1880, além de um menor na década de 1910 que já havia sido arregimentado em outro contrato na década de 1890. A ínfima discrepância nos números totais informados por cada uma das tabelas não altera de forma significativa seus resultados, indicando, apenas, a existência de duas repetições de um mesmo menor contratado na mesma década em 1890 e uma em 1910.

21 Cf. APESP - Juízo de Órfãos, Autos de diligência, lata C05336, documento 01, 1828.

de trabalho tutelado. É fato, não obstante, que, ao longo do século, os discursos sobre a caridade dos empregadores e seu compromisso com o bom encaminhamento moral dos seus empregados continuamente alicerçaram o recrutamento da mão de obra dos menores de idade. É verdade, também, que as condicionantes impostas aos contratados implicaram por todo esse tempo a franca exploração dos mesmos. Assim, embora respeitando, de modo geral, um formato protocolar e comum, os contratos de soldada celebrados a partir da década de 1880 padronizavam e legitimavam um sistema de extração de trabalho que pouco se diferenciava, na prática, de seus correlatos informais de origem colonial.

Não foram localizados pela pesquisa quaisquer registros formais de trabalho de menores de idade, durante a década de 1830, e apenas cinco deles produzidos na década de 1840 foram encontrados. A esse quadro de escassez de formalização, no entanto, segue-se um significativo aumento de contratos registrados na década de 1850 – 26 no total. Os arranjos formais localizados para as décadas de 1840 e 1850, embora igualmente distanciando-se da fluidez do contrato de 1828, referem-se massivamente ao aproveitamento da mão de obra de menores oriundos de instituições asilares, expostos da Santa Casa de Misericórdia e, principalmente, meninos educandos do Seminário de Sant'Anna. Tal tendência não se repete – pelo contrário, praticamente se extingue – nas décadas seguintes. Os anos 1840, por exemplo, embora respondam por cinco arranjos formais de trabalho, envolvem apenas três menores contratados, todos eles educandos do Seminário, sendo que um é ainda identificado como exposto da Misericórdia. Na década de 1850, quando 21 menores tiveram seus serviços formalmente arregimentados, 11 foram buscados por seus contratantes no Seminário de Sant'Anna, e um teve seus serviços alugados pela mãe à Associação de Benefícios Mútuos Protetora da Família, sediada no Rio de Janeiro.

Os três meninos envolvidos em arranjos de trabalho formalizados pela justiça em 1840 foram contratados como aprendizes do ofício comercial – alcunha para a função de caixeiros. No caso dos 21 menores formalmente arregimentados nos anos 1850, quatro foram contratados como caixeiros e outros seis como aprendizes em oficinas de alfaiataria, chapelaria, marcenaria e serigaria. A qualidade dos serviços contratados e a condição de aprendizes é, justamente, uma das características marcantes que distinguem os arranjos dessas décadas do formato protocolar consagrado a partir de 1880.

Embora a especificação dos serviços contratados não seja predominante nos arranjos formais localizados, as referências à condição de aprendizes e ao engajamento dos menores nas lides do comércio e prestação de serviços especializados urbanos são significativamente mais frequentes entre as décadas de 1840 e 1850. À parte o fato de ser infrequente nas décadas seguintes, a condição de aprendiz guarda ainda outras particularidades que distinguem esses arranjos de serviço, especialmente no que diz respeito à remuneração. Costumeiramente, sob o argumento de que consistiam no período de instrução fundamental nas especificidades do ofício, os primeiros anos de prestação de serviços não eram remunerados ao menor aprendiz. Antes desse período, entendia-se que o trabalho executado pelo menor seria recompensado com a própria educação nos misteres profissionais e as despesas feitas com a manutenção elementar dos trabalhadores – alimentação, vestimenta e, eventualmente, tratamento médico.

O colono Samuel Haberstich, de 17 anos de idade, por exemplo, tendo sua passagem de vinda da Europa custeada por João Pedro Schmidt em 1856, viu-se engajado num arranjo de trabalho como aprendiz de chapeleiro na fábrica de seu credor por três anos, "*ganhando durante este tempo sustento e roupas e o importe da passagem*"[22]. O menor Theodoro Martins Cardoso, a cujo contrato de aprendiz de caixeiro se aludiu no capítulo anterior, foi empregado em 1856 por Miguel Joaquim de Sousa Magalhães, proprietário de "casa de negócio de molhados, louças finas e cristais", sob as seguintes condições:

> Durante os dois primeiros annos do contracto o proponente dava a seo caixeiro alimentação, vestuario, calçado, tratamento em decorrência de molestia, e o ensino relativo a sua profissão commercial, insino pratico, sem direito a indemnisação alguma: o menor durante esse tempo deve prestal-o seos serviços gratui-

---

22 Cf. APESP, Juízo de Órfãos - Autos de requerimento, lata C05446, documento 13193, 1856.

tamente, para que o tutor e o Juiso devem prestar ao amo todo o auxilio preciso.[23]

Nos primeiros anos de prestação de serviços, assim, Theodoro não receberia qualquer paga além da essencial subsistência e das lições da profissão comercial. Passado este estágio inicial, quando então tivesse atingido a idade de 15 anos, venceria a soldada anual de 100 mil réis, contando ainda com alimentação, roupas e tratamento "nas moléstias leves" garantidos por Magalhães, seu contratante. Na eventualidade de o menor caixeiro contrair enfermidades mais severas, porém, o contrato protegia seu empregador de maiores prejuízos, assegurando que "*o Juiso providenciará durante esse tempo sobre meio de suprir as dispesas causadas pela occurrencia de molestia grave*".

A declaração mais inequívoca sobre a presunção generalizada do valor pífio dos serviços prestados por aprendizes nos primeiros anos de trabalho, entretanto, vem da pena não de um peticionário, mas do juiz de órfãos que, em 1856, deliberou acerca da contratação dos menores Felizardo Antonio, Joaquim Bueno do Amaral e Innocencio Antonio Figueiró. Educandos do Seminário de Sant'Anna, os meninos eram objeto de solicitação de soldada apresentada por Antonio Ribeiro de Miranda, que pretendia emprega-los em sua "*Yndustria de Serigaria*". A proposta feita por Miranda ao Juízo e ao diretor do Seminário contemplava a prestação de serviços pelos menores pelo prazo de quatro anos, "*durante os quaes se encarregaria* [Miranda] *de sustental-os, vestil-os, e cural-os por occasião de moléstia sem pagamento de salário por ser durante esse tempo aquelles encargos sufficientes para compensar o trabalho que puderem fazer os mesmos menores*"[24]. Consultado para avaliar se eram com justas as condições de arregimentação da mão de obra dos três educandos, seu tutor acedeu à oferta de Magalhães. O juiz de órfãos, de sua parte, respondeu com ponderações que não apenas sublinhavam a desvalorização do trabalho oferecido pelos órfãos, como também indicavam o pouco empenho com que o Estado e os representantes por ele apontados zelavam pelos interesses de

---

23 Cf. APESP, Juízo de Órfãos - Autos de contrato, lata C05358, documento 16, 1855-1856.

24 Cf. APESP, Juízo de Órfãos - Autos de petição, lata C05426, documento 8897, 1856.

menores naquela situação. Não obstante o fato de reconhecer que, após certo tempo de prestação de serviços, um menor teria já aprendido o ofício que se lhe pretendesse ensinar, o juiz não enxergava a necessidade de empecilhar a proposta injusta apresentada por Magalhães, preocupando-se mais com a apresentação de um fiador pelo contratante:

> Ignoro que tempo será necessario para um menino de mediana habilidade ficar perito no officio do proponente pareccendo me alias que no fim de dois ou tres annos já um apprendiz pode fazer serviço de algum valor, em cujo caso teria logar um vencimento (...). Entre tanto não insisto nesta observação, e somente requeiro que na celebração do contracto, que deve ser também assignado pelo tutor, intervenha fiador reconhecidamente abonado, nos termos da ordem (...).

Afora os contratos de aprendizagem, que arregimentavam sempre o serviço de meninos pobres e majoritariamente advindos do Seminário de Sant'Anna, outros arranjos, distanciados das formas características que definiam os vínculos estabelecidos para o aprendizado de ofícios especializados, foram registrados pelo Juízo de Órfãos entre as décadas de 1840 e 1850 em São Paulo. Antonio Ribeiro de Miranda, por exemplo, o mesmo proprietário da fábrica de tecidos e serigaria acima citado, contratou, também em 1856, a "menor preta e impúbere" Maria Benedicta, de 10 anos, filha de Luís Melo, *"louco que se acha recolhido ao Instituto de Alienados, e de Anna Francisca, mulher ebria e de máu comportamento"*. No caso de Maria Benedicta, no entanto, os serviços contratados não diziam respeito ao treinamento nas lides da produção e comercialização de seda e outros tecidos. Afirmando que "receberia a menor em sua casa", comprometendo-se a *"fazer ensinal-a por sua mulher os talhos proprios de seu sexo e condição"*, Miranda aludia à arregimentação dos serviços domésticos da menor, estabelecendo para tanto o prazo de três anos, obrigando-se a dar-lhe *"vestuario, sustento, tratamento em molestias"*, além de pagar-lhe a soldada de mil réis mensais[25]. Num outro registro destoante dos contratos de aprendizagem praticados à época, Antonio Benedicto Palhares

---

25   Cf. APESP, Juízo de Órfãos - Autos de tutoria, lata C05453, documento 12055, 1856.

Mães infames, filhos venturosos 263

solicitava ao Juízo a arregimentação formal dos serviços de Francisco de Paula das Chagas, de dez anos. Natural de São Bernando do Campo, filho de Maria da Cruz de Jesus, acusada de *"não ter meios de tratá-lo"*, o pequeno fora depositado em companhia do Reverendíssimo arcediago Fidelis José de Moraes. Desejando *"tirar Francisco ao poder do Arcediago"*, Palhares oferecia-lhe, também, sem se referir explicitamente aos serviços do menor, as seguintes condições de contratação: *"(...) primeira pagar-lhe mensalmente 3 mil réis, segunda dar lhe de comer e tratar-lo em susas enfermidades, terceira dar-lhe a competente educação".[26]*

O fechamento do Seminário de Sant'Anna, em 1864, talvez ajude a explicar o decréscimo nos vestígios de contratação formal de crianças e jovens que veio a suceder o relativo acúmulo de registros na década de 1850. As décadas de 1860 e 1870 contam, respectivamente, com cinco e oito registros, nenhum deles referindo-se a menores oriundos desta ou de quaisquer outras instituições asilares[27]. Pode-se especular, nesse sentido, que os arranjos informais de serviços cotidianamente prestados por meninos e meninas na cidade tenham conformado uma regra geral, a que escapavam os contratos dos menores institucionalizados, já entrados na malha de assistência social e arregimentação de trabalho que envolvia formalmente Estado e particulares[28].

---

26 Cf. APESP, Juízo de Órfãos - Autos de requerimento, lata C05446, documento 8896, 1859.

27 Em 1864, o Seminário de Sant'Anna foi transformado em Liceu de Artes e Ofícios. Dedicado, como indica seu nome, à formação de jovens artífices, o Liceu contava com programa de aulas e rotina de exercícios em oficinas, oferecendo, em tese, uma formação profissional mais extensa, expandido as vocações do Seminário que atuava, basicamente, como depósito de reserva de mão de obra não qualificada. O Correio Paulistano publicou, à época, o regulamento para o novo instituto: Cf. BN-HBN – Correio Paulistano, *Rgulamento para o collegio de alunos artífices da cidade de S. Paulo*, p. 01, 02.07.1864. Sobre o ensino de ofícios artesanais, ver: CUNHA, Luiz Antônio. *O ensino de ofícios artesanais e manufatureiros no Brasil escravocrata*. São Paulo: Editora UNESP, Brasília, DF: FLACSO, 2000.

28 Ressalve-se, porém, que três dos oito contratos celebrados na década de 1870 respondem pela internação dos irmãos libertos José, Maximiano e Theotonio na "Colônia Orphanologica São Paulo das Cachoeiras", anteriormente referida no capítulo três. Cf. APESP – Juízo de Órfãos, Autos de contrato, lata C05358, documento 6, 1878.

Entre os registros da década de 1860 e 1870, encontram-se duas menções à arregimentação de aprendiz de chapeleiro, e quatro referências a serviços domésticos. No que toca aos poucos arranjos de aprendizagem celebrados nessas décadas, a prática de remunerações extremamente baixas veio a substituir, em uma oportunidade, a ausência de pagamento nos primeiros anos de contrato, preservando-se, para tanto, a justificativa de que seria necessário instruir o menor nos ofícios negociados "até que o mesmo pudesse prestar adequadamente serviços". Essa premissa gerou bizarrias como o caso de João Pires de Alexandre Pedroso, filho órfão de Alexandre Pires Pedroso, contratado em 1862, aos 17 anos, como aprendiz de chapeleiro. Antes desse contrato, João estivera engajado em outros dois arranjos de serviços sancionados pelo Juízo de Órfãos no fim da década anterior. O primeiro, celebrado quando contava 12 anos de idade, em 1857, aproveitava seus serviços de criado por um ano e pela soldada anual de 24 mil réis, paga diretamente a seu pai, naquele momento ainda vivo. O segundo foi celebrado apenas sete meses depois do primeiro; diante do falecimento do pai de João, o contratante dos serviços do menor solicitava que o contrato fosse refeito, desta vez estabelecendo-se o prazo de quatro anos, a remuneração anual de 30 mil réis, correspondentes a dois mil e 500 réis mensais, e a finalidade de ensinar-lhe o ofício de marceneiro. Quando, enfim, João foi contratado derradeiramente em 1862, desta vez para tornar-se aprendiz de chapeleiro, a remuneração que seu contratante lhe oferecia pelos dois primeiros anos de trabalho correspondia a três mil réis mensais – apenas 500 réis a mais do que recebera como aprendiz aos 12 anos de idade. Até os 19 anos, portanto, já então muito distante da condição de "criança trabalhadora" e tendo-se tornado um jovem adulto para os padrões da época, João seguiria vencendo salários irrisórios como os que lhe eram pagos quando era ainda apenas um menino.[29]

A comparação com o outro caso de aprendizagem localizado na década seguinte é ilustrativa da persistência da precária remuneração oferecida aos aprendizes, que poderia permanecer inalterada ao longo dos anos, mesmo quando os jovens trabalhadores atingiam idades avançadas e limítrofes com a maioridade legal, como foi o caso de João Pedroso. Em 1875, o menor

---

29   APESP – Juízo de Órfãos, Autos de contrato, lata C05358, documento 12, 1857-1862.

João do Espírito Santo, descrito como fulo, de sete anos de idade e natural de Minas Gerais, filho de Rita de tal, foi igualmente contratado para aprender o ofício de chapeleiro, o mesmo ensinado a seu homônimo da década anterior. Também as condições de sua remuneração eram semelhantes, muito embora suas idades fossem bastante diferentes. Contratando o pequeno João pelo prazo de cinco anos, Antonio Gabriel Vizeu comprometia-se a oferecer-lhe *"alimentação, vestuário decente, curativo em cazo de molestia; a mandar-lhe ensinar a ler e escrever, e a pagar-lhe a soldada mensal de 1$000 no 3º anno, de 2$000 no 4º anno, e de 3$000 no 5º anno, ficando os dois primeiros annos sem pagamento de soldada".*[30] Nessas condições, embora privado de remunerações nos dois anos iniciais de serviços, ao atingir os 12 anos de idade, João do Espírito Santo receberia o mesmo pagamento que João Pedroso percebera dos 12 aos 19 anos, entre 1857 e 1862.

Afora os casos de contratos de aprendizagem, entretanto, os demais arranjos formalizados entre as décadas de 1860 e 1870, seguindo sinais já apresentados nas décadas anteriores, parecem adequar-se, paulatina e recalcitrantemente, aos padrões que seriam consolidados com o grande crescimento de registros a partir da década de 1880.

Em 1862, Dona Joaquina Roza do Valle apresentava-se ao Juízo para solicitar a contratação de Maria Clara, "preta" de sete anos de idade liberta em testamento de Dona Bárbara Helena. Sendo necessário dar a pequena à soldada, *"na forma da lei e a pessoa idônea que se responsabilizasse por sua educação"*, a pleiteante requeria que a mesma lhe fosse concedida, *"mediante modico salario, celebrando-se contrato até a maioridade da menor".*[31] Os serviços contratados à pequena liberta não são sequer mencionados por Dona Joaquina – omissão bastante expressiva e que denuncia, obliquamente, que aos olhos da camada proprietária, Maria Clara não se converteria em representante de uma elusiva categoria dos "trabalhadores livres e vendedores de serviços" apenas por abandonar formalmente a escravidão. A lei, todavia, como sublinhou a própria pleiteante, estipulava que uma menina liberta fos-

---

30 Cf. APESP – Juízo de Órfãos, Autos de petição, lata C05429, documento 11105, 1875-1895.

31 Cf. APESP – Juízo de Órfãos, Autos de petição, lata C05446, documento 9586, 1862.

se apropriada com mecanismos outros que não a simples compra ou posse senhorial; era preciso dar-lhe educação, e oferecer-lhe também um pagamento pelos serviços sobre os quais, ironicamente, os autos silenciavam.

Mesmo sob esta ambivalente ótica senhorial, que espelhava as deformidades e inconsistências da condição de trabalhadores livres a que eram alçados os menores desvalidos, muitos deles egressos da escravidão como Maria Clara, alguns parâmetros da contratação de serviços começavam a se afirmar na década de 1860, com o virtual desaparecimento dos arranjos de aprendizagem. A definição contratual dos valores remunerados aos meninos e meninas contratados era um deles, complementando obrigações tipicamente atreladas ao trabalho dependente como o provimento de condições mínimas de subsistência – alimentação, vestuário, cuidados elementares com a saúde – e expressões tipicamente paternalistas de proteção, afeto e a correspondente exigência de obediência.[32] A periodicidade com que as soldadas deveriam ser depositadas em cadernetas na Caixa Econômica passava a ser também estipulada em contrato – indicando que o trabalho dos menores assoldadados escapava aos domínios exclusivamente domésticos da informalidade, tecendo relações, ainda que frágeis, com a regulação pública exercida pelos agentes do Estado. Os compromissos com a educação dos menores contratados, variando entre definições mais tendentes à moral e religião e acepções mais práticas de educação ligada às lições de serviços, já frequentes nos arranjos formais de trabalho de menores, enunciar-se-iam com ainda maior recorrência a partir de então. Na década de 1870, a despeito da pequena quantidade de contratos localizados, o formato de arregimentação contratual dos serviços de assoldados já manifestava mais claramente a existência de relações de trabalho de tipo assalariado[33]. O arranjo de trabalho

---

32 Aqui tomamos de empréstimo a formulação de Sanda Lauderdale Graham sobre a tônica essencial das relações paternalistas, que dá nome a seu livro a respeito das criadas domésticas no Rio de Janeiro. GRAHAM, Sandra Lauderdale. *Proteção e obediência: criadas e seus patrões no Rio de Janeiro, 1860-1910*. São Paulo: Cia. das Letras, 1992.

33 Note-se, porém, que este tipo de assalariamento se encontrava ainda muito distante das modernas relações econômicas futuramente adotadas com a consolidação das leis trabalhistas na década de 1940. Sobre este tema, ver: FRENCH, John D. *Afogados em leis: a CLT e a cultura política dos trabalhadores brasileiros*. São Paulo: Perseu Abramo, 2001.

do menor Evaristo, órfão de pai, contando 11 anos de idade e identificado como "preto", é bom resumo das formas contratuais a que Juízo de Órfãos e os empregadores haviam chegado nos anos 1870:

> Contracto de soldada a favor do orphão Evaristo filho do finado Caetano Rodrigues Mendes, que faz José Francisco Coutinho Sobrinho (...) compareceo José Francisco Coutinho Sobrinho, morador nesta Capital, e por elle foi dito que se propõe a recolher para sua cia pelo tempo de 3 annos o oprham Evaristo, de oze annos de idade (...) para o serviço domestico, obrigando-se a fornecer-lhe alimentação, vestuario e curativo em caso de molestia, e a pagar-lhe a titulo de soldada a quantia de 6$ por mês no primeiro anno, de 10$ mensaes no segundo, e de 15$ mensaes no terceiro anno; cujas exhibições se obriga a fazer de seis em seis mezes neste juizo; e finalmente que para garantir o cumprimento destas obrigações offerece para seo fiador e fiel pagador o Tenente Coronel Gabriel Marques Coutinho que presente se acha.[34]

A amiudada apresentação de fiadores pelos pleiteantes à contratação dos serviços de menores, comum até os anos 1870, cairia em franco desuso nos anos subsequentes.[35] De todo modo, à parte a supressão da exigência de fiadores, ao chegar-se à década de 1880 as formas contratuais da soldada encontravam-se mais claramente definidas, robustecendo-se à medida

---

34 Cf. APESP – Tribunal de Justiça de São Paulo, lote 201006004064, *Contrato a soldada*, 1870.

35 A inclusão de fiadores nos contratos, aparentemente, reporta-se às determinações encontradas nos títulos das Ordenações Filipinas a respeito dos tutores e curadores dados aos órfãos. O título 102 do Liv. 4º, em seu parágrafo 5º, por exemplo, estabelecia que se deveria dar fiador aos bens dos menores, a não ser no caso de os próprios tutores serem proprietários de bens. Cf. Ordenações Filipinas, Liv. 4º, Tit. 102, §5º. <Disponível em: http://www1.ci.uc.pt/ihti/proj/filipinas/ordenacoes.htm>. Acesso:12.12.2019. Gislane Azevedo indica que a lei nº 1.237, de 24 de setembro de 1864, determinava que tutores de menores ricos ou pobres apresentassem hipotecas que cumprissem o papel de fiadoras dos bens dos tutelados. Na prática, como argumenta a autora, a dita lei tornou-se um dispositivo válido somente dos tutelados ricos, uma vez que não havia bens a serem assegurados entre os menores empobrecidos. AZEVEDO, G. C. *De Sebastianas e Geovannis...*, op. cit.

que a determinação judicial de arranjos formais de trabalho ganhava maior expressividade. De fato, respondendo por 62 registros, os anos 1880 são a década com maior concentração de contratos de trabalho de menores de idade localizados entre os registros do Juízo de Órfãos da capital. Nos anos seguintes, correspondentes aos primeiros decênios da República, o número de registros decresce, embora continue por algum tempo significativamente alto para os parâmetros da cidade.[36] As tabelas referidas ao número de menores de idade contratados sublinham estas constatações, apontando ter sido justamente no intervalo entre as décadas de 1880 e 1900, notadamente nos dois primeiros desses decênios, que a maior parte dos pequenos trabalhadores da cidade foi retirada da informalidade e alçada aos domínios do trabalho judicialmente formalizado (Tabelas 2 e 3, p. 251 e 252). Somando-se apenas os menores arregimentados nas décadas de 1880 e 1890, clímax e anticlímax da consolidação da abolição, encontram-se mais de 60% do total de meninos e meninas cujos registros de trabalho formalmente arregimentado foram encontrados em todo o período pesquisado.

A consolidação e a vulgarização dos protocolos que designaram as formas típicas do contrato de soldada em fins do século XIX, entretanto, não fizeram dessas convenções um modelo inquebrantável. Muito pelo contrário, recorrentes desvios e fraturas das normas construídas na intersecção entre prática social e antigos parâmetros jurídicos podem ser observados no momento mais pujante da arregimentação formal de serviços na cidade, fazendo dos exercícios de quantificação e classificação dos contratos uma tarefa efetivamente difícil. A definição de formas mais características para os contratos de soldada que teoricamente os aproximava de modernas relações de trabalho, no mesmo sentido, não implicou a ruptura dessa modalidade de arregimentação de serviços com os princípios da tutela e da dependência; estes seguiam vivos na

---

36   É o contrário do que aponta Gislane Campos de Azevedo em pesquisa realizada em fins da década de 1990. Azevedo argumenta que os processos de tutela e soldada na capital avolumam-se especialmente a partir da década de 1890, afirmação algo discrepante dos dados levantados pela pesquisa em tela. É, todavia, impossível cotejar os dados aqui apresentados àqueles produzidos por Azevedo, uma vez que a autora não apresenta quantificações dos contratos localizados em sua pesquisa, referindo-se a eles apenas genericamente. AZEVEDO, G. C. *De Sebastianas e Geovannis...*, op. cit., p. 59.

vulnerabilidade das condições de trabalho das crianças e jovens contratados, bem na longeva vitalidade da linguagem paternalista e seus signos.

O exame detalhado dos arranjos de trabalho encerrados nos contratos localizados junto ao arquivo do Juízo de Órfãos da capital, cotejados com as informações extraídas das tutelas formalizadas no mesmo foro, é tarefa a que se propõe a próxima seção deste capítulo.

Arranjos de trabalho: os alcances de soldadas e tutelas

Como já se viu até aqui, os parâmetros jurídicos que regulavam a tutela e a arregimentação explícita do trabalho de menores de idade continuavam, até as primeiras décadas do século XX, firmemente assentados sobre os códigos Filipinos herdados da Coroa portuguesa, com a adição paulatina e circunstancial de dispositivos legais que endereçavam disputas surgidas em torno da mão de obra dos menores desvalidos, por vezes confirmando pareceres e disposições anteriores. Desse modo, a arregimentação formal de serviços de crianças e jovens em São Paulo, embora tenha desenvolvido paralelos com práticas documentadas por estudiosos de outras localidades, desenvolveu também feições próprias, subordinadas aos interesses e às dinâmicas econômicas dominantes na cidade, ao longo do período analisado.

Primeiramente, importa apresentar a heterogeneidade da origem social dos menores tutelados ou cujo trabalho foi formalmente arregimentado na cidade entre 1820 e 1910. As formas contratuais e de concessão de tutela fluidas adotadas ao longo do período implicam a oferta irregular de informações sobre os menores cuja mão de obra foi recrutada. Assim, sabe-se mais sobre alguns, cujos autos alongam-se em alentadas disputas envolvendo contratantes, autoridades públicas e familiares, e muito pouco sobre outros, cujos nomes emergem das páginas de despachos judiciais breves e pouco cuidadosos. Definir o que aqui se denomina como "origem social" dos pequenos trabalhadores, procurando deste modo matizar a concepção de uma massa homogênea de "livres pobres" que ocupava a cidade, implicou colecionar uma série de indicadores sociais de ordem relativamente diversa. São marcadores raciais explicitamente definidos pela menção à cor, referências ao estatuto civil dos menores, alusões à sua filiação e a relações de parentesco com escravizados ou libertos e, finalmente, eventuais indicações sobre a nacionalidade dos arregimentados.

A definição de grupos de origem social, a partir destas informações dispersas, e a alocação dos menores formalmente contratados e tutelados nestas categorias, fez-se a partir da priorização das informações diretamente referidas aos mesmos. Assim, o primeiro critério designativo de origem social adotado corresponde às alusões ao estatuto social de menores identificados como libertos ou ingênuos, recorrendo-se, em seguida e na ausência frequente dessas informações, às indicações de marcadores raciais explícitos, representados pela referência à cor dos menores. Esgotadas tais possibilidades de identificação, foram consideradas as menções à filiação dos menores contratados e tutelados, que incluem referências a mulheres libertas, escravas, africanas livres, ou ainda racialmente identificadas como "pretas" ou "pardas". Finalmente, foram a seguir apreciadas as menções à nacionalidade estrangeira dos menores ou de seus pais, bem como as alusões à nacionalidade "brasileira" dos mesmos. O conjunto dos registros que não oferecem nenhum indício capaz de associar os menores ou seus pais a um grupo social de origem, incluindo-se aí aqueles apontados como filhos de pais falecidos, desconhecidos ou incógnitos, recebeu a alcunha de "Indeterminados".[37] Desse modo, esta primeira classificação (apresentada no Apêndice C, p. 456-457), que considera o número de menores formalmente contratados e tuteleados na cidade, excluindo eventuais repetições devidas à recontratação ou a tutelas múltiplas envolvendo os mesmos menores, requer leitura cuidadosa, uma vez que admite a sobreposição de informações sobre o estatuto civil, a classificação racial e a filiação dos menores. Frequentemente, por exemplo, menores identificados nos documentos como pretos ou pardos, libertos ou ingênuos, eram também filhos de mulheres libertas. Nesses casos, privilegiando para fins de tabulação a informação imediatamente relacionada ao menor, a tabela apresentada cria a falsa impressão, desmentida nos capítulos

---

37 Integram essa classificação os arranjos formais de serviços e as tutelas não convertidas em contratos nos autos, conforme indicado anteriormente.

anteriores, de que poucas mulheres libertas ou negras seriam mães de menores trabalhadores.[38]

Um primeiro desenho da distribuição dos menores formalmente contratados e tutelados na cidade de São Paulo entre os diferentes grupos de origem sublinha a diversidade social destes trabalhadores. Ainda que o índice de indeterminação seja elevado, correspondendo a cerca de 46% dos trabalhadores encontrados nos autos judiciais, nota-se a presença significativa de menores a quem se atribui classificação racial de pretos e pardos, seguidos imediatamente pelo grupo dos menores libertos ou ingênuos. A mesma classificação, quando reproduzida levando em consideração o total de contratações formais localizadas entre os autos – incorporando- se, portanto, eventuais repetições de menores contratados mais de uma vez – aponta um leve deslocamento das categoriais de "libertos e ingênuos" e "pretos e pardos" para o grupo "Indeterminados", indicando haver maior repetição de menores recontratados nesse último grupo.

De todo modo, os exercícios de tabulação indicam que nas seis primeiras décadas analisadas (1820-1870), que respondem por um conjunto visivelmente menor de soldadas e tutelas (52 no total), a maior parte dos menores assoldadados e tutelados divide-se primordialmente entre aqueles descritos como pretos, pardos ou libertos e aqueles dos quais não se conhece a origem social, ao passo que os tutelados se concentram no segundo grupo. A partir da década de 1880, à medida que crescem sensivelmente os registros de soldada e tutela no Juízo de Órfãos da Capital, embora a incidência de casos de menores do grupo "Indeterminados" também aumente, as referências à identificação racial de "pretos e pardos" e à condição de libertos e ingênuos passam a ser predominantes no caso dos assoldadados e dos tutelados.

Aglutinando-se esses grupos de origem social assemelhada, nota-se que, a despeito do número amplificado de indeterminações, grande parte dos menores tutelados e assoldadados entre os inícios do século XIX e do século XX é composta por sujeitos afrodescendentes e portadores de laços estreitos com um passado mais ou menos recente de escravização – a sua própria ou a de suas mães e familiares. Esse número é ainda maior quando,

---

38 A esse respeito, ver os dados constantes do Apêndice A (p. 453).

excluindo-se as tutelas, são considerados apenas os contratos – mecanismos que claramente arregimentaram preferencialmente menores libertos ou ingênuos, pretos ou pardos, ou filhos de mulheres libertas. Em todos os cenários, muito poucos são os jovens ou crianças formalmente assoldadadas no período claramente identificados como pertencentes a grupos sociais distanciados das experiências da escravização, identificados como brancos ou estrangeiros (ver Apêndice D, p. 458).

No intuito de aproximar as clivagens de origem social de padrões raciais, foram agrupadas as categorias que explicitamente identificam os menores contratados e tutelados como "não brancos" – grupo majoritário que inclui, além da predominante menção a libertos e ingênuos, pretos ou pardos, filhos de mulheres egressas da escravização ou negras, a referência a um menor indígena, contratado duas vezes na década de 1850. Ao minúsculo grupo dos menores explicitamente identificados como "brancos", por sua vez, foi assomado aquele dos designados como estrangeiros, a maior parte deles de origem italiana ou portuguesa.[39]

A identificação de alguns dos menores como "brasileiros", por seu turno, é em si portadora de ambiguidades reveladoras das complexas classificações raciais adotadas no Império e no início da República. A elaboração da representação de um tipo nacional, subsumido na ideia do "brasileiro", ganhou importância com a proclamação da República e a ascensão das teses racialistas que encontravam na miscigenação a fórmula de harmonização entre o passado escravista e o futuro republicano e moderno. Esta represen-

---

39 As considerações sobre a racialização de estrangeiros nem sempre redundaram em classificações positivas e aproximadas do *status* do "branco". O caso dos chineses, sobre cuja mão de obra se especulou como alternativa à escravidão no Brasil, é um bom exemplo da racialização negativa aplicada a imigrantes, conforme visto no capítulo anterior. Os pobres europeus que chegavam às plagas paulistanas – massivamente italianos, no caso das décadas finais do XIX na cidade de São Paulo – certamente não escapavam a uma série de reprovações relacionadas à moralidade viciosa instilada pela pobreza. Ainda assim, não parece que tenham sido, nos autos judiciais, negativamente racializados como os *chins* ou os africanos, e nem a literatura indica terem sido considerados "não brancos" na cidade. HALL, Michael M. Imigrantes na cidade de São Paulo. In: PORTA, Porta. (org.). *História da cidade de São Paulo*. São Paulo: Paz e Terra, 2004, v. 3, p. 121-151.

tação apaziguadora, tendente ao branqueamento e vulgarizada nos discursos cientificizantes e literários entre o final do século XIX e inícios do século XX, espelha, em diversas medidas, as avaliações sobre o "trabalhador nacional", ampla categoria de sujeitos livres, pobres e majoritariamente negros ou mestiços, considerados inaptos às disciplinas do trabalho na economia agroexportadora e impermeáveis aos valores da civilização moderna.[40] Mesmo antes da emergência da definição das feições do "povo brasileiro republicano", o tipo nacional já era definido em termos de mestiçagem e indolência, como demonstram as considerações de Sylvio Romero, produzidas por volta da década de 1870, segundo as quais o *"genuino brasileiro (...) estava ainda na vasta classe dos mestiços, pardos, mulatos, cabras, mamelucos, que abundam no país com sua enorme variedade de cores".*[41]

---

40 O paradigma da inaptidão do trabalhador nacional à disciplina do trabalho nas unidades agroexportadoras é discutido por Cláudia Alessandra Tessari, que argumenta que a natureza sazonal da economia de lavoura contribuía para moldar um mercado de trabalho com demandas intermitentes de mão de obra. Desobrigados da manutenção permanente de escravos, fazendeiros contratavam temporária e eventualmente o trabalho de nacionais livres, entre os quais figuravam principalmente os libertos e seus descendentes, que se engajavam nas fazendas como jornaleiros ou camaradas. O caráter descontínuo desta oferta de trabalho obrigava homens e mulheres à itinerância e permanente procura por emprego e sobrevivência. Essas condições particulares do trabalho no campo converteram-se em discursos preconceituosos sobre os trabalhadores nacionais, tachados de indolentes, acusados de não serem confiáveis ou afeitos ao trabalho. TESSARI, Cláudia Alessandra. *Braços para a colheita: sazonalidade e permanência do trabalho temporário na agricultura paulista (1890-1915)*. São Paulo: Alameda Editorial, 2012 Sobre a ampla participação do trabalhador nacional livre nas atividades da economia agroexportadora, notadamente na lavoura cafeeira, ver o trabalho clássico de Peter Eisenberg: EISENBERG, Peter L. O homem esquecido: o trabalhador livre nacional no século XIX – sugestões para uma pesquisa. In: *Homens esquecidos: escravos e trabalhadores livres no Brasil – séc. XVIII e XIX*. Campinas: Editora da UNICAMP, 1989.

41 ROMERO, Sylvio. *A litteratura brazileira e a critica moderna: ensaio de generalização*. Rio de Janeiro: Imprensa Industrial de João Paulo Ferreira Dias, 1880, p. 51-2, apud AZEVEDO, Célia Maria Marinho de. *Onda negra, medo branco: o negro no imaginário das elites – século XIX*. Rio de Janeiro: Paz e Terra, 1987, p. 71. A respeito das representações negativas do "tipo nacional" no século XIX, suas imbricações com a mestiçagem e a ideologia do branqueamento na virada para o século XX, ver também: NAXARA, Márcia Regina Capelari. *Estrangeiro em sua própria terra: representações do*

274 Marília B. A. Ariza

A amostra de contratos que arregimentam menores identificados como "brasileiros", embora composta por apenas seis registros, concentra-se justamente nas décadas iniciais do século XX, à exceção de um único contrato celebrado em 1842. A ambiguidade racial dessa categoria nacional, tendente à mistura racial, mas, em termos discursivos, aproximada dos ideais de branqueamento, faz com que sua inserção nas categoriais raciais amplas de "brancos" ou "não brancos" seja problemática. Nesse sentido, optou-se por incorporar os identificados como "brasileiros" ao grupo de menores racialmente "Indeterminados" no quadro geral das designações raciais.

A distribuição dos menores em questão em amplas categorias raciais tem, certamente, suas limitações. A mais importante delas diz respeito ao fato de que os critérios raciais baseados na aproximação ou distanciamento da "branquitude" emergiram como potentes denominadores de classificação social após a abolição, paulatinamente substituindo a condição de escravizados ou egressos da escravização por marcadores de diferenciação social baseados na cor e fundamentados pelo pensamento racialista pujante à época no Brasil.[42] Assim, há de se considerar que a validade dessa designação talvez seja menos efetiva no que diz respeito aos contratos de trabalho formalizados nas primeiras décadas estudadas do que a categoria de "egressos ou descendentes da escravidão". A agregação dos menores formalmente arregimentados na cidade em grandes categorias sociais, ademais, incorre no risco da diluição das clivagens existentes dentro de cada um desses grupos, podendo, eventualmente, mascarar a própria complexidade das classificações raciais positivas e negativas socialmente adotadas – motivo pelo qual as subcategorias de classificação são mantidas nas tabelas (conferir Apêndice E, p. 462-463). Existem, porém, alguns benefícios numa mirada panorâmica do grupo de jovens e pequenos trabalhadores formalmente contratados e tutelados na cidade, do ponto de vista de categoriais raciais amplas. Primeiramente, considerando-se a notável concentração de arranjos formais de trabalho e tutela

---

trabalhador nacional, 1870/1920. 238f. Dissertação (Mestrado em História). Universidade Estadual de Campinas, Campinas, 1991.

42 SCHWARCZ, Lília Moritz. O espetáculo das raças: cientistas, instituições e questão racial no Brasil (1870-1930). São Paulo: Companhia das Letras, 2008.

a partir da década de 1880, a delimitação de um grupo racial "não branco", sem prejuízo da atenção aos fracionamentos internos desta categoria, alinha--se a um tipo de classificação social que assumirá crescente relevância com a eliminação da escravização. A amostra dos menores formalmente arregimentados na década de 1890, guardadas suas limitadas proporções, é um bom indício de como as classificações baseadas no estatuto civil da liberdade ou da escravização formais são lentamente substituídas por uma nomenclatura racial, intimamente associada à herança da escravização pregressa e, como ela, portadora de importante papel na hierarquização das relações sociais. Essa interpretação torna-se ainda mais evidente na análise isolada dos contratos e menores contratados, excluindo-se as tutelas.[43]

Além disso, a adoção da perspectiva de grupos raciais amplos traz o benefício, novamente limitado pelo tamanho da amostra, de ampliar a noção da racialização positiva dos menores identificados aos parâmetros da "branquitude". As levas de imigrantes que acudiam à cidade nas décadas finais do XIX, grande parte delas vindas das zonas pauperizadas do sul da Europa, tornaram o cenário social da pobreza urbana ainda mais multíplice em São Paulo, lançando ao trabalho nas diversas lides citadinas muitos menores pobres estrangeiros ou filhos de imigrantes.[44] Nesse sentido, é necessário ressalvar que este grupo de jovens e crianças trabalhadores encontra-se possivelmente sub-representado nos autos judiciais, parecendo provável que diversos me-

---

43 Sobre a emergência dessas categorias raciais no pós-abolição ver: MACHADO, Maria Helena P. T. (org.). (*T*)*Races of Louis Agassiz: photography, body ans Science, yesterday and today/ Ratros e raças de Louis Agassiz: fotografia, corpo e ciência, ontem e hoje.* Rio de Janeiro: Capacete, 2010.

44 O trabalho de Maria Inez Machado Borges Pinto, por exemplo, baseado na leitura de memorialistas da cidade, menciona o recorrente emprego de menores de idade pobres brasileiros e imigrantes no trabalho urbano eventual e improvisado, como a venda ambulante de comida ambulante de comida e a limpeza de caixas de gordura e dos jardins nas casas das famílias abastadas. PINTO, M. I. M. B. *Cotidiano e sobrevivência...*, op. cit.; Isabela do Carmo Camargo aborda o comércio e os serviços ambulantes de crianças ocupadas como vendedores de bilhetes de loterias, engraxates e jornaleiros entre 1890 e 1910 na cidade. CAMARGO, Isabela do Carmo. *Entre cestos e pregões: os trabalhadores ambulantes na cidade de São Paulo, 1890-1910.* 137f. Dissertação (Mestrado em História). Pontifícia Universidade Católica de São Paulo, São Paulo, 2013.

nores socialmente identificados como "brancos" ou "estrangeiros" possam estar camuflados sob a ausência de informações disponíveis aos contratos da categoria "Indeterminados". Ao mesmo tempo, se, por um lado, os números de indeterminação podem subestimar a participação de menores "estrangeiros" ou "brancos" no mercado formal de trabalho em gestação na cidade, por outro, não parece razoável supor que todo o contingente de menores a quem não se atribui classificação racial explícita esteja, automaticamente, inserido no grupo ampliado dos "brancos".[45]

A designação de adjetivos de "racialização positiva", que reconhece expressamente a seis menores como "brancos", parece ser o primeiro impedimento para generalizar-se esta condição a todo menor que não esteja explicitamente identificado nos autos como negro ou egresso da escravidão. Ainda que raras, as menções aos menores brancos sugerem que a supressão de registros sobre a identidade racial dos trabalhadores ou sobre sua eventual ligação com experiências de escravização não eram entendidas pelos escrivães, juízes e curadores de órfãos como um código automático para a identificação de sua condição racial.[46] Outras informações, por seu turno, são sugestivas de que parte dos menores sem identificação racial explícita pudesse integrar o conjunto predominante dos menores egressos ou descendentes

---

45 Esta interpretação é dada à ausência de dados sobre identificação racial de menores tutelados por Alessandra David em sua pesquisa sobre o município de Franca. A autora constata que, de um universo de 173 tutelados, 69,3% sobre os quais não há informações relacionando-os a categorias raciais ou a experiências de escravização seriam brancos. DAVID, Alessandra. *Tutores e tutelados: a infância desvalida em Franca (1850-1888)*. 146f. Dissertação (Mestrado em História) – Universidade Estadual Paulista, Franca, 1997, p.111-12.

46 Segundo Gislane Azevedo, as crianças envolvidas nos processos de tutela e soldada na cidade de São Paulo eram majoritariamente e na seguinte ordem: "negras" filhas de libertos; filhas de "retirantes" nordestinos (termo da autora) e filhos de imigrantes, alguns nascidos no Brasil. Embora as afirmações da autora guardem alguma proximidade com os achados desta pesquisa, não há em sua dissertação demonstração empírica da interpretação proposta. Como se verá à frente, de fato há grande parcela de menores não brancos e egressos da escravidão na amostra de tutelas e soldadas levantadas; entretanto, não localizamos referência profusa a migrantes do Nordeste do Império. AZEVEDO, G. C., *De Sebastianas e Geovannis...*, op. cit., p. 70-80.

da escravidão. Apenas no ano de 1888, por exemplo, 36 contratos à soldada foram sancionados e registrados no Juízo de Órfãos da cidade. Destes, 26 referem-se a menores explicitamente identificados como ingênuos, pretos, pardos ou filhos de mãe liberta – e foram analisados no capítulo dois deste livro Apenas dez, portanto, eximem-se de mencionar quaisquer informações que permitam identificar os trabalhadores contratados a um dos grupos de origem social específicos. Sobre eles, nada de especialmente sugestivo é relatado – nada que sugira sua ligação com experiências pessoais ou familiares de escravização ou indique expressamente o contrário.

A considerar-se, como sugeriu Ione Celeste de Sousa a respeito da Bahia, e como insinuam também as fontes da pesquisa ora apresentada, que na ressaca do 13 de maio diversos senhores de escravos expropriados empreenderam verdadeira "corrida aos Juízos de Órfãos" na expectativa de assegurar, por meio de soldadas e tutelas, o controle sobre seus ingênuos, pode-se supor que ao menos parte dos menores precariamente identificados nos autos de 1888 fosse formada por pequenos rio-brancos. O caso da contratação do menor José, ocorrida a 24 de novembro daquele ano, é ilustrativo das frestas abertas pela linguagem frequentemente evasiva dos autos a questões irrespondíveis ao leitor contemporâneo. Ao peticionar pelos serviços do menino de 15 anos, Fernando de Moura, advogado e proprietário residente na capital, argumentava ao Juízo que

> (...) desejando ter ao seo serviço o menor José, filho de Theodora, que se lhe apresentára (...) vem o supplicante em obediencia ás leis, requerer a Vossa Excellencia a respectiva permissão para ter em sua companhia o referido menor, para com o qual contrahe a obrigação de prestar lhe vestuario, alimentação, tratamento e facilitar-lhe os meios de aprender á ler e escrever, e igualmente pagar-lhe a mensalidade de 5:000$.[47]

Nenhum detalhe peculiar ou mais aprofundado é apresentado sobre José nas páginas que seguem lavrando o contrato proposto e, poucos meses mais tarde, voltam à tona denunciando a fuga do menor da casa de seu contratante.

---

47   Cf. APESP – Juízo de Órfãos, Autos de tutoria, lata C05456, documento 8652, 1888.

Ainda assim, nada impede a suposição de que Theodora, fortuitamente mencionada nos autos, com a brevidade costumeira e o despojo de sobrenomes ou vocativos lisonjeiros como "dona" ou "senhora" com que se identificavam tantas mulheres forras nos papéis judiciais, fosse ela própria uma mulher liberta – e, assim, fosse seu filho membro de uma linhagem intimamente atrelada a experiências de escravização. Respeitando-se critérios metodológicos, casos como o de José foram inseridos no grupo dos menores não identificados a categorias raciais amplas. A imaginação do historiador provido de alguma intimidade com o complexo cenário social da pobreza urbana paulistana de fins de século XIX, entretanto, pode se arvorar a suposições e questionamentos do tipo, ainda que as respostas permaneçam em suspenso.

De fato, a ampla margem de indeterminação encontrada na análise dos contratos e especialmente das tutelas é um índice em si problemático e carente de interpelações. Bastante expressivo no conjunto geral dos contratos e tutelas registrados na cidade, o grupo de menores reunidos sob a categoria "Indeterminados" acolhe trabalhadores marcados pela generalizada pobreza e vulnerabilidade social. Trata-se, predominantemente, de menores órfãos de pai e mãe ou filhos de mulheres sós, sobre as quais autoridades públicas e contratantes emitiam juízos morais sempre desabonadores, como já examinado. São descritas como miseráveis, criminosas, moradoras de cortiços, ausentes, e frequentemente alcunhadas por predicados como "vagabundas", "ébrias" e "amasiadas". A essa descrição genérica da filiação dos menores do grupo "Indeterminados", extensível à maior parte dos contratados e tutelados, escapam particularidades que permitam deduzir sua relação com experiências pregressas de escravização ou sua inserção em grupos raciais específicos. Como bem observaram Maria Odila Leite da Silva Dias e Maria Inês Borges Pinto, afinal, a pobreza na cidade de São Paulo, do início ao fim do século XIX, atravessou fronteiras de cor e nacionalidade, espraiando-se por um tecido social diverso.[48] Nesse sentido, a inexistência de marcadores que admitam a inserção inequívoca desses menores em um dos grupos de origem social estabelecidos parece apresentar-se, por um lado, como consequência

---

48   DIAS, Maria Odila Leite da Silva. *Quotidiano e poder em São Paulo no século XIX*. São Paulo: Editora Brasiliense, 1984; PINTO, M. I. B. M. *Cotidiano e sobrevivência...*, op. cit.

Mães infames, filhos venturosos

das fragilidades dos protocolos formais da tutela, da fórmula contratual das soldadas e dos próprios estatutos do trabalho livre de menores de idade e, por outro, como expressão de experiências comuns a amplo espectro de subalternização na cidade.

Mesmo consideradas as lacunas apresentadas na documentação, porém, pode-se dizer que o conjunto dos menores de idade cuja mão de obra foi formalmente arregimentada na cidade – diretamente, por meio dos contratos, ou indiretamente, por meio das tutelas – espelha, em certa medida, a composição heterogênea da camada trabalhadora de São Paulo e suas transformações ao longo do século XIX. Integrado por homens e, destacadamente, mulheres escravizadas, libertas e livres pobres nas décadas iniciais do século, esse cenário foi alterado pela evasão e precoce fim da escravidão urbana, pelo aumento do número de libertos e a transmutação da cidade em centro abolicionista da província, além, é claro, do massivo afluxo de estrangeiros.[49] A despeito da bem-sucedida construção de uma memória imigrantista para a cidade, porém, estrangeiros e "trabalhadores nacionais" seguiram convivendo e repartindo o trabalho sub-remunerado, desqualificado e eventual na cidade após a abolição e a entrada no século XX.[50] De forma semelhante, e em proporções algo diversas, os arranjos formais de trabalho e tutela de menores de idade localizados junto ao Juízo de Órfãos da cidade representam os diferentes segmentos da população urbana em fins de século e demonstram que crianças e jovens, assim como homens e mulheres adultos, integravam-se às dinâmicas do mercado de trabalho em formação. Nesse cenário, novamente destacando-se os menores formalmente contratados, pode-se afirmar com segurança, que, a despeito do virtual esgotamento da escravidão naquele momento, ao menos metade dos meninos e meninas as-

---

49 Sobre o precoce final da escravidão em São Paulo: MACHADO, Maria Helena P. T. Sendo Cativo nas Ruas: a Escravidão Urbana na Cidade de São Paulo. In: PORTA, Paula (org.). *História da Cidade de São Paulo*. São Paulo: Paz e Terra, 2004, p. 59-99.

50 O estudo de Carlos José Ferreira dos Santos aborda os trabalhadores pobres da cidade e dialogam com a construção da memória imigrantista da cidade de São Paulo: SANTOS, C. J. F. *Nem tudo era italiano...*; a respeito da participação dos negros no mercado de trabalho que recebia crescentes levas de imigrantes, ver também: ANDREWS, George Reid. *Negros e brancos em São Paulo (1888-1988)*. Bauru: EDUSC, 1998.

soldadados na cidade possuía laços íntimos com a escravização e seu legado (Apêndice E, p. 462-463).

Tal constatação difere grandemente das observações produzidas por pesquisadores de outras localidades nas quais a mão de obra de menores de idade foi sistematicamente estudada. Abordando contextos de economia rural de diferentes escalas, entre a lavoura exportadora da província paulista e a produção de gêneros de subsistência na província mineira, estudos sobre os municípios de Franca, Rio Claro, Itu, Campinas e Mariana apontam ampla maioria de sujeitos identificados como livres ou não identificados como portadores de marcadores raciais ou indícios de ligações pregressas com a escravidão entre os menores de idade arregimentados ao trabalho por meio da tutela e da soldada. A particular concentração de meninos e meninas portadores de vínculos com a escravização pregressa entre os tutelados e, principalmente, os assoldadados em São Paulo talvez se explique pelo caráter das transformações por que passava a cidade, nas décadas finais do século XIX, que coincidem justamente com a expansão desta modalidade de arregimentação de mão de obra. Com o esvaziamento da população escrava citadina, escoada para as áreas de produção agroexportadora a partir da década de 1870, e a transformação da cidade na década seguinte em "paraíso" do abolicionismo e "inferno dos senhores", como aponta Maria Helena Machado, a população urbana paulistana passou a acolher números cada vez maiores de libertos e seus descendentes, entre os quais certamente encontravam-se muitas crianças e jovens menores de idade.[51]

Ainda assim, diante do agudo influxo de imigrantes à capital da província, a população não branca e livre da cidade caminhou a patamares percentuais muito menores, ao longo da década de 1880. Para melhor compreender este cenário social, podem ser tomados comparativamente os dados dos censos de 1872 e 1886 e suas informações sobre a diversidade da população urbana na capital. O primeiro censo indica que, em inícios da década de 1870, a população urbana era composta de 3.828 escravos e 27.557 livres. Dentre os livres, 18.834 eram identificados brancos e 11.679 classificados

---

51 MACHADO, M. H. P. T. Sendo cativo nas ruas..., op. cit., p. 4.

como pretos ou mulatos.[52] Passada a primeira metade da década de 1880, a população da cidade havia saltado ao número de 47.697 habitantes, entre os quais figuravam 493 escravos. Os dados do censo de 1886 não identificam especificamente os números de livres de cor, mas indicam que o conjunto da população se dividia entre 36.334 brancos, 1.088 caboclos, 6.540 pardos e 3.825 pretos.[53] Excluindo-se os 493 escravos do total de pretos e pardos, tem-se uma população livre de cor de 9.782 pessoas – ou 10.870, somando-se os caboclos. Isso significa dizer que entre 1872 e 1886, a população de pretos e pardos/mulatos passou de cerca de 42,4% a aproximadamente 20,7% do total de habitantes livres da cidade.

Esses dados e o contexto das transformações por que passava São Paulo indicam que, ainda que crescesse em números absolutos, o contingente de pretos e pardos livres na cidade reduzia-se em termos relativos entre a população. Entretanto, a despeito do proporcional encolhimento da população de egressos da escravidão e seus descendentes livres na cidade nos anos 1880, a maior parte dos menores de idade formalmente assoldadados e tutelados em São Paulo nesta década originava-se justamente deste grupo social. Entre as soldadas, a superioridade de menores não brancos é notadamente maior também na década de 1890 – o que não se confirma para as tutelas que, nessa década, apontam grande ampliação de indeterminação racial. Trocando em miúdos, do ponto de vista demográfico, crianças e jovens libertos, ingênuos ou racialmente classificados como pardos e pretos e, assim, portadores de vínculos estreitos com experiências de escravização, formavam um grupo particularmente vulnerável ao recrutamento judicial de mão de obra, espe-

---

52 Cf. Censo 1872 – Quadro geral da população livre considerada em relação aos sexos, estados civis, raças, religião, nacionalidade e gráo de instrucção, apud BASSANEZI, Maria Silvia Beozzo. (org.). *São Paulo do passado: dados demográficos*, 1886, IV. Campinas: Núcleo de Estudos da População – Universidade Estadual de Campinas, 1999. <Disponível em: http://www.nepo.unicamp.br/publicacoes/censos/1886.pdf>. Acesso: 12.12.2019.

53 Cf. *Relatório Apresentado ao Exm. Sr. Presidente da Provincia de São Paulo pela Comissão Central de Estatística* (1888), apud BASSANEZI, Maria Silvia Beozzo. (org.). *São Paulo do passado: dados demográficos*, 1886, IV. Campinas: Núcleo de Estudos da População – Universidade Estadual de Campinas, 1999. <Disponível em: http://www.nepo.unicamp.br/publicacoes/censos/1886.pdf>. Acesso: 12.12.2019.

cialmente por meio das soldadas, em fins do século XIX e em meios às turbulências da abolição e do pós-abolição na cidade (ver Apêndice F, p. 466).

Esse quadro social pode ser ainda refinado acrescentando-se dados sobre sexo e idade dos menores contratados e tutelados, bem como informações sobre a duração dos arranjos de trabalho e os valores das remunerações previstas – estas últimas aplicando-se somente ao caso dos contratos de soldada. Com relação aos recortes de sexo, nota-se, ao observar-se a Tabela 5, a predominância de meninas entre os menores formalmente arregimentados na cidade. Essa apuração novamente particulariza os arranjos formais de trabalho e tutela celebrados em São Paulo entre as demais localidades para as quais há estudos sistemáticos de usos de mão de obra tutelada de menores de idade, os quais têm notado a superioridade de menores engajados do sexo masculino.[54]

---

54 A predominância de meninos entre os tutelados nas cidades de Franca, Rio Claro e Campina Grande é verificada por Alessandra David, Arethuza Zero e Joan Mezner. Ana Gicele Alaniz, diferentemente, constata a predominância de meninas entre os menores nos processos de tutela de Campinas e Itu. DAVID, A. *Tutores e tutelados...*, op. cit.; ZERO, Arethuza Helena. *O peço da liberdade: caminhos da infância tutelada – Rio Claro (1871-1888)*. 141f. Dissertação (Mestrado em História) – Universidade Estadual de Campinas, Campinas, 2004; MEZNAR, Joan. Orphans and the transition from slave to free labor in the Northeast Brazil: the case of Campinas Grande, 1850-1888. *Journal of Social History*, v. 27, n. 3, p. 499-515, 1994; ALANIZ, Anna Gicelle García. *Ingênuos e libertos: estratégias de sobrevivência familiar em épocas de transição (1871-1895)*. Campinas: CMU/Unicamp, 1997.

T5. Divisão por sexo e década, por menores e registros
(São Paulo, 1820-1910)*

	Registros		Total	Menores		Total
	s. feminino	s. masculino		s. feminino	s. masculino	
1820	-	1	1	-	1	1
1830	-	-	-	-	-	-
1840	2	9	11	2	7	9
1850	5	22	27	4	17	21
1860	4	2	6	4	1	5
1870	5	10	15	4	10	14
1880	56	37	93	50	34	84
1890	45	32	77	42	27	69
1900	27	5	32	23	5	28
1910	6	-	6	4	-	4
Total	150	118	268	133	102	235

* Total de tutelas e contratos registrados

Fonte: APESP, 2014-5.

A predominância de trabalhadores do sexo feminino nos registros, notadamente nos contratos de soldada, instala-se justamente nas décadas em que se acentua a prática formal de arregimentação de menores de idade na cidade (para maiores detalhes ver Apêndice G, p. 467). Assim, no primeiro "pico" de contratos, na década de 1850, predominam os menores do sexo masculino entre os formalmente arregimentados, ao passo que, entre as décadas de 1880 e 1900, quando se amonta o equivalente a pouco mais de 75% das tutelas e contratos formalizados, ao longo do período estudado, ou 77% dos menores arregimentados, a maior parte da mão de obra judicialmente engajada em prestação de serviços pertence ao sexo feminino.[55] A se considerar isoladamente os registros de contrato e tutela de cada uma das décadas, observa-se que, nos anos 1880, as pequenas trabalhadoras correspondem a

---

55 Nesse período, as menores do sexo feminino correspondem a cerca de 63% dos menores contratados ou tutelados, bem como respondem por igual proporção dos registros formalizados pelo Juízo.

aproximadamente 60% do total de menores arregimentados; na década seguinte, o índice é o mesmo. Nos anos 1900, quando a amostra se reduz a menos da metade da década anterior, a diferença é mais gritante: menores do sexo feminino correspondem a 82% dos formalmente engajados em serviços ou tutelas. Na década de 1910, que conta com apenas seis contratos localizados pela pesquisa, não existem registros envolvendo menores do sexo masculino. Já no intervalo entre 1860 e 1870, igualmente pobres em registros, alterna-se entre os arranjos formais a predominância de meninas na primeira década, e de meninos, na segunda. Considerando-se a diferença constatada entre o número total de contratações e tutelas localizadas e o número de menores nelas engajadas, excluindo-se repetições de menores arregimentados mais de uma vez, nota-se também uma ligeira predominância na recontratação de menores do sexo feminino.

Às informações sobre o sexo dos menores formalmente contratados, podem ser assomados os dados coletados nos contratos sobre o tipo de serviços prestados por esses trabalhadores – observando-se, entretanto, que a descrição precisa dos mesmos é relativamente escassa e frequentemente omitida na documentação, como apontado na Tabela 6, abaixo. Os arranjos de tutela, como já comentado, com frequência apontam indiretamente o engajamento de menores nos serviços domésticos. As soldadas, interessantemente, são bastante evasivas a respeito dos serviços arregimentados, uma vez que a maior parte dos contratos de trabalho deixa de especificar a natureza dos serviços engajados. Aos casos majoritários que não designam os serviços contratados aos menores, seguem-se os que indicam explicitamente a contratação de serviços domésticos, respondendo por cerca de 26% dos arranjos de trabalho. O único outro índice minimamente expressivo é o que aponta a contratação de caixeiros, que somam menos de 6% das contratações. Os poucos casos restantes de arranjos formalizados que especificam a natureza do trabalho contratado pulverizam-se entre aprendizagens de ofícios, o emprego em fábricas e na prestação de serviços urbanos. Atente-se para o fato de que, embora poucas, essas variações referem-se exclusivamente à contratação de trabalhadores do sexo masculino, ao passo que nos serviços categoricamente identificados como domésticos concentra-se a mão de obra feminina.

T6. Tipos de serviços contratados (São Paulo, 1820-1910)

Serviços	Sexo feminino	Sexo masculino	Total
Aprendiz de alfaiate	-	2	2
Aprendiz de chapeleiro	-	3	3
Aprendiz de marceneiro	-	2	2
Aprendiz de pedreiro	-	1	1
Domésticos	41	12	53
Caixeiro	-	11	11
Empregado em fábrica	-	2	2
Empregado em restaurant	-	2	2
Trabalho em colônia agrícola	-	3	3
Indeterminado	68	40	108
Total	109	78	187

Fonte: APESP, 2014-5.

Algumas considerações são dignas de nota a respeito desse quadro amplo, embora lacunar, dos tipos de serviços contratados aos menores. Primeiramente, observa-se que a ausência de especificações quanto à natureza do trabalho a ser realizado cria espaços de indefinição que poderiam ser preenchidos pelo arbítrio do contratante, o que resultaria na ocupação dos menores numa miríade de tarefas associadas ao cotidiano da cidade. A ponderar-se a longa tradição do emprego dos "filhos de criação" nos serviços domésticos, estabelecida informalmente nas práticas sociais, parece razoável supor que grande parte dos menores formalmente arregimentados na cidade fosse engajada também nesse tipo de atividade.[56] De fato, como aponta Flávia Fernandes de Souza sobre o município neutro, o trabalho doméstico, além de engajar vastamente mulheres escravizadas, atraía amplas levas de mão de obra desqualificada na cidade, incluindo-se neste contingente as camadas de subalternos especialmente vulnerabilizados: além das mulheres empobrecidas, os idosos, as crianças e muito estrangeiros recém-chegados.[57] Na cidade de São Paulo em fins do século XIX,

---

56 MARCÍLIO, M.L. *História social da criança abandonada...* op. cit.; VENANCIO, Renato Pinto. *Famílias abandonadas...*, op. cit.

57 SOUZA, Flávia Fernandes de. *Para casa de família e mais serviços: o trabalho doméstico no Rio de Janeiro no final do século XIX.* 255f. Dissertação (Mestrado em História

os serviços domésticos empregaram a mão de obra de mulheres livres pobres e libertas, estrangeiras e, também, de crianças.[58]

Quando explicitamente nomeados, os serviços domésticos surgem identificados por expressões variadas: serviços prestados à família, empregada, serviços de criado e criada, serviços de criada interna, misteres domésticos, "ajudar a criar" filhos e netos de contratantes e pajear crianças. As pequenas empobrecidas engajadas nos cuidados das crianças das famílias empregadoras, aliás, são assunto de particular interesse, haja vista a escassa produção historiográfica sobre o assunto. Kimberly Wallace-Sanders, em pesquisa sobre registros fotográficos de amas nos Estados Unidos, chama a atenção para a profusa produção iconográfica retratando meninas negras entre cinco e 15 anos de idade, muitas delas libertas, encarregadas dos cuidados de crianças brancas. Designadas pela autora pelo termo *companion nannies* – uma vez que não exerciam exatamente os misteres das amas de leite –, as pequenas amas, pouco mais velhas do que as crianças pelas quais se tornavam responsáveis, frequentemente deixavam as próprias famílias para desempenhar seu trabalho.[59] Entre os autos produzidos no âmbito do Juízo de Órfãos de São Paulo, referências ao emprego de meninas nesse tipo de serviços são recorrentes, especialmente na última década do século XIX e na primeira

---

Social) – Universidade do Estado do Rio de Janeiro, São Gonçalo, 2009; Escravas do lar: mulheres negras e o trabalho doméstico na corte imperial. In: XAVIER, Giovana, FARIAS, Juliana Barreto e GOMES, Flávio dos Santos (org.). *Mulheres negras no Brasil escravista e do pós-abolição*. São Paulo: Selo Negro, 2012, p. 244-260. SOUZA, Flávia Fernandes de. Criados, escravos e empregados: o serviço doméstico e seus trabalhadores na construção da modernidade brasileira (cidade do Rio de Janeiro, 1850-192). 583f. Tese (Doutorado em História). Instituto de Ciências Humanas e Filosofia, Universidade Federal Fluminense, Rio de Janeiro, 2017.

58 Sobre mulheres escravas e livres, entre as quais se encontravam brancas e estrangeiras, ocupadas como criadas na cidade do Rio de Janeiro, ver também o trabalho fundamental de GRAHAM, S. L. *Proteção e obediência...*, op. cit. Lorena Telles investiga o trabalho doméstico na cidade de São Paulo a partir do estudo dos registros de criadas estabelecido por uma postura municipal de 1886. TELLES, Lorena Feres da Silva. *Libertas entre sobrados: Mulheres negras e trabalho doméstico em São Paulo (1880-1920)*. São Paulo: Alameda Editorial, 2014.

59 WALLACE-SANDERS, Kimberly. Slavery and Other Mothers: Black Nannies/ Mammies and White Children Portraiture. Manuscrito não publicado.

do XX. Em 1892, por exemplo, uma arrastada disputa judicial estabeleceu-se entre a madrasta de Maria Raymunda, filha de espanhol que retornara à Europa, e Joaquim Thomas de Aquino, morador da cidade em cuja casa a menina, contando 13 anos de idade, estava desde os 11 empregada como pajem de crianças. Decidida a retornar à Espanha para ficar em companhia do marido, a madrasta de Raymunda enfrentava a recusa de Aquino em entregar-lhe a menor, sob alegações de que a mulher residia em "immundo cortiço", costumeiramente dispensando maus-tratos à enteada.[60]

A maior parte das menções às "amas de companhia" refere-se a meninas descritas como "pardas" e "pretas", empregadas informalmente, cujas tutelas ou contratos eram disputados por seus empregadores após instalado algum tipo de fissura nesses vínculos. Bom exemplo é o caso envolvendo o professor público Frontino Ferreira Guimarães, que em 1901 solicitava ao Juízo contratar os serviços da "menor preta" Maria Rolinda. Rolinda, filha de ex-escravos, antes residia em companhia de Antonio Luiz dos Santos Werneck, membro da eminente família do Vale do Paraíba fluminense, e foi por ele reclamada após ter abandonado sua residência para empregar-se junto ao professor[61]. Procurando assegurar seus serviços, Guimarães declarava que a menor "vigiava um seu filho creança, que elle estava tão habituado que poderia morrer com a separação repentina".[62]

Assim como destacado por Wallace-Sanders no tocante às representações visuais das pequenas amas, a contradição entre sua pouca idade e a enorme responsabilidade que lhes era imputada é gritante, estabelecendo um abismo entre a ideação da vulnerabilidade das crianças brancas, filhas dos empregadores, e as representações das crianças engajadas como suas cuidadoras, às quais não se reconhecia como carentes de zelo ou portadoras de quaisquer fragilidades. O caso da pequena Adelina, menina parda de 10 anos, é amostra

---

60 Cf. APESP – Juízo de Órfãos, Autos de diligência, lata C05361, documento 44 1892.

61 Sobre a família Werneck e sua preeminência no Vale do Paraíba fluminense, ver: MUAZE, Marian Aguiar Ferreira. Novas considerações sobre o Vale do Paraíba e a dinâmica Imperial. In: MUAZE, Mariana; SALLES, Ricardo. (org.). *O Vale do Paraíba e o Império do Brasil nos quadros da Segunda Escravidão*. Rio de Janeiro: 7 Letras/ Faperj, 2015, v. 1, p. 55-97.

62 Cf. APESP – Juízo de Órfãos, Autos de tutoria, lata C05458, documento 6174, 1901.

definitiva desta cruel dinâmica de representações. Órfã de pai e mãe, foi contratada em 1892 por Leonardo José Schimdt que, *"tendo necessidade de uma menor para auxiliar sua mulher na creação de seus filhos"*, sabia que a menor se encontrava empregada em casa onde *"alem de nada ganhar, e muito maltratada"*. Apenas dois meses depois de contratada até a maioridade com salários ínfimos e progressivos, Adelina teve os serviços transferidos por seu contratante a Eduardo Bahu, também residente na capital.[63] Este, no entanto, rapidamente desistiu dos serviços adquiridos, submetendo ao Juízo a seguinte petição:

> O supplicante quer entregal-a n'este Juiso afim de ser ella remettida ao Hospital da Lazaros visto como estando ella doente e sendo examinada pelo medico Dr Arthur Azevedo, este reconheceo-a com sintomas de affecção morphotica, recomendando ao supplicante que a retirasse do seio de sua familia.

Sublinhando o contraste entre as crianças brancas e a pequena pajem, o contratante afirmava, afinal, que constatado o caráter contagioso da enfermidade de Adelina, e *"tendo o supplicante suas filhas, não pode por isso continuar a tel-a em seu poder"*. Assim, o contrato era rescindido, e Adelina encaminhada à Santa Casa de Misericórdia da capital.

Aparte menções específicas como as feitas às amas crianças, diversas referências genéricas ao trabalho doméstico surgem entre registros referidos, por exemplo, ao aluguel dos pequenos contratados. Em 1892, procurando colocar sua filha Izabel, de 15 anos de idade, em uma verdadeira "casa de família", retirando-a da companhia de Dona Maria Candida, com quem vivia a menor, Benedita Maria de Moraes compareceu ao Juízo de Órfãos prestando a seguinte declaração, assinada a seu rogo:

> (...) que a cerca de tres mezes alugou a sua filha Isabel de quinse annos de idade em casa de Dona Maria Candida, solteira, moradora a Rua Liberó Badaró, mediante o aluguel mensal de 15$ que ella informante recebeu durante os dois meses; que é sua vontade

---

63 Kimberly Wallace-Sanders chama a atenção para o fato de que as *companion nannies* poderiam permanecer por longo tempo, da infância à vida adulta, servindo às mesmas famílias. WALLACE- SANDERS, K. Slavery and Other Mothers..., op. cit.

Mães infames, filhos venturosos

que a menor sua filha seja collocada em casa de Alberto Julio da Fonseca, casado, morador a rua Marechal Deodoro, que offerece maior soldada e mais garantia para mesma sua filha.[64]

Há ainda frequentes referências aos "serviços compatíveis com força, sexo e idade" dos contratados. Embora menos explícitas, são também sugestivas de que os menores eram lançados a uma miríade de tarefas urbanas que compreendiam, inclusive, a lide doméstica de portas afora e adentro. Com efeito, no ambiente da cidade, as tarefas identificadas ao universo doméstico constantemente rompiam os limites da casa, misturando-se ao mundo das ruas na execução de atividades como as vendas de tabuleiro, os pequenos transportes de pacotes e recados, as compras nos mercados e, no caso das mulheres adultas, a lavagem de roupas.[65] No que diz respeito aos menores trabalhadores de idade, parece possível supor que estas tarefas domésticas e outros afazeres de naturezas diferentes se combinassem num cotidiano fluido de trabalho, sendo requeridas de forma expediente pelos contratantes, segundo suas urgências e necessidades. João Pedro Schimidt, por exemplo, proprietário de casa de molhados e padaria na rua do Ouvidor, solicitava à Presidência da Província em 1850 que lhe fosse concedido o menor José

---

64 Cf. APESP – Juízo de Órfãos, Autos de contrato, lata C05358, documento 43, 1892.

65 Sandra Graham esclarece que esta era uma distinção fundamental no universo do trabalho doméstico, tanto porque estabelecia, do ponto de vista patronal, uma divisória simbólica entre as criadas que frequentavam o mundo da rua, espúrio e fora do controle, daquelas mantidas dentro dos rigores e proteção do lar, como porque no primeiro caso, propiciavam alívios ao cotidiano de vigilância em que viviam as criadas e momentos de maior autonomia. GRAHAM, S.L. *Proteção e obediência...*, op. cit.; sobre as distinções entre serviços de porta afora e porta dentro e os códigos morais que tal diferenciação encerrava, ver também o artigo de Marcus Carvalho sobre o Recife da primeira metade do XIX: CARVALHO, Marcus J. M. de. De portas adentro e de portas afora: trabalho doméstico e escravidão no Recife, 1822- 1850. *Afro-Ásia*, n. 29/30, 2003, p. 41-78. Sobre escravas de proprietárias pobres, engajadas tanto nos serviços da casa quanto nas vendas na rua que garantiam a sobrevivência de suas senhoras e a sua própria, ver o estudo fundamental de Maria Odila Leite da Silva Dias: DIAS, M. O. L. S. *Quotidiano e poder...* op. cit.

Corrêa, educando do Seminário de Sant'Anna, contando então doze anos de idade, para *"servirsse delle em pequenos trabalhos de sua casa e de seo armasem"*.[66]

Contrariando a compreensão geralmente aceita de que os serviços domésticos seriam um recorte notadamente feminino do mundo do trabalho, alguns contratos, apontados na tabela, referem-se explicitamente ao agenciamento da mão de obra de meninos para estas incumbências.[67] Ainda que tais arranjos somem apenas doze registros, outros tantos carregam as menções indiretas a "tarefas adequadas às forças e idade dos menores" que poderiam contemplar afazeres entendidos como domésticos. Referências indiretas a meninos empregados nas casas de seus tutores são igualmente comuns nos autos de tutela. Ademais, comparando-se as menções explícitas ao emprego da mão de obra de menores do sexo masculino nos serviços domésticos aos demais tipos de serviços especificados, nota-se que elas superam as referências aos arranjos de aprendizagem de ofícios especializados, ainda que por uma margem mínima e num conjunto amostral bastante pequeno.

De todo modo, se é certo que não só as meninas se engajavam nos serviços domésticos, não se pode negar que eles representaram uma fronteira para sua inserção no mundo do trabalho urbano e subalternizado. Sem exceção, os arranjos de trabalho relacionados ao aprendizado dos ofícios de maior qualificação e o trabalho no comércio, como caixeiros, engajaram menores do sexo masculino. Se essa divisa foi permanente para menores do sexo feminino, contudo, ela parece ter virtualmente se extinguido após a década de 1870 para menores do sexo masculino, quando, à exceção de um único arranjo de aprendizagem de marcenaria realizado na década de 1880, desaparecem as referências à contratação de aprendizes e caixeiros. Ao chegar-se à década da abolição, os contratos de soldada parecem referir-se exclusivamente à arregimentação de mão de obra doméstica.[68]

---

66 Cf. APESP – Juízo de Órfãos, Autos de contrato, lata C05358, documento 10, 1857.

67 CARVALHO, M. J. M. De portas adentro e portas afora..., op. cit.

68 Gislane Azevedo, no estudo que produziu sobre esta documentação, afirma que esta seria mesmo a vocação fundamental dos contratos de soldada e tutelas produzidos na segunda metade do século XIX. Como comentado anteriormente, porém, seus argumentos carecem de demonstração documental, que se procura oferecer aqui. AZEVEDO, G. C. *De Sebastianas e Geovannis...*, op. cit.

Finalmente, é necessário comentar ainda a distribuição dos diferentes serviços agenciados aos menores entre os diversos grupos de origem social e categorias raciais delimitadas para a amostra de contratos localizados. Dos oito arranjos envolvendo o aprendizado de serviços especializados, três referem-se a menores identificados como pretos ou pardos, um a um menor estrangeiro, e os restantes não especificam a origem social dos aprendizes arregimentados. Entre os onze arranjos de serviços de caixeiros, as definições são ainda mais vagas: dois menores são identificados como portugueses e um como brasileiro; sobre os demais, não há qualquer informação que os ligue a grupos de origem social específicos. O mesmo ocorre aos meninos engajados em serviços de fábricas e restaurante, ao passo que os contratos que indicam o deslocamento de menores da cidade para o trabalho em colônias agrícolas referem-se a três irmãos libertos, filhos de mãe igualmente liberta, porém falecida.[69]

Já entre os menores designados aos serviços domésticos, os não brancos e portadores de vínculos com experiências de escravização predominam: das 41 meninas nominalmente arregimentadas para estes serviços, 18 são identificadas como pretas ou pardas, uma é branca, outra brasileira, outras duas portuguesas e uma uruguaia. Sobre as dezessete restantes não há informações que permitam inseri-las num grupo social específico. Entre os 12 meninos arregimentados para os mesmos serviços, novamente a categoria racial "não branco" prevalece: três são pretos ou pardos, dois são filhos de mães libertas e um é filho de mãe africana livre, um é indígena e os cinco restantes não podem ser relacionados a nenhum grupo de origem social ou racial. Desse modo, ainda que diante de informações lacunares e de uma amostra pequena de arranjos formais de trabalho que especificam os serviços arregimentados, fica sugerido que os menores não brancos se inseriam

---

69 Note-se, a esse respeito, que autores como Fabiane Popinigis e Luis Felipe Alencastro, em estudos dedicados à cidade do Rio de Janeiro, destacaram a grande presença de indivíduos brancos e estrangeiros empregados no comércio. ALENCASTRO, Luis Felipe de. Proletários e escravos: imigrantes portugueses e cativos africanos no Rio de Janeiro, 1850-1872. *Novos Estudos CEBRAP*, n. 21, 1988, p. 30-56; POPINIGIS, Fabiane. *Proletários de casaca: trabalhadores do comércio carioca (1850-1911)*. Campinas: Editora Unicamp, 2007.

mais claramente nos serviços domésticos do que nos chamados "ofícios especializados".

A idade dos menores engajados em contratos e tutelas reforça a interpretação da utilidade de sua mão de obra nos diversos afazeres da economia urbana, entre a rua, a casa, as oficinas e armazéns. A faixa etária predominante dos menores assoldadados varia entre dez e 14 anos, acumulando cerca de 54% do total de contratos localizados, com uma pequena divergência entre menores do sexo feminino e do sexo masculino (Apêndice H, p. 469). No caso das meninas trabalhadoras, predominam os contratos com menores entre 12 e 14 anos de idade, ao passo que no caso dos meninos trabalhadores, predominam os menores com idades entre dez e 12 anos. Outras duas faixas etárias, abrangendo os três anos anteriores e posteriores ao lapso principal dos dez aos 14 anos de idade, concentram uma quantidade expressiva de contratos para o tamanho da amostra – há 22 arranjos registrados com menores entre sete e nove anos de idade e 28 arranjos registrados com menores entre 15 e 17 anos de idade. A despeito dessas concentrações, os arranjos judicialmente formalizados na cidade compreendem uma ampla escala etária que varia dos seis aos 19 anos, iniciando-se, portanto, antes mesmo da idade mínima para assoldadamento prevista nas Ordenações Filipinas, e encerrando-se no limite da menoridade legal, delimitada em 21 anos.

Já no que tange às tutelas, os registros encontram-se mais dispersos na escala etária, meninos e meninas dividindo-se de forma equilibrada principalmente entre os sete e os dez anos. No caso dos menores do sexo masculino, nota-se ainda uma pequena recorrência de tutelas com menores entre dez e 12 anos, ao passo que, no caso das meninas, há igualmente uma pequena concentração entre 13 e 15 anos. O mais relevante a respeito das tutelas, entretanto, é a existência algo frequente, considerado o tamanho da amostra, de menores com idades inferiores às dos contratados. Doze crianças com menos de seis anos, idade mínima dos assoldadados localizados nos autos, foram formalmente tuteladas na cidade – algumas delas realmente pequenas para o exercício produtivo de quaisquer tarefas domésticas, como um bebê de oito meses e crianças entre 2 e 4 anos.

As solicitações de tutelas de menores de pouca idade apresentadas ao Juízo de Órfãos da cidade de São Paulo foram interpretadas por Gislane de

Azevedo como testemunhos de adoções despojadas dos escusos interesses na apropriação dos serviços dos tutelados. Assim, segundo a autora, ainda que tenham sido amplamente utilizadas como expediente de arregimentação de mão de obra, tutelas aplicadas a menores de pouca idade seriam manifestações do genuíno e afetivo interesse de tutores pelo bem-estar dos menores desvalidos – e nesses casos, fariam contraponto aos contratos de soldada, sempre empregados para o engajamento de menores ao serviço.[70]

Certamente, vínculos autênticos de afeto permearam ao menos parte das relações tutelares – não se podendo mesmo descartar a ideia de que tenham sido sua real motivação em determinadas circunstâncias. Há de se observar, todavia, que eventuais enleios afetivos entre senhores e subalternos não esvaziavam o interesse dos primeiros na exploração dos segundos, como bem demonstram, por exemplo, as reflexões sobre a infância escravizada. Os "mimos e regalias" destinados às crianças cativas, observados enviezadamente por viajantes do século XIX, e a dedicação de sinhás que levavam ao peito os "molequinhos filhos de negras falecidas", destacada por Gilberto Freyre, não eram impedimento para que as mesmas fossem encaminhadas ao eito tão logo tivessem idade suficiente para realizar pequenos e essenciais serviços.[71] Por certo, como sublinha Maria de Fátima Neves, evocando a contristadora imagem dos "doguezinhos" retratados por Debret em "Um jantar brasileiro", de 1827, mais do que objeto de afeto as crianças escravizadas eram responsáveis por servir e entreter às elites senhoriais.[72]

---

70 A autora refere-se ainda ao fato de que, na ausência de legislação sobre o tema, que recebeu primeiro tratamento específico no Código Civil de 1916, as prescrições tutelares das Ordenações Filipinas regiam as adoções: AZEVEDO, G. C. *De Sebastianas e Grovannis...*, op. cit., p. 80.

71 Maria Lúcia Mott aponta as impressões de viajantes sobre o tratamento afetuoso dedicado a crianças cativas: MOTT, Maria Lúcia. A criança escrava na literatura de viagens. *Cadernos de Pesquisa*, n. 31, 1972, p. 57-68. Embora destaque a dedicação e compadecimento de senhoras para com os pequenos cativos, Freyre igualmente indica as agruras a que os mesmos eram submetidos em mãos das crianças senhoriais: FREYRE, Gilberto. *Casa-grande e senzala: a formação da família brasileira sob o regime da economia patriarcal*. Rio de Janeiro: Record, 2000, p. 421-23; 501-02.

72 NEVES, Maria de Fátima Rodrigues das. *Infância de faces negras: a criança escrava brasileira no século XIX*. 306 f. Dissertação (Mestrado em História Social). Faculdade de

294 Marília B. A. Ariza

Lógica muito semelhante poderia ser operada por tutelas de crianças pequenas. Os discursos de tom sentimental e marcadamente paternalista, traço fundamental das petições de tutelas e soldadas encaminhadas ao Juízo de Órfãos, serviam ao propósito de legitimar e edulcorar relações efetivamente predatórias, entranhadas na sociedade imperial.[73] A simples afirmação de bem-querença por parte de pleiteantes à tutela, portanto, não seria suficiente para atestar sua desinteressada disposição para tomar pequenos desvalidos como "se seus próprios filhos fossem" – para usar expressão corriqueira nos autos do Juízo. Ainda que se considere a pouca idade dos tutelados, e mesmo concebendo eventuais proximidades construídas com os tutores, relações de agregação social desenvolviam-se sempre à sombra de poderes desiguais – o adorável bebê de hoje seria o pequeno criado de amanhã.

De modo geral, autores dedicados ao estudo do trabalho tutelado de menores têm apontado a predominância da arregimentação de meninos e meninas em "idade produtiva" variando, predominantemente e de acordo com os contextos, entre os oito e os 16 anos de idade.[74] Evitar-se-iam, assim, as idades em que os meninos e meninas muitos novos não podiam oferecer

---

Filosofia, Letras e Ciências Humanas, Universidade de São Paulo, São Paulo, 1993, p. 66-67. A referida imagem corresponde à prancha 7 do segundo tomo do livro de Debret: DEBRET, Jean Baptiste. *Viagem pitoresca e histórica ao Brasil*. Belo Horizonte: Ed. Itatiaia, 1989, p. 66-7.

73 Novamente, destaca-se aqui o apelo dos estudos interessados na escravidão brasileira afetiva, sexualizada e harmônica (ver nota 20, capítulo 2). Estudos que abordaram esses vínculos contraditórios de afetividade de forma crítica e atenta à violência inerente às relações escravistas, são: SLENES, Robert. Senhores e Subalternos no Oeste Paulista. In: ALENCASTRO, Luiz Felipe de. *História da vida privada*, v. 2. São Paulo: Cia. das Letras, 1997, p. 233-290; KOUTSOUKOS, Sandra Sofia. Amas Mercenárias: O Discurso dos Doutores em Medicina e o Retrato das Amas – Brasil, Segunda Metade do Século XIX. *História, Ciências, Saúde*, v. 16, n. 2, 2009, p. 305-324.

74 Arethuza Zero indica a predominância de menores entre os nove e 12 anos nas 140 tutelas produzidas em Rio Claro e por ela estudadas; Alessandra David, por sua vez, indica a predominância de menores tutelados entre oito e 16 anos em Franca; considerando tutelas produzidas em Itu e Campinas conjuntamente, Ana Gicelle Alaniz indica o predomínio da faixa dos nove aos 12 anos entre os tutelados. ZERO, A. *O peço da liberdade...*, op. cit.; ALANIZ, A.G.G. *Ingênuos e libertos...*, op. cit.; DAVID, A. *Tutores e tutelados...*, op. cit.

serviços de maior valor a seus tutores ou contratantes. De certa maneira, o argumento das "idades improdutivas" replicado pelas pesquisas foi utilizado pelos próprios contratantes de menores assoldadados na expectativa de se livrarem do pagamento devido pelos serviços arregimentados. O caso do menor Martinho, de sete anos, é exemplar: em 1888, ele e seu irmão Lindoro, este contando 14 anos de idade, filhos da liberta Felisarda, foram contratados à soldada por João Mathias Coelho. Ao mais velho, o contratante propunha-se a pagar soldada equivalente a 6 mil réis mensais; a Martinho, porém, Coelho propunha remunerar somente quando o menino *pudesse prestar serviços*". Observando as determinações das Ordenações Filipinas, que preceituavam que a partir de sete anos os menores de idade poderiam vencer soldadas pelos serviços desempenhados, o Juízo não acatou a solicitação do pleiteante e estabeleceu o pagamento de soldadas também ao irmão mais novo, desde o início do contrato.[75]

Em outros casos, porém, a própria Justiça ignorava as prescrições do código filipino e concedia aos contratantes a prerrogativa de não pagar por serviços de menores que já tinham idade suficiente para serem remunerados. Em 1886, o juiz de Órfãos encarregado deliberou que o eminente Doutor Rafael Tobias de Aguiar, notório baluarte da aristocracia paulista, recebesse à soldada a Izabel, ingênua de oito anos, filha de sua liberta Thimotea, com o benefício de os vencimentos da menor somente se iniciarem quando a mesma completasse dez anos de idade.[76] Em 1890, o também Doutor José Severino Fernandes contratou os serviços do menor José, pardo de oito anos, filho de Anna Eufrosina, com a obrigação de vesti-lo, alimentá-lo e educá-lo, e a regalia de apenas pagar seus ordenados mensais de cinco mil réis quando o pequeno chegasse, assim como Izabel, aos dez anos de idade.[77] O mesmo ocorria em 1891 a João, pardo de oito anos de idade, filho de Francisca Maria Clara, a quem Joaquim Gomes da Luz, também nomeado seu tutor, comprometia-se a assoldadar nos seguintes termos:

---

75 Cf. APESP – Juízo de Órfãos, Autos de tutoria, lata C05456, documento 8637, 1888.

76 Cf. APESP – Juízo de Órfãos, Autos de diligência, lata C05361, documento 10, 1886.

77 Cf. APESP – Juízo de Órfãos, Autos de diligência, lata C05361, documento 31, 1890.

> (...) se obrigava a ter em sua companhia o menor seu tutelado, auferindo os serviços do mesmo, sob as seguintes condições: educal-o convenientemente, vestil-o e tratal-o em caso de molestias e pagar-lhe anualmente, depois que o menor completar des annos, a soldada anual de 48$ no 1º anno, 50$ no 2º e 60$ no 3º (...).[78]

A delimitação da ideia de "idade produtiva" não é consenso nem mesmo entre importantes historiadores que se dedicaram ao tema da escravização de crianças. Kátia Mattoso argumenta que as idades da infância e adolescência dos escravizados seriam definidas em função dos papéis sociais por eles desempenhados – e, nessa medida, divergiriam de noções puramente cronológicas extensivamente aplicáveis a todos os infantes e adolescentes. Para a autora, até alcançar os sete ou oito anos, a criança pouco participava do mundo do trabalho, sendo, então, a ele alçada, e adentrando o universo do trabalho adulto na condição de aprendiz a partir dos 12 anos[79]. Maria Lúcia Mott, por seu turno, afirma que a criança escravizada passava a primeira etapa da infância sendo cuidada por escravas mais velhas ou por cativas pequeninas de seis ou sete anos, tendo sua mãe retornado ao eito pouco tempo depois do parto. A partir dos sete ou oito anos, as crianças cativas eram apresentadas à faina pesada na lavoura, desempenhando atividades específicas, como a colheita do café caído ao chão.[80] Já José Roberto Góes e Manolo Florentino asseveram que o "treinamento" da criança escravizada no mundo do trabalho iniciava-se cedo, aproximando-se da conclusão aos 12 anos, quando os meninos e meninas já eram alcunhados com referências aos serviços que prestavam – eram os Chico Roça e Anas Mucamas, como descrevem os autores. Embora aos 14 anos o sujeito escravizado já estivesse plenamente integrado ao mundo do trabalho adulto, a inserção das crianças cativas nas atividades produtivas poderia começar muito mais cedo.[81]

---

78 Cf. APESP – Juízo de Órfãos, Autos de Tutoria, lata C05457, documento 6197, 1891.

79 MATTOSO, Kátia. O filho da escrava: em torno da Lei do Ventre Livre. *Revista Brasileira de História*, São Paulo, v. 8, n. 16, 1988, p. 37-55.

80 MOTT, Maria Lúcia de Barros. Ser mãe: a escrava em face do aborto e do infanticídio. *Revista História*, São Paulo, n. 120, 1989, p. 85-96.

81 GÓES, João Roberto; FLORENTINO, Manolo. Crianças escravas, crianças dos es-

Mães infames, filhos venturosos

Finalmente, Maria de Fátima Neves, dedicando-se ao estudo da população de crianças escravizadas na cidade de São Paulo no século XIX, indica que desde tenra idade, por volta dos cinco anos, nas fazendas ou cidades, os pequenos eram ocupados em um sem fim de atividades, notadamente nos serviços domésticos, que compreendiam trabalhar

> (...) como pajem, moleque de recados ou criados: iam buscar o jornal e o correio, encilhavam cavalos, lavavam os pés das pessoas da casa ou mesmo de visitantes, escovavam as roupas, engraxavam os sapatos, serviam à mesa, espantavam mosquitos, balançavam a rede, buscavam água, despejavam o lixo, carregavam pacotes e outros objetos.[82]

As balizas das fases e idades da infância escrava são um parâmetro útil para a reflexão sobre as práticas de recrutamento de mão de obra envolvendo menores de idade livres pobres. Certamente, a definição legal da idade mínima para o assoldadamento carregava, em si, um tanto de arbitrariedade e descompasso com as práticas sociais informais, não sendo possível supor que, numa sociedade tão acostumada ao emprego precoce do braço escravo e à alentada tradição dos "filhos de criação", as crianças empobrecidas livres e mais novas fossem poupadas do trabalho em prol de uma infância imaginada nos termos sociais contemporâneos. Com isso, se pretende afirmar que o fato de a formalização judicial dos contratos e tutelas envolvendo as ditas crianças ter se concentrado nos menores entre dez e 14 anos não exclui a possibilidade de que os mesmos menores estivessem já ativamente inseridos no universo de trabalho antes disso e, assim, de que fossem socialmente reconhecidos como "força produtiva" desde tenra idade. Os diversos casos de

---

cravos. In: PRIORE, Mary Del (org.). *História das Crianças no Brasil*. São Paulo: Contexto, 2015, p. 177-191.

82 NEVES, Maria de Fátima Rodrigues das. *Infância de faces negras: a criança escrava brasileira no século XIX*. 306 f. Dissertação (Mestrado em História Social) – Universidade de São Paulo. São Paulo, 1993. Para fins metodológicos, a autora delimita a infância escrava como o período compreendido até nove anos de idade. Ressalte-se que, neste livro, o conceito fundamental não é o da infância, mas o da menoridade civil que justificava a manutenção de crianças e jovens livres pobres sob o regime dos contratos de soldada

empregadores instados pelos juízes ou curadores-gerais de órfãos a oficializarem contratos de soldada e tutelas de que já desfrutavam havia anos é um argumento que ampara essa interpretação.

Ao mesmo tempo, é interessante ponderar a ampla utilidade emprestada pelo conceito de menoridade civil à manutenção de trabalhadores pauperizados em arranjos de trabalho tutelado por um prolongado período de suas vidas. Certamente a condição de assoldadados, que lhes tolhia a possibilidade de recolher os vencimentos dos serviços prestados, não impedia que menores de idade avançados no que hoje se denominaria "adolescência" fossem poupados de esforços em nome de sua juventude. Se, como afirmam Góes e Florentino, aos 14 anos de idade os meninos e meninas escravizados já estavam plenamente incorporados ao mundo do trabalho adulto, não há por que supor que algo muito diverso ocorresse aos menores livres despossuídos e assoldadados. A arregimentação de jovens de 17, 18 ou 19 anos de idade por meio de contratos de soldada, como visto nos autos do Juízo de Órfãos, revela o caráter artificioso do condicionamento do trabalho tutelado ao estatuto da menoridade civil. Apesar de trabalharem como adultos, esses menores eram descritos jurídica e socialmente como trabalhadores faltos de autonomia e, assim, carentes de tutela.

Avançando-se à reflexão sobre as relações entre idade, sexo e inserção nos grupos raciais ampliados de menores assoldadados e tutelados, nota-se que especialmente os meninos não brancos eram formalmente arregimentados para o trabalho urbano desde tenra idade (ver Apêndice I, p. 470). Nenhum deles, como já comentado, foi recrutado para os serviços caixeirais no comércio, e apenas quatro foram contratados como aprendizes de ofícios especializados; grande parte deles, deste modo, parece ter sido engajada nos serviços domésticos. As meninas pertencentes às categorias raciais ampliadas de "brancos" e "não brancos" distribuem-se de forma proporcional entre a faixa de idade majoritária de seu sexo, qual seja a dos 12 aos 14 anos. Já as meninas sobre as quais não se encontram marcadores raciais ou sociais mais específicos, inseridas no grupo "Indeterminado", distribuem-se de forma menos concentrada entre diversas faixas etárias, especialmente dos 11 aos 15 anos.

Os dados sobre a idade dos contratados beneficiam-se do acréscimo da informação sobre as durações dos arranjos de trabalho formalmente estabelecidos, de forma a projetar-se o tempo de permanência de um menor trabalhador sob o poder de um ou mais contratantes. Tal variável não se aplica às tutelas, evidentemente; não se apresentando como contratos de trabalho, estas deixavam subentendido que o domínio dos tutores sobre os tutelados estender-se-ia até a maioridade dos últimos – prazo variável e inversamente proporcional à idade dos tutelados. Considerando-se a predominância de tutelas de menores entre sete e dez anos, depreende-se que parte significativa das crianças permaneceria sob o domínio dos tutores por até 14 anos – dado que as tutelas não fossem interrompidas por fuga dos menores, desistência ou transferência de tutores. Estimado e hipotético, esse alongado período de sujeição de tutelados a tutores seria bastante superior à média de duração dos contratos de soldada, como demonstrado na Tabela 7, abaixo.

A esse respeito, cumpre destacar que 25 arranjos estabelecem o prazo de prestação dos serviços arregimentados por meio das fórmulas genéricas "até a maioridade" ou "até a emancipação", indicando que o menor contratado permaneceria sob poder do contratante até que atingisse os 21 anos ou recebesse emancipação legal antecipada por quaisquer outros motivos, como permissão para o casamento. Esses 25 menores dividem-se entre sete libertos, quatro pretos ou pardos, um menor filho de mãe liberta, dois estrangeiros e 11 de origem social não identificada.[83]

---

83 Sempre que os autos informaram a idade do menor arregimentado cujo prazo de prestação de serviços era designado por estes códigos, a duração do contrato foi convertida em anos para fins de tabulação. Desse modo, apenas duas menções à duração dos arranjos de trabalho feitas nestes moldes encontram-se assinaladas na tabela, não tendo sido possível, pela omissão da idade do contratado, calcular o tempo que este permaneceria sob contrato.

T7. Duração de contratos por décadas (São Paulo, 1820-1910)

Duração	1820	1840	1850	1860	1870	1880	1890	1900	1910	Total
1 ano	-	1	2	-	-	1	-	-	1	5
2 anos	-	-	-	1	-	7	-	1	-	9
3 anos	-	2	10	4	2	23	5	-	-	46
4 anos	-	-	5	-	-	1	1	1	-	8
5 anos	-	-	1	-	1	1	2	2	-	7
6 anos	-	-	-	-	-	-	1	2	-	3
7 anos	-	-	-	-	-	2	2	-	-	4
8 anos	-	-	-	-	-	1	1	1	-	3
9 anos	-	-	-	-	-	2	1	2	-	5
10 anos	-	-	-	-	-	-	-	-	-	0
11 anos	-	-	-	-	-	-	1	1	-	2
12 anos	-	-	-	-	-	-	-	2	-	2
13 anos	-	-	-	-	-	1	-	-	-	1
14 anos	-	-	-	-	-	-	-	-	-	0
15 anos	-	-	-	-	-	1	-	-	-	1
Até maioridade	-	-	-	-	1	-	-	-	-	1
Até emancipação	-	-	-	-	-	-	1	-	-	1
Sem informação	1	2	8	-	4	22	35	12	5	89
Total	1	5	26	5	8	62	50	24	6	187

Fonte: APESP, 2014-5.

A despeito dessas alusões a contratos de alentada duração, os prazos predominantes estabelecidos para as prestações de serviços formalmente arranjadas não ultrapassam os cinco anos. Contratos cuja duração é estabelecida entre um e cinco anos somam 75 registros, correspondentes a cerca de 40% da amostra total de arranjos de trabalho. Os arranjos de prestação de serviços com duração de três anos são particularmente frequentes, somando

46 registros, que correspondem a cerca de 24,6% do total de contratos localizados. O restante dos arranjos, distribuídos ao longo de uma escala que vai dos seis aos 15 anos de duração, somam 21 registros, não mais do que 11,2% das contratações. As durações predominantes, relativamente curtas e que parecem contrariar a ideia do trabalho tutelado como um vínculo de difícil dissolução, reforçam a condição limítrofe assumida pelas soldadas entre o regime de trabalho livre assalariado e a reiteração de formas de subalternização de trabalhadores dependentes. Talvez a brevidade desses vínculos tenha sido providenciada pelo fato, que obviamente não escapava aos contratantes e autoridades públicas, de que os pequenos trabalhadores judicialmente recrutados a todo momento fugiam de seus empregadores ou demonstravam comportamento indisciplinado e indesejável.[84]

A menor Olympia, por exemplo, com cuja história se inicia este capítulo, fugiu, no início de 1888, da casa de seu contratante, Dr. Eugenio da Silva, meses após ter sido por ele retirada do asilo da Santa Casa de Misericórdia. Em 1896, a parda Felisbina, de 16 anos, filha de Joanna de tal, deixou a casa de Antonio José da Cunha, pouco mais de um depois de contratada, alegando que iria viver com a mãe.[85] Quatro décadas antes, em 1856, o crioulo Benedicto, filho da africana livre Maria Conga, era acusado pelo brigadeiro Bernardo José Pinto Gavião Peixoto, ilustre quadro paulista, que chegara na

---

84 De fato, há, entre as Ordenações que versam sobre soldadas, prescrições com relação a eventuais evasões de assoldadados. O prazo de três anos é mencionado no título 32 do livro 4º das Ordenações, o qual estabelece que homens e mulheres que se ausentassem da casa de seus amos por mais de três anos não poderiam retornar aos mesmos serviços; no caso dos menores de idade, este prazo correria após completada a maioridade. As fugas de órfãos são também referidas pelo título 88 do livro 1º, que em seu décimo sétimo parágrafo prevê que evasões de menores serviçais motivadas por maus tratos ou outras responsabilidades dos amos redundariam na anulação da obrigação de serviços, ao passo que fugas sem justificativas fossem remediadas com o constrangimento do orfanado ao trabalho, pelo prazo originalmente estabelecido e "mais outro tanto". Cf. Ordenações Filipinas, Liv. 1º, Tit. 88; Liv. 4º, Tit. 32. Disponível em: < http://www1.ci.uc.pt/ihti/proj/filipinas/l4p810.htm>; < http://www1.ci.uc.pt/ihti/proj/filipinas/l1p212.htm>. Acesso: 12.12.2019.

85 Cf. APESP – Juízo de Órfãos, Autos de contrato, lata C05358, documento 50, 1896.

década de 1830 à presidência da província, de abandonar os serviços para os quais havia sido contratado.[86]

Manter por longo tempo não apenas o controle, como também a responsabilidade legal e financeira sobre menores de idade que escapavam aos limites da disciplina de trabalho desejada, decerto não seria negócio favorável aos empregadores da cidade que encontravam na disseminada pobreza urbana grande reserva de mão de obra dependente e disponível. Evitando os dissabores e as importunações burocráticas trazidas por estes pequenos e jovens trabalhadores desregrados, contratantes e autoridades públicas poderiam optar por contratos de curta de duração, refeitos sucessivamente na medida em que os serviços arregimentados e o comportamento dos serviçais se mostrassem satisfatórios. A brevidade inicial de muitos desses vínculos, ademais, era frequentemente burlada por empregadores que, expirado o prazo dos arranjos formais sancionados pela Justiça, davam continuidade à prestação dos serviços ao arrepio das determinações legais, esquivando-se inclusive de depositar as soldadas correspondentes ao tempo trabalhado nas cadernetas de poupança abertas em nome dos menores.

Apesar de grande parte dos arranjos formais de trabalho estabelecer durações de até cinco anos para a prestação dos serviços pelos menores, não se pode ignorar aqueles que previam o comprometimento do trabalho dos mesmos por alongado tempo, muitas vezes por mais de uma década. Até a década de 1870, a duração dos arranjos de trabalho formalizados não ultrapassou a marca dos cinco anos, com a exceção de um contrato que previa a prestação de serviços até a maioridade do menor engajado. A partir da década de 1880, porém, quando os arranjos de trabalho formalizados se multiplicavam, expandiu-se também a celebração de contratos de duração mais

---

86 Cf. APESP – Juízo de Órfãos, Autos de tutoria, lata C05453, documento 12396, 1856. O caso, envolvendo cruéis maus-tratos dispensados pelo brigadeiro e sua família a Benedicto, é abordado por Enidelce Bertin em: BERTIN, Enidelce. Uma "preta de caráter feroz" e a resistência ao projeto de emancipação. In: MACHADO, Maria Helena P. T.; CASTILHO, Celso Thomas (org). *Tornando-se livre: Agentes históricos e lutas sociais no processo de abolição*. São Paulo: Edusp, 2015, p. 129-142. Sobre a biografia do Brigadeiro Gavião Peixoto: SACRAMENTO BLAKE, Augusto Victorino Alves. *Diccionario Bibliographico Brazileiro*. Rio de Janeiro: Imprensa Nacional, v. 2, 1898.

longa distribuídos na escala anteriormente apontada que vai de nove a 15 anos. Junto com o crescimento do número de contratos formalizados e a ampliação da vigência dos mesmos, multiplicaram-se largamente os casos de indeterminação, quando os autos simplesmente silenciam a respeito do tempo durante o qual o menor deveria prestar seus serviços ao empregador. Na década de 1890, por exemplo, o índice de indeterminação é predominante, e no decênio seguinte, os contratos que não apresentam informações sobre a duração da prestação de serviços respondem por 50% da amostra. Nos anos 1910, quando o número de arranjos formais de trabalho de menores retorna a patamares anteriores a 1850, somando apenas seis registros, a menção à duração dos contratos praticamente desaparece.

O alto índice de indeterminações a respeito da duração dos contratos indica que, a despeito da formalização, da adoção de padrões mais claros para as contratações e da chancela das autoridades públicas, os contratos celebrados durante e especialmente após a década de 1880 conformaram-se, com frequência, a limites pouco rigorosos que poderiam redundar em longas experiências de dependência vividas pelos menores. Nesse sentido, os contratos de soldada aproximavam-se claramente das tutelas. A ausência de parâmetros explícitos recomendados e sancionados pelas autoridades públicas responsáveis, quais fossem o curador-geral de órfãos e o juiz de órfãos, indicava, no limite, que estas lacunas poderiam ser preenchidas pelo arbítrio do contratante ou negociadas na prática social pelo menor e sua família. Nesta disputa de poderes, a fragilidade social de famílias empobrecidas ou mesmo de menores orfanados poderia consigná-los a prolongados períodos sob o domínio de um mesmo empregador.

A distribuição dos contratos formalizados ao longo de período pesquisado, levando em consideração o sexo dos menores trabalhadores e seu pertencimento aos grupos raciais amplos anteriormente definidos, revela que a indeterminação a respeito da duração dos contratos é mais frequente entre menores do sexo masculino, em todas as categorias raciais. O subgrupo das meninas "não brancas" é, ao contrário, aquele que conta com o maior índice de informações sobre a duração dos contratos celebrados, predominando, mais uma vez, o marco dos três anos de duração (ver Apêndice J, p. 471).

Indeterminações a respeito dos termos específicos em que se celebravam os contratos abrangem também as remunerações devidas pelo trabalho executado pelos menores de idade – varável que exclui, novamente, as tutelas. Os regimes diversos de pagamento aos menores cujo trabalho era arregimentado fazem deste o tópico que apresenta maiores dificuldades às tentativas de racionalização numérica ou quantificação. A contratação de menores de idade à soldada significava que a paga atribuída aos serviços prestados seria recolhida e tornar-se-ia acessível ao trabalhador quando este atingisse a maioridade ou a emancipação legal. Essas condições específicas da remuneração dos serviços dos menores, porém, não se encontram claramente definidas nas Ordenações Filipinas e tampouco em qualquer um dos escassos dispositivos legais que foram criados para regular as relações de trabalho com esses sujeitos durante o século XIX.[87] A esta norma frágil, portanto, interpuseram-se desvios variados que resultaram em uma política inconsistente e fragmentada de assalariamento aplicada aos menores de idade na cidade de São Paulo.

As reflexões que seguem representam um esforço de sintetização das diferentes modalidades de remuneração de menores judicialmente arregimentados praticadas no período estudado. Nota-se, de início, que a parte deles sequer foi atribuído judicialmente algum valor de vencimento, como no caso dos aprendizes em seus primeiros anos de serviços, e de outros tantos menores cujos contratos simplesmente silenciam sobre a remuneração. Esses lapsos não significam, necessariamente, que o pagamento aos serviços prestados estivesse completamente ausente destas relações de trabalho. Indicam, entretanto, que espécies variadas de retribuição poderiam ser entendidas como paga adequada aos serviços prestados pelos menores trabalhadores. A combinação de vencimentos em espécie, na forma de estipêndios

---

87 Os títulos 31 a 34 do livro 4º das Ordenações Filipinas versam sobre regras para o pagamento de criados cujo trabalho era arregimentado à soldada, mas dedicam-se mais a delimitar o valor devido a cada tipo de serviço e as precauções a serem adotadas por amos contra a má-fé de seus criados do que a estabelecer direitos destes últimos. O título 31, especificamente, é o que define a idade mínima de assoldamento como 7 anos, conforme esclarecido no capítulo anterior. Cf. Ordenações Filipinas, Liv. 4º, Tit. 31 a 34. <Disponível em: http://www1.ci.uc.pt/ihti/proj/filipinas/l1p212.htm>. Acesso: 12.12.2019.

mais ou menos assemelhados a modernos modelos salariais, ao pagamento em gêneros, como alimentação, vestuário e tratamento médico, parece, de fato, constituir política comum de remuneração do trabalho dependente – e, notadamente, do trabalho doméstico.[88] Referindo-se especificamente a esse tipo de serviços, Sandra Graham argumenta que a conjunção de "proteções tradicionais", características das relações paternalistas, a salários e pagamento em gêneros, "proporcionavam uma continuidade que suavizava a transição formal do trabalho escravo para o livre".[89] Sobre essas relações, pesava a forte carga simbólica da troca de proteção e generosidade, oferecidas pelo empregador, e a gratidão e obediência devidas por seus subalternos, retirando tais relações do campo da compra e venda da força de trabalho e lançando-as aos domínios da afetividade.[90]

A fórmula básica de remuneração do trabalho dependente, qual seja, a provisão aos trabalhadores de subsistência mínima e elementar como paga aos serviços prestados, travestida de generosidade e proteção, foi amplamente praticada nas relações de trabalho fragilmente estabelecidas nos domínios formais da liberdade em sociedades escravistas. Os contratos de locação de serviços de libertandos são uma demonstração clara de como as lógicas da dependência intervinham, na prática social, sobre as definições de trabalho livre, matizando-as com a força da tutela e estendendo aos domínios da liberdade formal os protocolos de relações sociais forjadas no interior da escravidão.[91] Também no caso dos menores judicialmente assoldadados, a fórmula

---

88 Flávia Fernandes de Souza demonstra, em minuciosa pesquisa sobre o serviço doméstico no Rio de Janeiro entre a metade do século XIX e os anos iniciais do XX, que o assalariamento somente generalizou-se naquela cidade na virada do século; antes desse período, segundo a autora, as condições de trabalho e remuneração dos criados de servir da cidade eram de grande precariedade e espelhavam códigos e éticas de trabalho próprias da escravidão: SOUZA, F. F Criados, escravos e empregados..., op. cit.

89 GRAHAM, S. L. *Proteção e obediência...*, op. cit., p. 120.

90 GRAHAM, S. L. *Proteção e obediência...*, op. cit.

91 Sobre as locações de serviços de libertandos em São Paulo, ver meu próprio trabalho. ARIZA, Marília Bueno de Araújo. *O ofício da liberdade: trabalhadores libertandos em São Paulo e Campinas (1830-1888)*. São Paulo: Alameda Editorial, 2014. Sobre o uso destes expedientes em Desterro, ver os trabalhos de Henrique Espada Lima: LIMA,

paternalista de trabalho dependente foi fundamental, sendo praticamente onipresente nos 187 contratos levantados pela pesquisa. Desse conjunto, apenas 20 arranjos formalizados pela justiça esquivam-se de mencionar o compromisso da oferta de vestuário, alimentação e "curativo em caso de moléstia" aos menores cuja mão de obra é arregimentada.

Reforçando os contornos tutelares em que se definiam as relações de assoldadamento de menores de idade, 110 contratos referem-se ao compromisso de educar os menores cujos serviços eram arregimentados. Educá-los e instruí-los na disciplina do trabalho morigerado era, de fato, como já se argumentou no capítulo anterior, uma das plataformas ideológicas fundamentais sobre as quais se erigia o sistema de contratos de soldada e de tutelas em geral. Ainda assim, os termos em que se definiam esses compromissos pedagógicos eram tão elusivos quanto parecem ter sido seus efeitos. Variavam de menções quase involuntárias ao caráter especificamente utilitário da instrução provida aos menores, como no caso das referências feitas ao compromisso de oferecer "educação exclusivamente doméstica", "ensino em prendas ou misteres domésticos", "ensinar profissão", "mandar ensinar algum ofício para o que tenha vocação", a alusões absolutamente vagas como "oferecer alguma educação", "dar ou completar educação", "dar a necessária, precisa ou conveniente educação", "dar educação comum".

Por vezes, as menções feitas a essas obrigações sublinhavam que a qualidade da educação oferecida deveria equiparar-se à qualidade social do sujeito a ser educado; assim, encontram-se passagens que aludem à "educação compatível com a classe do menor", "educação compatível com seu estado e posição social", ou "instrução compatível com o estado e inteligência do menor". Nos casos em que a especificidade do tipo de instrução oferecida era mais acurada, há referências ao compromisso de ensinar aos menores as habilidades básicas da leitura, escrita e da matemática, e muito raramente – precisamente, em apenas três circunstâncias – encontram-se expressamente de-

---

Henrique Espada. Sob o domínio da precariedade: escravidão e os significados da liberdade no século XIX. *Topoi*, v. 6, n. 11, 2005, p. 289-326; LIMA, Henrique Espada. Trabalho e lei para os libertos de Santa Catarina no século XIX: arranjos e contratos entre a autonomia e a domesticidade. *Cadernos AEL*, v. 14, n. 26, 2009.

finidas as obrigações de "manter o menor na escola". Finalmente, ilustrando cabalmente o forte conteúdo moralizante subsumido na ideia da educação a ser oferecida aos menores assoldadados, alguns contratos trazem menções ao compromisso de "oferecer educação moral e religiosa".[92]

No que diz respeito aos arranjos que de fato previam o pagamento em espécie pelos serviços prestados pelos menores de idade, nota-se a existência de duas modalidades de remuneração: a dos pagamentos em valores fixos e invariáveis ao longo dos anos de duração do arranjo de trabalho; e a dos pagamentos progressivos que aumentavam à medida que os anos de prestação de serviços avançavam (Apêndice L. p. 472). Em ambos os grupos, encontram-se registros de alguns poucos contratos que previam a não remuneração dos menores no primeiro ou nos primeiros anos de serviços prestados, justificados indiretamente por lógica semelhante à adotada nos arranjos de aprendizagem de ofícios especializados que arrazoava ser necessário preparar o menor trabalhador para a prestação de serviços adequados antes de efetivamente remunerá-lo.[93] Bons exemplos são aqueles oferecidos pelos arranjos de trabalho imputados a Izabel, José e João, acima mencionados, havidos entre 1886 e 1891, que estabeleciam que os menores, todos com oito anos, somente passariam a vencer soldadas quando completassem dez anos de idade.

Contrariando o pressuposto de que os pequenos e jovens trabalhadores seriam talhados pela instrução que receberiam de seus empregadores, e, as-

---

92 Alessandra Frota Martinez, ao investigar as políticas de fomento e implementação da instrução pública na Corte identifica, no discurso de reformadores e educadores, duas acepções relacionadas ao tema: instruir, que compreendia prover aos educandos as habilidades e conteúdos da educação escolar formal, como o ensino das letras e contas; e educar, expressão que indicava a educação moral e religiosa dos mesmos educandos. MARTINEZ, Alessandra Frota. *Educar e instruir: a instrução popular na Corte imperial. 1870-1889*. Dissertação (Mestrado em História). 240f. Universidade Federal Fluminense, Niterói, 1997.

93 Embora não se tenha encontrado menções explícitas à este dispositivo nos contratos analisados, o parágrafo 12 do título 88 do livro 1º das Ordenações Filipinas estabelece que amos que houvessem criado, sem receber contrapartidas financeiras, órfãos menores de sete anos, poderiam usufruir de seus serviços sem necessidade de remuneração após a referida idade. Cf. Ordenações Filipinas, Liv. 1º, Tit. 88, parágrafo 12. Disponível em: <http://www1.ci.uc.pt/ihti/proj/filipinas/l1p211.htm>. Acesso: 12.12.2019.

sim, de que a aptidão para os bons serviços seria resultante da aprendizagem e da disciplina adquiridas ao longo do tempo, a maior parte das contratações havidas na cidade e intermediadas pelo Juízo de Órfãos estabelecia um valor fixo para os serviços desempenhados pelos contratados, não reajustado por todo o tempo que durasse seu vínculo de trabalho. Segundo esse raciocínio, portanto, ainda que a formação e adequação dos pequenos e jovens à morigeração e à capacidade de trabalhado fossem pressupostos básicos da própria instituição da soldada, como já se discutiu, o aperfeiçoamento das capacidades de trabalho dos menores de idade não redundaria na proporcional ampliação de seus vencimentos.

As remunerações progressivas, por sua vez, a princípio alinham-se mais adequadamente aos fundamentos gerais da educação e formação de trabalhadores, subsumidos na modalidade de trabalho assoldadado. Pressupõem que, conforme avançava a idade do menor trabalhador e, com ela, ampliavam-se suas habilidades nos serviços que lhes eram ensinados, aumentava também o valor atribuído a seu trabalho. A despeito dessas divergências de fundo, que expressam a variedade e, no limite, a inconsistência de práticas salariais normativas para as soldadas, a comparação da média salarial resultante dos pagamentos fixos e dos pagamentos progressivos não indica que a segunda modalidade de remuneração tenha resultado em vantagens aos menores assalariados. De fato, as remunerações progressivas, que, para ascender a patamares considerados razoáveis pelo Juízo, iniciavam-se com valores bastante baixos, concentram-se em faixas salariais inferiores àquelas atingidas por remunerações fixas, como se pode notar pela comparação das tabelas inclusas no Apêndice J (p. 471). Trocando em miúdos, a não estagnação salarial dos menores remunerados com valores progressivos não significou que, ao fim da linha, tenham recolhido maiores pecúlios do que os menores cujo trabalho não sofreu nenhum tipo de valorização ao longo dos anos.

Excluindo-se os casos de indeterminação e considerando-se as médias mensais de remuneração dos demais contratos estudados – associando-se, portanto, os pagamentos fixos e progressivos – constata-se que a maior parte dos arranjos de trabalho judicialmente registrados em São Paulo estabeleceu vencimentos equivalentes à faixa de cinco a cinco mil e 900 réis mensais. Até a década de 1870, a maior parte dos contratos levantados estabelece remunerações que variam dos mil aos quatro mil e 900 réis. A partir da década de 1880, entretanto, os valores médios avançam, distribuindo-se majoritariamente nas faixas salariais entre três e seis mil e 900 réis. Já na década de 1890, um acúmulo de arranjos de trabalho na faixa salarial de dez a dez mil e 900 réis resulta na segunda maior concentração atingida na escala de remunerações. A partir de então, embora os arranjos formais decresçam em número, os mesmos atingem faixas salariais mais elevadas – com a ocorrência extraordinária de dois contratos que estabelecem remunerações acima dos 20 mil réis mensais.

Finalmente, a combinação entre os dados de sexo, categorias raciais e faixas salariais aponta bastante similaridade entre os menores "não brancos" e "indeterminados", não sendo possível constatar grandes discrepâncias nas políticas de assalariamento que tocam aos dois grupos (Apêndice M, p. 474). No que diz respeito aos arranjos de trabalho das menores do sexo feminino, tanto as meninas "não brancas" quanto aquelas não identificadas a qualquer grupo racial distribuem-se majoritariamente entre as faixas salarias que vão de três mil a seis mil e 900 réis. Já as menores identificadas como "brancas", embora componham uma amostra documental muito menor, distribuem-se em faixas de remuneração mais elevadas, alcançando, com um único contrato, o patamar de 20 a 20 mil e 900 réis. O mesmo não se observa quanto ao grupo dos menores do sexo masculino identificados como "brancos", cujos poucos contratos inserem-se em faixas salariais bastante distintas. Já os menores identificados como "não brancos" ou não identificados a nenhum grupo racial conservam-se, de forma menos concentrada, principalmente nas faixas salariais que variam entre mil e dez mil e 900 réis mensais.[94]

---

94 Em todos os cenários – quaisquer que sejam as combinações de sexo e categoria racial – a remuneração média atribuída aos menores assoldadados na capital da província era superior àquela constatada por Alessandra David para o município de Franca. Único dos estudos dedicados ao tema do uso sistemático da mão de obra de menores de idade a propor um arrazoado dos valores remunerados, a pesquisa de David aponta que, afora os contratos com soldadas não especificadas, predominantes, a remuneração média entre 1850 e 1888 manteve-se entre 20 e 40 mil réis anuais, correspondentes a valores mensais entre mil e 600 e três mil e 300 réis. DAVID, A. *Tutores e tutelados...*, op. cit., p. 116.

A atribuição dos valores das soldadas era tarefa de muitas mãos e interesses. De modo geral, o valor da remuneração era inicialmente proposto pelo pleiteante dos serviços, sendo em seguida avaliado pelo curador-geral de órfãos, que poderia discordar da proposta e reformá-la segundo seus critérios de justiça. À sugestão do curador, seguia-se, enfim, o despacho do juiz de órfão, e então os autos de contrato eram lavrados. A participação do menor trabalhador ou de sua família no processo de arregimentação judicial de sua mão de obra e na negociação dos valores que lhe seriam remunerados era, assim, mínima, atravessada por uma racionalidade de Estado que deveria representar os interesses e benefícios dos menores. A partir do fim da década de 1890, esta intervenção pública ganha indícios de maior protocolização com as referências feitas nos autos do primeiro e do segundo ofícios do Juízo de Órfãos da cidade de São Paulo à existência de tabelas a serem seguidas para determinação dos valores das soldadas. Em 1896, Francisco de Paula Rodrigues recorria ao Juízo da então capital do Estado para contratar os serviços de José, menor de cor preta e cerca de 12 anos de idade, identificado como filho de Joaquina de tal. Apreendido em casa de Maria Benedicta, "*mulher de maos costumes*" com quem residia, José foi levado pelos oficiais de justiça à casa de Rodrigues, onde ficou contratado pela soldada mensal de cinco mil réis. Passados 12 dias do ocorrido, o juiz de órfãos voltava à carga nos autos demandando que o contrato celebrado fosse invalidado: não tendo sido feito em acordo com a "*tabella do juizo*", era lesivo aos interesses do menor. O novo contrato, celebrado pelo mesmo juiz, foi realizado nos seguintes termos:

> (...) compareceu Francisco de Paula Rodrigues, proprietario, residente nesta cidade, e por elle (...) foi dito que por este termo acceita a soldada do menor José de 12 annos mais ou menos de idade, filho de Joaquina de tal e que se acha em sua cia, comprometendo-se a (...) pagar pela soldada a quantia de 8 mil reis mensaes durante um anno a contar desta data, e 12 mil reis desse anno por diante ate que o menor assoldadado complete 15 annos, cujas mensalidades depositará trimensalmete a Caixa Economica (...) obriga-se tambem a dar alem do preço acertado estabelecido, cama, meza,

Mães infames, filhos venturosos

roupa, medico e botica que elle menor precisar obrigando-se outrosim a zelar sobre a pessoa do contractado.[95]

Outras referências à "tabela do juízo" surgem na primeira década do século XX. Uma delas é feita nos autos de 1901 que arregimentam os serviços da menina Helena, natural de Montevidéu e contando então 12 anos de idade. Fugindo dos maus-tratos sofridos, quando vivia em casa de outros empregadores, Helena procurou abrigo em casa de Arlindo Roberto Alves, funcionário da São Paulo Railway, e ali seguiu trabalhando. Avisado pelo titular da 5ª delegacia do arranjo de serviços informalmente estabelecido, o juiz de órfãos instou Alves a formalizá-los por meio de contrato de soldada,

> tractando-a não so quando estiver de saude mas tambem quando se achar doente, dando-lhe medico, botica e vestuario independente da soldada e pois obrigado pela seguinte tabella: ate os dose annos pagar a quantia de 10$ de dose a quinse annos 12$ de quinse a desoito annos 15$ e de desoito a vinte annos 18$ mensalmente e entrando para a Caixa Econômica tambem mensalmente com a devida soldada (...).[96]

As variações entre os valores aludidos a tal "tabela do juízo" não admitem afirmações peremptórias a respeito da apreciação dos serviços praticada na observância estrita deste índice. Em 1896, o contratante dos serviços de José fora obrigado pela justiça a remunerá-lo em valores que, passados cinco anos, parecem ter sido atualizados no contrato da uruguaia Helena. Em 1906, o contrato da pequena Marieta, menina parda contando também nove anos, embora não se referindo expressamente à observação dos valores da

---

95 Cf. APESP – Juízo de Órfãos, Autos de tutoria, lata C05354, documento 57, 1896.

96 Cf. APESP – Juízo de Órfãos, Autos de tutoria, lata C05354, documento 58, 1901. Em 1905 e 1908, novas menções são feitas nos autos a um índice de soldadas estabelecido pela justiça. Os serviços do menor português Manoel Batalha deveriam ser remunerados *"tomando por base a tabella existente em juízo"*. A pleiteante aos serviços de Maria oferecia pagar-lhe *"a soldada pela tabella do juizo quando a referida menor atingir a edade de doze annos"*. Cf. APESP – Juízo de Órfãos, Autos de tutoria, lata C05354, documento 62, 1905; Juízo de Órfãos, Autos de contrato, lata C05358, documento 28, 1908.

tabela do juízo, apresentava valores semelhantes: cinco mil réis por mês até os doze anos, doze mil até os quinze anos, e de então até a maioridade, dezoito mil réis mensais. Apesar das discrepâncias nos valores remunerados aos menores de 12 anos, parece seguro afirmar que, desde fins da última década do século XIX, uma remuneração convencionalmente aceita seria a de 12 mil réis mensais para assoldadados entre 12 e 15 anos e 18 mil réis mensais para menores entre os 15 anos e a maioridade. A despeito das inconsistências nos padrões salariais verificados nos anos iniciais de prestação de serviços, a existência das "tabelas do juízo" e a indicação de que, de fato, a remuneração dos assoldadados era praticada com alguma regularidade, apontam para um entendimento segundo o qual a atribuição de valor à mão de obra dos menores de idade era, naquele momento, operada por uma racionalidade ampla e não discricionária, fundada em princípios públicos e não na desigual e privada negociação entre trabalhadores e empregadores.

Se é verdade que a regulação dos patamares de remuneração dos menores assoldadados parece ter sido implementada pelo Juízo de Órfãos na virada do século, não se pode dizer que o Estado, apesar das generalizadas imprecisões que definiram os limites jurídicos e públicos da prática de soldadas ao longo do Oitocentos, tenha de todo se desinteressado do adequado cumprimento dos deveres dos contratantes. O pagamento das soldadas devidas, feito por meio de depósitos regulares em cadernetas na Caixa Econômica provincial, era corriqueiramente burlado pelos contratantes. Diversas vezes, tal burla foi identificada no ato do encerramento ou cancelamento do contrato, quando se procedia obrigatoriamente a um auto de contas que apontava o montante total devido ao assoldadado, e o escrivão de órfãos consultava a caderneta para checar se os valores haviam, de fato, sido depositados. Outras vezes, a fraude dos contratantes não chegava tão longe, sendo antes do encerramento do contrato identificada pelo escrivão e comunicada ao juiz de órfãos, que então intimava o mau pagador a comparecer em Juízo e apresentar os valores devidos.

Joaquim Fernandes Coutinho Sobrinho foi um caloteiro exemplar. Tendo contratado em 1870, pelo prazo de três anos, os serviços domésticos do menor Evaristo, preto de 11 anos de idade, comprometeu-se a pagar-lhe "(...) *a titulo de soldada a quantia de 6$ por mês no primeiro anno, de 10$ mensaes no segundo, e de 15$ mensaes no terceiro anno; cujas exhibições se obriga a fazer de* *seis em seis mezes neste juizo (...)"*.[97] Cinco anos depois, nos mesmos autos, o escrivão do Ofício de Órfãos comunicava ao juiz encarregado que Sobrinho somente fizera, até então, um único depósito no valor de 60 mil réis na caderneta aberta em nome de Evaristo. Assim, o contratante não apenas deixara de recolher as soldadas designadas, constituindo-se devedor da quantia de 312 mil réis pelo tempo regular do contrato, como ainda exorbitara em dois anos o prazo regulamentar do arranjo de serviços, deles usufruindo gratuitamente.

Ocorrido em 1892, outro caso de descumprimento dos pagamentos chama a atenção pela inventividade do contratante devedor na justificativa apresentada para suas faltas. Amaro Barbosa Ortiz, lavrador residente na estação do Juquery da linha férrea – sinal dos tempos e da rápida ampliação dos domínios urbanos de São Paulo – contratara o menor João Cassueto, de nove anos e pardo, comprometendo-se a pagar-lhe "(...) *cinco mil reis pelo primeiro anno (...) seis mil reis mensáes durante o segundo anno, oito durante o terceiro e des pelos que se seguirem"*. No ano de 1894, entretanto, ao proceder às contas para encerramento das obrigações entre contratante e contratado, escrivão e curador-geral de órfãos acusavam somente ter encontrado na caderneta o depósito de quinze mil réis, o que fazia Ortiz devedor de algo como 115 mil réis pelos serviços prestados. Intimado a quitar seus débitos, o contratante protestava contra a acusação e explicava-se da seguinte maneira:

> (...) O peór de tudo é o seguinte: o requerente pagou em cartorio diversas mensalidades que foram creditadas, affiançaram-lhe, em caderneta da Caixa Economica. Depois, entregou a um empregado do cartorio, moço moreno, a quantia de 30$000. Mais tarde, já fugidio ou, antes, fugido o menor, incumbiu o Capitão Sezefredo Fagundes de entregar em cartorio soldadas devidas. Parece que estas quantias foram recebidas por um moço chamado Calixto, o qual declarou que não havia necessidade de recibo. Em vista do exposto, sendo o requerente rustico e abonado, conhecido geralmente por homem de bem, é injusto que venha a pagar multa por não haver encaminhado a criança que quiz tanto proteger. O requerente não se recusa a pagar outra vez o que já pagou; pede

---

97 Cf. APESP – Tribunal de Justiça de São Paulo, lote 201006004046, *Contrato a soldada*, 1870.

porem relevação das multas, que elle preferia pagar tambem, si pudesse tal pagamento beneficiar o orphan.[98]

Em seu mirabolante roteiro, Amaro Ortiz sublinhava sua dedicação ao menor e as boas intenções que nutria como seu "protetor". Assegurava ter pago os valores correspondentes à soldada, culpando ao próprio cartório que recebia os pagamentos pelo estranho fato de o dinheiro não se encontrar depositado na caderneta de poupança – atente-se à referência sutil à cor do moço que teria recebido as soldadas e nelas dado sumiço. Alegando ser um homem rústico, rico e bondoso, Ortiz se dizia ludibriado, como se dele quisessem obter vantagem; asseverando sua retidão moral, porém, concordava em "pagar novamente o que já havia pago uma vez", pedindo apenas que se lhe livrassem da multa pelos atrasos – ela, afinal, não iria para os bolsos de João.

Com esse último e desavergonhado pedido, o lavrador ilumina um aspecto bastante relevante do pagamento das soldadas, que contribui para entender as razões públicas para a cobrança dos devedores como algo mais do que, unicamente, a consternação pelo futuro dos jovens e pequenos trabalhadores. O dinheiro recolhido com as multas por falta ou atraso de pagamentos dirigia-se diretamente aos cofres públicos, e não era integrado ao pecúlio acumulado pelos menores. Ademais, enquanto amontavam-se em cadernetas de poupança, as soldadas eram tomadas por empréstimo ao Thesouro Provincial, que utilizava as somas no orçamento público e as devolvia aos trabalhadores quando, tendo atingido a maioridade, pudessem solicitar o levantamento dos pecúlios acumulados. Um ofício de 1846, encaminhado pelo Thesouro ao Juízo de Órfãos da cidade, atesta a longevidade dessa prática, formalmente estabelecida mesmo antes da explosão de soldadas na década de 1880:

> Para podêr cumprir com o determinado na ordem do Thesouro de 23.08 do anno findo sob nº 92.9 que exige que no penultimo mes de cada anno financeiro se declare o total da quantia devida a orphãos, de que se tem de pagar juros, e bem assim quais os orphãos, que tem de entrar em sua maioridade no anno seguinte, para que o mesmo Thesouro possa, com conhecimento de causa, abrir cré-

---

98   Cf. APESP – Juízo de Órfãos, Autos de tutoria, lata C5457, documento 6140, 1892-4.

dito para pagamento do capital, e juros desses dinheiros, rogo á V.Pª. que se digne fornecer a esta Thesouraria arelação daqueles orphãos que tem de entrar em sua maioridade no anno [com e ?] seguintes; com declaração de quanto [todos ?] orphãos tem de haver da Fazenda Pública, e dos dinheiros recolhidos até o fim de Março finado; a fim de que esta Thesouraria esteja habilitada para remetter ao Thesouro no mês de Maio os esclarecimentos por elle exigidos na citada ordem.[99]

Outro ofício de 1876, encaminhado pelo mesmo Thesouro ao Juízo de Órfãos, reproduz a solicitação feita 30 anos antes, explanando de forma muito sintética e ainda mais clara o mecanismo por meio do qual as contas públicas se beneficiavam do trabalho de menores empobrecidos e contratados a soldada:

> Rogo á V.Pª. se sirva temetter-me uma nota de todas as quantias enviadas pelo cofre dos órfãos deste Juiso, pos emprestimo a Thesouraria Geral de Fazenda desta Provincia, desde junho do anno passado até a presente data, com a declaração não só do valor de cada uma das quantias remettidas com da data de suas respectivas remessas.[100]

O empréstimo de pecúlios pertencentes a menores de idade não era feito exclusivamente aos assoldadados – também os menores de posses poderiam ter suas heranças tomadas por algum tempo e então devolvidas, com juros, quando os herdeiros pudessem assumir suas responsabilidades civis.[101] No entanto, são de espantar as múltiplas utilidades que políticas sociais mal-ajambradas de acolhimento aos menores desvalidos puderam proporcionar: prestavam-se à arregimentação de mão de obra barata, desocupavam o Estado das responsabilidades de instituir e gerir um sistema público e efe-

---

99 Cf. APESP – Juízo de Órfãos, Autos administrativos, lata C05351, ofícios soltos, 1846.

100 Cf. APESP – Juízo de Órfãos, Autos administrativos, lata C05351, ofícios soltos, 1876.

101 O decreto 5.143, de 27 de fevereiro de 1904, regula os empréstimos feitos ao cofre dos órfãos, em que se depositavam as soldadas dos menores trabalhadores e as heranças dos menores de posses. Cf. Decreto nº 5.143 de 27 de fevereiro de 1904. <Disponível em: http://legis.senado.gov.br/legislacao/ListaTextoIntegral.action?id=47364&norma=63135>. Acesso: 12.12.2019.

tivamente amplo de proteção social, desonerava-o das despesas com ditas medidas e, de lambuja, ainda complementavam o orçamento público com a tomada das soldadas por empréstimo. O valor pago aos menores trabalhadores, de fato, não era nenhuma fortuna; aparentemente, contudo, nem as quantias eram tão desprezíveis, nem os assoldadados eram tão raros que merecessem a desconsideração do Thesouro Provincial. Sobre os menores empobrecidos e formalmente arregimentados à prestação de serviços, assim, pesava mais do que a necessidade de, por meio de trabalho árduo, prover solitariamente sua própria subsistência, retribuindo a proteção e a instrução recebidas de seus empregadores com a correspondente obediência e o trabalho diligente. Era ao próprio Estado, ainda que em proporção ínfima, que esses ínfimos cidadãos sustentavam também.

Afinal, para que contratos?

Na cidade de São Paulo, o envolvimento do Juízo de Órfãos na atribuição de tutelas e soldadas foi objeto de investigação de Gislane Azevedo na década de 1990.[102] Adiantando observações que depois seriam ratificadas por outros e já mencionados estudos, Azevedo argumenta que o recurso a tutelas e soldadas acentuou-se na cidade após a aprovação da Lei do Ventre Livre, e agudamente nas primeiras décadas da República. A autora sugere que o aumento dos registros no período assinalado corresponderia ao desdobramento das preocupações nacionais com o encaminhamento da emancipação gradual, movimento inaugurado com a proibição definitiva do tráfico internacional. Mesmo antes da aprovação da lei, ainda na primeira metade do Oitocentos, o Juízo de Órfãos já funcionava, segundo Azevedo, como instância distribuidora de mão de obra compulsória de africanos livres. Foi somente na segunda metade do século, entretanto, que as atribuições fundamentais desse Juízo redundaram massivamente na concessão de tutelas e soldadas de menores de idade empobrecidos – notadamente, segundo a autora, dos afrodescendentes. A partir de então, o Juízo de Órfãos transformou-se, de acordo com a mesma, num "organismo de legitimação do trabalho infantil", com vistas à criação de mecanismos

---

102 AZEVEDO, G. C. *De Sebastianas e Geovannis...*, op. cit.

Mães infames, filhos venturosos

de trabalho compulsório, com os quais se pretendia sanar o vácuo de mão de obra deixado pelo encaminhamento da emancipação. O emprego dessas ferramentas judiciais seria explicado, nesse sentido, pelo interesse na arregimentação de nova mão de obra num contexto de transformações de relações de trabalho – o trabalhador criança viria a substituir, para a autora, o escravizado na cidade de São Paulo.

O detalhamento da frequência com que contratantes e tutores formalizavam os vínculos que os atavam a crianças desvalidas, verificado pela pesquisa ora apresentada, poderia, a princípio, confirmar as asserções dos estudiosos que creditaram à escassez da mão de obra escrava o uso de tutelas e soldadas no período de acirramento da emancipação gradual. De fato, o levantamento realizado demonstra que os momentos de maior tensão antes e após a abolição – o intervalo aproximado das décadas imediatamente anteriores e posteriores ao 13 de maio de 1888 – foram justamente aqueles em que se amontaram as tutelas e os registros de contratos de trabalho envolvendo menores de idade na cidade. Algumas objeções a essa bem aceita interpretação, todavia, talvez mereçam alguma consideração.

Primeiramente, cumpre chamar a atenção para o fato, já antecipado, de que a escravidão se esgotou prematuramente na cidade de São Paulo. Conforme argumenta Maria Helena Machado, a atração, ao longo da segunda metade do século XIX, dos braços escravizados das cidades e das províncias ao norte para a lavoura agroexportadora do centro-sul teria redundado na transformação do cativeiro em instituição "economicamente inviável" na cidade ainda nos anos 1870 – adiantando-se, assim, a abolição efetiva da escravidão na década seguinte.[103] Ademais, segundo a autora, a consolidação de São Paulo como polo abolicionista na década de 1880 acentuava o declínio da escravidão na cidade e tornava-a altamente atrativa para os cativos fugidos. Agregando dados populacionais produzidos por Maria Luíza Marcílio, Florestan Fernandes e Roger Bastide, a autora sublinha a pequena representatividade que os escravos adquiriam no conjunto populacional urbano, demonstrando terem os cati-

---

103 Sobre este processo, ver: CONRAD, Robert. *Os últimos anos da escravatura no Brasil*: *1850-1888*. Rio de Janeiro: Civilização Brasileira, 1978.

vos passado, entre início da década de 1870 e a segunda metade da década de 1880, de 12,2% a 1% da população citadina.[104]

Evidentemente, a flagrante diminuição da população escrava na cidade não implicava que senhores abdicassem de buscar, até o limite das possibilidades, a manutenção do controle sobre os homens, mulheres e crianças que ainda estivessem sob sua propriedade – como demonstrado em capítulos anteriores. No entanto, não parece uma solução completamente adequada supor que a arregimentação formal da mão de obra infantil, que ganhou fôlego quando a propriedade escrava já se encontrava virtualmente esgotada na cidade, tenha cumprido o papel de substituí-la ao longo do processo de emancipação gradual, como sugere, por exemplo, Gislane Azevedo. Além disso, desde a década de 1870, a pequena representatividade dos escravizados entre a população trabalhadora da cidade teria obrigado a camada proprietária a adotar outros regimes de trabalho que não o cativeiro, de modo que "substituir os escravos perdidos à emancipação" talvez fosse um problema de menor monta do que manter o controle sobre os subalternos em tempos de efervescência social na cidade que se tornara uma das sedes do abolicionismo no Império.[105]

Compreender os sentidos dos acúmulos de arranjos formais de trabalho de menores de idade observados justamente durante o período crucial das transformações do trabalho provocadas pela abolição, outrossim, requer considerar ainda dois importantes aspectos que assumem habitualmente pouca relevância nas análises relacionadas às tutelas e soldadas: a flagrante informalidade das práticas de trabalho livre infantil, de uma parte, e a própria origem da delimitação legal das soldadas por um código jurídico seiscentista e português, de outra.

Instrumentos de constrangimento de menores de idade ao trabalho, as soldadas e tutelas estiveram disponíveis para a utilização por eventuais contratantes durante todo o século. Além dos títulos nas Ordenações Filipinas, como se viu, outras medidas legais relacionadas ao emprego da mão de obra de menores de idade foram criadas ao longo do Oitocentos. Embora con-

---

104 MACHADO, M. H. P. T. Sendo escravo nas ruas..., op. cit., p. 4

105 TOPLIN, Robert Brent. *The abolition of slavery in Brazil*. New York: Antheneum, 1975.

formassem parâmetros precários de regulação de relações de trabalho, essas imposições legais ofereciam alguma medida, ainda que muito limitada, de interferência sobre o uso discricionário feito por empregadores da mão de obra dos seus subalternos. Este seria, possivelmente, motivo significativo para que a formalização de tutelas e soldadas, antigas como eram do ponto de vista legal, tenha sido evitada com sucesso até as décadas finais do XIX na cidade. Considere-se que, conquanto infrequente, o recurso a estes expedientes de formalização não era exatamente novo nas relações de trabalho havidas em São Paulo antes deste atribulado período. Mesmo não registrados pela burocracia estatal, trabalhadores menores de idade povoaram as ruas e lares da cidade por muito tempo antes de se tornarem personagens do debate público que chegou às barras de tribunais e páginas de jornal especialmente a partir da década de 1880. Nesse contexto de ampla disseminação da informalidade, a formalização não era apenas indesejável como também dispensável do ponto de vista da prática social.

Parece certo que os números de contratos e tutelas localizados não representam a totalidade dos meninos e meninas engajados em prestação de serviços na cidade de São Paulo ao longo do século XIX. As redes da burocracia judicial relativa aos órfãos estenderam-se lentamente durante o século na capital da província, e paulatinamente deixaram de repertoriar as disputas de espólios e o encaminhamento judicial de menores abonados para registrar as tratativas envolvendo a mão de obra de menores despossuídos.[106] Desse modo, é mais do que provável que uma larga parcela dos pequenos trabalhadores empobrecidos da primeira metade do Oitocentos tenha permanecido alheia aos registros oficiais, imperscrutável aos olhos do historiador contemporâneo das fontes judiciais. A informalidade, é fato, foi um domínio vastamente acolhedor de toda a sorte de práticas de trabalho livre, de crianças a adultos, até momentos bem avançados de nossa história.[107] No caso específico das crianças empobrecidas na São Paulo imperial, os pró-

---

106 AZEVEDO, G. C. *De Sebastianas e Geovannis...*, op. cit.

107 ULYSSEA, Gabriel. Informalidade no mercado de trabalho brasileiro: uma resenha da literatura. *Textos para discussão – Ipea*, n. 1070, fev., 2005. <Disponível em: http://repositorio.ipea.gov.br/bitstream/11058/1926/1/TD_1070.pdf>. Acesso: 12.12.2019.

prios registros de formalização de arranjos de trabalho ajudam a evidenciar a vitalidade das práticas informais de arregimentação de mão de obra. Nota-se, por exemplo, que dos 187 contratos de soldada localizados, 31 referem-se explicitamente à existência de acordos informais previamente estabelecidos com o menor que passava, então, a ser própria e judicialmente contratado. Além deles, oito arranjos informais são denunciados em autos de solicitação de tutela, e outros 31 encontram-se indiretamente revelados em autos de disputa de guarda de menores de idade, frequentemente reclamados por seus familiares, ou por denúncias apresentadas pelas autoridades públicas contra os "exploradores de menores".

Certamente, o caráter não oficial e indiciário dessas referências ao trabalho informal, recolhidas nas entrelinhas dos discursos de autoridades públicas, reclamações de contratantes e depoimentos de menores trabalhadores e suas famílias, impede que as mesmas sejam tomadas como números absolutos das dinâmicas da informalidade do trabalho de menores de idade na cidade. É interessante constatar, contudo que, mesmo nas décadas de 1880 e 1890, período de ampliação do recurso à formalização do agenciamento dos serviços desses sujeitos, a informalidade seguia acolhendo parcela dos pequenos trabalhadores na cidade. Se a mesma não havia sido eliminada pela regulação dos expedientes de arregimentação de trabalho ou pela fiscalização das autoridades públicas, por que, então, o interesse pela formalização dos vínculos entre empregadores e jovens trabalhadores ocupados nas diversas lides urbanas teria aumentado no momento culminante das pressões em torno da abolição? Por que os registros formais de contratação de menores de idade multiplicaram-se justamente nessa ocasião, se a profusa informalidade poderia continuar servindo como escudo a proteger práticas de dominação pessoal não mediadas ou constrangidas pela lei, por mais débil que esta fosse?

Talvez alguma resposta para essas questões resida num leve desvio interpretativo a respeito do papel assumido por tutelas e soldadas no contexto do desmonte gradual da escravidão na cidade de São Paulo. Em lugar de compreender tutelas e soldadas como instrumentos de arregimentação de novos trabalhadores, que viriam a substituir os braços perdidos à emancipação, pode-se imaginar que esses recursos jurídicos, multiplicando-se nas décadas finais do século XIX, tenham desempenhado uma função mais conservadora.

Mães infames, filhos venturosos   321

Engajando crianças e jovens livres pobres e egressos da escravidão em arranjos de trabalho francamente inspirados em códigos paternalistas de proteção e obediência, as tutelas e soldadas parecem ter cumprido a tarefa de preservar vínculos de dependência e exploração largamente consolidados na prática social e ameaçados pela emergência de um debate público que questionava os velhos e os novos limites do trabalho entendido como livre na sociedade imperial. Com efeito, e como já observado, em boa parte dos contratos de trabalho ou concessões de tutela localizados pela pesquisa, os vínculos de dependência unindo esses trabalhadores oriundos do amplo espectro de pobreza urbana a seus contratantes ou tutores já existiam antes da formalização judicial.

Os exemplos dos usos de soldadas e tutelas como mecanismos de controle de menores trabalhadores abundam nos autos do Juízo de Órfãos de São Paulo registrados no momento de ebulições pré e pós-abolição. Em 31 de janeiro de 1885, Diniz Prado Azambuja, por acaso tabelião do cartório do Primeiro Ofício de Órfãos da cidade, reclamava a apreensão de Laurinda, menina parda de 11 anos de idade a quem tinha alugado havia cerca de quatro meses. Às seis e meia da manhã daquele dia, segundo o tabelião, a menor teria fugido de sua casa, seduzida pela irmã de uma sua criada alemã, e por ela fora levada à casa de Joaquim Bueno Moraes da Veiga, residente no Marco de Meia Légua, arrabalde ainda distante do centro.[108] Diante da recusa de Laurinda em acompanhá-lo de volta à sua casa, Azambuja solicitava ao Juízo a apreensão da pequena, obrigando-se, para que a mesma lhe fosse entregue, a contratá-la à soldada.[109] No ano da abolição, menos de uma semana após o fatídico 13 de maio, Augusto Freire da Silva comunicava ao Juízo que a órfã Idalina, de idade e cor não especificadas, fora levada de sua casa por dois homens a mando da mãe. Achando-se suas netas "muito acostumadas à menor", e não desejando por isso que Idalina fosse delas afastadas, Augusto Silva solicitava a concessão da soldada da menor pelo valor de cinco mil réis

---

108 Sobre a dispersão das freguesias e distritos da capital na virada do século XIX para o XX, ver: CERASOLI, Josianne Francia. MODERNIZAÇÃO NO PLURAL: OBRAS PÚBLICAS, TENSÕES SOCIAIS E CIDADANIA EM SÃO PAULO NA PASSAGEM DO SÉCULO XIX PARA O XX. Tese (Doutorado em História). 359f. Instituto de Filosofia e Ciências Humanas, Universidade Estadual de Campinas, 2004.

109 Cf. APESP – Juízo de Órfãos, Autos de apreensão, lata C05361, documento 04, 1885.

mensais.[110] Em 1890, Guilherme José Branco, morador da Vila de Parnahyba, pertencente à comarca da capital, informava ao Juízo que o menor Pedro, de cerca de 12 anos de idade e filho da falecida liberta Vicencia, fugira de sua companhia para viver junto de terceiros na Freguesia do Ó. Tendo criado o menor *"desde tenra idade"*, ministrando-lhe *"conveniente educação"*, Branco preocupava-se que, longe de sua companhia, Pedro não pudesse *"gozar dos mesmos benefícios"*, e por isso solicitava a apreensão do menino e sua nomeação como tutor.[111] Exemplo final e lapidar é encontrado na petição encaminhada ao Juízo em 1892 pelo italiano Lamberto Cezar Andreini. Receoso da fuga de Custodia, menor "de cor" com cerca de dez anos, que há dois vivia em sua companhia, Lamberto peticionava ao Juízo pela tutela da menina, justificando-se da seguinte maneira: *"(...) ocorre que e indispensavel dar-lhe [a Custodia] tutor, embora a menor nada possua, afim de evitar que ella seja sedusida e deixe a companhia do supplicante".*[112]

Parece claro, assim, que diante do cenário de aceleração da emancipação e seus desdobramentos, quando a sociedade imperial se via forçada a ampliar o repertório de práticas de trabalho definidas fora dos limites estritos da escravização formal, antigos modelos jurídicos de recrutamento de trabalho tutelado foram reapropriados de modo a acomodar necessidades de suplementação de mão de obra e continuado controle social. A reinvenção destes instrumentos legais deu-lhes finalidades próprias do contexto de desagregação da escravização, em que a manutenção do controle sobre as crianças e jovens egressos ou descendentes do cativeiro era combinada à forja de modalidades mais amplas de trabalho livre que, com matriz tutelar e dependente, abrangiam todos os extratos de menores subalternizados na cidade. Nessas circunstâncias, os contratos de soldada apresentam-se como uma modalidade peculiar de assalariamento, distanciada dos protocolos clássicos da "dupla liberdade do trabalhador" na sociedade de mercado, como a definiu Marx: por um lado, os menores não eram portadores de total autonomia para vender sua força de trabalho; por outro, não lhes cabiam os proventos dessa operação de "venda", uma vez

---

110 Cf. APESP – Juízo de Órfãos, Autos de depósito, lata C05453, documento 02, 1888.

111 Cf. APESP – Juízo de Órfãos, Autos de tutoria, lata C05456, documento 8656, 1890.

112 Cf. APESP – Juízo de Órfãos, Autos de tutoria, lata C05457, documento 6126, 1892.

Mães infames, filhos venturosos 323

que seus frutos permaneciam indisponíveis até a maioridade civil.[113] A relação contratual não se produzia, nesse caso, como um antípoda das relações de trabalho escravizado ou compulsório. Na sociedade imperial abalada pelas tensões circundando o fim do cativeiro, esses arranjos amoldavam-se a estruturas de poder paternalista e relações de dependência, escapando à definição liberal normativa de contrato fundada nos pressupostos da reciprocidade, consentimento e propriedade sobre si.[114]

Nesse sentido, a recriação das soldadas como mecanismos duplamente vocacionados, capazes de apresentar-se como arranjos de trabalho livre e, ao mesmo tempo, proporcionar a arregimentação de mão de obra tutelada e dependente, não ocupa, por certo, lugar solitário entre os protocolos do trabalho não escravizado praticados nas sociedades escravistas. Ao contrário, assoma-se a um grupo maior de formas híbridas de trabalho assalariado que compreendia ainda as locações de serviços de libertandos, o trabalho ao ganho ou jornal característico da escravidão urbana e ainda outros regimes de trabalho que admitiam a remuneração do trabalhador, mas não sua autonomia de fato.[115] Como observaram já diversos estudiosos, as relações

---

113 O conceito da "dupla liberdade do trabalhador" na sociedade de mercado, segundo a proposição de Marx, define-se a partir da contradição inerente ao trabalhador que não é propriedade de outrem, mas, ao mesmo tempo, não é proprietário dos meios de produção. Assim, apesar de livre para vender a própria força de trabalho, o trabalhador é também compelido a fazê-lo ao capitalista de modo a garantir a própria sobrevivência. MARX, Karl. A produção da mais-valia absoluta. In: *O capital: o processo de produção do capital*. São Paulo: Difel, 1982.

114 Sobre as origens do conceito do contrato e sua oposição ideal à escravidão, ver: STANLEY, Amy Dru. *From bondage to contract: wage labor, marriage and the market in the age of slave emancipation*. New York: Cambridge University Press, 1998.

115 Sobre a escravidão ao ganho: KARASCH, Mary. *A vida dos escravos no Rio de Janeiro (1808-1850)*. São Paulo: Cia. das Letras, 2000; SOARES, Luis Carlos. *O "povo de cam" na capital do Brasil: a escravidão urbana no Rio de Janeiro no século XIX*. Rio de Janeiro: 7 Letras, 2005; DIAS, Maria Odila Leite da Silva. Nas Fímbrias da Escravidão Urbana: negras de tabuleiro e de ganho. *Estudos Econômicos*, São Paulo, n. 15, 1992, p. 89-109; MACHADO, M. H. P. T. Sendo cativo nas ruas..., op. cit. Sobre os contratos de locação de serviços de libertandos, ver os já citados: ARIZA, M. B. A. *O ofício da liberdade*..., op. cit.; LIMA, H. E. Sob o domínio da precariedade..., op. cit. Trabalho e lei para os libertos..., op. cit. Ver também artigo em que Joseli Mendonça investiga o trabalho

324   Marília B. A. Ariza

de trabalho definidas fora dos limites formais da escravização nas Américas compreenderam um leque de práticas amplamente inclusivas que se delinearam de forma limítrofe à escravidão e à compulsoriedade; o recurso a esse repositório de formas de trabalho compulsório foi frequente em diferentes contextos em que as fronteiras da escravidão e da liberdade foram embaralhadas durante processos de emancipação gradual.[116]

Destarte, o ir e vir entre os domínios de duas definições ideais de trabalho interligava os frágeis protocolos do trabalho livre ao gradualismo no Brasil imperial na segunda metade do século XIX. Urdia-se, assim, uma espécie de engrenagem retroalimentar: ao garantir a reposição da mão de obra dependente, o gradualismo colaborava para a delimitação de contornos precários dos estatutos do trabalho formalmente livre; em contrapartida, a mesma emancipação gradual inspirava-se em formas de exploração do trabalho livre previamente existentes, conhecidas e praticadas em dimensão atlântica.[117] A arregimentação do trabalho de crianças pobres, muitas vezes libertas,

---

contratado de imigrantes em áreas de lavoura de Campinas e Piracicba, demonstrando seus vínculos com práticas de compulsoriedade: MENDONÇA, Joseli Nunes. Livres e obrigados: experiências de trabalho no centro-sul do Brasil. *5º Encontro Escravidão e Liberdade no Brasil Meridional.* Porto Alegre, 2011. Anais (on-line). Disponível em: < http://www.escravidaoeliberdade.com.br/site/index.php?option=com_content&-view=article&id=66>. Acesso: 12.12.2019.

116 O texto de John M. Monteiro traz uma leitura bastante abrangente sobre as concepções de trabalho livre, limítrofes ou sobrepostas à compulsoriedade, criticando visões "evolutivas" sobre a formação do mercado de trabalho livre: MONTEIRO, John Manuel. Labor Systems, 1492-1850. In: COATSWORTH, John H; CORTÉS-CONDE, Roberto and BULMER-THOMAS, Victor (eds.). *Cambridge Economic History of Latin America.* Cambridge: Cambridge University Press, 2006 (disponível em: http:// www.ifch.unicamp.br/ihb/estudos/Labor1492-1850.pdf); STANLEY, Amy Dru. *From bondage to contract...*, op. cit.

117 Referências interessantes a esse respeito na literatura norte-americana são: FIELDS, Barbara J. *Slavery and freedom on the middle ground: Maryland during the 19th century.* New Haven, Connecticut: Yale University Press, 1984; GRIVINO, Max. *Gleanings of Freedom. Free and Slave Labor among the Mason-Dixon Line, 1790-1860.* Urbana, Chicago and Spingfield: University of Illinois Press, 2011; ROCKMAN, Seth. *Scraping by: Wage labor, slavery and survival in early Baltimore.* Baltimore, Marylannd: The Johns Hopkins Univeristy Press. 2009.

Mães infames, filhos venturosos

cativas em transição para a liberdade ou descendentes de libertos, adotada em diferentes regiões escravistas das Américas, exemplifica claramente esta circularidade de estratégias de reprodução do trabalho vulnerável entremeadas ao gradualismo.[118]

O caráter conservador das soldadas – que, sob a aparência de relações de trabalho contratual, cumpriam a função de resguardar relações de dependência no auge dos desdobramentos da abolição – é reforçado pela constatação de que, nas décadas seguintes aos anos 1890, embora apresentando-se em números maiores do que aqueles atingidos antes de 1880, seus registros diminuem sensivelmente no Juízo de Órfãos da capital. Na primeira década do século XX, as soldadas localizadas pela pesquisa somam 24 registros, retornando ao mesmo patamar verificado para a década de 1850, embora num contexto de exponencial crescimento da população da cidade de São Paulo – notadamente de sua parcela mais pobre, inflada pelo influxo de imigrantes e libertos.[119] Já na segunda década do século XX, as soldadas localizadas resumem-se a seis registros. Movimento semelhante é observado entre as tutelas que igualmente decrescem na primeira década do século XX. Tal decréscimo parece confirmar a asserção de que os expedientes de soldada e tutela, longamente emulados na informalidade da prática social, foram formalizados nos momentos imediatamente anteriores e posteriores à abolição como forma de conter os danos por ela trazidos à estabilidade das relações sociais de trabalho.

Do mesmo modo, esses dados parecem adequados para sustentar ainda outras considerações que dizem respeito ao errático estabelecimento de formas contratuais de trabalho no pós-abolição, contrariando as narrativas tradicionais que entenderam a formação da sociedade de mercado e do trabalho livre nela inserido como uma trajetória linear e evolutiva.[120] Os mo-

---

118 ROCKMAN, S. *Scraping by...*, op. cit.; MELISH, Joanne Pope. *Disowning slavery: gradual emancipation and "race" in New England, 1780-1860*. Ithaca, New York: Cornell University Press, 2000.

119 FAUSTO, Boris. *Trabalho urbano e conflito social: 1890-1920*. Rio de Janeiro: Bertrand Brasil, 2000.

120 Outras críticas a concepções "evolutivas" da formação do mercado de trabalho livre encontram-se em: STEINFELD, Robert J. *The invention of free labor: the employment relation in English & American law and culture, 1350-1870*. Chapel Hill: The University of North Carolina Press, 1991.

vimentos de extensão e retração dos usos dos contratos de soldada, como modalidades de arregimentação formal de mão de obra não escravizada, dão pistas da trilha tortuosa desenhada pela formação de um mercado de trabalho regulado pelo Estado – e falam diretamente ao coração da questão do trabalho doméstico, uma vez que era a este universo que se destinava a maior parte das crianças trabalhadoras judicialmente arregimentadas em São Paulo.

Analisando relatórios apresentados pelos secretários de Justiça aos presidentes do Estado de São Paulo no início da República, Maria Izabel Birolli aponta que, ao contrário do ocorrido às soldadas, cuja incidência reduziu-se radicalmente com o distanciamento da abolição, a formalização de tutelas voltaria a crescer após as primeiras décadas do século XX – chegando a 120 registros em 1927, ano de aprovação do Código de Menores.[121] Como demonstra a autora, as críticas às soldadas expressas nos jornais paulistanos eram reiteradas por juristas que debatiam, então, novos modelos de encaminhamento da infância pobre. Cândido Mota, mentor do Código, desaprovava as aplicações escusas dadas aos contratos do tipo naqueles tempos. De acordo com o jurista, o intuito precípuo das soldadas deveria ser o de oferecer aos menores, em compensação aos serviços que lhes eram tomados, a *"educação moral e profissional"* que lhes garantisse meios de, no futuro, *"ganhar honestamente a vida"*. Mota, entretanto, observava que a realidade do uso das soldadas pouco contemplava a nobreza de tais propósitos:

> Na generalidade dos casos, porém, não é isso que se observa (...) os locatários buscam principalmente o trabalho barato, sem grande ou nenhuma atenção pelo futuro dos menores que lhe são confiados. Felizes são os que sabem lêr e escrever!.[122]

---

121 BIROLLI, Maria Izabel de Azevedo Marques. *Os filhos da República: a criança pobre na cidade de São Paulo, 1900-1927.* 246f. Dissertação (Mestrado em História) – Pontifícia Universidade Católica, São Paulo, 2000, p. 213.

122 MOTTA, Candido N. *Os menores delinquentes e seu tratamento no estado de São Paulo.* São Paulo: Typ. Do Diario Official, 1909, p. 37-8, apud BIROLLI, M. I. A. M. *Os filhos da República...*, op. cit., p. 211.

Atacadas pelo espírito crítico que as condenava como saída imprópria para o disciplinamento da infância empobrecida, diminuídas em sua importância pela já comentada proliferação, entre o fim do século XIX e o início do XX, de institutos asilares financiados pela filantropia privada, bem como de institutos disciplinares que espelhavam a emergência do enquadramento jurídico destes menores de idade, as soldadas aparentemente perdiam sua legitimidade.[123] A queda no registro desses contratos nas décadas iniciais da República aqui constatada, porém, parece ter redundado no incremento do uso de tutelas como mecanismo indireto de obtenção de mão de obra no mesmo período, conforme observou Birolli.[124] Se às soldadas, como afirmava Cândido Motta, faltavam as contrapartidas fundamentais para a utilização dos serviços dos menores, as tutelas pareciam conservar ainda a reserva moral e o lastro de beneficência que justificavam o encaminhamento de menores empobrecidos aos cuidados de terceiros. Disfarçadamente, alimentava-se um mecanismo de extração de trabalho de sujeitos socialmente vulneráveis em que os ensaios contratuais das soldadas eram suplantados pelo imperativo da caridade privada, numa espécie de atualização do recurso informal dos "filhos de criação".

Definido pelos parâmetros imprecisos e obsoletos das Ordenações Filipinas, o mecanismo das soldadas certamente apresentava-se falho como instância reguladora de relações de trabalho; não obstante, sob a forma contratual residia uma espécie de reconhecimento explícito da transação envolvendo os serviços de menores de idade e, desse modo, alguma aproximação, ainda que imperfeita, com a ideia da formação de um mercado de trabalho livre. Nas circunstâncias da emancipação gradual, da abolição e dos pós-abolição, os contratos de soldada, bem como os contratos de locação de serviços, aos quais são frequentemente equiparados nos autos judiciais,

---

123 Especificamente no caso de São Paulo, destaca-se a inauguração do instituto disciplinar: MARIANO, Hélvio Alexandre. *A infância e a lei: o cotidiano de crianças pobres e abandonadas no final do século XIX e nas primeiras décadas do século XX e suas experiências com a tutela, o trabalho e o abrigo*. 178f. Dissertação (Mestrado em História) – Pontifícia Universidade Católica, São Paulo, 2001.

124 Apoiando-se nas considerações de Candido Motta, Birolli argumenta que as soldadas haviam caído em desuso na cidade de São Paulo desde a década de 1830, ao contrário do constatado por esta pesquisa. BIROLLI, M. I. A. M. *Os filhos da república...*, op. cit., p. 211.

apresentavam-se como modelos maleáveis delimitação das novas relações de trabalho que deveriam emergir com a eliminação da escravidão e a introdução da lógica de mercado. As tutelas, por seu turno, paramentadas com o palavrório da compaixão pela infância pobre e de seu bom encaminhamento moral, escusando-se de endereçar claramente os destinos reais dados às crianças tuteladas, perpetuavam a validade dos antigos protocolos da caridade e escamoteavam de forma ainda mais flagrante a exploração da mão de obra de crianças pobres na cidade.[125]

Se, de fato, as tutelas suplantaram as soldadas no início do século XX, a substituição do modelo contratual pelo modelo tutelar de arregimentação de mão de obra parece dizer mais sobre o processo vacilante de afirmação das regras da "sociedade de mercado" e dos protocolos do trabalho formalmente livre do que, propriamente, sobre as condições de trabalho experimentadas pelas crianças trabalhadoras. À parte o fato de as soldadas redundarem no pagamento de pequenos, frequentemente irrisórios, valores depositados em cadernetas de poupança e somente passíveis de resgate após a maioridade ou emancipação dos menores, o cotidiano de trabalhadores assoldados e tutelados era decerto muito semelhante. Comportando o aliciamento de menores de idade de origens sociais variadas, regulando a passagem da sociedade escravista aos domínios da liberdade no limite entre interesses privados e representações públicas, esses mecanismos espelhavam as vastas complexidades dos estatutos de liberdade numa sociedade profundamente marcada pelas relações sociais do cativeiro.

Decerto, esta frágil demarcação dos contornos do trabalho livre arregimentado por meio das soldadas e das tutelas – bem como das práticas informais de aluguel de serviços que seguiram amplamente utilizadas no mundo do trabalho doméstico – não escapava à compreensão dos menores trabalhadores e seus familiares. Numa petição assinada a seu rogo e encaminhada ao Juízo de Órfãos em março de 1910, Ulysses de Camargo solicitava a apreensão de sua filha Maria, aparentemente entregue em condição informal aos

---

125 Gislane Azevedo já argumentava que o discurso caritativo das tutelas escondia relações de exploração da mão de obra escrava em São Paulo. AZEVEDO, G. C. *De Sebastianas e Geovannis...*, op. cit., p. 78-79.

cuidados de terceiros em troca dos serviços que pudesse prestar. As vivas queixas por ele apresentadas contra o empregador de sua filha e a mulher deste desenham uma narrativa que extrapola a concisão dos autos judiciais, iluminando o cenário em que os mecanismos de arregimentação de mão de obra dependente facilmente se instalavam. Dizia Ulysses em sua petição:

> O abaixo assignado, morador nesta Capital, tendo ultimamente contrahido matrimonio com a Sra. Leopoldina Vicente Dias, tendo aproveitado a opportunidade reconheceu os filhos anteriores ao matrimonio (...) e como sua senhora houvesse dado temporariamente sua filha Maria ao Sr. João de Borba, tambem residente nesta Capital, para dar-lhe a necessaria educação e mandar ensinar-lhe a lêr e escrever, podendo nas horas vagas aproveitar os seus serviços em trabalhos domesticos, e como ultimamente tenha verificado que retiraram-na da escola e dão-lhe a incumbecia de capinar canavial, contrariamente as combinações feitas; vem respeitosamente pedir a V.Excia. que mande lhe fazer entrega da dita menor, visto negar-se a senhora daquelle cavalheiro a assim proceder e não querer o Sr. delegado do Braz, nesta capital, mandar intimal-a para tal fim, sem que a VExcia se recorresse e si assim vos pede e com o intuito de pol-a na escola e dar-lhe educação que e conveniente, como tem procedido com os demais filhos que vivem em sua companhia.[126]

É possível que Ulysses e Leopoldina tivessem resolvido "contrair matrimônio" e subsequentemente formalizar a perfilhação de Maria e seus demais rebentos como estratégia para escapar à arregimentação judicial dos serviços dos mesmos, feita sob a justificativa de que fossem órfãos – condição que, como se viu capítulos atrás, traduzia-se juridicamente na inexistência formal de um homem identificado como pai. Não seria improvável, no entanto, que o casamento tivesse se apresentado como uma aliança de momento para amparar a Leopoldina e a seus filhos, uma vez que o documento indica ter sido dela o poder de decidir sobre a administração da família, submetendo

---

126 Cf. APESP - Juízo de Órfãos, Autos de entrega/apreensão, lata C05338, documento 13889, 1910.

Maria aos cuidados de terceiros. Parece seguro afirmar, de todo modo, que a vulnerabilidade social tenha impelido a mãe a procurar, na tutela do Sr. João de Borba, melhor destino para a filha; para este, proteção oferecida e a possibilidade de que a menina adquirisse alguma instrução seriam recompensadas com obediência e serviços domésticos. O pacto entre protetor e protegida, entretanto, fora rompido: Maria deixara a escola e trocara os misteres do lar pelo carpido na roça. Identificando especificamente a "senhora" do contratante Borba como a perpetradora dos abusos cometidos contra Maria, equiparando-a a uma sinhá cujos poderes lhe pareciam imorais e obsoletos, Ulysses denunciava em vívidas cores que o tratamento destinado à filha não seria outra coisa além de resiliência da mentalidade escravista:

> O peticionario pede licença para trazer ao vosso respeitavel conhecimento que a senhora do cavalheiro a que se referiu anteriormente suppoe talvez que ainda não foi promulgada a Lei de 13 de Maio que poz termo a vergonhosa exploração e desumana escravidão no Brazil.

Talvez as palavras registradas em nome de Ulysses, que *"por não saber escrever"* não assinava o próprio nome, tenham saído da pena de algum entusiasta defensor dos desvalidos, e talvez este defensor recorresse à comparação da situação de Maria ao cativeiro como um malabarismo retórico para tornar mais dramáticas as denúncias.[127] O documento cala sobre a origem social da menina, e não se pode saber se ela e seus pais eram, de fato, egressos da escravidão. De todo modo, é certo que representante e representado reconheciam na situação em que se encontrava a menor uma flagrante ofensa à sua condição de menina livre, indicando que, se a escravidão não fora ainda obliterada das práticas e memórias sociais, os trabalhadores expressavam um

---

127 As comparações com a escravização foram, por exemplo, um recurso frequente no discurso de líderes trabalhistas americanos e ingleses: STANLEY, A.D. *From bondage to contract...*, op. cit.; STEINFELD, R.J. *The invention of free labor...*, op. cit.; FRENCH, John. As falsas dicotomias entre escravidão e liberdade: continuidades e rupturas na formação política e social do Brasil moderno. In: LIBBY, Douglas C.; FURTADO, Júnia Ferreira. *Trabalho Livre, Trabalho Escravo: Brasil e Europa, Séculos XVIII e XIX*. São Paulo: Annablume, 2006.

entendimento próprio sobre os limites aceitáveis da exploração dos sujeitos livres. Mais do que os juristas e articulistas de jornais, estes eram os mais argutos observadores do cotidiano que embaralhava as noções de propriedade sobre si, típicas da sociedade de mercado, e de propriedade sobre outrem, herdadas do escravismo, que, como num jogo de espelhos, testavam os limites da liberdade no mundo pós-abolição. Já entradas as duas primeiras décadas da República, os imperativos da pobreza e da sobrevivência seguiam obrigando as famílias populares em São Paulo, transformada em metrópole moderna no início do século XX, a se equilibrarem nas linhas tênues que costuravam esses mundos ainda geminados. Foi desses sujeitos, principalmente, a tarefa de converter os discursos de autoridades públicas e camada proprietária em exercícios diuturnos de resistir e sobreviver como trabalhadores livres na cidade, antes e ainda tantos anos depois de 1888.

5.
Uma terra de tantos abusos

VINGANÇA – Consta-nos que o sr. Albino Vieira Xavier de Castro exerceu uma vingança, acção tão mesquinha que não está na altura do seu caracter. Eis o caso. Tinha o sr. Albino em sua casa e a seu serviço um camarada orphão de menor idade, que entendeu não dever mais continuar ao seu serviço e disto fez firme proposito. O sr. Albino vale- se da posição politica que tem e trancafia com o orphão na cadeia, e dizem que com o fim de o mandar para a marinha. Em uma terra de tantos abusos isto não tem commentario. Depois de composta esta noticia soubemos que graças á influencia de um cavalheiro, que fez sentir a deshumanidade de semelhante proceder, fôra o menor em questão, posto em liberdade. Soubemos mais que não obstante ter o menor prestado serviços ao sr. Albino e ser seu tutelado foi preciso que o sr. Antonio Alves Ferreira Junior por espirito de caridade lhe mandasse á cadeia a necessaria alimentação, pois o seu patrão e tutor não o fez nem o faria![1]

Em outubro de 1876, o *Correio Paulistano*, sediado na capital, replicava a notícia acima, vinda do interior da província. Como visto, diversas opiniões sobre os usos e abusos do trabalho de menores de idade circulavam então pela imprensa da capital, referindo-se a outros cenários da província e do Império e atestando o dilatado uso de crianças e jovens como mão de obra em serviços variados no campo e nas cidades, ao longo do XIX. A notícia replicada pelo *Correio,* vinda do município de São Bento do Sapucahy, porém, ilustra de forma particularmente nítida os íntimos vínculos estabelecidos entre práticas de arregimentação formal de mão de obra de menores depau-

---

1   Cf. BH-HDB – Correio Paulistano, *Vingança*, 10.10.1876, p. 2

perados – neste caso, mal disfarçadas pela tutela – e códigos de compulsoriedade amplamente experimentados pela sociedade imperial. Sob o título "Vingança", a nota relatava as agruras do órfão que, recusando-se a seguir prestando serviços a seu tutor, fora por ele remetido à cadeia, onde sequer teria o que comer não fosse a caridade de terceiros. O encarceramento, conforme anotava o autor da notícia, era nada mais que expressão da sordidez de Albino de Castro, que, se aproveitando de seus destacados poderes na localidade, desforrava-se pela insolência do tutelado, ameaçando-lhe, inclusive, com a vida de castigos sob a disciplina do aprendizado na Marinha.[2] Nas entrelinhas do reproche moral à desumanidade do mesmo Castro, entende-se que o caso do menor em questão, ainda que se destacasse pela crueldade, não era único. Decerto, "em terra de tantos abusos", outros tantos menores, conquanto formalmente livres, eram também vistos por seus tutores, contratantes e empregadores informais como legítima propriedade.

De fato, as divisas entre os domínios ideais da escravidão e da liberdade, como se viu até aqui, encontravam na arregimentação do trabalho de menores de idade uma expressão clara de suas limitações e convergências. Por um lado, as tutelas emulavam formas tradicionais de dominação paternalista estabelecidas desde a sociedade colonial, escondendo sob a cortina de fumaça da caridade e educação servil a apropriação do trabalho de menores de idade empobrecidos. Por outro, as soldadas apresentavam-se como formas contratuais legalmente delimitadas por contornos pouco específicos que admitiam a contratantes e autoridades públicas amplo grau de arbitrariedade no estabelecimento dos arranjos de trabalho – os trabalhadores engajados por estes mecanismos, bem como suas famílias, pouca ingerência tinham sobre a circunscrição dos mesmos. A arregimentação formal dos pequenos e jovens trabalhadores, feita de forma mais ou menos explícita por meio de soldadas ou

---

2 A respeito do encaminhamento de menores indisciplinados aos Arsenais da Marinha, ver: SOUSA, Jorge Prata de. A mão de obra dos menores: escravos, libertos e livres nas instituições do império. In: SOUSA, Jorge Prata de (org.). *Escravidão: ofícios e liberdade*. Rio de Janeiro: Arquivo Público do Estado do Rio de Janeiro, 1998, p. 33-63; CRUDO, Mathilde Araki. *Infância, trabalho e educação: os aprendizes do Arsenal de Guerra do Mato Grosso*. Tese (Doutorado em História). 382f. Universidade Estadual de Campinas, Campinas, 2005.

Mães infames, filhos venturosos

tutelas, entretanto, respondeu somente pela parte mais visível, aos olhos do observador contemporâneo, da grande engrenagem que envolvia menores de idade no mundo do trabalho, naquela São Paulo oitocentista. Embora tenham se tornado mais frequentes com o passar das décadas e, notadamente, com as pressões envolvendo a abolição e seus desdobramentos, arranjos de trabalho e tutelas formalmente registrados eram ladeados pela profusa prática de agenciamento informal de mão de obra de menores, sinalizada pelas muitas disputas em torno dos direitos sobre a guarda e o trabalho de meninos, meninas e jovens adultos que chegavam às barras do Juízo de Órfãos.

Todas essas modalidades de arregimentação da mão de obra acolhida sob a definição de menoridade civil compunham complexas relações de trabalho estabelecidas sob a égide do cativeiro. Nas décadas finais do século XIX, não apenas a realidade da escravidão, como também o processo estrutural de seu desbaratamento, informaram as experiências de trabalho de menores de idade, acompanhando a emergência de protocolos da liberdade que paulatinamente se afirmavam como norma, embora não se estabelecessem solidamente como prática. Como ocorreu à grande parte do repertório de práticas de trabalho livre em sociedades escravistas, os arranjos formais e informais de trabalho de menores de idade celebrados na cidade de São Paulo frequentemente cruzaram as fronteiras imaginárias da liberdade e avançaram sobre o território da coerção e da dependência.[3] A informalidade, abrigada em domínios alheios ao controle público e regulada por negociações entre poderes desiguais, poderia resultar em prejuízos para menores e sua família – embora nem sempre tenha se mostrado de todo desvantajosa quando comparada aos arranjos formais, como se pretende demonstrar. Por sua vez, sob a anuência auspiciosa de autoridades públicas à continuidade de formas basais de exploração e dominação praticadas longamente na sociedade imperial, os contratos de soldada e tutelas apresentavam-se como arranjos de trabalho precariamente estabelecidos nos domínios da liberdade de fato, tomando a

---

3   MONTEIRO, John Manuel. Labor Systems, 1492-1850. In: COATSWORTH, John H.; CORTÉS- CONDE, Roberto and BULMER-THOMAS, Victor (ed.). *Cambridge Economic History of Latin America*. Cambridge: Cambridge University Press, 2005. Disponível em:<http://www.ifch.unicamp.br/ihb/estudos/Labor1492-1850.pdf>.

forma de instantâneos dos anseios de senhores expropriados e empregadores acostumados às convenções da informalidade e da escravização.

Como ocorre aos negativos das fotografias, porém, a prática social corriqueiramente revelou o oposto de tais aspirações. O projeto da camada proprietária de transformar menores empobrecidos em mão de obra disciplinada e amoldada a estreitas definições de liberdade, assim, converteu-se em relações sociais marcadas por violência, conflitos e disputas entre atores sociais que procuravam atribuir significados distintos, frequentemente antagônicos, aos exercícios cotidianos de serem trabalhadores livres ou tê-los sob seu domínio.

Emancipação ameaçada

As tutelas e soldadas levadas a cabo na cidade de São Paulo engajaram, além de um conjunto amplo de sujeitos empobrecidos cujas origens sociais, em grande parte indeterminada, compreendiam estrangeiros e "nacionais livres", larga proporção de menores portadores de vínculos estreitos com experiências pregressas de escravização, suas ou de seus familiares. Não obstante, além desses expedientes formais, também os arranjos havidos sob a informalidade incidiam de forma significativa sobre crianças e jovens da cidade, dentre os quais destacavam-se, novamente, ex-cativos ou descendentes de homens e, especialmente, mulheres dessa condição. Para este conjunto de crianças e jovens trabalhadores da cidade, a arregimentação por meio de mecanismos formais ou informais de trabalho tutelado guardou significados particulares, ao desenhar aproximações perigosas com o retorno ao cativeiro.

Ainda que as décadas finais do século XIX tenham representado um período crítico de acúmulo de registros de soldadas e tutelas – momento em que a formalização dessas relações de trabalho ganhou o impulso das pressões da emancipação e da consequente necessidade de estabelecimento de novas hierarquias para a subordinação da mão de obra –, pequenos e jovens trabalhadores portadores de vínculos com experiências de escravização já frequentavam as páginas de autos do Juízo de Órfãos de São Paulo desde o início do século. Com efeito, bem antes desse atribulado período, e, portanto, antes também que a eliminação do cativeiro se anunciasse como um horizonte próximo e irreversível, chegavam à mediação dos operadores da lei e da justiça diversos casos de menores egressos da escravidão cujo estatuto de trabalhadores livres era cotidianamente desafiado e esgrimido.

Sob a definição genérica de "menores contratados", tutelados" ou "engajados em serviços", que pressupunha a liberdade jurídica dos mesmos, escondiam-se disputas pelos serviços e tutela de crianças e jovens libertos, filhos de africanas livres ou africanos livres eles próprios, a quem empregadores procuravam manter sob o mais estrito controle. Este era o caso, por exemplo, da pequena parda Maria Justina, cuja tutela foi motivo de altercação, no ano de 1830, entre Joaquina Maria do Espírito Santo, sua alegada tia, e Dona Ana Rosa Alves Machado de Vasconcellos, sua empregadora informal. Em meados de julho do dito ano, Joaquina Maria procurou o Juízo de Órfãos de São Paulo para expressar consternações que assim foram registradas pelo escrivão:

> Diz Joaquina Maria do Espírito Santo desta cidade que mantem a seu cargo sua sobrinha de nome Maria Justina de idade de 10 para 11 anos, a qual o suplicante poz em casa de dona Francisca Luzia de Jesus, afim de esta ensinar lhe todos serviços de casa, costuras, todo o mais necessario haver se lhe podia dar estados de casar: acontece, que uma escrava de dona Ana Rosa Alves Machado de Vasconcellos seduzio a ditta sobrinha da supplicante a qual se achava bem tratada na forma em que esperava, e hora existe contra vontade da suplicante em poder da supplicada, e que quer ausentar-se para fora desta capital, e pode muito bem vender a sobrinha da suplicante como se fora sua escrava, a qual por sua menor idade não possa mostrar ser livre, razão por que requer a Vossa Senhoria se sirva mandar seja a supplicada notificada para em 24 horas entregar a sobrinha da suplicante sob pena de ficar inciza nas penas civeis e criminais (...).[4]

A petição apresentada em nome de Joaquina Maria abre frestas a circunstâncias comuns à vida dos muitos menores empobrecidos cujo trabalho era arregimentado por mecanismos formais ou informais na cidade. Nota-se, primeiramente, que embora tivesse a menor "a seu cargo", a tia a havia entregado aos cuidados de Francisca Luzia de Jesus, que ensinaria a Maria Justina

---

4   Cf. APESP – Juízo de Órfãos, Autos de requerimento, lata C05444, documento 06, 1830.

os préstimos necessários para o casamento – recebendo em troca, é claro, os serviços da pequena aprendiz. Não há menções a salários ou obrigações contratuais, nada além de um acerto abstrato entre Joaquina e Francisca que possivelmente prestava-se a suprir as carências elementares de sobrevivência de tia e sobrinha, além das demandas de mão de obra da empregadora. Esse arranjo informal, tão prosaico nas dinâmicas da pobreza e do trabalho na cidade, sublinha as circunstâncias de fragilidade social que certamente forçavam a tia a ceder a outrem o ensino dos misteres de mocinhas casadoiras que deveria receber sua sobrinha. Talvez Joaquina fosse ela própria uma criada doméstica vivendo em casa e sob o domínio de seus empregadores, e sem condições, portanto, de zelar pela menina ou a ela prover a subsistência necessária. Ainda, porém, que tivesse de abrir mão dos cuidados com Maria Justina, a Joaquina restaria a autonomia de escolher a quem alienar as responsabilidades com a educação e o benefício dos serviços de sua sobrinha. A interdição dessa prerrogativa, assinalada no requerimento encaminhado ao Juízo pela menção à "sedução" da menor pela escrava de Ana Vasconcellos, e dos riscos apresentados por sua partida da capital, correspondia à suspensão de certa margem de independência de que desfrutavam tia e sobrinha para gerir as próprias vidas e, mais agudamente, a um perigo iminente que afligia a muitos homens, mulheres e crianças egressos do cativeiro ou descendentes de cativos: a ameaça da reescravização.

As preocupações de Joaquina, não eram, de fato, infundadas, como demonstram importantes pesquisas sobre a reescravização de homens e mulheres libertos no Brasil imperial.[5] O avançar dos autos atesta que Maria

---

5   Keila Grinberg informa que a reescravização de libertos foi prática recorrente durante todo o século XIX, enfrentando desde a década de 1850 crescente número de ações de manutenção de liberdade (ou seja, processos movidos em nome de homens e mulheres forros contestando sua redução ilegal ao cativeiro) interpostas na justiça. Segundo a autora, o aumento de ações desta natureza denunciava, ao mesmo tempo, a vitalidade das práticas de reescravização e a resistências dos libertos a elas. Ainda segundo Grinberg, a década de 1860 assistiu ao progressivo abandono de interpretações judiciais favoráveis à possibilidade de reescravização. GRINBERG, Keila. Reescravização, direitos e justiças no Brasil do século XIX. In: LARA, Silvia Hunold; MENDONÇA, Joseli Maria Nunes (org.). *Direitos e justiças no Brasil: Ensaios de história social.* Cam-

Justina, além de parda, era também forra, e, portanto, especialmente suscetível a práticas ilegais de reescravização que ameaçavam diuturnamente àqueles egressos do cativeiro e seus descendentes. Natural de Santos, onde morrera sua mãe Escolástica Maria cerca de cinco anos antes de iniciada a contenda pela tutela da menor, havia cinco meses a pequena orfanada fora trazida à Vila de São Bernardo do Campo pela avó e por ela colocada sob os cuidados de Joaquina Maria, prima da falecida Escolástica. Essas três mulheres constituíam o núcleo familiar de Justina, e com ela provavelmente compunham uma pequena parentela de libertas, improvisando sobrevivências naquela que então era uma cidade povoada por grande parcela de mulheres e crianças pobres, entre livres, escravizadas e forras.[6]

A escolha de Francisca Luzia como "guardiã" de Maria Justina, se não eliminava a subalternidade implicada na relação de tutela informal, ao menos admitia às parentas da menor, habitantes das "franjas da escravidão urbana", algum tipo de autonomia sobre o destino que lhes tomava.[7] Decerto não es-

---

pinas: Editora Unicamp, 2006, p. 101-28. Ver também: GRINBERG, Keila. Senhores sem escravos: a propósito das ações de escravidão no Brasil Imperial. *Almanack Brasiliense*, São Paulo, n. 6, 2007, p. 4-13. CHALHOUB, Sidney. Costumes senhoriais: escravização ilegal e precarização da liberdade no Brasil Império. In: AZEVEDO, Elciene; CANO, Jefferson; CHALHOUB, Sidney; CUNHA, Maria Clementina Pereira (Org.). *Trabalhadores na cidade: cotidiano e cultura no Rio de Janeiro e em São Paulo, séculos XIX e XX*. Campinas: Editora da Unicamp, 2009, p. 23-62.

6   Nesse cenário, retratado no estudo modelar de Maria Odila Leite da Silva Dias, não é implausível que Francisca Luzia, a quem foram confiados os serviços da menor, fosse também uma mulher pobre, que dependesse em grande medida dos préstimos e serviços de Justina para garantir a própria sobrevivência. Referindo-se ao contexto de generalizado empobrecimento na cidade de São Paulo durante a primeira metade do século XIX, Dias explora o cotidiano de mulheres vivendo precariamente em companhia de poucas escravas ou agregadas, de cujo trabalho (desdobramento de atividades domésticas, como a venda de quitandas nas ruas) sua sobrevivência dependia amplamente. DIAS, Maria Odila Leite da Silva. *Quotidiano e poder em São Paulo no século XIX*. São Paulo: Brasiliense, 1984.

7   Sobre as mulheres ocupadas nas atividades ligadas ao comércio de gêneros e aos serviços domésticos de portas adentro e afora na cidade, ver: DIAS, M. O. L. S. *Quotidiano e poder...*, op. cit.; DIAS, Maria Odila Leite da Silva. Nas Fímbrias da Escravidão Urbana: negras de tabuleiro e de ganho". *Estudos Econômicos*, São Paulo, n. 15 (n° Especial), p. 89-109, 1992.

capava a elas a compreensão de que as eventuais lições aprendidas para o futuro de mulher casada seriam retribuídas com o empenho dos serviços de Justina – de família pobre, o cotidiano de trabalho árduo era inescapável a uma criança como ela. Ainda assim, a transferência do controle da menor aos domínios da tutela informal de Anna de Vasconcellos era entendida por Joaquina Maria como um indício da violação de sua instável condição de menina liberta, numa aproximação temerária entre a exploração característica da mão de obra de menores empobrecidos e o verdadeiro retorno à condição de cativa – propriedade a ser negociada e alienada ao sabor das intenções de sua pretensa senhora.[8]

Questionada pelo juiz sobre as acusações apresentadas, Anna de Vasconcellos respondeu com uma versão diferente dos fatos. Segundo a suplicada,

> sua escrava não havia induzido a sobrinha da supplicante (...) e que esta indo á casa dela supplicada, a pedir uma esmola, com o facto que trazia no corpo roto, e ela suplicada perguntou a dita rapariga se era forra, esta respondeu que sim, e moradora do lugar chamado São Bernardo, de onde uma sua tia, a trouxe, e pôs em casa do Padre Menino Jesus, de onde saíra com medo de ser castigada, e que como era liberta queria ficar na companhia dela supplicada: do que não poz dúvida.

Utilizando-se ou não de sua escrava para "seduzir" Justina e levá-la a viver em sua companhia, podendo, mais tarde, vendê-la como se fora sua

---

8 Não havendo protocolos legais claros a definir a condição do cativo e a própria escravidão, a ampla defesa ao direito de propriedade, escudada pelo artigo 179 da Constituição do Império, esteve no cerne da reclamação de direitos por senhores de escravos ao longo do século XIX, desempenhando papel fundamental nas ações de liberdade que se avolumavam a partir da década de 1860. A esse respeito, ver: CUNHA, Manuela Carneiro da. Sobre os silêncios da lei: lei costumeira e lei positiva nas alforrias de escravos no Brasil do século XIX. In: CUNHA, Manuela Carneiro da. *Antropologia do Brasil: mito, história, etnicidade*. São Paulo: Brasilense/Edusp, 1986, p. 123-144. CHALHOUB, Sidney. *Visões da liberdade: uma história das últimas décadas da escravidão na Corte*. São Paulo: 1990, p. 95-174; AZEVEDO, Elciene. *O direito dos escravos: lutas jurídicas e abolicionismo na província de São Paulo*. Campinas: Editora Unicamp, 2010.

cativa, Anna Vasconcellos procurou conservar a menor sob seu poder ao longo do processo. Intimada a apresentar Justina em Juízo, declarou ter entregue a menor aos cuidados de seu irmão, o alferes José Alves Machado de Vasconcellos, solicitando assim *"ficar desonerada de ter que responder por ella".* O depoimento de Justina não foi colhido, de modo que não se tem acesso à sua explicação sobre os acontecimentos. A julgar-se verídica a versão de Vasconcellos, contudo, teria partido da própria menina a decisão de colocar-se sob seu poder, temendo sofrer tratamento violento em companhia da pessoa com quem vivia por decisão de sua tia – pessoa esta, note-se, diferente daquela identificada em depoimento de Joaquina Maria. Desse modo, talvez para Justina a tutela de Vasconcellos pudesse implicar menos riscos à sua liberdade de fato, bem como à sua sobrevivência, dadas as miseráveis condições em que teria se apresentado à nova empregadora, do que a vida nas circunstâncias arranjadas pela tia.

O lapso entre essas duas versões – espaço quase inacessível ao leitor contemporâneo – faz com que os motivos que levaram a pequena liberta a chegar ao poder de Anna Vasconcellos permaneçam nebulosos. Ainda assim, os silêncios da documentação falam alto à compreensão do pantanoso território delimitado pela informalidade de arranjos de trabalho envolvendo menores de idade. Instituídas por meio de negociações alheias à regulação pública e à normatização dos operadores da lei, as práticas informais de agenciamento de mão de obra de pequenos e jovens trabalhadores na cidade tanto poderiam abrir espaço a arranjos mais amistosos aos interesses dos menores e de suas famílias, como poderiam redundar na mais completa fragilização de sua emancipação e autonomia. A informalidade havia, por exemplo, permitido a Joaquina estabelecer com Francisca Luzia um acordo que julgava vantajoso a sua sobrinha, eliminando a mediação de juízes de órfãos e curadores que não raro usavam de discricionariedade para determinar o destino dos menores empobrecidos à revelia das intenções de seus parentes. Ao mesmo tempo, o caráter informal do arranjo que submetia Justina à prestação de serviços em favor de Anna de Vasconcellos admitia a liberalidade com que esta burlava as determinações judiciais para manter a menor no raio de sua influência e de seu próprio benefício, e, ademais, potencialmente ameaçava a menor com a redução à escravização ilegal.

Imbróglios de semelhante monta são encontrados em diversos autos relacionados a disputas pelos serviços de menores que, egressos da escravidão, eram inseridos num universo de liberdades transigentes e precárias. Cerca de quinze anos depois do caso de Justina Maria, o menor Roberto, crioulo, contando então cerca de dez anos, procurou o auxílio do Juízo solicitando a nomeação de Joaquim Antonio Pinto Junior como seu curador, ficando em companhia deste depositado para que ele zelasse pelos seus direitos e, assim, "*requeresse a favor de sua liberdade*". A petição apresentada em início de abril de 1845, assinada a rogo de Roberto, relatava a fragilidade da emancipação que o menor reclamava:

> Diz Roberto, menor de idade, que havendo sido liberto por seu Senhor em huma escriptura passada a 28 de abril de 1841 (...) com a unica obrigação de servir a seu Senhor e Senhora, succedendo entretanto, que o seu Senhor, Jose Antonio de Siqueira, iludindo o supplicante com o pretexto de fasel-o aprender officio, condusio o á caza de Innocencio Jose de Brito, e la o vendeo por quantia que o supplicante ignora, cometendo assim o crime de artigo 179 do Codigo Crime; visto porem ser inafiançavel o crime e sendo o supplicante pessoa miseravel, elle espera que Vossa senhoria haja de mandar intentar prosseguir a acção ex-officio.[9]

A propósito de um arranjo informal de trabalho, portanto, o pequeno liberto teria sido ilegalmente vendido como cativo por seu ex-senhor, numa operação que concretizava os temores expressos anos antes por Joaquina a respeito de sua sobrinha. Acorrendo ao auxílio das autoridades públicas, Roberto pedia a "*anulação da venda e a readiquirição de sua liberdade*", alegando encontrar-se "*em estado de escravidão injusta*" desde o dia cinco daquele mês, quando teria sido vendido a Innocencio de Brito. A solicitação apelava, inclusive, a dispositivos da legislação vigente, invocando o artigo 179 do Código Criminal de 1830 que, em sua parte terceira, ao abordar os crimes

---

9   Cf. APESP – Juízo de Órfãos, Autos de petição, lata C05426, documento 10524, 1845.

contra a liberdade individual, penalizava a redução de pessoa livre à escravidão com prisão pelo período de três a nove anos, além de multa.[10]

O correr dos autos acrescentava ainda outras camadas de complexidade à situação de Roberto. Em defesa de seu direito de propriedade sobre o menor, José Antonio Siqueira alegava ter cometido um inocente erro ao realizar a venda, e argumentava que, tendo cancelado a transação, havendo inclusive devolvido o valor recebido por ela, teria novamente direito à posse do menor. Tudo se justificava, segundo ele, pelas circunstâncias em que o mesmo fora alforriado. Em 1841, Siqueira havia perfilhado a José Ignacio Silva e, com o objetivo de evitar disputas entre seu recém-legitimado filho e sua esposa Anna Jacintha de Jesus na eventualidade de seu falecimento, promovera no mesmo ato a partilha de seus bens. Ao filho, couberam pequenas propriedades imobiliárias – um sítio na longínqua freguesia do Jaraguá, uma parcela dos campos que possuía, uma parte de uma pequena casa. A ele e à esposa, por sua vez, caberiam a propriedade sobre a "mulata Verônica", a quem deixavam livre, com a condição de servir-lhes até que viessem a falecer, bem como aquela sobre a "preta Catharina" e seus dois filhos, Antonio e Roberto. Àquele tempo, os meninos encontravam-se sob o poder de Antonio Manoel Borba, a quem Siqueira transferira a "criação" dos crioulos em aparente arranjo informal de aluguel, sem data especificada. Retornando ao poder de Siqueira, os filhos de Catharina seriam libertos com a mesma condição imposta à Verônica, qual fosse a de prestar serviços a seus senhores até a morte dos ditos proprietários.[11]

Nos anos passados entre a partilha de bens e sua venda irregular, Roberto talvez tenha vivido em poder de Siqueira e Anna Jacintha. Nada inviabiliza a hipótese, porém, de que no transcurso deste tempo o menor tenha sido alugado a terceiros em arranjos informais de aprendizagem e serviços

---

10   Cf. Lei de 16 de dezembro de 1830, art. 179. Codigo Criminal do Imperio do Brazil, Parte Terceira, Título I. Disponível em: < h ttp://www.planalto.gov.br/ccivil_03/leis/lim/LIM-16-12-1830.htm#art179>. Acesso: 12.12.2019.

11   Enidelce Bertin indica que as alforrias de tipo "condicional e não paga", que frequentemente previam a necessidade de continuada prestação de serviços pelos libertos a seus senhores, constituíram a maior parte das manumissões registradas em cartório na cidade de São Paulo, entre 1800 e 1888. BERTIN, Enidelce. *Alforrias na São Paulo do século XIX: liberdade e dominação*. São Paulo: Humanitas, 2004.

semelhantes àquele que teria mascarado sua arrematação ilícita como cativo por Innocencio Brito, em 1845. Chegando-se a esta data, a operação ilegal fora denunciada, e diante da petição apresentada em nome de Roberto, o juiz de órfãos determinou que ele fosse depositado em poder de seu curador. Diversos esforços foram empenhados por Siqueira, e, depois de sua morte, por sua esposa Anna Jacintha, para reaver a propriedade sobre o menor, fiando-se na justificativa de que eles ingenuamente desconheciam a impossibilidade de vender Roberto – como se pudessem, efetivamente, ignorar o fato de que a venda de um liberto condicional contrariava diretamente a promessa de liberdade embutida em sua condição.

Até 1849, os apelos encaminhados pelos ex-proprietários permaneceram sem resposta do curador do menor e paralisados na burocracia do Juízo de Órfãos. Nesse ano, contudo, Siqueira e Anna Jacintha denunciaram a morosa atuação de Joaquim Antonio Pinto Junior, que em quatro anos não havia dispendido qualquer energia no encaminhamento de Roberto a um fim legalmente apropriado, permanecendo em poder do menino que então já contava cerca de 14 anos de idade. Que faria ele, vivendo em companhia do curador, numa idade em que meninos e meninas escravizados já haviam ingressado no mundo adulto do trabalho?[12]

Não seria implausível deduzir que, por todo esse tempo, em lugar de ser reduzido ilegalmente à escravidão ou de viver como liberto condicional em poder dos seus antigos senhores, Roberto tivesse prestado serviços a seu curador, habitando uma espécie de limbo à espera da definição de seu estatuto jurídico, vivendo como um jovem trabalhador precariamente livre, impedido de autonomamente decidir para quem e onde trabalhar, sem receber qualquer remuneração. Essa não seria uma situação realmente extravagante diante dos muitos arranjos de trabalho dependente que se desenhavam nos cenários escravistas do Império e de outras áreas atlânticas. Ademais, a atuação de curadores e depositários no âmbito das disputas jurídicas pela

---

12 Sobre o ingresso de escravos menores de idade no mundo adulto do trabalho, ver: MATTOSO, Kátia. O filho da escrava: em torno da Lei do Ventre Livre. *Revista Brasileira de História*, São Paulo, v.8, n.16, 1988, p. 37-55; GÓES, João Roberto; FLORENTINO, Manolo. Crianças escravas, crianças dos escravos. In: PRIORE, Mary Del (org.). *História das Crianças no Brasil*. São Paulo: Contexto, 2015, p. 177-191.

emancipação era alvo de constantes críticas de senhores que questionavam o papel e os interesses daqueles a quem ficavam confiados homens e mulheres escravizados no curso, por vezes alentado, de ações de liberdade[13]. Decerto, o linguajar rebuscado e a tipificação do crime cometido pelo senhor de Roberto em um artigo do Código Criminal, contidos na petição apresentada em 1845, não teriam saído da cabeça de um menino que à época contava não mais do que dez anos de idade. O impulso para a contestação de sua reescravização bem poderia ter sido seu, ou ter partido de sua mãe, figura que surge nos autos de forma fugidia e pontual. Aparentemente, no entanto, o nobre curador apropriou-se dessa iniciativa transformando Roberto, provisoriamente, num seu agregado, de quem por certo demandaria algum tipo de retribuição.[14] As circunstâncias suspeitas em que se encontravam curador e curatelado açodaram a reação do juiz de órfãos que determinou a exoneração de Pinto Junior e a nomeação de outro representante dos interesses do menor. Entre 1849 e 1851, diversos curadores se sucederam na tarefa até

---

13 Suspeitas desta ordem, constantemente aventadas pela classe senhorial, procuravam, é claro, desmoralizar os depositários para impedir que senhores fossem privados da mão de obra dos libertandos no curso dos processos. Joseli Mendonça comenta as suspeições levantadas contra curadores e depositários e Alexandre Otsuka aponta que até mesmo Antonio Bento, notório abolicionista e caifaz, foi alvo de suspeições. Não parece de todo estranho, entretanto, que os advogados e depositários designados para a curatela dos escravos, nem sempre tendo compromissos específicos com a causa da abolição, como aponta Keila Grinberg, pudessem eventual e casualmente se aproveitar dos serviços de libertandos a seu cargo. MENDONÇA, Joseli. *Entre a mão e os anéis: a Lei dos Sexagenários e os caminhos da abolição no Brasil.* Campinas: Editora da Unicamp, 2008; OTSUKA, Alexandre Ferro. *Antonio Bento: discurso e prática abolicionista na São Paulo da década de 1880.* 234f. Dissertação (Mestrado em História Social) – Universidade de São Paulo, São Paulo, 2016, p. 108-38; GRINBERG, Keila. *Liberata, a lei da ambiguidade: as ações de liberdade na Corte de Apelação do Rio de Janeiro no século XIX.* Rio de Janeiro: Relume Dumará, 1994.

14 Sobre a ativa participação de escravos na demanda judicial por sua emancipação, notadamente na segunda metade do século, quando se amplia a interposição de ações de liberdade, ver: AZEVEDO, E. *O direito dos escravos...*, op. cit. Keila Grinberg discute a importância de redes de solidariedade e reconhecimento social para que escravos pudessem angariar o apoio de advogados curadores que intercedessem judicialmente por eles: GRINBERG, K. *Liberata, a lei da ambiguidade...*, op. cit.

que o Juízo deliberou, diante da confirmação da revogação da venda ilegal de Roberto e de insistentes pedidos de sua antiga proprietária, que o menor retornasse ao poder da viúva Anna Jacintha, a quem deveria prestar serviços até que ela também morresse.

A história de Roberto, assim como a de Justina Maria, anteriormente reconstituída, indica que arranjos informais de trabalho poderiam atuar como gatilhos para a redução de menores egressos do cativeiro à condição uma vez abandonada de sujeitos escravizados. A arregimentação de trabalho operada na informalidade, mobilizando forças desiguais de empregadores e empregados, poderia expor os últimos a situações de extrema vulnerabilidade social. Todavia, não se pode dizer que a formalização dos arranjos de trabalho, em contrapartida, tenha sempre significado para os menores egressos da escravidão a segurança de manterem-se perpétua e amplamente distantes das experiências vividas sob o cativeiro. De fato, não apenas para estes pequenos e jovens trabalhadores, mas para a ampla maioria dos menores formalmente arregimentados na cidade, o trabalho tutelado redundou frequentemente em experiências permeadas por violência e compulsoriedade. É inegável, porém, que no caso dos meninos, meninas e jovens oriundos da escravidão, os arranjos formais de trabalho poderiam tornar-se mecanismos de prolongamento das hierarquias e, mais profundamente, das noções de propriedade implicadas nas experiências do cativeiro – e, no limite, redundar na redução das pessoas libertas a "coisas que se poderia vender".

O contrato de trabalho da "mulatinha Rachel", de cerca de 17 anos, celebrado em 1856, oferece um exemplo ligeiro, porém claro, de como a restrição das emancipações desfrutadas por menores egressos da escravidão poderia se apresentar mesmo quando evitada a sua ilegal reescravização. Liberta condicionalmente em testamento por sua senhora Francisca Roza de Jesus Peixoto, com a ressalva de que permanecesse *encostada à sua Mestra Dona Joaquina Maria da Conceição* até completar 21 anos de idade, a jovem fora apresentada pelo testamenteiro Simão Luiz de Almeida ao Juízo na ocasião do falecimento da dita Francisca.[15] Até aquele momento, embora a esta pertencendo, Rachel vivera em casa do referido Almeida. Talvez a falecida

---

15   Cf. APESP – Juízo de Órfãos, Autos de tutoria, lata C05453, documento 12410, 1856.

senhora tivesse resolvido manter a menor como sua propriedade e bem se-movente, alienando, porém, o uso dos serviços por ela prestados como for-ma de poupar-se das despesas que teria com a manutenção da menina. A penúria foi também a razão alegada pela mestra Dona Joaquina para recusar a companhia de Rachel, *por falta de comodo, e estado de enfermidade, viuves e pobreza*. Desse modo, o testamenteiro, em companhia de quem a jovem vivia, apresentou-a ao Juízo para que este deliberasse sobre seu devido enca-minhamento legal. Perguntada pelo juiz sobre as condições em que vivia em companhia de Simão Luis de Almeida, Rachel respondeu que em sua casa *cozia e engomava*, *ganhando alguma coisa por seu trabalho de costura*. Ali tinha uma cama, um catre, duas caixas e sua roupa, e vivia em companhia de *uma mulher que a tinha criado*. Indagada se lhe apetecia a ideia de seguir a viver em companhia da dita mestra, afiançou que desejava permanecer em casa de Simão Almeida e em companhia de sua mencionada criadeira.

Uma semana depois, no entanto, naquele mesmo mês de novembro, o dono de fábrica de tecidos e loja de serigaria Antonio Ribeiro de Miranda, useiro e vezeiro cliente do Juízo de Órfãos na década de 1850, quando arre-gimentou diversos menores para trabalhar em seus negócios, recorreu àquela instância solicitando engajar os serviços de Rachel. Na proposta apresentada por Miranda para a contratação da jovem, o pleiteante oferecia *tractal-a des-centemente, dar-lhe necessario sustento e vistuario, curando-a em suas enfermidades, e a soldada de tres mil reis por mens*. Após objeções apresentadas pelo curador designado pelo Juízo, e a despeito da explícita declaração feita muito recen-temente por Rachel sobre o desejo de permanecer em companhia de Simão Almeida e sua família, o juiz acolheu o pedido do negociante. Em fevereiro de 1857, o contrato de soldada de Rachel foi formalizado, estabelecendo-se o prazo de três anos para a prestação de serviços *compactiveis com o sexo* da menor – que poderiam corresponder aos serviços de costura, em que a mesma se especializara, bem como a serviços domésticos de sorte variada.

Os pequenos vencimentos que a jovem amealhava vivendo de suas costuras em casa de Simão Almeida agora seriam convertidos em mingua-dos depósitos feitos em uma caderneta de poupança aberta junto à Caixa Econômica, que a trabalhadora somente poderia acessar uma vez comple-tados 21 anos de idade. Além da interrupção da possibilidade de exercer de forma independente os seus serviços e do cerceamento da limitada autonomia financeira que eles lhe proporcionavam, o vínculo contratual imposto pelo Juízo de Órfãos implicava a interdição dos laços afetivos que Rachel afirmava manter com a mulher que a havia criado. Nada no processo de estabelecimento do contrato poderia assemelhar-se a vislumbres de modernas relações trabalhistas – não havia escolha para Rachel, e a condição de agregada aprofundar-se-ia ao tornar-se criada de outro empregador, dele amplamente dependente. Não se tratava exatamente de um retorno ao cativeiro formal, como ocorria àqueles ilegalmente reescravizados, mas a redução à condição de assoldadada restringia potencialmente as já estreitas margens de sua autonomia. Sinalizando o agravamento das fragilidades da emancipação de que a jovem desfrutava, o contrato de soldada sublinhava as condições em que Rachel deveria comprometer-se à prestação de serviços: com a "*obediência e submissão de custume*".

De fato, conforme apontado e como vêm demonstrando diversos estudiosos, a aquisição da liberdade formal apresentava-se, de modo geral, como uma etapa na construção de emancipações efetivas, sendo seguida por disputas variadas havidas nas arenas judiciais e nos cenários cotidianos acerca dos significados precisos atribuídos à nova condição a que eram alçados homens e mulheres cativos e seus descendentes.[16] Nas décadas finais do século XIX, a importância da delimitação formal dos estatutos civis dos libertos e seus descendentes, bem como de seus arranjos de trabalho e liberdade, foi acrescida do acirramento da emancipação gradual que levava às barras dos tribunais e repartições notariais as disputas entre camada proprietárias e trabalhadores escravizados, com o fundamental apoio de notáveis abolicionistas como Luiz Gama.[17] Provar-se livre, entretanto, era tarefa frequentemente custosa, e que

---

16 Ver, entre outros: Maria Helena Machado e Celso Castilho: MACHADO, Maria Helena P. T.; CASTILHO, Celso Thomas (org.). *Tornando-se livre: agentes históricos e lutas sociais no processo de abolição*. São Paulo: Edusp, 2015.

17 AZEVEDO, E. *O direito dos escravos...*, op. cit.; GRINBERG, K. *Liberata, a lei da ambiguidade...*, op. cit.; MAMIGONIAN, Beatriz Gallotti. O direito de ser africano-livre: os escravos e as interpretações da lei de 1831. In: LARA, Silvia Hunold; MENDONÇA, Joseli Maria Nunes (org.). *Direitos e justiças no Brasil: Ensaios de história social*. Campinas: Editora Unicamp, 2006, p.129-60. Recompondo os percursos da emanci-

Mães infames, filhos venturosos

não carregava necessariamente em si o poder de transformar por completo experiências de escravização em vidas isentas de subalternização e exploração.

Assim como os homens e mulheres libertandos locadores de serviços engajados na cidade, os menores trabalhadores portadores de vínculos estreitos com a escravidão e arregimentados por meio de soldadas e tutelas igualmente carregavam estatutos sociais dúbios, expressando exemplarmente as convergências entre os domínios da escravidão e da liberdade.[18] Não apenas os arranjos de trabalho informais, portanto, poderiam ameaçar perigosamente as frágeis liberdades de menores egressos da escravidão em São Paulo – papel semelhante era desempenhado pelos arranjos de trabalho formalizados na burocracia da cidade, conformando em limites aceitáveis a emancipação a ser usufruída por estes pequenos e jovens trabalhadores. É o que se observa nitidamente na leitura dos autos de requerimento envolvendo os serviços da menor Clara, "preta liberta" de 12 anos de idade, datados de 1862. Ao final de agosto daquele ano, em petição encaminhada ao Juízo municipal de Órfãos, Dona Joaquina Roza do Valle solicitava a contratação de Clara nos seguintes termos:

> Diz Dona Joaquina, que residindo nesta cidade, que tendo por fallecimento de Dona Bárbara Maria da Conceição sido a escrava menor de nome Clara libertada em testamento, deve a mesma menor ser posta a soldada na forma da lei, por serviço razoavel e entregue a quem com responsabilize se tambem por sua educação e moralidade. Nesses termos, vem a supplicante requerer a Vossa Senhoria que se digne conceder-lhe a dita menor mediante salario, celebrando se o contrato ate a maioridade da menor. (...). Com todo respeito volta a supplicante para ponderar a Vossa Senhoria

---

pação de uma africana escravizada e sua família entre São Domingos, Estados Unidos e França, Rebecca Scott e Jean Hébrard sublinham a importância da documentação e das provas materiais na legitimação da liberdade conquistada: SCOTT, Rebecca J.; HÉBRARD, Jean M. *Freedom papers: an atlantic odyssey in the age of emancipation.* Cambridge: Harvard University Press, 2014.

18 Para referências sobre os contratos de locação de serviços anteriormente citados, bem como sobre a disputa cotidiana de seus significados pelos libertandos prestadores de serviços, consultar a nota 91 do capítulo 4.

350   Marília B. A. Ariza

> que a menor vive em casa da finada senhora e não tem ainda tutor
> que por ella falle sendo pois precizo que Vossa Senhoria nomeie
> alguem idoneo para esse cargo[19].

Ao apontar-se como pessoa idônea e apta a receber em seu poder a liberta, a pleiteante repetia o tom autocondescendente e moralista adotado por tantos outros contratantes nas solicitações de soldada apresentadas ao Juízo. De fato, em muitas medidas, o caso de Clara se aproximava dos parâmetros contratuais aplicados genericamente ao conjunto de menores desafortunados cujo trabalho era judicialmente arregimentado na cidade, ao longo do século XIX. Avaliada pelo curador-geral de órfãos, a petição de Dona Joaquina do Valle foi aceita determinando-se que o contrato fosse celebrado mediante compromisso de fornecimento de vestuário, alimentação, tratamento em enfermidades e pagamento de soldada mensal de "três ou quatro mil réis". Ao registrar-se o contrato, no qual Clara era referida como "crioula liberta", a remuneração ficou acordada no patamar mais baixo, três mil réis mensais, a serem pagos ao longo de três anos de prestação dos "serviços arrematados".

Novas reviravoltas viriam, porém, com o surgimento nos autos dos pleitos de Malaquias Uchôa, preto forro estabelecido na vila de São José do Paraíso, que asseverava ser pai de Clara e, destarte, solicitava sua guarda. Em inícios de fevereiro de 1863, passados cerca de quatro meses da celebração do contrato que vinculava Clara à Dona Roza do Valle, Malaquias afirmava

> (...) [ser] estabelecido com seu sítio de terra, que tendo de pouco
> ficado forra, no testamento de Dona Barbara Maria da Conceição,
> uma filha do suplicante de nome Maria, crioula deidade de set-
> te anos, um pouco mais ou menos, e desejando o supplicante dar
> lhe a educação conveniente vivendo em sua companhia para que
> o supplicante se achasse habilitado com recursos necessarios para
> tratar da dita sua filha com a descencia de vida; E isso vem o supli-
> cante respeitosamente implorar de vossa senhoria a graça de man-
> dar entregar ler as sobre dita sua filha (...).

---

19   Cf. APESP – Juízo de Órfãos, Autos de tutoria, lata C05446, documento 9586, 1862.

Trata-se de uma ocorrência deveras incomum entre os autos do Juízo de Órfãos, em que predominam as disputas envolvendo empregadores e mães solteiras, destituídas da guarda de seus filhos por meio de ataques a seu caráter e sua pobreza. Malaquias reclamava a paternidade da menor, a quem se referia como Maria Clara, corrigia a idade que lhe era atribuída e procurava mostrar-se portador das mesmas prerrogativas de integridade que conferiam a Dona Roza do Valle a necessária legitimidade como contratante: era homem de meios, ainda que modestos, e estava disposto a educar convenientemente sua filha. Conforme estabelecia o título 102 do Livro 4º das Ordenações Filipinas, os vínculos familiares teriam precedência sobre a distribuição de tutelas dativas a terceiros, sendo unicamente precedidos pela legação explícita de tutelas testamentárias.[20] Largamente emanante do código Filipino, o direito civil imperial reiterava tais disposições e consagrava o *pater familias* como cerne do edifício social e célula fundamental da ordem jurídica, competindo à figura do patriarca a plenipotência sobre a família, os agregados e todos os habitantes do mundo da casa por ele governado.[21] Do ponto de vista legal, portanto, não haveria motivos razoáveis para que a contratante continuasse em poder de Maria Clara, estando seu pai vivo e disposto a recebê-la sob sua responsabilidade. Escapava à menor e faltava à contratante, precisamente, a condição de órfã sobre a qual se amparava a licitude da contratação proposta e lograda por Roza do Valle – uma vez que não seria possível justificá-la por sua escusa vocação para a extensão de vínculos de dominação herdados da escravidão.[22] Consultado, o testamenteiro da finada Bárbara Maria da Conceição, padre José Joaquim Cardoso, manifestou sua conformidade com a solicitação de Malaquias. A resposta indignada da

---

20 Ordenações Filipinas, Livro 4º, Título 102. Disponível em: <h ttp://www1.ci.uc.pt/ ihti/proj/filipinas/ordenacoes.htm> Acesso: 12.12.2019.

21 A centralidade do *pater familias* no direito civil brasileiro herdeiro das Ordenações é discutida em: NEDER, Gislene e CERQUEIRA FILHO, Gisálio. Os filhos da lei. *Revista Brasileira de Ciências Sociais*, v. 16, n. 45, 2011, p. 113-125. Observe-se, porém, que o artigo não se refere à figura do *pater familias* como representação normativa distante da realidade social da maior parte da população.

22 Ordenações Filipinas, Livro 4º, Título 31, §8. Disponível em: <http://www1.ci.uc.pt/ ihti/proj/filipinas/l1p212.htm>. Acesso: 12.12.2019.

352 Marília B. A. Ariza

contratante desapossada de sua assoldadada não tardou, e veio municiada de argumentos de inspiração variada:

> (...) tendo obtido neste juízo por contrato de educação e solda-da a menor de nome Clara, liberta por Dona Barbara Maria da Conceição, mandou buscar a ditar menor em casa do testamenteiro da finada senhora, qual recuzou-se a entregar, porque diz que a dita menor Clara tem pai liberto que pode tratar-la e ter la consigo. Mas, como Vossa Senhoria sabe, essa simples alegação do testamenteiro não pode obstar a execução do contrato que em ultimo caso e um meio de assegurar se o futuro da dita menor e a sua moralidade.

Primeiramente, a petição de Roza do Valle reclamava o respeito à legitimidade da transação contratual, sublinhando a ideia, que se dilataria ao longo da segunda metade do século XIX, de que o contrato seria a instância reguladora das relações de trabalho livre num mundo em processo de eliminação da escravidão. Ao mencionar a importância do contrato – e, portanto, da própria contratante – para a segurança do futuro e da moralidade de Maria Clara, a peticionária demonstrava que a acepção de vínculo contratual adotada, todavia, não pressupunha a eliminação de relações paternalistas. Não se tratava da negociação de compra e venda entre sujeitos proprietários de si e de sua força de trabalho, mas da operação de arranjos de dependência, proteção, autoridade e submissão assegurados pela domesticidade de poderes privados.[23] Segundo a lógica adotada pela petição, a validade do arranjo de trabalho sancionado pelas autoridades públicas, que atribuíam à Roza do Valle a responsabilidade sobre o adequado encaminhamento da menor, sobrepunha-se à "simples alegação" do testamenteiro. Nesse sentido, a formalização da soldada de Maria Clara cumpria o papel de endossar, numa disputa de foros públicos, os poderes pessoais da contratante.

Após procurar destituir a manifestação do testamenteiro de qualquer lidimidade, valendo-se dos argumentos em favor do contrato, a petição se-

---

23 A este respeito, ver: STANLEY, Amy Dru. *From bondage to contract: wage labor, marriage and the market in the age of slave emancipation.* New York: Cambridge University Press, 1998.

guia levantando dúvidas sobre a validade do pátrio poder que atenderia a Malaquias, buscando desse modo desconstruir a justificativa legal para a solicitação de tutela por ele feita:

> Alem disto, cumpre saber si o declarado pai era cazado ao tempo do nascimento de Clara com a mãe desta, porque alias não lhe cabe o pátrio poder, que so nasci de justas nupcias. O contrato, na auzencia do pai, enquanto elle não vem ao juízo provar sua paternidade legítima, bons costumes, e hábitos de trabalho honesto, deve pois ser executado e mantido por força do interesse público, como o de qualquer outro orphão de pai e mãe.

Por meio de seu advogado e procurador, a peticionária sugeria a ilegalidade do gozo do pátrio poder por Malaquias, uma vez que, segundo a mesma, não havia provas inequívocas de que ao momento do nascimento de Maria Clara pai e mãe da menor estivessem casados. Novamente, entretanto, ao se considerarem as disposições das Ordenações Filipinas, a acusação apresentada carecia de fundamentos legais. O título 83 do livro 1º das ditas Ordenações indicava textualmente, em seu 11º parágrafo, que a responsabilidade sobre a criação dos filhos ilegítimos de pais solteiros ou casados competiria prioritariamente a esses homens, somente em sua ausência podendo recair sobre as mães. Na falta de ambos, os órfãos seriam encaminhados a parentes e, recusando-se estes à incumbência, os menores seriam "(...) *consignados a albergarias ou hospitais destinados à criação de 'engeitados', para que não morram por 'falta de criação'"*.[24] Mais uma vez, as inculpações dirigidas a Malaquias não encontravam suporte na dispersa legislação relativa ao tema, ultrapassando a barreira do debate sobre legalidade e estendendo-se por um campo ainda mais evasivo do que o Direito Civil Imperial.

Ao se reportar à figura jurídica do pai de família, portador de direitos de pátrio poder, a petição aludia à representação social normativa do patriarca, cujas responsabilidades alcançavam, além do direito, os domínios da moralidade, e a quem competia a plenipotência sobre a família, os agregados e

---

24 Ordenações Filipinas, Livro 1º, Título 83, § 11. Disponível em: <h ttp://www1.ci.uc. pt/ihti/proj/filipinas/l1p212.htm>. Acesso: 12.12.2019.

354   Marília B. A. Ariza

todos os habitantes do mundo da casa por ele governado.[25] Ainda que importantes estudos demográficos e de história social tenham demonstrado que os fogos chefiados por "pais de família" jamais tenham correspondido à realidade massiva da população, o modelo patriarcal, como visto em capítulos anteriores, ditava as normas do enquadramento social, penalizando justamente as camadas mais depauperadas da sociedade imperial.[26] Assim, embora carecessem de substância jurídica, os argumentos apresentados na solicitação de Roza do Valle eram insuflados pela força das representações sociais dominantes, a que apenas com grande dificuldade um "preto forro" como Malaquias poderia se adequar. Não era suficiente que ele comprovasse a paternidade legítima de Maria Clara e a disposição de meios para criá-la; para ser verdadeiramente considerado pai de família, era necessário atestar ser possuidor de caráter distinto, morigerado e laborioso, predicados contrários àqueles comumente atribuídos a homens e mulheres que buscavam forjar modos de vida autônomos depois da emancipação[27].

Encerrando os argumentos apresentados em nome da peticionária, o documento sublinhava a necessidade de respeitar-se o contrato de soldada firmado, enquanto as provas legais e morais solicitadas a Malaquias não fossem apresentadas. Apelava, nesse sentido, à noção de "interesse público", por meio da qual Maria Clara era alçada ao dilatado grupo dos menores desvalidos da cidade, sobre os quais deveriam recair os rigores e cuidados do Estado em sua indefectível parceria com interesses de particulares. Inserida nesse conjunto indistinto de crianças e jovens empobrecidos a quem o trabalho deveria educar e proteger, a pequena assoldadada era despojada de suas ínti-

---

25   Sobre a centralidade do paternalismo na organização social imperial, ver: GRAHAM, Sandra Lauderdale. *Proteção e obediência: criadas e seus patrões no Rio de Janeiro, 1860-1910*. São Paulo: Ci.a das Letras, 1992. Os argumentos de Graham articulam-se de forma interessante às considerações de Ilmar Mattos sobre os mundos da ordem e da desordem, o governo da casa e da rua: MATTOS, Ilmar Rohloff de. *O tempo saquarema: a formação do estado imperial*. São Paulo: Hucitec, 2004.

26   Sobre esse tema, debatido no primeiro capítulo, consultar a nota 15 da referida seção.

27   Sobre o empenho de homens e mulheres libertos em forjar modos de vida autônomos na cidade de São Paulo após a emancipação e os estigmas que sobre eles recaíam, ver: WISSENBACH, Maria Cristina Cortez. *Sonhos africanos, vivências ladinas: escravos e forros em São Paulo (1850-1888)*. São Paulo: Hucitec, 1998.

mas ligações com o passado de escravização e transformada, numa operação retórica, em *"qualquer outra órfã"* – muito embora fosse forra e tivesse pai vivo pleiteando sua tutela. Ao eliminar os traços da relação de Maria Clara com o cativeiro, o advogado da peticionária tratava a tutela da liberta não como um desdobramento de sua precária emancipação, mas como implicação comezinha de sua condição de menor depauperada.

É certo, como já argumentado, que as origens sociais dos menores formalmente empregados na cidade eram variadas, compreendendo uma ampla sorte de experiências de subalternização. As adversidades características desses arranjos não eram exclusividade, desse modo, de menores egressos da escravidão ou dela descendentes. Não se pode ignorar, entretanto, a dupla vocação de tais recursos de formalização de vínculos de trabalho, que além de recrutar a mão de obra de jovens e crianças socialmente vulneráveis, desempenharam eficazmente o papel de assegurar a reiteração do amplo domínio sobre aqueles oriundos do cativeiro. A concentração de contratos de soldada e tutelas nos anos 1880 e 1890, ladeada pela expressiva quantidade de meninos e meninas libertos, ingênuos ou filhos de libertas arregimentados nessas décadas, são indícios sugestivos de que a formalização do trabalho de menores respondeu às pressões decorrentes da emancipação que se acirrava aceleradamente em fins do século XIX.[28] A mais peremptória indicação da utilidade desses expedientes para a manutenção de vínculos de subordinação herdados do cativeiro parece residir justamente nos já discutidos contratos de soldada e tutelas celebrados em 1888, entre os quais abundam menores ingênuos e suas mães libertas.[29]

---

28 Sobre o acirramento de tensões sociais na década da abolição, ver: MACHADO, Maria Helena Pereira Toledo. *O Plano e o pânico: os movimentos sociais na década da abolição.* Rio de Janeiro/São Paulo: Editora UFRJ/ Edusp, 1994. O estudo de Ana Giceli Alaniz, sobre as cidades de Itu e Campinas, igualmente constata o aumento do registro de tutelas em 1888: ALANIZ, Anna Gicelle García. *Ingênuos e libertos: estratégias de sobrevivência familiar em épocas de transição (1871-1895).* Campinas: CMU/Unicamp, 1997, p. 58-9.

29 Outras referências a esse respeito são: SOUSA, Ione Celeste de J. "Porque um menor não deve ficar exposto à ociosidade, origem de todos os vícios": Tutelas e Soldadas e o trabalho de Ingênuos na Bahia, 1870 a 1900. In: MACHADO, Maria Helena P. T.; CASTILHO, Celso Thomas (org.). *Tornando-se livre: agentes históricos e lutas sociais no processo de abolição.* São Paulo: Edusp, 2015, p. 189-211; URRUZOLA, Patrícia. *Faces*

O lento e evasivo desenvolvimento de modelos de arregimentação formal de trabalho livre ocorrido ao longo do século XIX, iniciado com as leis de locação de serviços da década de 1830 e acrescido de outros poucos instrumentos legais, criou, como argumentado, amplos espaços para o exercício de autoridades pessoais e para o florescimento de experiências de trabalho contratado aproximadas da compulsoriedade.[30] Da mesma maneira, os expedientes das tutelas e soldadas, herdados dos códigos reinóis seiscentistas e reelaborados ao longo do século XIX no âmbito do Juízo de Órfãos municipal até atingir o formato relativamente metódico da década de 1880, preservavam extensas margens para o exercício do poder pessoal de tutores e contratantes. Esse conjunto de parâmetros legais esquivos, assim, acomodaria confortavelmente relações forjadas no interior da escravidão que, por força das circunstâncias sociais, eram transformadas em problemáticas relações de trabalho formalmente livre.

A informalidade dos arranjos de trabalho que envolviam menores egressos da escravidão ou descendentes de pessoas nessas condições ameaçava-os com a redução ilegal à escravização, como visto nos exemplos de meados do século XIX. Ao mesmo tempo, era também a informalidade que frequentemente permitia a mães, tias e demais parentes desses trabalhadores a autonomia de gerir suas famílias, elegendo, longe dos julgamentos e da interferência das autoridades públicas, as melhores condições para empregar os menores. O aumento de registros de arranjos formais de trabalho envolvendo esses sujeitos nas décadas finais do XIX sugere que as estratégias de controle e expropriação aplicadas pelos empregadores se alteraram ao sabor dos acontecimentos da época. O uso de soldadas e tutelas como mecanismos de manutenção de relações de dominação originadas no cativeiro certamen-

---

da liberdade tutelada: libertas e ingênuos na última década da escravidão (Rio de Janeiro, 1880-1890). 163f. Dissertação (Mestrado em História Social) – Universidade Federal do Estado do Rio de Janeiro, Rio de Janeiro, 2014.

30 Sobre a criação e significados das leis de locação de serviços de 1830, 1837, 1859 e 1879, ver: LIMA, Henrique Espada. Trabalho e lei para os libertos de Santa Catarina no século XIX: arranjos e contratos entre a autonomia e a domesticidade. *Cadernos AEL*, v. 14, n. 26, 2009; LAMOUNIER, Maria Lucia. *Da escravidão ao trabalho livre: a lei de locação de serviços de 1879.* Campinas: Papirus, 1988.

te não se inaugurou nas décadas finais do XIX, mas parece ter vicejado nesse período, ao menos na cidade de São Paulo.[31] Infrequente na primeira metade do século e dilatada em seus momentos finais, a formalização dos vínculos de trabalho envolvendo esses sujeitos, a princípio, os protegeria da pobreza e da sanha de aproveitadores de plantão, limitando sua discricionariedade. Não raro, porém, proporcionou a continuidade de formas de subalternização anteriormente experimentadas, borrando na prática social os limites contratuais entre escravidão e liberdade.

Os menores egressos da escravidão ou descendentes de sujeitos nessas condições, assim, viam-se particularmente ameaçados por arranjos formais e informais de trabalho que poderiam representar o regresso a um "cativeiro de fato", institucionalmente superado. Não apenas esses menores, entretanto, compuseram as águas turvas a que protocolos de liberdade e experiências de escravização e compulsoriedade confluíam. Sobre as cabeças de meninos, meninas e jovens empobrecidos em geral pairava a ameaça permanente, cada vez mais frequentemente legitimada pela justiça na cidade, de verem-se sujeitos a regimes e relações de trabalho que extrapolavam os limites do contrato e atingiam ampliados domínios de exploração. Todos eles, embora de formas diferentes, viveriam cotidianos de intenso trabalho, nos quais havia pouco espaço para a infância das crianças de elite: os brinquedos, a escola, a vida na domesticidade de suas próprias famílias.[32] Todos, ainda que em distintas medidas, poderiam ser tocados pela má sorte de se tornarem empregados informais, tutelados ou assoldadados de sujeitos para quem sua liberdade era uma ideia tão fugidia que resvalava, com frequência, nas agruras da escravidão.

---

31 Novamente, é o que aponta Ana Gicelle Alaniz para Campinas e Itu. Arethuza Zero, de forma semelhante, sugere que também na década de 1880 concentraram-se os registros de tutela realizados na cidade de Rio Claro: ALANIZ, A.G.G. *Ingênuos e libertos...*, op. cit.; ZERO, Arethuza Helena. *O peço da liberdade: caminhos da infância tutelada – Rio Claro (1871-1888)*. Dissertação (Mestrado em História). 141f. Universidade Estadual de Campinas, Campinas, 2004.

32 Sobre a vida das crianças da elite: MAUAD, Ana Maria. A vida das crianças de elite durante o império. In: PRIORE, Mary Del (org.). *História das Crianças no Brasil*. São Paulo: Contexto, 2015, p. 137-156.

Castigos, pancadas e bofetões

Em 1912, passadas décadas da abolição e dos casos acima relatados envolvendo menores cuja emancipação era ameaçada por arranjos formais e informais de trabalho, duas jovens, uma *"mulata malvestida"* e outra branca, de 19 e 18 anos respectivamente, *"ambas brasileiras"*, acudiram ao posto policial da Primeira Delegacia na região da Sé. Pedindo auxílio à polícia, diziam-se *"muito maltratadas e martyrisadas pelos seus patrões"*, mas recusavam-se a declarar os nomes e o endereço de residência de seus empregadores por estarem *"amedrontadas e receiosas"*.[33] No ofício encaminhado ao juiz de órfãos, o primeiro subdelegado acrescentava que as menores se punham *"apprehensivas e chorosas (...) quando se lhes fallava em voltar para casa"*. Chamada a prestar declarações, uma das jovens acolhidas na delegacia, de nome Maria Fortunata, alegou *"não poder suportar"* a violência sofrida nas mãos do tabelião Firmo, residente naquela capital e seu empregador. A mesma miserável sorte, afirmava Fortunata, já afligira a ela e sua companheira anteriormente, quando haviam vivido em Itatiba em casa de outra família. Resoluta, a jovem asseverava ao fim de suas declarações que ambas *"absolutamente não desejavam voltar para tais casas"*.

Não poupando menores empobrecidos de qualquer matiz de cor ou origem social e espraiando-se por todo o século XIX e inícios do XX, os relatos da violência infligida a esses trabalhadores são expressão bastante nítida de práticas coercivas que invadiam a seara das liberdades precárias de meninos e meninas pobres na cidade, sem jamais tornarem-se anacrônicas – algo a que John French denominou "complexo de atitudes e comportamentos" herdados da escravidão que se manifestavam no mundo do trabalho livre.[34] Nas diversas ações envolvendo os serviços de menores informalmente arre-

---

33 Cf. APESP - Juízo de Órfãos, Autos de declarações, lata C05357, documento 24, 1912.

34 FRENCH, John. As falsas dicotomias entre escravidão e liberdade: continuidades e rupturas na formação política e social do Brasil moderno. In: LIBBY, Douglas C.; FURTADO, Júnia Ferreira (org.). *Trabalho Livre, Trabalho Escravo: Brasil e Europa, Séculos XVIII e XIX*. São Paulo: Annablume, 2006.

gimentados movidas junto ao Juízo de Órfãos desde as primeiras décadas do século XIX, os relatos de brutalidade são mais do que costumeiros.[35]

Menções às investidas contra menores trabalhadores da cidade de São Paulo por seus empregadores informalmente constituídos cobrem um amplo espectro de violências possíveis, variando de referências evasivas a castigos, falta de cuidados apropriados com educação, alimentação e tratamento médico a descrições mais explícitas e agressivas. Nestes casos, os autos de disputas em que menores, parentes, empregadores e autoridades públicas trocavam acusações acerca do tratamento feroz dirigido a pequenos e jovens trabalhadores assumem teor altamente evocativo. Em 1844, por exemplo, o tenente Joaquim José Theodoro, apresentando-se como suplicante numa petição encaminhada ao Juízo, denunciava a crueldade das circunstâncias em que se encontrava o pequeno Marcelino, de cerca de oito anos de idade, cuja mãe falecera na Casa de Caridade. Desamparado, *"e sem que pessoa algúa se interesasse pela sorte do miseravel orphão"*, Marcelino fora tomado à companhia de Francisco Antonio Capanão e sua mulher, Maria do Rozario. Sua sina, segundo o tenente Theodoro, não poderia ser mais infeliz, uma vez que o casal *"em ves de lhe dar a necessaria educação mandando-o ensinar algum officio honesto maltrata-o com pancadas e o occupa nos officios mais abjetos e infames"*.[36] A descrição das agruras sofridas por Marcelino em mãos de seus empregadores informais assume tom comovente:

> (...) o mesmo orphão desesperado tem por vezes sido lançado da casa em momento de bebedeira por essa mulher e hum destes dias esteve desde as 6 horas da manham, te ao fechar da noute refugiado na Igreja da Se aonde hum Pupilo do Supplicante é Sacristão este condoido do misero esthado do orphão levou para a Casa do Supplicante em occasião que la se achava Francisco Fernandes Pompeia, que por philantopia tomou a si o menino e o levou para sua Casa, mas no outro dia lá foi o dito Capanão em demanda do

---

35 Gislane Azevedo discute brevemente episódios de violência praticada contra menores tutelados e assoldadados: AZEVEDO, G. C. *De Sebastianas e Geovannis...*, op. cit., p. 88-91. Ver também, da mesma autora: AZEVEDO, G. C. A tutela e o contrato de soldada: a reinvenção do trabalho compulsório infantil. *História Social*, n. 3, 1996, p. 11-36.

36 Cf. APESP - Juízo de Órfãos, Autos de tutoria, lata C05354, documento 6340, 1844.

> orfão, disendo que na barriga do peixe se não havia de esconder e que sua mulher sabia castigar pois por causa dos visinhos o levaria para o matto e com effeito arrancou do poder de Francisco Fernandes o desditoso orfão para voltar ao poder da féra onde terá soffrido os castigos de huma cabeça desvairada pela bebida.

A julgar-se verdadeiro o relato do suplicante, Marcelino vivia à procura de proteção contra as sevícias sofridas em companhia de Francisco Capanão e Maria do Rozario. Estes, por sua vez, não pareciam constranger-se com o compadecimento de terceiros ou o caráter público e notório de seus atos, expulsando o menor de casa e reclamando-o de volta a seu bel-prazer, e, ademais, bradando aos quatro ventos os castigos que aplicariam ao pequeno caso "*se escondesse na barriga do peixe*". Consternado pela pungente narração, o juiz de órfãos concedeu a tutela do pequeno fustigado ao tenente Theodoro, ficando este responsável por seu adequado tratamento, sua "*educação nos princípios da relligião Catholica Appostolica Romana, e na moral; vestindo e alimentando o, incinando-lhe (...) um officio honesto a fim de que tenha no futuro subsistência*". Como têm mostrado tantos outros autos de tutela, entretanto, embora as referências explícitas aos serviços dos menores sejam escamoteadas por discursos paternalistas de proteção, nenhuma destas obrigações impediria o tenente de aproveitar-se, como recompensa a tão prestimoso tratamento, do trabalho de Marcelino.

Ainda assim, mesmo que rigoroso, o trabalho em companhia do tenente e sob o auspício da Justiça poderia significar sorte melhor para Marcelino do que a vida em poder do tirânico casal a que se encontrava subordinado. Na primeira tentativa de obter a posse do menino, entretanto, seu recém-designado tutor estacara diante da descarada arbitrariedade de Capanão, que se recusara a fazer entrega do órfão "*disendo que se não importava com ordens do Juis*". Em nova petição, encaminhada poucos dias após a atribuição de tutela, Theodoro participava o ocorrido ao juiz e acrescentava que, além de Marcelino, um irmão do menor igualmente vivia em poder dos empregadores, fazendo-se urgente o resgate de ambos. Do contrário, alegava Theodoro, "*o refúgio do suplicado e da mulher que com ele mora*" seria a "*vingança por meio de pancadas*". Novamente, o juiz de órfãos acolheu a solicitação do querelante, e novamente a busca pelos órfãos foi infrutífera: quando os oficiais de justiça bateram à porta de Capanão e Maria do Rozario, encontraram a casa vazia, empregadores e meninos tendo debandado. Narrativas de semelhante impacto repetem-se nas décadas que se seguem. Em 1850, a tutela do órfão Paulino, de presumíveis 12 anos de idade, era solicitada em juízo por seu tio Bento Lucas de Barros, liberto natural da *"costa d'Africa"*, numa petição em que acusava o empregador informal do menino, Demetrio da Costa Nascimento, de o explorar e não preparar adequadamente para uma vida adulta autônoma. Conforme narrava o suplicante,

> (...) no poder do referido Demetrio não serve o sobrinho mais do que de camarada para tocar gado no campo, o que não lhe pode dar para o futuro hum meio regular de vida, sendo que o mesmo sobrinho do supplicante dezeja empregar-se no dito officio de pedreiro, e ficar em casa de seus parentes.[37]

As acusações do tio eram complementadas pelas declarações de Paulino, que perguntado pelo juiz de órfãos sobre o tratamento que lhe dispensava o empregador, respondeu *"que tinha o sustento e vestuario preciso porem que era continuadamente maltratado por ter o refferido Demetrio hum genio arrebatado, mostrando sicatrises nas costas das mãos, que diz terem sido feitas outro dia com laço"*.

Décadas mais tarde, em 1883, os serviços de Anna, *"preta fulla"* de cerca de dez anos de idade, foram motivo de disputa entre Benedicto Antonio de Cunha, seu empregador informal havia quatro anos, e João Batista Alves Siqueira Sobrinho, que o denunciava ao Juízo pelas agressões infligidas à menor, *"tendo a mesma na testa um ferimento, de gral de maus tratos"*. Além de fustigada, segundo Sobrinho, Anna servia ao empregador *"sem retribuição alguma, sem que o dito Benedicto seja tutor d'ella ou tenha tomado a soldada os seus serviços"*.[38] Chamada ao Juízo para prestar esclarecimentos, a pequena trabalhadora *"mostrou uma ferida na cabeça declarando que fôra feita por pancada que recebeo em casa do supplicante, donde era maltratada (...)"*.

---

37 Cf. APESP - Juízo de Órfãos, Autos de diligência, lata C05359, documento 11, 1850.

38 Cf. APESP - Juízo de Órfãos, Autos de petição, lata C05427, documento 6008, 1883.

Já entrados nas primeiras décadas do século XX, os casos de Maria Pitta e Rafaela Pinto Paixão sublinham o continuado recurso a expedientes informais de arregimentação de mão de obra de meninos, e principalmente meninas, para o serviço doméstico, e a vileza com que muitas eram tratadas. Em 1911, o primeiro delegado auxiliar do município comunicava ao Juízo estar de posse de Maria Pitta, órfã de 15 anos de idade que vivia "*em completo abandono e maltratada pelas famílias que a tem tido como criada*". Em casa de Saul Rangel Campos, onde se achava ultimamente, vivia em circunstâncias deploráveis, "*soffrendo fome, dormindo no cimento e sem cobertas contra o frio*".[39] No ano seguinte, em 1912, a jovem Rafaela Pinto Paixão, filha de pais falecidos, contando 16 anos de idade, apresentada pelo 5º delegado do município ao Juízo, lamentava-se às autoridades públicas pela vida que levava em casa de Manoel Fonseca, onde, havia mais de um ano, cozinhava, lavava a roupa das crianças, limpava a casa e realizava ainda outros serviços domésticos. Em razão das violências e abusos sofridos, Rafaela furtivamente saíra da casa de Fonseca, onde "*todos inclusive as crianças lhe batiam*", e buscava outra família junto a quem se engajar como criada.[40]

Na miríade de arranjos informais que arregimentavam a largo os serviços de meninos, meninas, moças e rapazes menores de idade na cidade, estendendo-se por todo o século XIX e alcançando as primeiras décadas da República, esses trabalhadores, relegados a mais absoluta desproteção das autoridades públicas, via de regra acionadas pela interferência de parentes ou dos próprios menores, viam-se flagrantemente expostos à brutalidade de seus empregadores.[41] Não apenas nos registros informais de arregimentação de trabalho, porém, surgem referências ao comportamento truculento de empregadores. Embora a informalidade relegasse menores de idade ao ocaso da lei, também entre as tutelas e contratos de soldada formalizados,

---

39 Cf. APESP - Juízo de Órfãos, Autos de contrato, lata C05358, documento 30, 1911.

40 Cf. APESP - Juízo de Órfãos, Termo de declarações, lata C05357, documento 31, 1912.

41 A violência a que estavam expostos os menores trabalhadores os igualavam, em muitas medidas, aos menores cativos da cidade. Maria de Fátima Neves discute o tema em: NEVES, Maria de Fátima Rodrigues das. *Infância de faces negras: a criança escrava brasileira no século XIX*. 306 f. Dissertação (Mestrado em História Social) – Faculdade de Filosofia, Letras e Ciências Humanas, Universidade de São Paulo, São Paulo, 1993.

Mães infames, filhos venturosos

que ganharam alguma expressividade na década de 1850 e abundaram nas décadas finais do século XX, soçobram menções às mais variadas sevícias. Os pequenos educandos do Seminário de Sant'Anna, como já se pôde perceber nos capítulos anteriores, eram tidos e havidos pelos negociantes da capital como mão de obra amplamente disponível a suas necessidades e humores. O caso do educando Benedicto Innocencio, filho de pais incógnitos exposto na roda da Santa Casa, é exemplar de como esses trabalhadores eram frequente e indecorosamente feitos de saco de pancadas.

Em 1857, o francês Pedro Imbert, proprietário de casa de negócios e hospedaria, contratava o menor Benedicto, que contava entre 13 e 14 anos de idade, sob o compromisso de *"dar-lhe gratuitamente alimentação, vistuario, e tratamento para molestias durante o prazo de tres annos (...) obrigando-se mais a educal-o em letras e escripta e contas"*. O contrato, anuído pelo curador-geral e o juiz de órfãos, não fazia qualquer menção à remuneração dos serviços do menino, observando apenas que, caso fosse do interesse do francês, este poderia requerer a renovação do arranjo ao fim do prazo estipulado. A não remuneração dos caixeiros, como observa Fabiane Popinigis, era prática comum, especialmente entre os empregados no baixo comércio – aqueles engajados nos armazéns de secos e molhados, botequins, hospedarias e casas de pasto.[42] Decerto, o fato de não haver qualquer remuneração indicada no arranjo de serviços em questão não causava estranheza a autoridades públicas, e talvez nem mesmo admirasse ao próprio Benedicto, conhecedor de sua sorte de menino pobre e asilado. Entretanto, se a exploração gratuita do caixeiro que *"lavava pratos, aviava talheres e varria a casa"* não espantava a ninguém, o injurioso tratamento recebido de seu empregador foi motivo suficiente para que, meses depois, o menino retornasse, fugido, ao Seminário de Sant'Anna.[43]

---

42 Note-se que, por volta da metade do século, São Paulo não parecia ainda uma praça tão atrativa para os empreendimentos do alto comércio como o Rio de Janeiro, de modo que era nos setores mais empobrecidos do comércio que provavelmente se concentravam os jovens caixeiros: POPINIGIS, Fabiane. *Proletários de casaca: trabalhadores do comércio carioca (1850-1911)*. Campinas: Editora Unicamp, 2007, p. 43-45.

43 Cf. APESP - Juízo de Órfãos, Autos de contrato, lata C05358, documento 09, 1857.

Em ofício endereçado ao juiz de órfãos, o diretor do Seminário reportava que o menino alegava ser maltratado com pancadas na casa de negócios de Pedro Imbert, recusando-se por isso a retornar ao dito estabelecimento. Observando sutilmente o "perigo" representado por meninos e meninas empobrecidos não encaminhados na disciplina do trabalho, fosse pelo Estado ou por particulares, o diretor informava conservar Benedicto no Seminário "*afim de não tomar peor destino*" – eufemismo por meio do qual se referia, certamente, à "vadiação" e à "perturbação da ordem pública". Chamado a prestar depoimento em juízo, o jovem caixeiro contou sua versão dos fatos de que decorria a fuga:

> (...) presente o orphão Benedicto Innocencio (...) pelo Juis lhe forão feitas as perguntas seguintes: Porque razão sahio da casa e estabelecimento de Pedro Imbert? Respondeu que pela razão de haver o refferido Pedro Imbert maltratado com pancadas, dando--lhe bofetoens, chicotadas pretendendo huma vez amarral-o para castigal-o com chicote. Perguntado mais se Pedro Imbert o fustigava frequentemente? Respondeu que quase todos os dias lhe dava pontapes, bofetada, chicotadas.

Diversos outros empregados da casa de negócios de Pedro Imbert haviam presenciado as referidas brutalidades e poderiam, segundo informava Benedicto, atestar a veracidade de suas palavras. Como testemunhas, o menino citou as alugadas Maria e Ignez, escravas do Barão de Iguape, e a parda Carolina, além de Zacarias de tal, antes caixeiro do francês e então empregado em hotel à rua São Bento. Note-se, neste ponto, o elucidativo quadro apresentado pelo depoimento de Benedicto que desvela o cotidiano e as relações de trabalho compartilhados entre escravizados, libertos e os famigerados livres pobres, entre os quais se incluíam muitos jovens e crianças miseráveis da cidade. A imaginar-se o cenário daquela casa de negócios em suas lides cotidianas, a participação de cada um desses sujeitos na rotina de trabalho e nas relações com o seu patrão-senhor, pode-se contemplar a profunda medida em que as experiências da escravidão se confundiam às da liberdade dos subalternos, e a intensidade com que esses domínios se aproximavam na prática social. Empregados no mesmo negócio, por vezes compartilhando os mesmos serviços, dentro da mesma casa, submetidos ao mesmo poder, seriam os escravos e os livres, como os vulneráveis meninos caixeiros, tratados com disposição diferente por seu empregador?[44]

Embora apresentando diferentes versões dos fatos alegados por Benedicto, todos os depoimentos corroboraram as acusações de maus-tratos. O caixeiro Zacarias, contando 20 anos e, portanto, também menor de idade, afirmava que seu companheiro de ofício se ocupava em *"varrer a casa, tratar de huma besta, limpar a estrebaria e ajudar elle testemunha no serviço de pôr e tirar a meza, aviar talheres e outros misteres semelhantes"*. Perguntado pelo juiz se vira Pedro Imbert ocupar-se em aperfeiçoar a leitura e a escrita do outro menor, respondeu que o patrão somente o fazia quando não havia trabalho em casa. Inquirido, então, se muitas vezes deixava de haver trabalho, respondeu com ironia talvez involuntária: *"no tempo em que elle testemunha esteve na casa houve sempre trabalho e o menor andava sempre occupado"*. Em seu depoimento, Zacarias ainda afirmou que Imbert não tratava Benedicto costumeiramente com *"benevolência e brandura"*, relembrando um episódio de particular crueldade:

> (...) estando huma vez o menor almosando a mesa de Pedo Imbert não querendo elle comer miolo de pão, achou o refferido Pedro Imbert que era isso [ilegível] e levando para hum quarto o castigou fortemente com vara de marmello, e o mesmo fez nessa occasião a mulher de Pedro Imbert depois do que derão lhe hum purgante de sal amargo.

A alugada Carolina Maria do Rosario, descrita nos autos como *"parda livre"* de 23 anos, informou ao juiz ter vivido em casa do acusado por duas vezes, a primeira por três anos e a segunda por menos de um, tendo de lá saído havia cerca de onze meses. Deixara, porém, um filho morando em casa de seu antigo empregador – razão pela qual, em suas próprias palavras, *"dele dependia"*. Perguntada sobre os serviços desempenhados por Benedicto, acrescentou à lista oferecida pelo próprio menor e por Zacarias o fato de que *"sahia a rua algumas veses por ordem de seu amo"*. Questionada, então, sobre os

---

44 Sobre o tema da convivência de escravos, libertos e livres pobres na cidade, ver: WISSENBACH, M. C. C. *Sonhos africanos...*, op. cit.

castigos infligidos a Benedicto que houvera presenciado, Carolina divergiu das alegações de ambos os caixeiros. Afirmou ter o patrão somente uma vez dado bofetões no menor, "*mas nunca de chicote*", e isso por ter visto o mesmo "*entrando (...) a bater a cabesera pelas paredes, nisso a mulher do refferido Pedro Imbert deu lho mais de meia dusia de varadas*". Ao fim de seu testemunho, Carolina ressaltava que, no tempo em que estivera na casa de Imbert, apenas assistira a este castigo, "*e que depois disso não sabe o mais que mais aconteceu*". Tal ressalva final dá pistas de que seu depoimento, lastreado pelo juramento feito com a mão sobre o Evangelho, mostrava apenas o essencial do histórico de agressões vividas por Benedicto. Sendo ainda "dependente" de Pedro Imbert, tendo um filho que vivia em companhia do ex-patrão – talvez um menino da mesma idade e ocupado nos mesmos serviços que Benedicto, vulnerável a semelhantes violências – a antiga criada ficava entre a cruz e a caldeirinha ao ser intimada como depoente. Revelando a verdade em doses homeopáticas poderia, talvez, poupar ao filho sorte semelhante à de seu companheiro de trabalho.

Os autos contam ainda com os depoimentos de "Ignez e Maria crioulas", as escravas alugadas ao Barão de Iguape. Em seu testemunho, a primeira confirmou que Benedicto era fustigado pelo patrão, recebendo "*puxoens de orelha, bofetões (...) e huma vez uma surra com vara de marmello*". Nessa ocasião, vindo da rua, Ignez "*achou Pedro Imbert em hum quarto castigando o menor com varadas, do que resultou ficar elle em alguns lugares roxo pelo corpo*". A criada contemporizava, entretanto, que o francês trazia o menor bem vestido, e que os castigos eram dados "*quando o caixeiro merecia*". Maria, finalmente, igualmente perguntada pelas punições aplicadas por Pedro Imbert a Benedicto, respondeu que "*por veses lhe dava bofetoens*", negando, contudo, ter testemunhado pancadas ou varadas.

Qual seria o motivo de tantas versões para os mesmos fatos? O testemunho de Zacarias, o caixeiro já sem vínculos com Pedro Imbert é, seguramente, aquele que oferece maior riqueza de detalhes sobre a agre sina de Benedicto em mãos de seu patrão. A Carolina, muito possivelmente, lhe afligia a possibilidade de que também seu filho fosse vítima de violências congêneres, o que a faria amenizar em seu testemunho a realidade assistida. Ignez e Maria, escravas alugadas, decerto viviam sob o jugo de Imbert como se ele fosse seu proprietário, assim sujeitas a castigos e punições aplicáveis aos cativos, tão semelhantes àquelas sofridas por Benedicto.[45] Mesmo com todas essas modulações originadas das diferentes circunstâncias de cada um dos trabalhadores que dividiam ou haviam dividido a casa de Imbert com o pequeno caixeiro, havia o consenso de que o menor era seviciado pelo patrão. Este, chamado a se defender, ofereceu depoimento altamente ilustrativo dos significados diversos assumidos pelo trabalho contratado de menores de idade:

> O justificado dis que alem dos serviços do menor que contractou, estava para com elle na posição de mestre, como se vê do contracto (...), e que não tendo provado que o castigou immoderadamente, nada averia dos castigos infligidos. Consta do depoimento de todas as testemunhas que o dicto menor andava vestido, limpo e bem tractado durante o tempo que esteve em sua companhia, assim como ter elle nas horas vagas se empregado em ler e escrever. Portanto, nem houve sevicias da sua parte, e nem falha do cumprimento do contracto; e entretanto, tendo-o recebido por ú contrato julgado por sentença ficou privado do mesmo; por que julgou mais vantajoso cassar passarinhos nas capoeiras de Sta Anna do que adquirir habitos de trabalhar ú meio de vida para o futuro! Portanto o justificado espera que o M Juis pesando bem a arguição que se lhe faz, e a prova dos autos lhe fará completa justiça.

Ao justificar-se contra imerecidas acusações, Pedro Imbert reclamava a legitimidade do contrato assinado por ele e sancionado por autoridades públicas, de cujos benefícios estaria sendo privado sem ter falhado ao cumprimento de seus deveres. O arranjo, segundo argumentava, colocava-o não apenas nas circunstâncias de lídimo contratante, mas também de fidedigno mestre. Nessas condições, castigar seu aprendiz equilibradamente era mais do que direito, constituindo verdadeira tarefa que, segundo ele, havia sido praticada dentro da normalidade – não havia, argumentava em sua petição,

---

45 Sobre o trabalho doméstico e as escravas alugadas, ver: SOUZA, Flávia Fernandes de. *Escravos do lar: mulheres negras e o trabalho doméstico na corte imperial*. In: XAVIER, Giovana, FARIAS, Juliana Barreto e GOMES, Flávio dos Santos (org.). *Mulheres negras no Brasil escravista e do pós-abolição*. São Paulo: Selo Negro, 2012, p. 244-260; GRAHAM, S. L. *Proteção e obediência...*, op. cit.

provas de imoderação de sua parte. Pelo contrário, para o acusado os depoimentos teriam provado que o menor se encontrava bem tratado e encaminhado no estudo da leitura e escrita, muito embora todos os depoentes tenham concordado que o menino somente se dedicava a esta tarefa nas circunstâncias praticamente inexistentes de folga em seu serviço. A culpa por todo o imbróglio, afinal, caberia ao próprio Benedicto Innocencio, que roubava a Pedro Imbert seus direitos formalmente constituídos de contratante por preferir a vadiação de caçar passarinhos à morigeração do trabalho árduo. Interessante é observar como para este virtual proprietário de escravos, com seus caixeiros, suas alugadas e dependentes, a legitimação judicial do contrato lhe dava poderes praticamente ilimitados sobre seu contratado, fazendo de Benedicto uma figura muito mais próxima de um cativo do que de um menino livre remediado ou de elite, a quem eram concedidos os privilégios da brincadeira e do estudo.[46]

Embora os contratos de soldada tenham, ao longo do século, sido crescentemente utilizados para a arregimentação de mão de obra doméstica, e conquanto o mundo do trabalho doméstico fosse, como indicam diversos estudos, um território onde os poderes paternalistas e pessoalizados de patrões se afirmavam com vigor e violência, o destino dos meninos caixeiros da década de 1850 não era muito diferente daquele dos criados.[47] De fato, como argumenta Luiz Felipe de Alencastro a respeito dos jovens caixeiros portugueses emigrados para o Rio de Janeiro ao longo do século XIX, a condição dos engajados, que vivam precariamente, trabalhando sem salários para qui-

---

46 Sobre a vida das crianças de elite, ver: MUAZE, Mariana de Aguiar Ferreira. *A descoberta da infância: a construção de um habitus civilizado na boa sociedade imperial.* 144f. Dissertação (Mestrado em História) – Departamento de História, Pontifícia Universidade Católica, Rio de Janeiro, 1999; MAUAD, A. M. A vida das crianças..., op. cit.

47 Sobre a violência no âmbito do trabalho doméstico, ver: GRAHAM, S.L. *Proteção e obediência...*, op. cit.; SOUZA, F. F. Escravas do lar...; CUNHA, Olívia Maria Gomes da. Criadas para servir: domesticidade, intimidade e retribuição. In: XAVIER, Giovana, FARIAS, Juliana Barreto e GOMES, Flávio dos Santos (org.). *Mulheres negras no Brasil escravista e do pós-abolição.* São Paulo: Selo Negro, 2012, p. 377-418.

tar as dívidas adquiridas com a vinda ao Brasil, em muito se assemelhava à dos *indentured servants* desembarcados na América no século anterior.[48]

Os argumentos empregados por Luiz Delfino de Araújo Cuyabano para defender- se, em 1854, das acusações que lhe imputava o tutor de seu caixeiro Joaquim são bem-acabados exemplos das difíceis condições encontradas por jovens trabalhadores do pequeno comércio naquela empobrecida São Paulo do meio do século.[49] O dito Cuyabano, há cerca de um ano, recebera por contrato a dois menores educandos do Seminário de Sant'Anna, empregados como caixeiros em sua loja de alfaiate. Numa manhã de março daquele ano, entretanto, tendo os dois órfãos saído para o ensaio de música, que frequentavam por determinação de seu curador, capitão Luís Inácio Bittencourt, somente um deles retornou à oficina de alfaiataria – o outro, Joaquim Antonio da Cruz, evadira-se e não fora encontrado mesmo com todos os esforços investidos por seu contratante.

Segundo Cuyabano, era com a anuência do curador que Joaquim fugira para a companhia de Felicíssimo de tal, sob *"infundadas e pueris arguições"* de que o contratante havia castigado o menor com um *"bofetao, e o ameaçava de espancal-o com sua vara de barbatana"*, além de fazê-lo trabalhar até muito tarde. Chamado a prestar esclarecimentos, o curador Bittencourt contou uma versão mais alentada e rica em cruéis detalhes do que aquela fornecida por Cuyabano:

> (...) [era] selvagem o tratamento que recebia na loja de fazendas e de alfaiate de Luiz Cuyabano. Costumeira mente se queixava da brutalidade com o que esse lhe tratava. Ao princípio não dêi maior vulto as declarações do menino que (...) por ventura interessado em evitar o trabalho como e proprio na idade adolescente, poderia desfigurar as circunstancias. Procurando informar me de fonte in suspeita veio a meo conhecimento que meo pupilo não podia continuar nessa casa sem grave esquecimento de sua dignidade,

---

48   Alencastro chega a referir-se aos jovens caixeiros portugueses do Rio de Janeiro como "escravos brancos": ALENCASTRO, Luis Felipe de. Proletários e escravos: imigrantes portugueses e cativos africanos no Rio de Janeiro, 1850-1872. *Novos Estudos, CEBRAP*, n. 21, 1988, p. 36.

49   Cf. APESP - Juízo de Órfãos, Autos de requerimento, lata C05445, documento 13628, 1854.

moralidade e proprio interesse. (...) nunca consentiria que um pupilo meo continuasse a ser espancado immoderadamente por motivos frivolos qual a negligencia ou descuido inherentes a sua idade. Assim tem sido tratado segundo diz o menino, sendo ultimamente espancado nas faces por insignificancias. Fatos identicos se tem reproduzido, afinal o menor fugiu (...) desesperando da sua condição inferior, diz ele, a de escravo. (...) Alem disto o menor era empregado por Cuyabano em serviços superiores as suas forças, trabalhos de alfaiataria e de caxeiro não tendo a menor tendencia alguma para este ultimo e por este motivo se atrasando naquele.

As alegações do curador de Joaquim eram, por certo, graves, relatando que o menor vivia sujeito a frequentes e humilhantes castigos físicos, devendo suportar uma demanda de trabalho que extrapolava suas capacidades. Suas circunstâncias, afinal, não eram diferentes daquelas de um escravo – comparação comum nos jornais e nos autos envolvendo a disputa dos serviços ou da guarda de trabalhadores menores de idade levada ao Juízo ao longo do século XIX. As eventuais falhas do menor na prestação dos excessivos serviços que lhe eram exigidos eram qualificadas por seu curador como expressões de *"descuidos inerente à adolescência"* – sendo esse o único documento, entre todos aqueles localizados, que faz uso deste termo para designar os assoldadados ou informalmente empregados, sublinhando com benevolência as particularidades da juventude de trabalhadores como Joaquim.[50] Em sua defesa, Cuyabano arguia em sentido contrário; em lugar de reconhecer nas peculiaridades da idade do contratado as justificativas para ocasionais lapsos, o contratante apontava-as como perigos a serem obstados pela rígida disciplina do trabalho:

O órfão Joaquim está na idade perigosa das paixões e quando por benefício da mocidade cumpre haver toda a cautela e prevenção; é natural (...) desejar achar-se em alguma casa onde senão cohiba o

---

50 Conforme indica Ana Mauad, "(...) o termo adolescência já existia, no entanto, seu uso não era comum no século XIX. A adolescência demarcava-se pelo período entre 14 e 25 anos, tendo como sinônimos mais utilizados mocidade ou juventude". MAUAD, A.M. A vida das crianças de elite..., op. cit., p. 140.

Mães infames, filhos venturosos 371

desenfreiamento de suas paixões (...) E talvez seja essa a causa de alguma queixa infantil.

Seguindo com sua defesa, Cuyabano afirmava ter nutrido especial interesse por Joaquim, a ele sempre votando amizade, uma vez que o menor demonstrara maior aptidão para o trabalho do que o outro órfão, seu companheiro. Assim, segundo o acusado, Joaquim teria se tornado, em pouco tempo e pelos esforços de seu mestre, "um sofrível oficial de alfaiate". A boa fortuna de receber a preferência de seu contratante assomava-se ao tratamento exemplar que Cuyabano afirmava dedicar a seus contratados, numa passagem que indica, de forma particularmente eloquente, as duras condições de trabalho e vida experimentadas por outros meninos asilados no Seminário de Sant'Anna:

> Quanto ao tratamento e dado aos orphaos o suplicante apresenta em seu abono em primeiro lugar o proprio curador, que quotidiana mente vai a loja do suplicante e tem observado que os meninos andam bem trajados e bem nutridos e que o trabalho e regular e muito menor do que aquele a que estão sujeitos os caixeiros de muitas casas de comércio. (...). Toda a vizinhança e mesmo vossa senhoria sabem que outro destino melhor não podiam ter esses dois educandos do seminario de Sant'Anna, que sua vida e mil vezes preferivel a desses infelizes que foram remetidos para o Arsenal da Marinha da Corte e porque entretanto ninguem se interessa e nem lastima.

Talvez os serviços militares fossem realmente o pior dos destinos a que meninos como os educandos de Sant'Anna pudessem ser encaminhados.[51] Entretanto, a manifestação do contratante de Joaquim sublinha as péssimas condições de vida geralmente enfrentadas pelos meninos caixeiros na cidade de São Paulo àquela época. Se Joaquim, apesar das bofetadas que recebia, era um aprendiz de sorte, gozando de tratamento especialmente generoso conforme alegações de seu contratante, que destino se poderia imaginar para os demais? Vivendo em casa de seus patrões, sob sua direta vigilância e controle, e realizando ampla diversidade de tarefas que poderiam facilmente confun-

---

51 A este respeito, ver: SOUSA, J. P. A mão de obra dos menores..., op. cit.; ARAKI, M. C. *Infância, trabalho e educação...*, op. cit.

dir-se ao serviço doméstico, a vida dos caixeiros do baixo comércio daquela ainda pobre cidade assemelhava-se, em grande medida, à dos pequenos e jovens criados de servir costumeiramente arregimentados na informalidade, bem como daqueles formalmente contratados nas décadas seguintes.[52]

O lastro da formalidade, como indicava Cuyabano em suas considerações finais, prestava-se à garantia dos direitos dos contratantes mais do que à dos contratados – e tanto no caso de uns como de outros, as definições legais dessas prerrogativas eram sobremaneira difusas. Repetindo, em sua representação ao Juízo, o argumento comum de que os menores eram retirados do poder de seus mestres assim que tivessem aprendido o suficiente para recompensá-los pelos esforços aplicados à sua formação, Cuyabano colocava-se na posição de verdadeira vítima do curador e do aprendiz, inserindo-se num grupo extensivo de empregadores lesados pelo descumprimento dos protocolos do contrato:

> Se a vossa senhoria mandar que o menino volte para o poder do supplicante vai estabelecer um terrivel precedente que fara com que ninguem queira d'ora em diante aceitar os meninos que ainda estão no seminario para criados, ensinar-lhes um meio de vida descente, porque todos receiarao que quando estiverem em estado de indenizar de alguma sorte os seus trabalhos e despesas, lhes serão tirados para servirem a outros que nada tinham feito em prol dos órfãos.

Diversos outros registros de agressões cometidas contra menores no âmbito de relações formalizadas de trabalho amontam-se nas décadas se-

---

52 Fabiane Popinigis aponta que, entre a diversa classe caixeiral do Rio de Janeiro, os empregados nos armazéns de secos e molhados, conquanto desempenhassem fundamental papel nas dinâmicas econômicas da cidade, "(...) eram provavelmente os mais desprovidos de meios materiais". POPINIGIS, F. *Proletários de casaca...*, op. cit., p. 41-42. A importância dos negócios de secos e molhados em São Paulo – e a relevância dos pequenos caixeiros nas dinâmicas econômicas da cidade, por conseguinte – é destacada por Maria Luiza Oliveira no capítulo "Com loja para a rua": OLIVEIRA, Maria Luiza Ferreira de. *Entre a casa e o armazém*: relações sociais e experiência da urbanização, 1850-1900. São Paulo: Alameda Editorial, 2005, p. 209-298.

Mães infames, filhos venturosos 373

guintes, em que se amplia o engajamento formal de criados domésticos, regularmente trazendo como justificativa para atos de violência a indisciplina dos contratados ou a violação dos direitos dos contratantes. A despeito da vulgarização de padrões formais de arregimentação de serviços de menores de idade a partir do final do século XIX, notadamente nas décadas de 1880 e 1890, as denúncias de maus-tratos dirigidos a crianças e jovens trabalhadores avançavam até as primeiras décadas do século seguinte sem sinais de arrefecimento – e o mesmo ocorria aos arranjos de trabalho celebrados na informalidade. Em 1890, por exemplo, a menor Helena, *"de côr preta"*, contando entre 11 e 12 anos de idade, escapava da casa do médico italiano Dr. Camarano para refugiar-se em companhia de José Joaquim Barboza.[53] Segundo Barboza, que apresentou petição em nome da menor ao Juízo, Helena aparecera em sua casa pedindo-lhe socorro, uma vez que, em companhia de seu antigo empregador, era *"maltratada ate com castigos physicos"*. O médico negou as acusações que lhe foram imputadas, classificando-as como *"dennuncia inteiramente falsa"*, e acrescentou: *"o supplicante a essa orphã vota sincera amisade, pois que a creou"*. Sem maiores averiguações por parte do curador- geral ou do juiz de órfãos, e a despeito das queixas apresentadas, o assoldadamento de Helena, legitimando o arranjo de trabalho informal preexistente, foi concedido ao Dr. Camarano.

No mesmo ano, a menor parda Benedicta, de 12 anos de idade, foi assoldadada por Eduardo Magalhaes Sarmento, dono de uma charutaria sita à rua São Bento. Deveria receber, ao longo de três anos, vestuário, curativo e ensino em prendas domésticas, além de módicos depósitos feitos em uma caderneta de poupança aberta em seu nome. Uma vez que a menor já residia em companhia de Sarmento e sua família, o contrato fora realizado por insistência do curador-geral de órfãos, que constatou a irregularidade da situação da pequena. Passados sete meses da celebração do contrato, no entanto, o curador-geral voltava à carga nos autos com a seguinte declaração:

> Diz o curador geral de orphãos que hontem (31) appareceo em sua casa, em perfeito estado andrajoso e até com fome, a orphan

---

53 Cf. APESP - Juízo de Órfãos, Autos de contrato, lata C05358, documento 39, 1890.

> Benedicta Coutinho, que ha meses fôra contractada com [ilegível] Sarmento com charutaria Bocaccio á rua de São Bento. O suppli-cante estranhando ao contractante esse modo de tractar a orphan, que reconheceo verdadeiro mas do qual excusou-se e allegando que a sua permanencia no negocio não lhe permitia fiscalizar o tra-tamento que sua familia dava á orphan, conseguiu que o mesmo contractante renunciasse o contracto e entregasse a Caderneta das soldadas depositadas na Caixa Econômica.[54]

Não era, portanto, exclusivamente aos contratantes que os trabalha-dores menores de idade deveriam submeter-se, e tampouco apenas a sua agressividade poderia atingi-los. Assim como ocorria aos pequenos egressos da escravidão, uma vez entrados na malha da dependência paternalista das relações de trabalho tutelado, jovens e crianças viam-se submetidos à domi-nação de toda a família a que serviam. A declaração do contratante, reporta-da pelo curador, é reveladora das contradições da formalização dos arranjos de trabalho envolvendo menores de idade. Justificadas pela necessidade de proteção aos órfãos e menores desvalidos, na prática, nada faziam para res-guardá-los dos perigos encontrados dentro das casas patronais.

Entrando-se na década inicial do século XX, mais uma pequena narrati-va demonstra de forma singular essa proposição. Em 1904, a menor Palmyra Encarnação, contando 12 anos de idade e cujos pais *"moravam separadamente"* no Rio de Janeiro, apresentou-se ao Juízo da 2ª Vara de Órfãos do município queixando-se dos sofrimentos vividos em casa do doutor Lutz, residente à rua General Jardim, *"onde ajudava no arranjo da casa e tomava conta de crianças".*[55] Pelos serviços prestados, a jovem declarante acreditava receber vencimentos de valor incerto, entre cinco e dez mil réis mensais, que segundo a mulher do empregador eram depositados em caderneta na Caixa Econômica. Embora se achasse empregada há cerca de três anos, a patroa lhe informara que havia re-colhido, até o momento, apenas 16 mil réis, *"havendo ainda muito a depositar".*

---

54 Cf. APESP - Tribunal de Justiça de São Paulo, lote 201007000520, *Contrato a solda-da*, 1890.

55 Cf. APESP - Juízo de Órfãos, Autos de declaração, lata C05357, documento 38, 1904.

Não foi a falta dos acordados pagamentos, entretanto, o motivo das reclamações da menor. Segundo informava ao juiz, a declarante

> sahiu da casa alludida porque alem de ser constantemente maltratada com pancada que lhe dava a sua patrôa, hoje ainda redobrou esses maltratos, introduzindo-lhe na bocca, pannos sujos de kerozene, para que ella declarante não gritasse quando lhe dava pancadas.[56]

Entre as meninas, o repertório de violências a que estavam sujeitas incluía ainda as violações sexuais – ameaça iminente que perseguia criadas, jovens ou adultas, na intimidade do espaço de trabalho.[57] Majoritariamente encaminhadas ao serviço doméstico, residindo nas casas das famílias a que serviam, menores trabalhadoras viviam cotidianamente expostas aos avanços inapropriados de tutores, contratantes e empregadores. Os autos de tutela da menor Maria Luiza, contando 16 anos, são um bom exemplo de violências do tipo mal disfarçadas em abordagens indiretas e furtivas nos autos do Juízo de Órfãos. Em 1863, Leocadio Reis de Carvalho alforriava Maria Luiza com a condição de que ela permanecesse *"encostada a pessoas de sua familia athe ter vinte e cinco annos para não perder-se"*. Desse modo, parcialmente liberta, haja vista as restrições impostas à sua autonomia de fato, Maria Luiza tornava-se curatelada de seu ex-senhor. Passava então a viver em casa de Bernardo Gomes da Paixão, genro de Carvalho, com quem firmava contrato de locação de serviços, certamente engajando-se no trabalho doméstico em condições de continuada exploração. Em outubro do mesmo ano, porém,

---

56 Este caso é também mencionado no artigo: AZEVEDO, G. C. A tutela e o contrato de soldada..., op. cit., p. 28.

57 Exemplos dessa vulnerabilidade encontram-se em: SOHIET, Rachel. *Condição feminina e formas de violência: mulheres pobres e ordem urbana, 1890-1920.* Rio de Janeiro: Forense Universitária, 1989, p. 303-15. Não apenas as criadas encerradas no espaço doméstico, porém, estavam sujeitas a violações sexuais. Tratando do trabalho fabril na Primeira República, Cláudio Batalha refere-se aos abusos sexuais cometidos no ambiente das fábricas como um dos motivos para a greve geral de 1917. BATALHA, Claudio. Limites da liberdade: trabalhadores, relações de trabalho e cidadania durante a Primeira República. In: LIBBY, D. C.; FURTADO, J. F. (org.). *Trabalho Livre, Trabalho Escravo...*, op. cit., p. 100-111.

sete meses após firmado o contrato, o mesmo Bernardo Gomes da Paixão reconduzia Maria Luiza à presença do juiz de órfãos, relatando que na noite anterior a menor fora raptada por Olímpio da Paixão, irmão do contratante. Ouvidos os gritos da jovem, o raptor fora preso em flagrante. Sobre Maria Luiza, Bernardo Paixão alegava que *"que não a queria mais em sua casa e que a deixava a disposição deste juizo"*.[58]

Embora os autos informem que Maria Luiza fora chamada para responder a inquérito, não há registros de seu depoimento. O processo termina abruptamente, deixando um rastro de indagações: quais seriam as intenções de Olímpio da Paixão ao raptar Maria Luiza? Pretenderia ele violá-la sexualmente? Quais seriam os motivos da desistência de Bernardo da Paixão dos serviços de Maria Luiza? Seria ela considerada uma ameaça sedutora que desestabilizaria as relações domésticas no seio da família Paixão? Que fim teria a menor, uma vez dispensados os seus serviços? Retornaria à companhia de Leocadio Carvalho, materializando a virtual continuidade de sua escravização?

De fato, a representação da criada doméstica como traiçoeira e ingrata, portadora das contaminações da rua que maculavam a salubridade do lar paternalista, deitava profundas raízes na sociedade imperial.[59] Reforçava esta representação deletéria da "criada perigosa" a sobreposição estabelecida entre trabalho doméstico, escravidão e as práticas de violência sexual que marcavam indelevelmente a vida de mulheres escravizadas empregadas nestes serviços – transformando-as, ao mesmo tempo, em vítimas e signo lascivo dos perigos mais íntimos oferecidos pela escravidão e, particularmente, pela mulher negra, à integridade da família senhorial.[60] Nesses quadros, não soa

---

58 Cf. APESP – Juízo de Órfãos, Autos de tutoria, lata C05453, documento 13199.

59 Sobre este assunto, ver: RONCADOR, Sônia. O demônio familiar: lavadeiras, amas--de-leite e criadas no discurso de Júlia Lopes de Almeida. *Luso-Brazilian Review*, v. 44, n. 1, 2007, p. 94-119; SANTOS, Simone Andriani dos. *Senhoras e criadas no espaço doméstico em São Paulo (1875-1928)*. 324f. Dissertação (Mestrado em História Social) – Universidade de São Paulo, São Paulo, 2015.

60 RONCADOR, S. O demônio familiar..., op. cit.; CARNEIRO, Maria Elizabeth Ribeiro. *Procura-se uma "Preta com muito bom leite, prendada e carinhosa": uma cartografia das amas de leite na sociedade carioca, 1850-1888*. Tese (Doutorado em História) – Instituto de Ciências Humanas, Programa de Pós-Graduação em História, Universidade de Brasília, Brasília, 2006.

estranho que a resposta de Bernardo da Paixão ao atentado cometido por seu irmão Olímpio tenha sido o rechaço aos serviços de Maria Luíza e sua devolução ao Juízo de Órfãos – bem como o eventual retorno ao poder de seu antigo senhor. Era sobre ela que recaía, indiretamente, a responsabilidade pelo comportamento libertino do membro da família senhorial.

O perigo contraditoriamente encarado pelas criadas no ambiente pretensamente protegido da domesticidade paternalista encontrava paralelos no temido mundo das ruas, representado como espaço do trânsito dos vícios morais, frequentado por mulheres engajadas nos serviços domésticos de portas afora como as lavadeiras e as quituteiras, sempre mal afamadas nas cidades.[61] Não à toa, nos registros de tutelas e soldadas de meninas aparecem, com alguma frequência, referências ao compromisso assumido por empregadores de não deixar que as menores saíssem à rua desacompanhadas. Para algumas delas, contudo, engajadas por empregadores ou mesmo por seus familiares empobrecidos na prestação de serviços que implicavam o trânsito pela cidade, as possibilidades reais de resguardo eram reduzidas e a vulnerabilidade ampliada.

Rozalinda, menina que contava dez anos de idade em 1883, era uma destas pequenas trabalhadoras domésticas altamente vulneráveis aos perigos da violação sexual.[62] Os pais, o pedreiro Luiz Zanoni, que em razão de sua profissão *"via-se constantemente obrigado a deixar a cidade"* e assumidamente *"em nada concorria para seu sustento"*, e Domingas Zanoni, engomadeira adoentada,

---

61   Conforme argumenta Graham, a casa, como representação do espaço e dos poderes privados, era local onde predominavam os códigos morais tipicamente paternalistas – o dever, o afeto, a honra – encerrados na relação de proteção e obediência típica do mundo do trabalho doméstico. Olívia Gomes da Cunha discute o paradigma da oposição entre a rua e a casa proposto por Sandra Graham, ao indicar que a divisão rígida entre estes dois espaços não comportava a realidade do trabalho doméstico, que se projetava para além dos limites estritos da casa e relacionava-se intimamente com o espaço público. De todo modo, parece claro que nos autos judiciais o espaço da domesticidade paternalista é retratado como reserva de segurança física e moral para as pequenas e jovens criadas. GRAHAM, S. L. *Proteção e obediência...*, op. cit.; CUNHA, O.M.G. Criadas para servir..., op. cit.

62   Cf. APESP – Tribunal de Justiça de São Paulo, lata 201006004045, *Contrato à soldada*, 1883.

vivendo às próprias custas à rua São José, além da irmã Maria Thereza, que vivia em companhia de uma modista à rua São Bento, formavam o perfeito retrato de uma família desajustada às normas aburguesadas que se erigiam à época.[63] Ao solicitar a entrega de Rozalinda a alguma família a quem a menor pudesse servir para, assim, sobreviver, os pais advertiam ao Juízo saberem que a menina, ainda pequena e descrita nos autos por uma empregadora anterior como portadora de *"bons instinctos, gostando sempre de brincar como criança que e"*, não era mais *"mulher virgem"*. Chamada a prestar depoimento, Rozalinda esclarecia as corriqueiras circunstâncias em que fora estuprada por um cliente de sua mãe, enquanto a ajudava na entrega das roupas engomadas:

> Perguntada se dita sua may mandava ella respondente sozinha á Rua?
>
> Repondeo que sim. Perguntada como se dera o facto de haver sido estuprada? Respondeo que sua may mandara entregar roupa engomada na casa de um chamado Costeletta, casa á rua de São Bento (...) e com effeito entregando dita roupa, Costeletta a condusira para seu quarto e uma cama, e a violentara, sendo porem que ella respondente, ja pela sua idade, ja pelo tempo em que se dera o facto, o qual, não póde precisar, deixa de dar mais explicações declarando finalmente que, antes desse facto nenhum outro homem a tinha procurado; e que vendo qual ou quem foi o seu aggressor, o conheceria.

Ao apresentar Rozalinda como a vítima do agressor Costeletta, indiretamente responsabilizando sua mãe pela violência sofrida – uma vez que era Domingas Zanoni, mulher empobrecida, vivendo de seu próprio trabalho e por suas agências sustentando sozinha a filha, quem a "expunha" aos perigos do trabalho nas ruas – os autos reforçavam uma visão que se afirmaria nas décadas seguintes sobre a sexualidade feminina e, nesse caso, sobre a vulnerabilidade sexual de pequenas trabalhadoras. As violações sexuais, intrinsecamente estabelecidas no âmago das relações de trabalho doméstico de portas adentro e afora, não cessaram com a eliminação da escravidão

---

63 Sobre a emergência desses padrões e sua relação com a condenação da sexualidade feminina, ver: ENGEL, Magali. *Meretrizes e doutores: saber médico no Rio de Janeiro e prostituição, Rio de Janeiro (1840-1890)*. São Paulo: Brasiliense, 2004.

Mães infames, filhos venturosos 379

e permaneceram parte da realidade das criadas na cidade de São Paulo, no pós-abolição.[64] Nesse mesmo momento, entretanto, medidas de vigilância e controle dos comportamentos sexuais, parte de um repertório ampliado de políticas médico-higienistas implantadas no alvorecer da República e da moderna capital, recodificavam os comportamentos sexuais desviantes em termos de distinção moral e honra – prerrogativas quase inacessíveis a mulheres de classes trabalhadoras, mas ainda assim por elas disputadas.[65]

Como resultado desse rearranjo ideológico, as denúncias de defloramento e ameaça à honra de meninas pobres, entre as quais havia muitas jovens e pequenas criadas, chegam com crescente frequência ao Juízo de Órfãos, a partir da década de 1880. Em 1894, Raymundo Francisco reclamava em petição encaminhada ao dito Juízo o retorno à sua companhia da filha Maria Joaquina, de 12 anos de idade, entregue num arranjo informal de serviços ao tenente do Corpo Policial Benedicto Mathias. Além de não receber a acordada *"educação compatível com suas condições"* em troca dos serviços prestados, Maria Joaquina sofria maus-tratos e tinha sua *"honestidade"* sob grande risco em companhia de Mathias.[66] Em 1895, a menor Cecília, de idade não identificada, buscava acolhimento em casa da família de Frederico Bücher, fugindo da casa de Carlos dos Santos onde, deixada pela mãe ausente da capital, fora deflorada – acusação confirmada pelo exame médico que constatava o desvirginamento da menor.[67] Em 1901, Teophila de Souza

---

64 É o que demonstra Boris Fausto em seu estudo sobre a criminalidade na cidade no intervalo entre as décadas finais do século XIX e iniciais do XX. FAUSTO, Boris. *Crime e cotidiano: a criminalidade em São Paulo (1880-1924)*. São Paulo: Edusp, 2001, p. 211-13.

65 ENGEL, M. Meretrizes e doutores...; ESTEVES, Martha Abreu. *Meninas perdidas: os populares e o cotidiano de amor no Rio de Janeiro da Belle Époque*. Rio de Janeiro: Paz e Terra, 1989; CAUFIELD, Sueann. *Em defesa da honra: moralidade, modernidade e nação no Rio de Janeiro (1918-1940)*. Campinas: Editora Unicamp, 2000.

66 Cf. APESP – Juízo de Órfãos, Autos de apreensão, lata C05336, documento 08, 1894.

67 Cf. APESP – Juízo de Órfãos, Autos administrativos, lata C05452, documento 113000, 1895. Sueann Caufield indica que, antes de 1920, quando o ensino de medicina era ainda rudimentar, os exames médicos para constatação do defloramento de menores eram feitos a partir da avaliação do hímen e de outros critérios como "(...) a flacidez dos seios e dos grandes e pequenos lábios". CAUFIELD, S. *Em defesa da honra...*, op. cit., p. 76.

Paiva, contando então 18 anos de idade, filha dos finados Pedro e Maria Paiva, procurava autoridade pública para solicitar ser recebida formalmente em casa do sr. J Meneses.[68] Órfã de pais, há cinco anos, a menor fora entregue por seu padrinho a Alexandre Magno de Andrade, em cuja companhia permanecera até fugir oito dias antes e buscar acolhimento em casa de Dona Julia Caldas, que a teria encaminhado à casa de Meneses. Os motivos da fuga eram relatados por Teophila com objetividade: "(...) *retirou-se da casa de Alexandre Magno de Andrade por ser ali maltratada e querer este faltar-lhe ao respeito".* Chamado a prestar esclarecimentos, o referido Andrade afirmava que a menor saíra de sua casa *"indusida por uma preta",* e negava peremptoriamente as acusações que a mesma lhe fazia, valendo-se de sua reputação de pai de família para refutar ilações de assédio sexual:

> (...) que quanto a ser maltratada em sua casa e uma calumnia bem a mais que a mesma menor declarou; o que esta fes por industriada pela dita preta. O declarante era incapas de faltar o respeito a menor, pois que e um chefe de familia e tem suas filhas mocinhas.

A emergência de representações de honestidade e honra, fundadas na normatividade sexual da mulher burguesa e disputadas por mulheres e meninas das classes populares, não implicava, evidentemente, o fim das violações sexuais, por um lado, ou da condenação de condutas sexuais não normativas, por outro.[69] Antes e após a abolição, a exploração sexual de menores poderiam atingir casos extremos e fora dos padrões de arregimentação formal ou informal de trabalho de pequenas e jovens criadas, como apontam os estudos de Rachel Sohiet, sobre as mulheres trabalhadoras no Rio de Janeiro, e de Magali Engel, sobre a prostituição na mesma cidade.[70] O caso único e

---

68 Cf. APESP – Juízo de Órfãos, Autos de tutoria, lata C05458, documento 6315, 1901.

69 Sobre a sexualidade da mulher burguesa, considerada saudável e compatível com a tarefa social da maternidade pelo discurso médico emergente em fins do século XIX, ver: ENGEL, M. *Meretrizes e doutores...,* op. cit.; sobre a sexualidade não normativa, contrária a estas prescrições de caráter burguês, de mulheres e jovens das classes populares, ver: ESTEVES, M. A. *Meninas perdidas...,* op. cit.

70 ENGEL, M. *Meretrizes e doutores...,* op. cit.; SOHIET, R. *Condição feminina e formas...,* op. cit., p. 303-315.

Mães infames, filhos venturosos — 381

impactante de Eliza George, natural da Turquia, contando, em 1879, 16 anos de idade, e submetida à prostituição em São Paulo, é exemplo extremo da vulnerabilidade a que estavam expostas menores subalternas na cidade, bem como das condições de trabalho aviltantes a que poderiam ser submetidas.

No início de outubro daquele ano, Maria George, identificando-se como irmã da menor, vinha ao Juízo de Órfãos da Capital solicitar mandado de busca e apreensão de Eliza. Segundo Maria, ambas viveriam em companhia de sua cunhada Anna Itory, nas dependências de um café de propriedade da mesma, instalado no prédio de número nove da travessa da Sé. Ocorria, segundo Maria, que Eliza teria fugido de casa subtraindo objetos, indo esconder-se na casa de Alberto de tal, à rua Alegre, número 11.[71] Localizada e apreendida pelo Juízo, deu-se a Eliza um curador e colheu-se seu depoimento. Sua versão para os fatos era bastante diferente. Eliza afirmava ser de fato turca, e que, desconhecendo seu sobrenome, adotara o nome do pai, George. Sequestrada aos 16 anos em seu país natal por um homem chamado Lazaro Crimbach, residia com ele num *conventilho* sediado no mesmo endereço indicado por Maria como sendo o do café de Anna Itory. No lupanar, Crimbech conservava Eliza e outras mulheres

> (...) para o fim de obrigal-as o mesmo Lazaro se prestarem a actos libidinozos com quem as procurassem; estejam elas ou não doentes; pois que das esportulas, que as recebe o mesmo Lazaro, e que elle vive. Que por isso, quando por doentes, essas mulheres se recusão á esses actos, são castigas pelo mesmo Lazaro, que as esbofeteia, como constantemente acontecia com ella respondente. Que não podendo mais supportar semelhante vida, e tendo achado occasião de se evadir, fugio para a casa de uma sua conhecida na Freguesia de Santa Ephigenia, onde foi apreendida.

Segundo Eliza, sua alegada irmã era em realidade uma das outras mulheres conservadas por Crimbech em seu estabelecimento, não tendo com ela qualquer parentesco. Não seria improvável que, entre as meretrizes do

---

71 Cf. APESP, Autos de tutoria, lata C05455, documento 13688.

bordel, houvesse outras menores aliciadas à prostituição – coagidas pela força de terceiros ou da pobreza.

Tantos relatos de maus-tratos, abusos e explorações vastamente distribuídos ao longo do século XIX e nos inícios do século XX nos autos referidos a relações formais e informais de trabalho espelham certo "espírito proprietário" de que eram imbuídos contratantes e empregadores informais – manifestação clara da operação das linguagens da escravidão no âmbito das relações de trabalho formalmente livre. As relações paternalistas de dependência, proporcionadas por vínculos informais alicerçados em tradicionais relações de agregação social ou por formas cambiantes de arregimentação contratual de mão de obra, pareciam conferir aos empregadores a assunção de direitos irrestritos sobre os menores trabalhadores – inclusive sobre seus corpos. As práticas formais e informais de recrutamento da mão de obra de menores, dessa maneira, desenhavam um campo de experiências e percepções sociais limítrofes e frequentemente sobrepostas à escravidão. Além dos relatos de castigos e violências variadas, de faltas nos compromissos assumidos formal ou informalmente para com os menores e suas famílias, e da burla ao pagamento de serviços, são comuns nos autos menções a empregadores que se recusavam a entregar menores judicialmente reclamados por seus parentes ou que deixavam a cidade levando-os consigo à revelia de sua família. Expressões do "espírito proprietário", desse modo, atravessam todo o período pesquisado entre mostras extremas de violência e demonstrações mais corriqueiras de dominação que desafiavam a ideia fundamental da propriedade sobre si como medida de afirmação da liberdade. Pequenas frestas para episódios separados por mais de 50 anos de história oferecem uma boa medida da longeva permanência de tal mentalidade escravista que acometia aos empregadores de menores formalmente livres, egressos ou não da escravidão, na cidade de São Paulo.

Em 1854, Dona Felisbina Maria da Conceição, viúva e mãe de Anna Leopoldina Josefa Carolina, esta com 16 anos de idade, reclamava ao Juízo a recondução da filha a sua companhia. A menor, alegava Felisbina, saíra de seu poder em 25 de maio daquele ano, encaminhando-se então para a casa de seu tutor Luiz Antonio Correa. Achando-se, porém, *muito sobrecarregada de serviço superior ás suas forças*, Anna Leopoldina deixara a casa de Correia,

Mães infames, filhos venturosos

abrigando-se em companhia de uma sua conhecida e, afinal, chegando à residência de Manuella de tal, na rua das Flores. Dando falta da menor, Correa a teria procurado em casa de sua mãe, *"insistindo com ella que lhe desse conta da menina que estava em sua casa, por que do contrário trancaria com ella na cadêa! "*. Respondendo que a filha não se encontrava em sua companhia, Felisbina não satisfez a sanha de Correa, que, do alto de sua condição aparentemente influente naquela ainda pequena capital de província, voltou a importuná-la levando consigo o delegado de polícia.

Ainda que os serviços de Leopoldina lhe tivessem sido atribuídos apenas informalmente, o respaldo da polícia recebido por Correa sinalizava as amplas distâncias estabelecidas entre os arranjos de trabalho havidos entre mulheres empobrecidas da cidade como Felisbina, Leopoldina e Manuella, e os vínculos que atavam os destinos de menores pobres a empregadores economicamente bem estabelecidos e portadores de maior relevo social, ainda que não necessariamente ricos.[72] Obrigada pelo delegado a buscar a filha em companhia de Manuella de tal e levá-la à sua presença, Felisbina assim relatava os desdobramentos do incidente:

> (...) a condusirão [Anna Leopoldina] a presença do Delegado de Policia, e quando la chegarão não acharão o dito Luiz Antonio que ja havia sahido por que temia ser desmascarado na presença do delegado pela dita Felisbina, de tudo quanto havia tramado contra esta pobre menina. Disse então o Delegado que como o dito Luiz Antonio não apparecia, que trouxesse a menina para entregar a elle, pelo que foi a menina condusida (...) até a casa do dito Luiz Antonio onde foi entregue, como se fosse uma escrava que foge do pôder de seu senhor, agarrada pelos pedestres como criminosa, não tendo outro crime, mais do que ter sahido da casa de Luiz Antonio!!! A suppe está intensamente convencida que o Delegado de Policia foi completamente illudido pelo dito Luiz

---

72 Como bem demonstrou Maria Odila Leite da Silva Dias, ainda que atravessados por relações de poder verticalizadas, os vínculos unindo senhoras depauperadas, suas escravas e agregados – entre mulheres sós, meninas e meninos – eram fundamentais para providenciar a sobrevivência de todos na empobrecida São Paulo da primeira metade do século XIX. DIAS, M. O. L. S. *Quotidiano e poder...*, op. cit.

Antonio Correa, que certamente resceando ficar sem essa menina, que serve a elle, e a sua familia, como uma escrava, não se peijou de inventar tatas falsidades e calunias a seo bél praser para assim illudir e enganar a authoridade (...).[73]

Em 1905, decorrido mais de meio século deste episódio, outro tutor e empregador informal, contrariado pela "deserção" de uma criada, demonstrava enorme indignação com tal insubordinação e recorria ao apoio da polícia para fazer valer seus direitos costumeiros. Maria da Conceição, órfã de pai e mãe contando 14 anos incompletos, há mais de dois vivia empregada em casa de João dos Santos, sita à rua de São Bento, onde fora colocada por seu falecido pai. Em inícios daquele ano, entretanto, tendo a esposa de Santos a ameaçado *"por motivos de serviços por ella feitos que não foram apreciados pela patroa"*, e temendo tornar-se vítima de *"algum castigo corporal"*, Maria da Conceição fugiu da casa onde servia e abrigou-se em companhia de um tio residente no Brás, área fronteiriça com o centro da cidade.[74] Em petição encaminhada ao juiz de órfãos, o referido tio, de nome Generoso Antonio da Cunha, informava que embora tivesse sido colocada pelo pai para prestar serviços em casa de João dos Santos há cerca de três anos, a menor jamais recebera qualquer remuneração. Tendo a sobrinha buscado sua proteção, alegando ser muito maltratada em casa onde vivia, o tio solicitara a nomeação como seu tutor, uma vez que tinha *"direito e obrigação"* de atuar como seu zelador, educador e protetor. A reação dissaborosa de Santos, conforme a descreveu Generoso, foi impetuosa:

> Inesperadamente, porem, o Sr. João Santos, sem que fosse tutor da menor, arbitraria e violentamente foi a casa do supplicante na ausencia desse e acompanhado de um secreta da policia, intitutlan-

---

73 Cf. APESP – Juízo de Órfãos, Autos de diligência, lata C05359, documento 17, 1854.

74 CERASOLI, Josianne Francia. *Modernização no plural: obras públicas, tensões sociais e cidadania em São Paulo na passagem do século XIX para o XX*. Tese (Doutorado em História). 359f. Instituto de Filosofia e Ciências Humanas, Universidade Estadual de Campinas, 2004.

> do-se tutor da menor, arrancou-a violentamente da casa, ao abrir esta a porta para ver quem batia.[75]

Novamente, no caso descrito por Maria da Conceição e seu tio, um empregador informal de uma menor socialmente fragilizada pela orfandade e pela pobreza expressava um entendimento bastante parcial das prerrogativas que assistiam a patrões, tutores e seus congêneres no mundo das relações de trabalho, envolvendo menores de idade. Santos entendia-se detentor de poderes praticamente irrestritos sobre Maria e seus serviços, não limitados pela existência de vínculos familiares da menor ou pela inexistência de vínculos formais que a submetessem a seu domínio. Agia, assim, como um verdadeiro proprietário de escravos – e a polícia, a reboque de seus interesses, fazia o constrangedor papel de capitão do mato.

Embora a assunção de direitos ilimitados sobre os menores por seus empregadores tenha grassado nos arranjos de trabalho celebrados nos domínios da informalidade, a normatização desses vínculos não implicou o desmantelamento da arraigada mentalidade escravista que fazia com que tutores e contratantes enxergassem menores subalternos como sua legítima propriedade. A vagueza das delimitações legais de direitos e obrigações envolvendo assoldadados e seus contratantes, bem como a apropriação de tutelas como mecanismos indiretos de arregimentação de mão de obra, anteriormente apontadas, criava amplas margens para o exercício de arbitrariedades que, não raro, reduziam os estatutos do trabalho livre a uma longínqua miragem. Os arranjos formais de serviços sacramentados pelo Juízo de Órfãos da cidade preservaram, ao longo das décadas da segunda metade do século XIX, largos espaços para a reiteração de práticas de coerção que aproximavam pequenos e jovens assoldadados, tutelados e cativos. Nos anos iniciais do século XX, pouco ou nada melhor parecia a situação dos menores trabalhadores formalmente arregimentados. Como visto, nas décadas iniciais daquele século os contratos de soldada foram suplantados por tutelas que, com seu discurso apaziguador e paternalista, legitimavam

---

75 Cf. APESP – Juízo de Órfãos, Autos de tutoria, lata C05459, documento 6243, 1905.

os elos que uniam menores a seus empregadores, escamoteando a exploração de serviços implicada na relação.[76]

Mal disfarçados pela solução tutelar, esses vínculos de trabalho chegavam ao Juízo de Órfãos por meio de denúncias de exploração e agressão. As limítrofes definições de trabalho livre aplicadas aos menores empobrecidos da cidade contemplavam amplamente as necessidades e costumes de empregadores habituados às linguagens e mentalidades da escravidão, não poupando a menores de qualquer origem social – nacionais livres, estrangeiros, brancos e não brancos, egressos ou não do cativeiro, meninos ou meninas. A tendência de formalização de arranjos de serviços observada nas décadas de 1880 e 1890 e paulatinamente esvaziada nas seguintes não alterou ou empecilhou de fato o vigor de uma compreensão despótica nutrida por empregadores a respeito de seus subordinados. Principalmente no âmbito da informalidade, mas também no seio de relações de trabalho oficializadas pela justiça, vicejavam as práticas violentas e coercivas que restringiam a autonomia real dos jovens e crianças, e, extensivamente, de suas famílias. Os limites da liberdade usufruída por esses trabalhadores, no entanto, não puderam ser definidos exclusivamente pelas exigências de empregadores formais ou informais ou de autoridades públicas, sendo cotidianamente disputados pelos próprios menores. Indisciplinados, atentos às possibilidades de se agenciarem novas e melhores condições de trabalho e de vida, meninos e meninas esgarçaram, à sua própria maneira, os limites estreitos que definiam a condição compartilhada de trabalhadores livres.

Fujões, indomáveis e intoleráveis

Assim como os relatos de práticas violentas repetiram-se ao longo do século XIX e em inícios do XX, espelhando a vitalidade da mentalidade proprietária que impregnava a camada de empregadores de jovens e crianças na cidade, também foram constantes, por todo esse período, manifestações variadas de insatisfação e contrariedade dos menores trabalhadores. Muito

---

76 BIROLLI, Maria Izabel de Azevedo Marques. *Os filhos da República: a criança pobre na cidade de São Paulo, 1900-1927.* 246f. (Mestrado em História) – Pontifícia Universidade Católica, São Paulo, 2000.

embora a arregimentação dos serviços desses sujeitos tenha se configurado como um sistema hostil que, dotado de braços informais e formais, se mostrava frequentemente refratário aos interesses dos trabalhadores, criados, caixeiros e aprendizes com frequência subvertiam as expectativas de subordinação que sobre eles recaíam.

Em 1830, numa década em que a informalidade das relações de trabalho envolvendo menores de idade era imperativa, estabelecida sobre os pilares das práticas paternalistas de agregação social, Carolina Xavier de Oliveira, natural de São Paulo, requeria sua emancipação junto ao Juízo de Órfãos da Capital.[77] Por volta de 1810, a jovem fora exposta em casa de Dona Gertrudes Maria Garcia, tendo permanecido em sua companhia por duas décadas na Vila de Jacareí. Desejando retornar "à sua pátria", alegadamente por motivos de saúde, Carolina solicitava, com o auxílio de um curador, ser emancipada aos 20 anos de idade. Nenhuma menção explícita é feita ao trabalho que realizava como contrapartida à proteção obtida de sua benfeitora, mas subentende-se desse arranjo de dependência que os "cuidados" recebidos seriam, como em tanto outros casos, reciprocados com serviços. Saltam aos olhos as armadilhas guardadas pela condição de menor desvalida desfrutada por Carolina àquele momento: embora seu vínculo com a dita senhora Gertrudes fosse aparentemente informal, como era comum aos casos de adoção de pequenos expostos como filhos de criação, Carolina precisava recorrer à justiça e à mediação das autoridades públicas para seguir o rumo desejado sem maiores admoestações. Observe-se, também, a paradoxal circunstância imposta à Carolina pelo dilatado conceito de menoridade emanante das ordenações do reino e adotado pela justiça imperial, que relegava uma jovem mulher, às portas dos 21 anos de idade e certamente desempenhando papel adulto no mundo do trabalho, ao estado de menor incapaz, submetida à tutela de outrem, este sim pessoa habilitada a tomar por ela as decisões sobre onde e como viver e trabalhar.[78]

Em 1856, o menor Theodoro Martins, de 16 anos, ex-educando do Seminário de Sant'Anna e contratado desde 1854 como caixeiro do negociante

---

77 Cf. APESP – Juízo de Órfãos, Autos de requerimento, lata C05444, documento 16, 1830.

78 Cf. APESP – Juízo de Órfãos, Autos de requerimento, lata C05444, documento 16, 1830.

Miguel Joaquim de Sousa Magalhães, adotou estratégia diversa para arranjar--se, autonomamente, melhores condições de trabalho. Segundo relatava seu contratante, aproveitando-se de uma oportunidade em que Magalhães manda-ra-o à rua para entregar uma carta, Theodoro evadiu-se da cidade, seguindo até Mogi das Cruzes, onde se empregou na venda pertencente a Pedro de Mello.[79] No mesmo ano, o menor indígena Adam, de cerca de 13 anos, era acusado por seu contratante Manoel Benedicto Toledo de ter desaparecido após ser pelo mesmo Toledo mandado à rua com algum dinheiro, "*talvez insuflado por sua avó ou por qualquer outra pessoa*".[80] Supunha o contratante que o menor se en-contrasse na "*extinta aldêa MBoy*", possivelmente em companhia da dita avó, e exigia que Adam fosse "*preso ou conduzido a respeitável presença do juiz de órfãos*", sob pena de ser processado criminalmente.

As fugas, de fato, eram dos recursos mais comumente empregados por menores interessados em escapar ao controle de empregadores informais, contratantes e tutores formalmente constituídos. Os registros dessas deser-ções, sobretudo daquelas havidas no âmbito de relações formais de trabalho, espraiam-se pelo século XIX e atingem o século XX sob a forma de constan-tes reclamações apresentadas ao Juízo de Órfãos. Surgindo em profusão nos autos judiciais produzidos nas décadas de 1880 e 1890, mas também, com menor constância, antes e depois desse período, denúncias apresentadas pelos empregadores de menores de idade reportam-se à partida para luga-res conhecidos, seguidas de recusas dos "fujões" a retornar ao poder de seus antigos patrões, bem como a completos sumiços de menores que não eram encontrados mesmo com o empreendimento de muitos esforços.

Em 1870, Joaquim Fernandes Sobrinho reclamava à justiça a apreensão do "*menor preto*" Evaristo, de 11 anos de idade, contratado à soldada havia não mais do que cinco meses e que, "*sob falsos pretextos, auzentou-se da casa do su-pplicante e consta-lhe vagar ociosamente pelas ruas da cidade (...)*".[81] Na década

---

79 Cf. APESP – Juízo de Órfãos, Autos de diligência, lata C05359, documento 16, 1854-56.

80 Cf. APESP – Juízo de Órfãos, Autos de petição, lata C05426, documento 13194, 1852-56.

81 Cf. APESP – Tribunal de Justiça de São Paulo, lote 201006004064, *Contrato a solda-da*, 1870.

seguinte, em 1887, José Joaquim Ferreira queixava-se ao Juízo da fuga do órfão Francisco, por ele assoldadado há quatro anos na cidade de Batatais, área de expansão cafeeira no noroeste paulista, e por ele, também, levado à capital. Em suas palavras: "(...) *ante-hontem o dito orphão desappareceu de sua casa, e tendo elle supplicante feito as diligências para ver se descobria, ate hoje nada tem conseguido".* Incapaz de localizar o desaparecido menor, Ferreira solicitava ao Juízo a remissão do contrato e de suas obrigações como contratante.[82]

No mesmo ano, a menor Anna Maria Joaquina, filha de Paschoal da Silva Parreira, homem doentio, abandonava a casa de seu contratante Francisco José Cascão, mandando-lhe um desaforado recado assim relatado ao Juízo: "*Cumpre-me informar (...) que a menor Anna que se achava em minha casa fugio, mandando me dizer que não desejava continuar a servir-me".*[83] Com semelhante ousadia, Felisbina, menor parda de 16 anos, fugia em 1895 da casa de seu contratante Antonio Jose da Cunha, "*tendo dito que ia morar com sua mãe".*[84] Entrando-se nos primeiros anos do século XX, Anna da Conceição, assoldadada por Francisco Coutinho Soares em 1904, fugia de sua casa menos de um mês após ser contratada, "desaparecendo para lugar incerto e não sabido".[85]

Alguns menores como Anna, de idade não especificada, eram apresentados nos autos como desertores contumazes. Em 1888, a menina batera à porta de Nazário Rodrigues Borba, solicitando-lhe acolhimento e socorro contra o vil tratamento que recebia em casa da família Vaz, residente na capital, onde vivia em aparente arranjo informal de serviços. Borba, em petição apresentada ao Juízo de Órfãos, relatava que a menor "*amargamente se queixava de máos tratos",* e, compadecido, solicitava a soldada da mesma. Para surpresa do peticionário, entretanto, as autoridades públicas nomearam a outro indivíduo para tutor de Anna; recusando-se a acompanhá-lo, segundo informava Borba, Anna "*banhava-se em lágrimas".* Ao fim e ao cabo, Nazário

---

82 Cf. APESP – Juízo de Órfãos, Autos de diligência, lata C05361, documento 18, 1887.

83 Cf. APESP – Tribunal de Justiça de São Paulo, lote 201006003491, *Contrato a soldada*, 1887.

84 Cf. APESP – Juízo de Órfãos, Autos de contrato, lata C05358, documento 50, 1895.

85 Cf. APESP – Juízo de Órfãos, Autos de contrato, lata C05358, documento 61, 1904.

390   Marília B. A. Ariza

Borba acabou por obter o contrato de soldada da menor, obrigando-se a recolher, em troca de seus serviços, quantias mensais de cinco e seis mil réis no
primeiro e no segundo ano, respectivamente. Antes de se completarem os
dois anos estipulados para o contrato, entretanto, Anna desertara de seu posto de criada assoldadada, evadindo-se da residência de Borba em princípios
de janeiro de 1890.[86]

João Cassueto era outro fujão irrecuperável. Por volta de 1891 o menino, então com cerca de oito anos, teria aparecido *"andrajoso, sujo e esfomado"*
em casa de Amaro Barbosa Ortiz, residente na estação Juquery da linha férrea São Paulo Railway, nas bordas da cidade que então vivia intenso processo
de expansão.[87] Acolhido por Ortiz, segundo petição apresentada pelo próprio ao juiz de órfãos, *"tratado, vestido e cuidado como se fora seu próprio filho"*,
João abandonara sua casa um ano depois para *"servir um tal José Salomão"*,
residente na mesma estação. Ali, dizia Ortiz, não receberia o menor *"o tratamento que a piedade e o affecto do requerente por habito lhe prestavam"*. Em
depoimento ao Juízo, João argumentava ter fugido para a casa de Salomão
por sua própria e desacertada decisão:

> (...) [afirma] que nasceu na cidade Jundiahy e não sabe os nomes
> de seus pai [sic], havendo fugido da companhia delles e procurado
> a casa de Amaro Barbosa Ortiz, parecendo-lhe que isso aconteceu
> a cerca de hum anno mais ou menos: que ahi nessa casa foi sempre
> bem tractado, não tendo sequer recebido castigo uma ves, mas que
> por sua ma cabeça fugira-se e fora para a casa de José Salomão para
> onde não deseja voltar porque ahi era maltratado, e prefere conti-
> nuar na casa do referido Amaro que por si se tem interessado (...).[88]

Ainda pequeno, mesmo para os padrões dos pequenos trabalhadores da
cidade de São Paulo, é intrigante imaginar que João Cassueto tivesse, de for-

---

86   Cf. APESP – Juízo de Órfãos, Autos de tutoria, lata C05456, documento 6019, 1888.

87   A este respeito, ver: FREHSE, Fraya. *O tempo das ruas na São Paulo de fins do Império.*
São Paulo: Edusp, 2005; FREHSE, Fraya. *Ô da rua: o transeunte e o advento da modernidade em São Paulo.* São Paulo: Edusp, 2011.

88   Cf. APESP – Juízo de Órfãos, Autos de tutoria, lata C05457, documento 6240, 1892-94.

ma completamente autônoma, decidido partir da casa de Ortiz quando era ali tão bem tratado. Talvez a realidade por ele enfrentada em casa de seu primeiro contratante, ainda que melhor do que aquela encontrada em companhia de José Salomão, não fosse tão branda quanto seu depoimento, prestado na presença intimidadora do próprio Ortiz, do escrivão e do juiz de órfãos, fazia parecer. De todo modo, o testemunho de João joga luz sobre outras razões possíveis para as fugas dos pequenos e jovens trabalhadores, sugerindo que não apenas de violência se fazia uma debandada, mas também do simples e humano desejo, mesmo em tenra idade, de escolher por si outro rumo a seguir.

De forma semelhante, os motivos que teriam levado João a fugir da companhia de seus pais, cujos nomes afirmava desconhecer, não são esclarecidos nos autos. Seriam eles, assim como revelara José Salomão, também violentos? Teria a separação entre pais e filho sido forçada, e esta informação perdida na memória de criança? Apresentado nos autos como um pequeno desgarrado, João bem poderia ser o produto dos muitos obstáculos que se interpunham em seu caminho. Após a avaliação do juiz de órfãos e a manifestação do desejo de Ortiz de assoldadar o menino formalmente, "*não por interesse, por caridade e mesmo amisade para com o menor* (...) *que não tem bom juiso*", João retornou à companhia de seu primeiro empregador e agora tutor judicialmente constituído, recebendo pequenos estipêndios por tempo indeterminado.[89] Esse prazo evasivo que sugeria perdurar até a maioridade de João, entretanto, foi abreviado pelo próprio menor. Em 1894, Amaro Ortiz retornava ao Juízo para solicitar a remissão do contrato:

> Diz Amaro Barbosa Ortiz que tendo requerido a tutella do menor João, orphan, filho de paes ignorados (...) esforçando-se por todos os meios e modos para tractar da pessoa d'elle e dar-lhe a educação de trabalho e a da eschola primaria. Toda esta boa vontade tem sido perdida, pois o menor foge constantemente de casa, dando ao requerente grandes trabalhos em o procurar. Alem do mais, vive a

---

89 Note-se aqui novamente que a confusão entre os gêneros documentais, replicada pela historiografia do tema, ocorria mesmo à época da produção destes registros – o próprio contratante, proponente da soldada, intitula-se "tutor"; sinal da intrínseca ligação entre estes dois expedientes de arregimentação de menores.

> propalar que é maltratado, quando isso é requintada falsidade. (...)
> Assim, vem o supplicante pedir a Vossa Excellencia que o exonere
> da tutella e que dê melhor destino ao incorrigivel menor.

João era, assim, descrito como um menor "incorrigível e fujão", cuja insubordinação exortava o mais bem-intencionado e caridoso dos tutores--patrões a abrir mão de seus direitos e deveres de empregador.[90] Consultado para que se decidisse o melhor encaminhamento ao inveterado indisciplinado, que à época não passava dos 11 anos de idade, o curador-geral de órfãos foi de opinião de que João "melhoraria de índole se submetido à disciplina militar" – sugerindo assim que tomasse o destino de outros tantos meninos pobres e endiabrados do Império, qual fosse o da arregimentação compulsória de aprendizes dos arsenais da Marinha.

Interessantemente, as notícias de deserções como as acima relatadas concernem majoritariamente aos arranjos formais de trabalho e tutela, talvez porque a arregimentação de mão de obra de menores de idade por vias oficiais atribuísse aos contratantes e também aos tutores a prerrogativa de reclamar nas arenas da justiça o controle dos menores e de seu trabalho. Nesse sentido, a formalização dos vínculos de trabalho e tutela entre empregadores, tutores e seus subordinados convertia o direito costumeiro, consolidado na prática social, em direito positivo, lastreado pela norma jurídica. Dando substância às muitas queixas apresentadas ao Juízo de Órfãos contra menores fugidos, um repertório diverso de argumentos e reclamações se desenhava: denúncias do comportamento indisciplinado e do mau gênio dos menores; acusações contra parentes ou outros empregadores que se beneficiariam da evasão dos menores para engajá-los em arranjos informais de prestação de serviços; e mesmo o prejuízo que o abandono dos postos de trabalho traria aos próprios pequenos e jovens trabalhadores, privados que ficariam dos cuidados e encaminhamento moral que poderiam receber.

---

90 Ironicamente, conforme já demonstrado no capítulo anterior, que explorou este mesmo documento, em 1894, por ocasião de encerramento do contrato, descobriu-se que Ortiz, o bom tutor, não havia pago as soldadas de João e acusava um "escrivão moreno" de ter delas se apropriado.

Olhando a contrapelo, nota-se que mais do que recurso de ocasião ou reação extemporânea, fruto espontâneo de momentos de rebeldia ou da sedução de outros empregadores, as fugas eram com frequência artifícios racionalmente empregados por menores para agenciar-se a melhores condições de vida. Alguns fugiam para retornar à companhia de suas mães ou parentes, como eram os casos acima descritos de Adam, na década de 1850, e Felisbina, nos estertores do século XIX. Outros faziam da fuga uma etapa de projetos maiores de ampliação de margens de autonomia e melhora de condições de vida como pequenos e jovens trabalhadores. É algo que se poderia depreender, por exemplo, do caso de José. Em fins de 1888, o advogado Fernando Moura encaminhava petição ao Juízo de Órfãos requerendo a contratação à soldada do menor, de 15 anos de idade, que segundo o peticionário "*se apresentára expontaneamente solicitando ao supplicante a acceitação de seos serviços*". No início do ano seguinte, entretanto, Moura comunicava ao mesmo Juízo que o dito menor havia desaparecido de sua casa, "*não sendo encontrado apesar dos esforços feitos pelo supplicante*". Não seria impossível imaginar que naquela cidade onde comerciantes, funcionários públicos e profissionais liberais corriqueiramente empregavam os serviços de menores de idade, José tivesse escapado do domínio de outro patrão quando arranjou sua prestação de serviços com Fernando Moura. Segundo o mesmo raciocínio, seria bastante razoável supor que, ao abandonar a casa de Moura, José se engajasse em uma nova relação de prestação de serviços por meio da qual pudesse prover a própria subsistência.[91]

Mais explícita é a trajetória de Victoria, de 12 anos, filha da "*preta solteira*" falecida Constancia Maria das Dores. Em agosto de 1891, dois meses após a morte de Constancia, o negociante Alexandre José de Mello solicitava a tutela da menor, obrigando-se, ademais, a pagar-lhe salário mensal de cinco mil reis, oferecer-lhe vestuário, "*educação comum*" e o que mais viesse a precisar. Passados menos de dois anos, em junho 1893, os autos apresentavam nova representação de Mello, denunciando a prolongada ausência de Victoria, que já durava 16 meses, e a descoberta de que a jovem criada encontrava-se servindo em outra casa na capital:

---

91 Cf. APESP – Juízo de Órfãos, Autos de tutoria, lata C05456, documento 8652, 1888-89.

> Accontece, porem, que a dita menor, talvez por seducções (o que se dá muito nesta capital) fugio de sua casa em Fevereiro de 1892, e esteve occulta por muito tempo, até que agora foi descoberta acompanhando a familia de Joaquim Rodrigues dos Santos residente á rua da Gloria. Tendo o supplicante assumido a responsabilidade de tutor pelo termo que assignou neste juizo, e, no cumprimento de seus deveres como tal, vem requerer a V Excia a expedição de mandado para apprehensão da dita menor na casa do mesmo Santos ou no lugar onde fôr encontrada e subsequente entrega ao supplicante.[92]

Embora o desaparecimento e a posterior descoberta do engajamento de Victoria em outro arranjo de serviços tenham sido retratados por Mello como fruto de manipulações, a repetição de episódios semelhantes numa cidade coalhada de crianças pobres e trabalhadoras faz suspeitar do argumento de "sedução" empregado pelo querelante. Certamente não seria difícil, no momento de maior acúmulo das queixas de fuga de menores registradas pelo Juízo de Órfãos – as décadas de 1880 e 1890 – arregimentar a mão de obra de crianças ou jovens desvalidos, que, órfãos ou não, imigrantes ou brasileiros, existiam aos borbotões em São Paulo.[93] Causa desconfiança a ideia de que homens e mulheres interessados em arregimentar menores de idade precisassem, de fato, cobiçar os assoldadados ou tutelados alheios. Ademais, como se tem procurado demonstrar, a infância desses menores era passagem da vida que guardava pouco espaço para a ingenuidade e forçava os menores ao precoce amadurecimento como trabalhadores. Não parece nada extravagante que uma criada de 12 anos, insatisfeita por quaisquer motivos com suas circunstâncias de trabalho, escapasse ao controle de um empregador para comprometer-se com outro que julgasse melhor atender suas necessidades.

---

92 Cf. APESP – Juízo de Órfãos, Autos de tutoria, lata C05457, documento 6324, 1891-93.

93 PINTO, Maria Inez Machado Borges. *Cotidiano e sobrevivência: a vida do trabalhador pobre na cidade de São Paulo, 1890-1914*. São Paulo: Edusp: Fapesp, 1994; SANTOS, Carlos José Ferreira. *Nem tudo era italiano: São Paulo e pobreza (1890-1915)*. São Paulo: Annablume/Fapesp, 2008.

Observação semelhante é válida para as recorrentes fugas de menores seguidas de denúncias de maus-tratos por eles apresentadas – que levavam, na maior parte das vezes, embora não sempre, o Juízo de Órfãos a suspender os contratos de soldada ou tutelas registrados e celebrar outros, com novos responsáveis. Como no caso de João Cassueto, as acusações de maus-tratos eram sempre refutadas pelos empregadores denunciados, que as atribuíam a invenções maledicentes ou exageros dos menores, suas mães ou de terceiros interessados em seus serviços. De fato, não é impossível supor que alguns menores, desejando arranjar-se trabalho em outras casas ou ofícios, recorressem a denúncias de maus-tratos como forma de deslegitimar aos olhos da justiça o domínio exercido por seus contratantes e, assim, criar condições para a celebração de novos contratos, com empregadores de sua preferência. Tal prática, entretanto, não surtiria quaisquer efeitos se o tratamento violento reservado aos trabalhadores menores de idade fosse apenas retórica engenhosa; era justamente porque tais denúncias encontravam ampla comprovação na prática social que as queixas de pequenos e pequenas trabalhadores poderiam produzir os efeitos desejados.

Ruídos deste tipo, que sugerem a habilidade de menores para agenciarem alternativas de trabalho e de vida e, ao mesmo tempo, sublinham o caráter truculento das relações de trabalho envolvendo os mesmos, estão bem representados no caso da menor Arminda – que, de resto, sinaliza novamente a vitalidade de práticas informais e violentas de arregimentação e coerção de trabalhadores em plena República. Em 1906, a menor, de 16 anos, natural de Lorena, no Vale do Paraíba paulista, órfã de pais e *"colocada por uma preta"* em casa do capitão Alfredo Bellagarde para servi-lo, bateu à casa do negociante Nicolau Schneider pedindo para ser ali acolhida. Segundo informava o dito Schneider em petição ao juiz de órfãos, Arminda dizia-se muito maltratada na casa em que vivera por três anos como criada, onde era privada de alimentação e não recebendo qualquer ordenado por seus serviços. Por esses motivos, nas palavras do peticionário, a menor resolvera

> (...) deixar a casa onde estava e procurar uma outra collocação, que, assim, retirando-se dalli, procurou a casa de uma mocinha que apenas conhecia de vista (...) perguntou a ésta se sabia de al-

gum emprego para ella declarante; que, foi então, que a mocinha alludida, lhe indicou a casa do senhor Nicolau Schneider (...).[94]

A reação de Bellegarde à fuga de Arminda teria, de acordo com o relato de Nicolau Schneider, sido brutal. Manifestando explicitamente o viço da mentalidade proprietária de contratantes e empregadores informais de menores, o patrão preterido teria comparecido à casa de Schneider acompanhado do chefe de polícia, alegando ser tutor da menor e

> (...) disendo que queria primeiro leval-a para sua casa, para castigal-a, depois mandar examinal-a pelos médicos da policia e, finalmente, ver se nada faltara em sua casa, entregando-a depois ao Dr Juiz de Orphãos – visto como não a queria mais.

Em depoimento, Bellagarde afirmava que as acusações de maus-tratos seriam mentirosas, o que se poderia verificar *"pela aparência da menor"*, isentando-se espertamente de comentá-las sob a justificativa de que caberia aos acusadores o ônus da prova. Sensibilizado pelos relatos de Nicolau Schneider sobre a desmesurada fúria do primeiro empregador de Arminda, o juiz de órfãos concedeu-lhe a soldada da menor até a maioridade da mesma, devendo o contratante pagar-lhe, no primeiro ano, a quantia mensal de 15 mil réis, e nos demais a de 18 mil réis. Cerca de nove meses após celebrado o contrato, contudo, Schneider voltava ao Juízo solicitando, "por motivos de absoluta incompatibilidade", exoneração de seu cargo e rescisão do contrato. Que fatos se esconderiam sob tão vaga alegação? Seria Arminda uma criada rebelde, insolente, a quem o negociante se arrependia de ter empregado? Certamente, as relações entre contratantes e contratados contavam boas doses de insubordinação e desejo de autonomia dos menores trabalhadores. De conflito em conflito, talvez lhes fosse possível chegar a um arranjo mais satisfatório de trabalho e de vida. Após ser dispensada por Nicolau Schneider, Arminda foi prontamente contratada pelo farmacêutico João Araújo, novamente devendo prestar-lhe serviços até a maioridade, recebendo 16 mil réis mensais, além de vestuário, cuidados médicos, instrução e *"tratamento conveniente"*. Ainda

---

94 Cf. APESP – Juízo de Órfãos, Autos de contrato, lata C05358, documento 63, 1906.

que mal remunerado e desprotegido por leis, não faltava serviço aos menores de idade engajados no trabalho doméstico na cidade, e os pequenos e jovens criados pareciam aproveitar-se da abundante demanda por sua mão de obra para se arranjar da melhor forma possível.

Em seus empreendimentos de autoagenciamento, muitos menores buscavam o apoio de quem os pudessem auxiliar a conseguir novos e melhores arranjos de trabalho. Em 1886, por exemplo, a pequena Honorata, contando 11 anos de idade, órfã de pai e mãe e natural da cidade de Macaé, província do Rio de Janeiro, deixava a casa de Rosalinda e João Marques Guerra, junto a quem vivia informalmente empregada, buscando acolhimento em casa de Antônio Bento de Souza e Castro. Àquela altura, anos após a morte de Luiz Gama, a engajada atuação do Dr. Antônio Bento na justiça e na imprensa o haviam transformado talvez na mais ilustre figura viva do abolicionismo paulista. Sua atuação se radicalizaria justamente nos últimos anos da escravidão, quando fundou o jornal *A Redempção* e seu nome se tornou amplamente associado ao movimento dos caifazes. Entre 1871 e 1877, entretanto, como esclarece Alexandre Otsuka, Antônio Bento acumulara as funções de juiz municipal e juiz de órfãos na cidade de Atibaia, província de São Paulo.[95] As agruras dos pequenos trabalhadores empobrecidos, portanto, eram certamente velhas conhecidas do Doutor. Importa ressaltar como a figura pública de um notório abolicionista, assim como ocorrera a outros mencionados anteriormente, era amplamente identificada à defesa dos interesses de pequenos trabalhadores na cidade – constatação que reforça a dubiedade da condição desses menores, alçados a um lugar social incerto entre definições fluidas de liberdade e escravidão.

Mais comum do que o recurso a figuras célebres, porém, era o auxílio buscado pelos menores nas redes horizontais de apoio constituídas por parentes, colegas de ofício, ou apenas conhecidos vivendo em circunstâncias semelhantes, como foi o caso de Arminda, que recorreu a ajuda de *"uma mocinha que apenas conhecia de vista".*[96] Menções do tipo surgem habitual e fortuitamente

---

95 OTSUKA, A. F. *Antonio Bento: discurso e prática* ..., op. cit., p. 108-38.

96 O tema das "redes de solidariedade" tem frequentado há algum tempo a historiografia social do Império, frequentemente endereçando a convivência de livres, forros e escra-

nos registros do Juízo de Órfãos, tornando-se mais vívidas nos diversos casos de parentes e especialmente mães que disputavam na justiça a guarda de pequenos trabalhadores formal e informalmente empregados. Em 1915, a menor Sevilhana Maria da Conceição, identificada como doméstica e *"de cor parda"*, de 13 anos, foi levada à 4º Delegacia de Polícia da Consolação pelo advogado Alfredo dos Santos Roos, em nome de seu pai, Martinho dos Santos Roos.[97] Lá chegando, Dr. Ross informava que a menor teria batido à sua porta, fugindo de um cruel patrão e rogando ser ali empregada. Consternado com a triste situação da menina, solicitava ao Juízo que a mesma lhe fosse dada à soldada. Chamada a prestar esclarecimentos, Sevilhana relatou ao delegado que, natural do Rio de Janeiro, havia sido colocada por sua mãe, três anos antes, em casa do Sr. Joaquim Taveira, residente à rua General Ozório, onde era constantemente seviciada pelo empregador e sua esposa:

> (...) recebendo pancadas com cabo de vassoura, chicote e ponta pés, tendo até uma occasião o senhor Taveira lhe batido com um pau que lhe produzio na perna um ferimento cuja cicatriz ate agora existe; que por diversas vezes a espoza do senhor Taveira perversamente escondia objectos e mandava a declarante procurar e como não os achasse era pela dita senhora ferida com garfo; que a declarante, por qualquer cousa por mais insignificante que fosse, era privada ate de alimentação (...).

O áspero tratamento dispensado pela família Taveira à menor e sua consequente fuga não eram, como se tem demonstrado, eventos raros na cidade desde há muitas décadas. A descrição dessas circunstâncias corriqueiras é seguida no depoimento da menor de um relato incomumente detalhado de sua chegada à casa da família Roos, que lança luz sobre a busca ativa de menores trabalhadores por melhores condições de trabalho:

---

vos nos espaços de trabalho nas cidades. A este respeito, e sobre a cidade de São Paulo, ver: WISSENBACH, M. C. C. *Sonhos africanos...*, op. cit.; SANTOS, C. F. S. *Nem tudo era italiano...*, op. cit.

97 Cf. APESP – Juízo de órfãos, Autos de contrato, lata C05358, documento 31, 1915.

(...) declarou que esteve empregada em casa do Sr Joaquim Taveira residente nessa epoca na rua General Ozorio a quem foi entregue por sua mãe; que ahi devido aos maus tratos que recebia de seus patrões não quiz continuar, conseguindo fugir foi para um cortiço sito á rua Amaral Gurgel; que ahi encontrando um pretinho empregado na casa da senhora D Maria Roos moradora á rua Amaral Gurgel (...) este a convidou para ir a casa dessa senhora onde poderia se empregar e seria muito bem tratada; que aceitando o convite do pretinho para la se dirigio onde ficou devido somente a insistentes pedidos seus pois dona Maria não precisava de empregada; que se fugio da casa do senhor Taveira o fez expontaneamente porque ahi era muito maltratada (...).

Associando-se a um "pretinho" empregado em casa da família Roos, certamente conhecedor das difíceis circunstâncias da vida de menores trabalhadores na cidade, Sevilhana pôde contar com um aliado em sua empreitada de fuga em busca de acolhimento e trabalho.[98] Sublinhando ter abandonado espontaneamente a companhia de Taveira, junto a quem vivia em aparente arranjo informal de serviços, e igualmente afirmando ter suplicado à Dona Maria Roos por uma posição como criada, a menina reafirmava ser sua a determinação de encontrar para si melhor meio de vida –contrariando as constantes reclamações de "sedução" apresentadas por patrões de menores de idade contra novos empregadores em cuja companhia meninos e meninas fujões passavam a viver. Ao fim do depoimento, assinado a seu rogo por não saber ler ou escrever, o escrivão registrava a recusa absoluta da menor a voltar para a casa de Taveira. À vista das declarações de Sevilhana, o juiz de órfãos concedeu a Martinho Roos a soldada da menina que deveria viver em com-

---

98 Muito embora a formação de redes horizontais de solidariedade e apoio construídas entre os subalternos tenham sido essenciais para a sobrevivência e conquista de direitos dos mesmos, a harmonia destes grupos era constantemente desafiada e tensionada por disputas e conflitos internos de diversas naturezas. Maíra Chinelatto demonstra como esses conflitos poderiam nascer no seio de comunidades escravas, imbricando--se intimamente com a vida cotidiana dos sujeitos e desenhando um forte recorte de gênero: ALVES, Maíra Chinelatto. *Cativeiros em conflito: crimes e comunidades escravas em Campinas (1850-1888)*. 324f. Tese (Doutorado em História Social) – Universidade de São Paulo, São Paulo, 2015.

panhia de sua família, receber *"cama, mesa, roupa, médico e botica"* e vencer a mensalidade de cinco mil réis.

Abandonar uma casa e os serviços nela prestados por motivos de maus--tratos, desentendimentos ou outros quaisquer era demonstração clara do empenho de crianças e jovens trabalhadores em agenciar-se vidas melhores. Ato contínuo, essas deserções eram quase sempre seguidas de seu engajamento em novos arranjos de trabalho – condição incontornável para meninos e meninas desamparados ou oriundos de famílias empobrecidas que contavam com os rendimentos de seu trabalho para sobreviver. Nos anos anteriores ao recrudescimento da política de formalização dos vínculos de trabalho e dependência envolvendo menores de idade, entre as décadas de 1880 e 1890, a miríade de arranjos informais de trabalho costurados no cotidiano da cidade permitia a menores e a suas famílias negociar acordos que se mostrassem mais vantajosos para os próprios subalternos. A linguagem da escravidão, que regia as relações de trabalho entre empregadores e menores de idade, certamente interpunha--se à pequena liberdade de escolha desses sujeitos. De todo modo, no âmbito da informalidade, a troca de arranjos de trabalho estava sujeita a negociações não mediadas pela lei – para o bem, permitindo a menores e suas famílias alguma possibilidade de autonomia, e para o mal, consagrando-os ao domínio de sujeitos imbuídos de prerrogativas de senhores de escravos, sem recurso a instrumentos públicos de regulação, ainda que falhos e evasivos.

No caso dos arranjos judicialmente determinados e formalmente celebrados, entretanto, qualquer prerrogativa de negociação residia, via de regra, em mãos dos operadores da lei e daqueles capazes de influenciá-los. Os contratos de soldada e tutelas determinados pelo Juízo de Órfãos, nessa época, eram quase sempre realizados à revelia dos menores e de suas famílias, majoritariamente chefiadas por mulheres sós. Desse modo, evadir-se da casa de um contratante era atalho mais do que frequente para apreensões, reintegração ao poder de antigos empregadores ou ingresso em novos arranjos de serviços determinados pelo Juízo, instâncias que tolhiam qualquer poder de escolha e limitavam espaços de barganha. Permanecer na rua, desassistidos por parentes ou quaisquer redes informais de proteção, perambulando de um a outro serviço eventual, tornava-se também, nas décadas finais do século XIX e iniciais do XX, quando a a vigilância sobre "menores vadios e ociosos"

Mães infames, filhos venturosos

avançava a largos passos, empreitada de grande risco para meninos, meninas e jovens empobrecidos.[99] Nessas condições, portanto, buscar acolhimento em companhia de outrem e denunciar maus-tratos sofridos nas casas de que se evadiam, eventualmente sendo formalmente engajados por novos patrões, era uma alternativa a empregadores violentos, jornadas de trabalho abusivas, falta de condições adequadas de subsistência e outras tantas insatisfações. Os menores de idade agarravam-se a estas possibilidades com determinação, buscando o apoio de conhecidos, parentes, autoridades e figuras públicas.

Interessante, desse modo, é notar como meninos, meninas e jovens trabalhadores movimentavam-se em busca de melhores condições de vida ainda que dentro de circunstâncias bastante limitantes. Arranjar-se em circunstâncias menos prejudiciais e, eventualmente, construir dentro delas brechas para exercícios limitados de autonomia era, nesse contexto, grande exercício de agência – entendendo-se agência não como a oposição sistemática aos poderes dominantes, mas com a forja de maneiras de resistir e sobreviver em condições de adversidade.[100]

Embora muito menos frequente, outras e mais explícitas apropriações dos mecanismos legais de representação foram empreendidas por menores trabalhadores. Dois processos produzidos na metade final da década de 1870 apresentam caixeiros que, contrariados com as circunstâncias em que haviam sido demitidos, apelaram às vias da justiça formal, solicitando a nomeação de curador para defender seus interesses. Em 1876, João Manoel queixava-se ao juiz de órfãos de ter sido injustamente demitido e acusado de ladrão por Paulino Augusto de Madeira. Proprietário do armazém de secos e molhados em que trabalhava num aparente arranjo informal de serviços, Paulino teria,

---

99 A esse respeito, ver: MARIANO, Hélvio Alexandre. *A infância e a lei: o cotidiano de crianças pobres e abandonadas no final do século XIX e nas primeiras décadas do século XX e suas experiências com a tutela, o trabalho e o abrigo.* 178f. Dissertação (Mestrado em História) – Pontifícia Universidade Católica, São Paulo, 2001.

100 Walter Johnson critica os usos disseminados do conceito de agência como "oposição e resistência aos poderes constituídos", indicando que o conceito deve designar a capacidade de sujeitos históricos agirem dentro de sua própria realidade e circunstâncias, mesmo que sem oposição aos interesses dominantes. JOHNSON, Walter. On agency. *Journal of Social History*, v. 1, n. 37, 2003, p. 113-124.

ademais, retido seus poucos bens – um baú e algumas roupas. O pior para João Manoel, todavia, era o prejuízo moral que a demissão lhe acarretava:

> Como o facto foi presenciado por varias pessôas, e prejudica a reputação do suplicante, impedindo que possa encontrar emprego no comercio, carreira a que se dedicou, requer a V.E. que em ausencia de seu Pai, que reside em Sorocaba, se digne dar curador ao suplicante para intentar contra seu expatrão queixa e requerer mandado de busca e apreensão de seu bahú e roupa (...).[101]

Alguns anos depois, em 1879, era a vez de Elias Galvão recorrer ao mesmo Juízo solicitando nomeação de curador. Alegava ter trabalhado sem receber remunerações, sendo, ao final de contas, demitido:

> Elias Galvão, orphão, de dezesseia annos de idade, foi caxeiro de Manfredo Meyer, francez, estabelecido, com loja de armarinho, á rua de S. Bento, e ahi estivera empregado pelo espaço de dois meses e quatro dias, sem salario fixo, alimentando-se o peticionario a expensas proprias, sendo de notar-se que outro caxeiro em condições identicas a do supplicante ganhava 60$000 por mez. No fim do prazo mencionado foi o supplicante despedido, sem que o supplicado lhe pagasse cousa alguma. O supplicante, com todo respeito, vem requerer a V Excia a nomeação do curador idoneo que, em juizo competente, obrigue o supplicado pela devida indenização.[102]

As histórias dos dois jovens partilham outros pontos de convergência além dos maus patrões. Ambos trabalhavam no comércio e encontravam-se sozinhos na capital – Elias porque era órfão, João Manoel por estar distante da família, que residia no interior da província. Menores de idade, talvez sem o respaldo de redes familiares ou de apoio, tornavam-se vulneráveis aos desmandos e à arbitrariedade de quem lhes empregava e contra eles praticavam espoliações e injustiças. Enquanto João Manoel era escorraçado do trabalho, Elias tivera de sustentar-se às próprias custas, sem receber salários durante o período

---

101 Cf. APESP – Juízo de Órfãos, Autos de tutoria, lata C05454, documento 8785, 1876.

102 Cf. APESP – Juízo de Órfãos, Autos de tutoria, lata C05455, documento 11009, 1879.

Mães infames, filhos venturosos

que servira como caixeiro. Alguns aspectos, no entanto, chamam a atenção em suas petições por divergirem amplamente não apenas do conjunto geral dos arranjos de trabalho negociados ou contestados no Juízo de Órfãos, mas também dos precários arranjos formais de serviços de caixeiros na década de 1850.

Além do fato raro de serem os próprios menores os propositores das petições, a reclamação explícita e formal de direitos denuncia expectativas sobre as relações de trabalho pouco acessíveis à maior parte dos jovens trabalhadores da cidade, ocupados nos serviços domésticos. Se, por um lado, Elias experimentava na falta de remunerações uma realidade corriqueira, por outro, o salário que reclamava não tinha nada em comum com a média das remunerações arranjadas por soldada na cidade (ver Apêndice L, p.369-370). O desenvolvimento da cidade, que ao fim da década de 1870 já se iniciara no processo de aburguesamento e modernização, ampliando e diversificando sua economia, não havia ainda eliminado, segundo indica Maria Luiza Ferreira de Oliveira, a predominância de pequenos armazéns de secos e molhados, de propriedade de famílias pobres ou apenas remediadas.[103] Ainda assim, conforme aponta a autora, um caixeiro de uma pequena casa de molhados da rua da Cadeia, região marginal da cidade, listada em inventário do início da década de 1880, tinha vencimentos mensais de 45 mil réis – muitos deles ainda por receber.[104]

Não há, certamente, quaisquer garantias de que Elias pudesse vir a receber o mesmo que o outro caixeiro que trabalhava, segundo ele, em condições idênticas às suas – tudo o que se encontra nos autos é sua petição encaminhada ao Juízo. O próprio fato de não ter recebido sua justa remuneração por mais de dois meses indica que também no seu caso, as relações de trabalho eram ameaçadas pela precariedade. Contudo, a ideia de pleitear um salário de 60 mil reis e disputá-lo na justiça parecia uma possibilidade muito remota para a maioria dos menores trabalhadores da cidade de São Paulo na segunda metade do XIX, cujos vencimentos, depositados em cadernetas de poupança e somente acessíveis após a maioridade, àquela época giravam entre três e sete mil réis mensais.

Na petição encaminhada a favor de João Manoel, chama atenção ainda a menção à "*carreira a que o menor se dedicava*", prejudicada pelas falsas e públi-

---

103 OLIVEIRA, M. L. F. *Entre a casa e o armazém...*, op. cit., p. 27 -73.

104 OLIVEIRA, M. L. F. *Entre a casa e o armazém...*, op. cit., p. 273-74.

cas acusações feitas por seu antigo empregador. De fato, como aponta Fabiane Popinigis, gozar de reputação respeitável, que assegurasse o caráter fiel e honesto do trabalhador, era vital para quem tivesse pretensões de galgar degraus em carreira no comércio.[105] Entretanto, é incomum nos autos do Juízo de Órfãos a manifestação de expectativas desta natureza entre os menores trabalhadores da cidade – mesmo entre os caixeiros, de modo geral compulsoriamente arregimentados ao trabalho, atados a acordos de trabalho mal ou não remunerado e a patrões recorrentemente tirânicos. A diversificação dos negócios da cidade àquele momento e a concentração de grupos de riqueza menos precarizados nos outros setores do comércio que não o de secos e molhados, como a loja de armarinhos que empregava João Manuel, certamente era fundamental para que as ambições do jovem caixeiro pudessem florescer.[106]

A existência solitária das petições de Elias e João Manoel, sem correlatos entre os tantos outros autos relativos à disputa em torno dos serviços dos menores de idade, sugere que, ao menos entre os trabalhadores menores de idade, os anseios por um futuro profissional de sucesso eram raros. Seria possível argumentar, numa outra perspectiva, que a Justiça, crescentemente instrumentalizada para a arregimentação da mão de obra de menores desvalidos, não seria percebida por estes sujeitos como a instância ideal para defesa de seus interesses. De todo modo, os relatos de informalidade, maus-tratos e fugas que chegam à segunda década do século XX e aos primeiros anos do século XX insinuam que o trabalho para jovens e crianças pobres, sobretudo os engajados em serviços domésticos, se apresentava como uma mistura quase inescapável de coerção e necessidade de sobrevivência, deixando pouco espaço para o empenho em projetos profissionais mais ambiciosos.

Àqueles a quem escapavam as possibilidades de acessar a justiça diretamente em defesa de seus direitos ou de fugir para a companhia de parentes, amigos, ou mesmo novos e quiçá melhores empregadores, restava uma

---

105 POPINIGIS, F. *Proletários de casaca...*, op. cit., p. 72-93.

106 Comparando edições do Almanaque da Província de São Paulo de 1857 e 1873, Maria Luiza Ferreira de Oliveira constata o aumento do número de armazéns na cidade, a ampliação da diversidade das qualidades de casas ligadas ao comércio de secos e molhados e a redução, entre tais estabelecimentos, daqueles de pior reputação, como as casas de pasto e tabernas. OLIVEIRA, M. L. F. *Entre a casa e o armazém...*, op. cit., p. 277-279.

Mães infames, filhos venturosos

recorrente, embora arriscada, alternativa: manifestar ostensivamente sua insatisfação e rebelar-se cotidianamente, fazendo da vida dos empregadores verdadeiro inferno.

A recriminação dos menores insubordinados, "dados à vagabundagem", acompanhou crianças e jovens empobrecidos e trabalhadores desde sempre, assim como sempre lhes perseguiu a disciplina moral do trabalho.[107] Em 1855, Joaquim Sertório, que recolhera à sua casa de negócios o caixeiro Arthur Adolfo Guerra Leão, de 12 anos, reclamava ao Juízo que o menor *"se evadiu de sua casa e anda denovamente vagando pelas ruas dessa cidade".* Não seria a primeira vez, portanto, que o pequeno perturbava a rotina da casa e dos negócios de seu empregador, que insistia na apreensão do menor e dispunha-se, enfim, a fazer com ele um contrato formal de soldada, certamente na tentativa de ampliar seu controle sobre o empregado.[108] Cerca de uma década depois, Caetano Ferreira Balthar denunciava ao Juízo a fuga de Manuel Pinto, garoto português de cerca de 13 anos que, em 1861, lhe fora entregue pelo pai, novamente num arranjo informal de serviços. Em 1864, porém, Manuel havia *"se retirado de sua companhia andando ate hoje sem que se empregasse em occupação estavel e dando-se com excesso a vida dissoluta e desregrada propria da edade".*[109]

Nas décadas finais do século XIX e iniciais do XX, quando os discursos médicos e jurídicos enquadrando a criança como "gérmen da nação e célula do vício" ganhavam força, proliferavam as denúncias de menores gatunos, surpreendidos pelos sargentos dos Urbanos em delitos como furto ou em franca vadiação, e recomendava-se com frequência cada vez maior sua condução a instituições asilares adequadas.[110] Em 1876, a Secretaria de Polícia da

---

107 RIZZINI, Irene. Crianças e menores: do pátrio poder ao pátrio dever. Um histórico da legislação para a infância no Brasil. In: RIZZINI, Irene; PILOTTI, Francisco (org.). *A arte de governar crianças: a história das políticas sociais, da legislação e da assistência à infância no Brasil.* São Paulo: Cortez, 2009, p. 97-153.

108 Cf. APESP – Juízo de órfãos, Autos de requerimento, lata C05446, documento 7994, 1855.

109 Cf. APESP – Juízo de órfãos, Autos de requerimento, lata C05446, documento 8535, 1864.

110 RIZZINI, I. Crianças e menores..., op. cit. Tomo de empréstimo o título da dissertação de Paloma Oliveira: OLIVEIRA, Paloma Rezende de. *Criança: "futuro da nação", "célu-*

Província de São Paulo encaminhava ao juiz de órfãos do município comunicado sobre o menor João da Silva, que andava *"vagabundeando e commettendo furtos"* – comportamento em que era reincidente. A melhor solução, advertia o chefe de polícia que subscrevia a missiva, seria remeter João à companhia de aprendizes marinheiros, dando-lhe oportunidade de regeneração e alternativa melhor do que "a vida desregrada que produzia criminosos".[111] Dois anos mais tarde, o chefe da Companhia de Urbanos solicitava ao juiz de órfãos providências sobre o menor Marcolino Pinto Cabral, *"encontrado em completa vadiação e ja conhecido pela sua malignidade e maus habitos"*.[112]

Nesse período, também a prática de formalização de contratos de soldada e tutelas se ampliava na cidade, e ao mesmo tempo descortinavam-se os desdobramentos da emancipação e do pós-emancipação no comportamento "socialmente indisciplinado" dos subalternos. A insubordinação dos menores contratados ou tutelados passava, então, a ser denunciada nas petições de contratantes e tutores com novas, mais fortes tintas. A distinção da vagabundagem, lugar comum para a definição do mau comportamento dos menores de idade, era substituída por descrições mais detalhadas de subversão. Diferentemente dos exemplos apontados para os anos finais da década de 1870, as queixas apresentadas ao Juízo sobre a "malignidade" e "perversão de hábitos" dos menores agora partiam de dentro das casas aburguesadas da cidade – sinalizando, muito claramente, que embora o vínculo entre Estado e particulares continuasse ativo na administração da infância desvalida, a insubmissão dos menores de idade tornava-se assunto de interesse público.[113] Aos contratantes e tutores, interessava a ampla oferta de serviço barato dos menores de idade. As rebeldias que transtornavam a paz de suas famílias, po-

---

la do vício". *Políticas de Assistência à infância em Juiz de Fora/MG na transição Império/ República*. 164f. Dissertação (Mestrado em Educação). Universidade Federal de Juiz de Fora, 2009.

111 Cf. APESP – Juízo de órfãos, Autos de requerimento, lata C05446, documento 8535, 1864.

112 Cf. APESP – Juízo de órfãos, Autos de petição, lata C05427, documento 10260, 1878.

113 RIZZINI, I. Crianças e menores..., op. cit.

rém, eram mais do que um problema particular – eram um problema para toda a sociedade, a ser resolvido pelas autoridades municipais competentes.

Carlota, de dez anos de idade, filha da *"preta de má vida e dada ao vício da embriaguez"* Maria Joanna, vinda de Rezende, no estado do Rio de Janeiro, foi tutelada em 1892 pelo médico Joaquim Thomaz de Aquino, que alegava ser a menor *"aproveitavel não so pela edade, como pelos bons sentimentos de que e dotada"*.[114] Em fins de janeiro de 1894, a despeito dos virtuosos predicados com que identificara a menina, Aquino solicitou a remissão de suas obrigações de tutor, por *"motivos de ordem particular"*. Eliminado o vínculo, Carlota, então contando 12 anos, foi prontamente arregimentada por outro distinto sujeito, o farmacêutico e capitão João dos Santos – que apesar de receber o título de tutor, comprometia-se com a educação doméstica da menor, bem como com o recolhimento de mensalidades de cinco mil réis em caderneta da Caixa Econômica. Em 1896, passados outros dois anos, porém, também o referido capitão peticionava ao Juízo ser liberado de suas funções de tutor-contratante. Os motivos para tal solicitação eram assim expostos pelo pleiteante:

> Dotada de genio forte e irascivel, longe de ter a submissão que deve ter para com o supplicante e sua familia em cuja casa encontrou ella agasalho, bom trato e educação, revolta-se a menor observação que lhe e feita, chegando mesmo a aggredir physycamente a quem quer que seja; alem disso ocorre a circunstancia de ter uma pessima conduta moral, tanto assim que por tres vezes ella fugio da casa do supplicante, fazendo-se necessario a intervenção da policia para apprehendel-a (...).

Ao momento de sua solicitação, alegava Santos, Carlota encontrava-se fugida, desta vez oculta na Travessa Dr. Abranches, residindo num cortiço em companhia da mãe. Teriam sido as fugas sucessivas e o temperamento indômito o motivo que levara Aquino, o primeiro tutor de Carlota, a solicitar ao Juízo a eliminação do vínculo que os unia? O relato de João dos Santos parece esclarecer as circunstâncias obscuras, de "ordem particular", que teriam levado Joaquim Thomaz de Aquino a abrir mão do domínio sobre a

---

114 Cf. APESP – Juízo de Órfãos, Autos de tutoria, lata C05457, documento 8625, 1892-96.

408 Marília B. A. Ariza

menina. É quase certeiro afirmar que, depois de anos tolerando insubmissão decabida a uma pequena trabalhadora empobrecida, Aquino tivesse desisti-do de docilizá-la. O mesmo ocorrera a João dos Santos – qual não teria sido o tormento doméstico de aturar uma jovem criada que, em lugar de subor-dinação, oferecia fúria, revolta e agressividade? Melhor devolvê-la ao Estado, ou mesmo deixá-la em companhia da mãe. Assim como ela, também Carlota fatalmente se tornaria uma "preta de má vida".

Outros relatos de insubordinações que levavam ao limite tutores e con-tratantes surgem, com maior ou menor eloquência, na década de 1890 e no início do século XX. Em 1895, Manoel Laurindo de Oliveira e Silva, alferes da Guarda Nacional, obteve junto ao Juízo a tutela de Pedro, menino de dez anos de idade, filho de uma mulher falecida e um pai *"paupérrimo e dado ao vício da embriaguez"*.[115] Passados cinco anos, contando Pedro então 14 anos, o alferes solicitava que a tutela fosse convertida em soldada *"rasoavel, atten-dendo aos trabalhos e despezas para sua creação"*. Menos de três meses depois da generosa proposta de Silva ao Juízo, contudo, o agora nomeado contratan-te voltava à carga com a seguinte reclamação:

> Accontece porem que tendo este chegado á edade de 14 annos, agora que alguns serviços poderia prestar ao supplicante (...) tornou-se desobediente e rebelde aos seos conselhos, e ate pelo seu ultimo procedimento promovedor de desordens para com o supplicante e sua familia. Assim, sendo certo que o menor tem pessoas que o açulam contra o supplicante, e querem por meio de promessas enganosas tornal-o um seu inimigo e de sua familia, o supplicante vem perante VExcia desistir do cargo de tutor (...).

É de desacreditar fortemente que somente tendo completado 14 anos de idade tivesse Pedro começado a prestar serviços a seu tutor-contratan-te. De fato, as muitas frestas encontradas pela pesquisa para a vida de pe-quenas crianças tuteladas, bem como a bibliografia vastamente produzida sobre agregação social, permitem afirmar peremptoriamente que a alegação do alferes era falaciosa. Curioso é notar que, justamente no momento em

---

115 Cf. APESP - Juízo de Órfãos, Autos de tutoria, lata C05458, documento 6312, 1895-1901.

que o menor se tornava, segundo ele, apto a receber remuneração por seus serviços – ainda que módica, dadas as despesas feitas com seu sustento – ele se tivesse tornado um terrível incômodo. Repetindo o recorrente argumento da "sedução", Manuel Silva acusava a mal-intencionados terceiros de incitarem a insubordinação de Pedro, quando a realidade bem poderia ser que o próprio menor, arranjando-se melhor acordo de trabalho com outro empregador, talvez ajudado por um conhecido ou um parente, provocasse desconfortos intoleráveis em casa de Silva para que este desistisse de seus serviços. Essa tese, que se coaduna com a interpretação das fugas seguidas de novos arranjos de trabalho como manifestação de cálculo e estratégia de menores trabalhadores, sublinha o paradoxo estabelecido no seio do convênio público-privado unindo Estado e contratantes particulares no acolhimento da infância e juventude desvalidas.

A participação de tutores e contratantes nesse concerto, fortemente mediada nas décadas finais do XIX pela emergência de noções de regulação pública das relações de trabalho, era atravessada pelos discursos, cada vez mais em voga, sobre a ambiguidade da infância.[116] Se, por um lado, diferentemente do que ocorria até a década de 1870, essa orquestração de interesses e discursos intervinha sobre o direito costumeiro e geralmente imperturbável de contratantes e tutores administrarem exclusivamente a disciplina do trabalho sobre os menores, por outro, o afloramento de práticas e de discursos públicos sobre o trabalho e a infância livrava contratantes e tutores do peso de aturar a rebeldia de crianças e jovens. O figurino de educadores civilizadores, fantasia sob a qual se escamoteava o sistema predatório de arregimentação de mão de obra de menores de idade, era agora desvestido pelos empregadores. No momento de maior concentração dos contratos e tutelas formais na cidade, a moralização pelo trabalho era artifício que poderia ser desposado e dispensado com grande facilidade, e os menores trabalhadores eram, mais do que nunca, apenas trabalhadores.

A empreitada moral pela civilização e disciplinamento dos menores trabalhadores não era desacreditada somente por contratantes e tutores, en-

---

116 RIZZINI, Irene. *O século perdido: raízes históricas das políticas públicas para a infância no Brasil*. São Paulo: Cortez, 2008.

410 Marília B. A. Ariza

tretanto. Os próprios menores manifestavam abertamente seu caráter falaz. Experientes nas lides do trabalho e da vida ainda com pouca idade, crianças e jovens arregimentados ao trabalho sabiam perfeitamente qual era o verdadeiro conteúdo de suas circunstâncias. No pós-abolição, quando as hierarquias sociais legadas pela escravidão precisavam ser reordenadas, a agência de meninos, meninas e jovens engajados nos serviços na cidade expressava-se como verdadeira ameaça, como aponta a queixa do capitão Arthur Rodrigues da Motta contra sua tutelada Benedicta.[117] Em 1904, justificando ao Juízo seu pedido de remissão da tutela da jovem de 16 anos, assumida apenas um mês antes, o capitão descrevia com nitidez absoluta a pertinácia de menores trabalhadores que insistiam em afrontar os poderes de seus empregadores, constituídos ao longo do século XIX e reiterados sob a República. A altivez de Benedicta, recusando-se terminantemente a submeter-se à tutela do capitão Motta, atesta o aprendizado precoce dos significados e do valor da automia, encerrando com cores vivas e altamente ilustrativas este capítulo:

> (...) tendo assumido por favor a tutoria da menor Benedicta de Faria (...) e sendo-lhe humanamente impossivel dominar a mesma menor, por seu mau genio, e mesmo por não haver em minha casa a liberdade que esta tanto almeja, assim como tambem vem communicar ao M Juiz que tendo-se dado um facto bem desagradavel pela referida menor em que hia sendo victima sua espoza numa das noites do corrente mez, vem por este motivo requerer a VExcia se digne ordenar a destituição da tutela da menor Benedicta Faria, em que a mesma declara terminantemente não precizar de tutor algum visto que nunca precizou e nem se perdeu até a data presente.

---

117 Cf. APESP – Juízo de Órfãos, Autos de tutoria, lata C05459, documento 6235, 1904.

Considerações finais

Os capítulos que antecederam essas considerações finais procuraram perscrutar o mundo do trabalho urbano e da vulnerabilidade social de personagens fundamentais da história de São Paulo, no século XIX: mulheres sós e seus filhos, elos de grande parte das famílias paulistanas empobrecidas que, engajadas nos serviços nas ruas, casas, oficinas e armazéns, eram as pernas, braços e suor que movimentavam a vida citadina. Interpelados ou escamoteados em fontes judiciais, acionados em contratos, mencionados e desancados em jornais, esses sujeitos acompanharam as mudanças que levaram a acanhada capital de província de inícios dos oitocentos ao ritmo veloz de mudanças e urbanização na virada do século.

Por todo esse tempo, menores de idade foram parte da mão de obra continuamente engajada pelos empregadores da cidade. Das relações de agregação social que geravam os "filhos de criação" aos arranjos informais de trabalho nos quais mães agenciavam seus filhos, meninos e meninas eram agentes essenciais da subsistência de suas famílias – fosse poupando-lhes despesas com seu sustento, fosse contribuindo com magros, porém vitais, rendimentos. Alheios ao controle público e aos olhos de historiadores contemporâneos, esses menores, suas mães, parentes e empregadores tornam-se visíveis por meio das disputas cotidianas que chegavam aos autos do Juízo de Órfãos. Pequenos e jovens trabalhadores explorados, vítimas de violências variadas, mas também insubordinados, altivos e fujões, eles pipocam nos documentos oficiais, trazendo consigo seus empregadores, obstinadamente imbuídos da mentalidade escravista, e suas mães, categoricamente descritas como mulheres de moralidade imprópria aos misteres da maternidade.

A aproximação das décadas finais do século XIX e o aceleramento das pressões da emancipação gradual, no entanto, estabeleceriam novos horizontes para as dinâmicas do trabalho informal de menores de idade na cidade. No intuito de instaurar mecanismos de controle sobre uma mão de obra que, não raro, mostrava-se volátil, e inspirados nos discursos sobre a aprendizagem e a necessidade de educação dos subalternos na ética do trabalho livre, empregadores informais e Juízo de Órfãos recuperaram expedientes de arregimentação formal de pequenos trabalhadores, longamente previstos pelas Ordenações Filipinas: as tutelas e soldadas. A adoção de tais expedientes com crescente frequência, nas décadas finais do século XIX, não significava, é claro, que recursos formais de arregimentação da mão de obra de crianças pobres não tivessem sido utilizados na cidade antes. De fato, embora largamente superado pelas práticas informais, um sólido convênio entre Estado e particulares há muito se afirmara no tocante aos cuidados e encaminhamento da infância desvalida na cidade e alhures. Nos estertores da escravidão e no alvorecer da abolição, contudo, a informalidade passou a conviver com impulsos à oficialização dos vínculos de trabalho unindo crianças pobres e empregadores em São Paulo – rompantes que atingiram seu ápice nas décadas de 1880 e 1890, rapidamente arrefecendo depois. Contratos de soldada, intensamente disputados por empregadores e ex-senhores destituídos de seus ingênuos pelos desdobramentos das Leis de 1871 e 1888, deram lugar, no início do século XX, ao imperativo das tutelas que, com sua lógica caritativa, dissipavam os protocolos contratuais de trabalho que haviam ganhado algum espaço nas décadas anteriores.

Evidentemente, tais mudanças no mundo do trabalho de menores de idade atrelavam-se a um espectro ampliado de esforços empenhados na conformação de éticas, disciplinas e formas de controle do trabalho a que uma sociedade modernizada, livre dos atrasos e ranços da escravidão deveria corresponder. As políticas forjadas para a implantação desses novos estatutos – referidos à processos de dimensões atlânticas, e aplicados em âmbito local e prático por meio de contratos de locação de serviços, soldadas e tutelas, por exemplo – muito se distanciavam de modernos protocolos do trabalho livre que seguiam à risca o corolário capitalista da sociedade de mercado. Pelo contrário, era na consolidação de formas tutelares e dependentes de trabalho que a sociedade pós-emancipação fincava seus pés. Para tanto, amparava-se num emergente repertório ideológico sobre família, infância, higiene e raça que circulava entre a *intelligentsia* imperial e entranhava-se nas políticas e nos projetos desenhados para o futuro nacional. Assim, ganhavam força os discursos médico-higiênicos e jurídicos que delineavam novas normatividades sociais, consagradoras do modelo familiar burguês, sacralizando a mãe branca recolhida na domesticidade do lar e alçando a infância e as crianças ao posto de célula do futuro nacional.

Esse caldo ideológico fez das mães empobrecidas, notadamente daquelas egressas da escravidão, as principais inimigas da formação dos trabalhadores disciplinados do futuro. Descritas como propensas aos vícios, à vadiagem, a comportamentos sexuais desregrados e à insubordinação, essas não eram mulheres adequadas para instruir os próprios filhos nos preceitos da morigeração e comedimento adequados aos trabalhadores livres. Sua busca por autonomia, suas sociabilidades e arranjos familiares fluidos, não definidos segundo os protocolos sociais dominantes e impelidos à constate reinvenção pelas urgências da pobreza, iam na contramão da ordem que se pretendia instalar no mundo do pós-abolição. A caracterização de mulheres trabalhadoras e empobrecidas como material e moralmente desprovidas da capacidade materna, inaptas ao exercício das sublimes virtudes deste encargo, foi, de fato, a plataforma fundamental sobre a qual se afirmou a política de distribuição de mão de obra barata e dependente de menores de idade pelo Juízo de Órfãos de São Paulo. Nesse cenário, eram as libertas, mães de filhos igualmente libertos, ingênuos ou ainda escravizados, que melhor incorporavam os signos dos atrasos e vícios sociais a serem superados no estabelecimento de uma nova ordem social.

Decerto, essa operação de representações que possibilitava à Justiça formal e às famílias abastadas e remediadas da cidade suprimirem das mulheres empobrecidas o controle sobre seus filhos, além das contribuições que estes faziam às rendas familiares, não era por elas ignorada. Por vezes, premidas pela miséria ou buscando assegurar a manutenção dos vínculos com os filhos, apelavam ao Juízo e optavam por recorrer à nomeação de tutores e contratantes, formalmente constituídos para os mesmos. Mais recorrente, todavia, foi a atitude de enfrentamento direto dos poderes públicos e privados a que essas mulheres se lançaram. Contrapondo-se a representações depreciativas de sua alegada incapacidade materna, procuravam produzir provas da lidimidade dos direitos inalienáveis de que deveriam desfrutar como mães. Associando-se a figuras masculinas que emprestassem credibilidade a suas contrarrepresentações maternas, mulheres empobrecidas formalizavam uniões de longa data, arranjavam-se uniões formais de ocasião, ou, ainda, recorriam à legitimação conferida por parentes ou pela perfilhação dos filhos naturais.

Os descaminhos traçados entre a informalidade e a formalização do trabalho de menores de idade na cidade de São Paulo, assim, assumiam sentidos distintos para os vários interesses e personagens sociais em jogo nesse cenário de transformações. Para os empregadores da mão de obra de crianças e jovens empobrecidos, a formalização somente tornou-se expediente conveniente quando sentida a urgência de controlar uma força de trabalho que, no ambiente das agitações sociais estimuladas pela abolição, mostrava-se mais e mais insubordinada. Para o Estado, regular a transformação de pequenos desvalidos em trabalhadores morigerados tornou-se, nas décadas finais do século XIX, parte de um ampliado projeto de modernização nacional. Não obstante, consolidar e manter estruturas efetivamente públicas de acolhimento à pobreza jamais esteve nos planos das autoridades públicas até a emergência das chamadas instituições totais, como os Institutos Disciplinares, na virada do século XIX ao XX. Até lá, eram os filantropos, donos do capital privado, e os empregadores particulares os principais agentes acionados pelo Estado na missão de educar os menores de idade nos rigores e dignidades do trabalho regrado e obediente.

Para as mães dos menores trabalhadores, a formalização dos arranjos de trabalho dos filhos, no mais das vezes, representou cortes impiedosos no orçamento familiar, a interrupção de vínculos afetivos, a intervenção sobre a autonomia de criar os filhos e organizar suas famílias da maneira que lhes parecesse possível ou adequada. Conquanto brutalmente atingidas por tais limitações, essas mulheres souberam delas se apropriar quando, eventualmente, lhes parecia mais convenientes. Para os próprios trabalhadores empobrecidos, o mundo do trabalho formal era uma seara a ser desbravada com resiliência e estratégia. É certo que, entre a informalidade e a formalização, poucas diferenças foram por eles sentidas no que dizia respeito às condições objetivas de trabalho: o cotidiano extenuante e violento que espelhava as experiências vividas sob a escravidão não se alterava, como num passe de mágica, pela simples burocratização dos vínculos que os uniam a seus empregadores. Longe disso, a formalização de tutelas e soldadas amarrava-os a arranjos de trabalho com minguados vencimentos, muitas vezes por prolongados períodos, impedindo-os de buscar, livremente, outras posições em que se achassem melhor acomodados. No caso dos menores formalmente tutelados, ademais, nem mesmo os parcos rendimentos de seus serviços poderiam ser coletados por meninas e meninos trabalhadores uma vez que atingissem a maioridade.

Fugindo, rebelando-se, apelando a novos empregadores ou a autoridades públicas, menores de idade trabalhadores jogavam com as contradições e coincidências dos arranjos formais e informais de trabalho em busca de melhores condições de vida. Assim como para suas mães, nem sempre a informalidade mostrou-se mais hostil do que a formalização. É verdade que, ainda que frágeis, algumas garantias poderiam ser obtidas com a observância dos preceitos judiciais para o assoldadamento ou tutela de pequenos empobrecidos. Embora os poderes públicos tenham sido exercidos de maneira frequentemente discricionária e pouco cautelosa, notícias de maus-tratos que chegavam aos ouvidos do Juízo eram, muitas vezes, sucedidas da destituição de empregadores ou tutores formais, e curadores-gerais de órfãos poderiam pleitear melhores soldadas e condições de agenciamento para seus curatelados. No limite, pode-se supor que a constituição de pecúlios arduamente amealhados poderia representar algum tipo de vantagem para os trabalhadores quando se tornassem, aos olhos da lei, adultos responsáveis por si próprios.

A leitura dos autos judiciais, notícias de jornal e contratos de trabalho que se referem àqueles que, um dia, foram pequenos trabalhadores da cidade, entretanto, provoca muitas desconfianças sobre essa interpretação otimista das potenciais serventias de soldadas e tutelas para os menores de idade. O caso da jovem Ursulina é exemplo altamente sugestivo dos vícios de uma dinâmica que envolvia mães pobres e seus filhos num ciclo de exploração e reposição de mão de obra barata.[1] Em petição encaminhada ao Juízo de Órfãos, em novembro de 1891, assinada a seu rogo, dizia ela o seguinte:

---

1   Cf. APESP – Juízo de Órfãos, Autos de petição, lata C05428, documento 8967, 1891.

> Diz Ursulina de Siqueira Cardoso, brasileira, maior de 21 annos, que tendo estado contractada como orphã na casa do Senhor Thomaz Gonçalves Gomide e tendo este Senhor entregado no 1º Cartorio de Orphãos deste Juizo diversas quantias afim de ser collocada na Caixa Economica, e como a Supplicante hoje vive sobre si, lutando com difficuldade para o seu sustento e de uma sua filhinha, vem respeitosamente pedir a Vossa Excelencia se digne mandar entregar aquella quantia.

Curtos, os autos trazem poucos, porém luminosos, fragmentos da vida de Ursulina – rastros que, em diversas medidas, poderiam levar à realidade de muitos outros pequenos trabalhadores e suas mães. Sua certidão de batismo, apensa, informa que a peticionária era natural de Jacareí, no Vale do Paraíba paulista; lá fora batizada, em 1870, em presença da mãe, Maria Benedicta, do pai, Firmino de Siqueira Cardoso, e do padrinho, Vicente de Siqueira Cardoso. A coincidência de sobrenomes entre filha, pai e padrinho admite supor que esse fosse um parente, talvez um tio paterno, já que sua mãe não trazia o mesmo nome. Não é impossível imaginar, contudo, que o sobrenome carregado por ela e o pai fosse herdado de um proprietário que, como poderia ocorrer entre senhores e seus escravizados, tivesse batizado a menor. Sabe-se pelos autos, no entanto, que em 1882 Ursulina passou a ser tutelada e assoldada. Nessa data, portanto, mesmo que tivesse nascido de ventre escravo, já seria liberta.

Talvez seus pais não fossem escravos quando de seu nascimento, mas sim forros. Talvez ainda não fossem nem escravos e nem libertos, apenas uma família empobrecida que sedimentava seus laços de solidariedade por meio do compadrio. O passado de Ursulina, enfim, é uma turvação que admite poucas certezas. Seria ela filha natural ou legítima? Teria sido criada por uma mãe solteira e arrancada ao seu convívio por determinação do Juízo de Órfãos? Os motivos por que teria ela, com pai e mãe identificados na certidão de batismo, sido legalmente enquadrada na categoria de órfã e encaminhada ao trabalho como assoldada na casa de terceiros são uma incógnita, apenas parcialmente respondida pela certeza de sua infância depauperada. Sobre o momento em que encaminhava a petição ao Juízo tampouco há grandes convicções, a não ser a certeza da imperativa pobreza que lhe acompanhara ao longo dos anos, então agravada pela existência de uma filha ainda pequena a quem Ursulina encontrava dificuldades de sustentar. Seria ela também uma mulher sozinha, sem família, sem marido ou amásio que lhe ajudassem no desafio cotidiano da sobrevivência? Teria sido ela capaz, de posse dos 203 mil réis coletados após ser considerada apta pelo Juízo a reger seus próprios bens, de evitar que a filha se tornasse, no futuro, também uma criança assoldada revivendo,assim, a história da mãe? São perguntas que permanecem sem resposta, mas que devem ser continuamente refeitas para que se faça algum tipo de justiça a mulheres pobres e seus filhos, sujeitos que construíram a vida de uma cidade que hoje, folgando-se nas memórias da imigração europeia, os relega ao ocaso de sua história.

Agradecimentos

Feita a travessia, há muita gente e coisa a agradecer pelos anos de trabalho que desaguam neste livro. A lista que segue é mais longa do que a sobriedade recomenda, mas certamente, mais acanhada do que os afetos autorizam.

Começo saudando a universidade pública – e, nominalmente, a Universidade de São Paulo, onde me formei. Embora haja, ainda, muito a avançar, a certeza de que a universidade é terra fértil para a democracia – para a convivência, a crítica e a criatividade que nos transformem numa sociedade mais justa e solidária – deve, penso eu, alimentar nosso espírito de inconformidade e esperança em tempos bicudos como os nossos. Saudações também às agências de fomento que alimentam a produção científica no país: agradeço à Fundação de Amparo à Pesquisa do Estado de São Paulo (FAPESP) e à Coordenação de Aperfeiçoamento de Pessoal de Nível Superior (CAPES) – esta, em parceria com o Programa de Pós-Graduação em História Social da Universidade de São Paulo –, que financiaram, respectivamente, a pesquisa original de doutoramento e publicação deste livro.

À Maria Helena Machado, mestra e amiga, cuja combinação única de ousadia, rigor e desprendimento intelectual permitiram que eu transformasse ideias em trabalho concreto, agradeço por tantos anos de convivência e aprendizado – sobre história, certamente, mas também sobre os astros e os espíritos. A ela serei eternamente grata pela aposta que fez naquela menina que bateu à sua porta há mais de uma década.

Tive a sorte de encontrar ainda outros grandes professores ao longo do caminho: Flávio Gomes, Beatriz Mamigonian, Keila Grinberg e Lilia Schwarcz, que enriqueceram este livro com seus comentários precisos na defesa da tese; Mariana Muaze e Sueann Caufield, que me acolheram calorosamente na University of Michigan; Lígia Ferreira, com quem tanto aprendo. Todos eles seguem alimentando inquietações, ideias e debates que me formam e desafiam. Pelo período que passei em Michigan em estágio de pesquisa, sou grata também à acolhida de Bebete Martins e Rebecca Scott.

Devo muito aos amigos, verdadeiro sal da vida. Flá e Ju (e agora Laurinha!) e nossa longa estrada; Lu, Bela, Lê e Má, meninas históricas do meu coração; Pi, Lu, Li, Cassi, Re; Sanny, Rafa, Re e Rerrê; toda a equipe de contra-ataque festivo que alegra a vida: quem tem amigo, tem tudo. Muito sortuda, faço ainda parte de um círculo afetuoso de colegas e parceiros unidos contra o "oco da história", com quem compartilho dores e delícias deste infame ofício. Dispensando a formalidade, agradeço à Clícea, luz dos dias glaciais em Ann Arbor, Maíra, farol da sensatez, Lorena, Clara, Débora, Luciana, Joana, Letícia, Karoline, Alê Cardoso (meu salvador!) e Alê Otsuka pela troca e generosidade.

A Edinho, Tata, Gui, Ri, Mamá e Léo, agradeço por me acolherem nessa família tão afetuosa, e também pelo Theo e a Nena. À Socoro, sogra querida, fica até difícil dizer "obrigada" em justa proporção, tantos são os cuidados e carinhos que dela recebo – inclusive a revisão das páginas que se seguem...

Meus pais, Thais e Chicão, são "força para nos proteger, carinho para nos confortar, olhos e coração bem abertos para nos compreender" – sempre meus companheiros, fonte infinita de acolhimento, amor livre e generoso. Agradecê-los é inevitável, mas tão pouco que parecem bobagem. A meus irmãos, Flora, Quico, Mimo, Iac, o afeto mais profundo e a gratidão mais alegre pela cumplicidade silenciosa e perene que nos une e identifica – e, além do mais, por, junto com nossos pais, terem arregaçado as mangas me ajudando na transcrição de manuscritos da pesquisa.

A tese é dedicada ao Fábio, amor que faz o rio encontrar o mar, meu par nos dias bons e nos nem tão bons assim, ao lado de quem a vida é maior e o mundo é mais possível. A ele agradeço por muitas coisas, mas, especialmente, por me ajudar a descobrir que [vaca, manacá, nuvem, saudade, cana, café, capim] coragem grande é poder dizer sim.

Fontes

Obras de referência:

FREITAS, Affonso. *A imprensa periódica de São Paulo desde seus primórdios em 1832 até 1914*. São Paulo: Typographia do Diario Official, 1915.

SACRAMENTO BLAKE, Augusto Victorino Alves. *Diccionario Bibliographico Brazileiro*. Rio de Janeiro: Imprensa Nacional, 1898.

Fontes impressas:

JAGUARIBE FILHO, Domingos José Nogueira. A respeito das mães. In: *Almanach Literário Paulista*, 1875 a 1884.

MOTTA, Cândido Nogueira da. *Os menores delinquentes e seu tratamento no estado de São Paulo*. São Paulo: Typographia Diario Oficial, 1909.

ROMERO, Sylvio. *A litteratura brazileira e a critica moderna*: ensaio de generalização. Rio de Janeiro: Imprensa Industrial de João Paulo Ferreira Dias, 1880.

Decretos:

Decisão nº 23, Império, 19 de janeiro de 1835. In: *Colecção das Decisões do Governo do Império do Brasil de 1835*. Rio de Janeiro: Typographia Nacional, p. 62-63, 1864. Disponível em: <http://www2.camara.leg.br/atividade-legislativa/legislacao/publicacoes/doimperio>. Acesso: 12.12.2019.

Decreto de 21 de fevereiro de 1832, Capítulo IV, art. 48 e 49. In: *Coleção de Leis do Império do Brasil - 1832*, Vol. I. Rio de Janeiro: Typographia Nacional, p. 37, 1864. Disponível em: <http://www2.camara.leg.br/legin/fed/decret_sn/1824-1899/decreto-37356-21-fevereiro-1832-563924-publicacaooriginal-87986-pe.html>. Acesso: 12.12.2019.

Decreto de 29 de dezembro de 1837. In: *Coleção de Leis do Império do Brasil - 1837*, Vol. I. Rio de Janeiro: Typographia Nacional, p. 61, 1864. Disponível em: <http://www2.camara.leg.br/legin/fed/decret_sn/1824-1899/decreto-37356-21-fevereiro-1832-563924-publicacaooriginal-87986-pe.html>. Acesso: 12.12.2019.

Decreto nº 1.237 de 24 de setembro de 1864. In: *Coleção de Leis do Império do Brasil - 1864*, Vol. I. Rio de Janeiro: Typographia Nacional, p. 69, 1864. Disponível em: <http://www2.camara.leg.br/legin/fed/decret/1824-1899/decreto-1237-24-setembro-1864-554789-publicacaooriginal-73725-pl.html>. Acesso: 12.12.2019.

Decreto nº 1.695 de 15 de setembro de 1869. In: *Coleção de Leis do Império do Brasil – 1869*, Vol. I, p. 129, 1869. Disponível em: <http://www2.camara.leg.br/legin/fed/decret/1824- 1899/decreto-1695-15-setembro-1869-552474-publicacaooriginal-69771-pl.html>. Acesso: 12.12.2019.

Decreto nº5.135 de 13 de novembro de 1872. *Coleção de Leis do Império do Brasil – 1872*, Vol. II, p. 1053, 1872. Disponível em: http://www2.camara.leg.br/legin/fed/decret/1824- 1899/decreto-5135-13-novembro-1872-551577-publicacaooriginal--68112-pe.html. Acesso: 12.12.2019.

Decreto 1.313 de 17 de janeiro de 1891. In: *Coleção de Leis do Brasil - 1891*, Vol. 4, p. 326, 1891. Disponível em: <http://www2.camara.leg.br/legin/fed/decret/1824-1899/decreto-1313-17- janeiro-1891-498588-publicacaooriginal-1-pe.html>. Acesso: 12.12.2019.

Decreto 233 de 02 de março de 1891. In: *Diario Official do Estado de São Paulo*, 08 mar. 1894. Cap VII: Fabricas e Officinas, art. 180. Disponível em: <http://dobuscadireta.imprensaoficial.com.br/default.aspx?DataPublicacao=18940308&Caderno=DO&NumeroPagina=9605>. Acesso: 12.12.2019.

Decreto nº 5.143 de 27 de fevereiro de 1904. In: *Diario Official do Estado de São Paulo*, 27 fev. 1904. Disponível em: http://legis.senado.gov.br/legislacao/ListaTextoIntegral.action?id=47364&norma=63135>. Acesso: 12.12.2019.

Leis:

Lei de 16 de dezembro de 1830, art. 179. Codigo Criminal do Imperio do Brazil, Parte Primeira, Título I, Capítulo I. Disponível em: <http://www.planalto.gov.br/ccivil_03/leis/lim/LIM-16-12- 1830.htm#art179>. Acesso: 12.12.2019.

Lei nº 108 de 11 de outubro de 1837, artigos 2º, 3º e 4º. In: *Colecção das Leis do Império do Brasil de 1837. Parte I.* Rio de Janeiro: Typographia Nacional, 1861, p. 76-80. Disponível em: <http://www2.camara.leg.br/atividade-legislativa/legislacao/publicacoes/doimperio>. Acesso: 12.12.2019.

Lei nº 2.040, de 28 de setembro de 1871. Disponível em: <http://www.planalto.gov.br/ccivil_03/leis/lim/LIM2040.htm>. Acesso em: 12.12.2019.

Lei nº 8.069 de 13 de julho de 1990. Estatuto da Criança e do Adolescente, tit. II, cap. V, art. 61 a 69. Disponível em: <http://www.planalto.gov.br/ccivil_03/leis/L8069Compilado.htm>. Acesso: 12.12.2019.

Ordenações Filipinas:

Ordenações Filipinas, Livro 1º, Título 83. Disponível em: <http://www1.ci.uc.pt/ihti/proj/filipinas/l1p212.htm>. Acesso: 12.12.2019.

Ordenações Filipinas, Livro 1º, Título 88. Disponível em: <http://www1.ci.uc.pt/ihti/proj/filipinas/l1p212.htm>. Acesso: 12.12.2019.

Ordenações Filipinas, Livro 1º, Título 138. Disponível em: <http://www1.ci.uc.pt/ihti/proj/filipinas/l1p212.htm>. Acesso: 12.12.2019.

Ordenações Filipinas, Livro 4º, Título 31. Disponível em: <http://www1.ci.uc.pt/ihti/proj/filipinas/l1p212.htm>. Acesso: 12.12.2019.

Ordenações Filipinas, Livro 4º, Título 102. Disponível em: <http://www1.ci.uc.pt/ihti/proj/filipinas/l1p212.htm>. Acesso: 12.12.2019.

Juízo de Órfãos de São Paulo (Arquivo Público do Estado de São Paulo – APESP):

Autos Administrativos (latas): C05450; C05451; C05452.

Autos de Apreensão e Entrega (latas): C05336; C05337; C05338; 05354.

Autos de Contrato (latas): C05358.

Autos de Declaração (latas): 05357. Autos de Denúncia (latas): C05357.

Autos de Depósito (latas): C05336; C05354.

Autos de Diligência (latas): C05359; 5360; 05361. Autos de Liberdade (latas): C05355; C05356.

424 Marília B. A. Ariza

Autos de Notificação (latas): 05419. Autos de Pecúlio: C05422.

Autos de Petição (latas): C05426; C05427; C05428; 05429. Autos de Requerimento (latas): C05444; C05445; C05446.

Autos de Tutoria (latas): C05453; C05454; C05455; C05456; C05457; C05458; C05459.

Processos Policiais (lata): C05439; C05440.

Tribunal de Justiça de São Paulo (Arquivo Público do Estado de São Paulo – APESP):

Lotes: 201006003403; 201006003452; 201006003491; 201006003497; 201006003712; 201006004038; 201006004044; 201006004045; 201006004046; 201006004064; 201007000209; 201007000520.

Primeiro Cartório de Notas da Capital:

Livro 75 (1875); Livro 76 (1877); Livro 77 (1878); Livro 81 (1883); Livro 87 (1883); Livro 81 (1884); Livro 94 (1885); Livro 97 (1886); Livro 99 (1887).

Segundo Cartório de Notas da Capital:

Livro 46 / Nº de Ordem: E12101; Livro 47 / Nº de Ordem: E12102; Livro 49 / Nº de Ordem: E12104; Livro 50 / Nº de Ordem: E12105; Livro 60 / Nº de Ordem: E12115; Livro 63 / Nº de Ordem: E12118; Livro 69 / Nº de Ordem: E12124.

Hemeroteca Digital da Biblioteca Nacional:

A Alvorada (datas das publicações): 15.08.1880.

O Commercio de S. Paulo (datas das edições): 17.09.1893; 24.04.1895; 25.04.1895; 06.09.1895; 28.12.1898.

A Constituinte (datas das edições): 27.04.1880; 03.06.1880.

Correio Paulistano (datas das edições): 04.04.1856; 13.01.1855; 18.07.1856; 28.10.1856; 02.06.1862; 24.06.1863; 16.01.1864; 02.07.1864; 01.01.1867; 08.06.1867; 13.05.1868; 12.04.1870; 05.10.1870; 03.08.1874; 06.05.1875; 10.10.1876; 18.11.1876; 04.01.1877; 01.11.1877; 09.11.1877; 19.05.1878;

03.09.1878; 08.09.1880; 08.02.1881; 13.03.1881; 16.03.1881; 24.02.1882; 26.03.1862; 23.10.1882; 09.07.1883; 04.12.1883; 28.02.1885; 01.12.1885; 31.10.1886; 27.02.1887; 20.03.1887; 19.10.1887; 10.05.1888; 18.08.1888; 22.10.1890; 25.12.1892; 14.01.1893; 27.01.1893; 04.03.1893; 22.08.1897; 28.12.1898.

Diario de S. Paulo (datas das edições): 08.06.1867; 22.03.1870; 04.10.1870; 27.04.1871; 12.07.1871; 30.07.1871; 15.09.1871; 08.03.1872; 09.11.1875; 30.11.1877; 20.01.1878; 03.09.1878.

A Familia (datas das edições): 08.12.1888; 15.12.1888; 02.02.1889; 23.02.1889; 27.04.1889; 14.06.1890; 06.01.1894.

Jornal da Tarde (datas das edições): 24.04.1879.

O Ypiranga (datas das edições): 09.01.1868.

Museu da Santa Casa de Misericórdia de São Paulo:

Livro de Assentamento de Expostos (1876-1894)
Livro de Matrículas de Expostos (1899-1901) Livro de Registro de Expostos (1907-1916) Livro de Vencimento de Amas (1897-1901) Livro de Vencimentos de Amas (1901-1903)

Bibliografia

ABREU, Martha. Slave Mothers and Freed Children: Emancipation and Female Space in Debates on the "Free Womb" Law, Rio de Janeiro, 1871. *Journal of Latin American Studies*, Cambridge, n. 28, p. 567-580, 1996.

ALANIZ, Anna Gicelle García. *Ingênuos e libertos: estratégias de sobrevivência familiar em épocas de transição (1871-1895)*. Campinas: CMU/Unicamp, 1997

ALENCASTRO, Luis Felipe de. Proletários e escravos: imigrantes portugueses e cativos africanos no Rio de Janeiro, 1850-1872. *Novos Estudos CEBRAP*, n. 21, p. 30-56, 1998.

ALGRANTI, Leila Mezan. *O feitor ausente: estudo sobre a escravidão urbana no Rio de Janeiro*. Petrópolis: Vozes, 1988.

ALMEIDA, Angela Mendes de. *Mães, esposas, concubinas e prostitutas*. Seropédica: EDUR, 1996.

_____. *Família e modernidade: o pensamento jurídico brasileiro no século XIX*. São Paulo: Porto Calendário, 1999.

ALMEIDA, Rita Heloísa de. *O Diretório dos Índios: um projeto de 'civilização' no Brasil do século XVIII*. Brasília: Editora UnB, 1997.

ALVAREZ, Marcos César. *Emergência do Código de Menores de 1927: uma análise do discurso jurídico e institucional da assistência e proteção aos menores*. 235f. Dissertação (Mestrado em Sociologia) – Faculdade de Filosofia, Letras e Ciências Humanas, Universidade de São Paulo, São Paulo, 1989.

ALVES, Maíra Chinelatto. *Cativeiros em conflito*: crimes e comunidades escravas em Campinas (1850-1888). 324f. Tese (Doutorado em História Social) – Universidade de São Paulo, São Paulo, 2015.

AMBROSINI, Diego Rafael; FERNANDES, Maria Fernanda Lombardi. Elite política, abolicionismo e republicanismo: 1850-1889. In: MOTA, Carlos Guilherme (org.). In: *Os juristas na formação do Estado-Nação brasileiro (de 1850 a 1930)*. São Paulo: Saraiva, p. 199-217, 2010.

ANDREWS, George Reid. *Negros e Brancos em São Paulo, 1888-1988*. Bauru: Edusc, 1998.

ARANTES, Adlene Silva. *O papel da Colônia Orfanológica Isabel na educação e na definição dos destinos dos meninos, negros, brancos e índios na província de Pernambuco (1874-1889)*. 233f. Dissertação (Mestrado em Educação) – Universidade Federal de Pernambuco, Recife, 2005.

ARIÈS, Philippe. *História social da criança e da família*. Rio de Janeiro: LTC, 2014.

ARIZA, Marília Bueno de Araújo. *O ofício da liberdade: libertandos locadores de serviços em São Paulo e Campinas (1830-1888)*. São Paulo: Alameda Editorial, 2014.

ASSIS, Márcio Branco de. *A criança e a ordem: teoria e prática jurídica no tratamento da criança desviante na Belle Époque carioca*. 241f. Dissertação (Mestrado em História) – Faculdade de Filosofia, Letras e Ciências Humanas, Universidade de São Paulo, São Paulo, 1997.

AZEVEDO, Célia Marinho. *Onda negra, medo branco: o negro no imaginário das elites do século XIX*. São Paulo: Annablume, 2008.

AZEVEDO, Elciene. *Orfeu de carapinha: a trajetória de Luiz Gama na imperial cidade de São Paulo*. Campinas: Unicamp, 2005.

_____. *O direito dos escravos: lutas jurídicas e abolicionismo na província de São Paulo*. Campinas: Editora Unicamp, 2010.

AZEVEDO, Gislane Campos. A tutela e o contrato de soldada: a reinvenção do trabalho compulsório infantil. *História Social*, n. 3, p. 11-36, 1996.

_____. *De Sebastianas e Geovannis: o universo do menor nos processos dos juízes de órfãos da cidade de São Paulo (1871-1917)*. 181f. Dissertação (Mestrado em História) – Pontifícia Universidade Católica, São Paulo, 1995.

BACELLAR, Carlos de Almeida Prado. *Família e sociedade em uma comunidade de abastecimento interno. Sorocaba nos séculos XVIII e XIX*. 176f. Tese (Doutorado em História Social) – Faculdade de Filosofia, Letras e Ciências Humanas, Universidade de São Paulo, São Paulo, 1995.

BADINTER, Elisabeth. *Um amor conquistado: o mito do amor materno*. Rio de Janeiro: Nova Fronteira, 1986.

BARROS, Maria Paes de. *No tempo de dantes*. São Paulo: Paz e Terra, 1998.

BASSANEZI, Maria Silvia Beozzo (org.). *São Paulo do passado: dados demográficos, 1886, IV*. Campinas: Núcleo de Estudos da População – Universidade Estadual de Campinas, 1999. <Disponível em: http://www.nepo.unicamp. br/publicacoes/censos/1886.pdf>. Acesso: 27 out. 016.

BEATTIE, Peter. *The tribute of blood: army honor, race and nation in Brazil (1864-1945)*. Durham: Duke University Press, 2001.

BERTIN, Enidelce. Uma "preta de caráter feroz" e a resistência ao projeto de emancipação. In: MACHADO, Maria Helena P. T.; CASTILHO, Celso Thomas (org). *Tornando-se livre*: Agentes históricos e lutas sociais no processo de abolição. São Paulo: Edusp, p. 129-142, 2015.

_____. *Alforrias na São Paulo do século XIX: liberdade e dominação*. São Paulo: Humanitas, 2004.

_____. *Os meias-caras: Africanos livres em São Paulo no século XIX*. Salto: Schoba, 2013.

BIROLLI, Maria Izabel de Azevedo Marques. *Os filhos da República: a criança pobre na cidade de São Paulo, 1900-1927*. 246f. Dissertação (Mestrado em História) – Pontifícia Universidade Católica, São Paulo, 2000.

BRANA-SHUTE, Rosemary; SPARKS, Randy J. *Paths to Freedom: Manumission in the Atlantic World*. Columbia: South Carolina University Press, 2009.

BRERETON, Bridget. Familie Strategies, Gender and the Shift to Wage Labor in the British Caribbean. In: SCULLY, Pamela; PATON, Diana (Ed.). *Gender and Slave Emancipation in the Atlantic World*. Durham: Duke University Press, p. 143-160, 2005.

BUSH, Bárbara. "Hard Labor: Women, Childbirth, and Resistance in British Caribbean Slave Societies. In: GASPAR, David Barry; HINE, Darlene Clarke (Ed.). *More than Chattel: Black Women and Slavery in the Americas*. Bloomington and Indianapolis: Indiana University Press, p. 193-21, 1996.

_____. African Caribbean Slave Mothers and Children: Traumas of Dislocation and Enslavement across the Atlantic World. *Caribbean Quarterly*, v. 56, n. 1/2, p. 69-94, 2010.

CAMARGO, Isabela do Carmo. *Entre cestos e pregões: os trabalhadores ambulantes na cidade de São Paulo, 1890-1910*. 137f. Dissertação (Mestrado em História) – Pontifícia Universidade Católica de São Paulo, São Paulo, 2013.

CARDOSO, Ciro Flamarion. *Escravo ou camponês? O protocampesinato negro nas Américas*. São Paulo: Brasiliense, 1987.

CARNEIRO, Elisabeth Ribeiro. *Procura-se uma "preta com muito bom leite, prendada e carinhosa": uma cartografia das amas de leite na sociedade carioca (1850-1888)*. 2016. 419f. Tese (Doutorado em História). Universidade de Brasília, Brasília, 2006.

CARNEIRO, Sueli. Mulheres em movimento. *Estudos Avançados*, v. 49, n. 17, p. 117-132, 2003.

CARVALHO, Marcus J. M. de. De portas adentro e de portas afora: trabalho doméstico e escravidão no recife, 1822-1850. *Afro-Ásia*, n. 29/30, p. 41-78, 2003.

CARVALHO. Vera Maria de. *Girando em torno da roda: a Misericórdia de São Paulo e o atendimento às Crianças Expostas, 1897-1951*. 272f. Dissertação (Mestrado em História Social) – Faculdade de Filosofia, Letras e Ciências Humanas - Universidade de São Paulo, São Paulo, 1996.

CASTILHO, Celso T.; COWLING, Camillia. Bancando a liberdade, popularizando a política: abolicionismo e fundos locais de emancipação na década de 1880 no Brasil. *Afro-Ásia*, Salvador, n. 47, p. 161-197, 2013.

CAUFIELD, Sueann. *Em defesa da honra: moralidade, modernidade e nação no Rio de Janeiro (1918-1940)*. Campinas: Editora Unicamp, 2000.

CERASOLI, Josianne Francia. *Modernização no plural: obras públicas, tensões sociais e cidadania em São Paulo na passagem do século XIX para o XX*. Tese (Doutorado em História). 359f. Instituto de Filosofia e Ciências Humanas, Universidade Estadual de Campinas, 2004.

CHALHOUB, Sidney. Costumes senhoriais: escravização ilegal e precarização da liberdade no Brasil Império. In: AZEVEDO, Elciene; CANO, Jefferson; CHALHOUB, Sidney; CUNHA, Maria Clementina Pereira (org.).

Trabalhadores na cidade: cotidiano e cultura no Rio de Janeiro e em São Paulo, séculos XIX e XX. Campinas: Editora da Unicamp, p. 23-62, 2009.

_____. *Visões da liberdade: uma história das últimas décadas da escravidão na Corte*. São Paulo: 1990.

COOPER, Frederick; HOLT, Thomas C.; SCOTT, Rebecca J. *Beyond slavery: explorations of race, labor and citizenship in postemancipation societies*. Chapel Hill: University of North Carolina Press, 2000.

COLLINS, Jane-Marie. Intimacy, inequality and *democracia racial*: theorizing race, gender and sex in the history of Brazilian race relations. *Journal of Romance Studies*, v. 2, n. 7, p. 19-34, 1997.

_____. *Mãe Africana, Pátria Brasileira*: negotiating the racial politics of identity, freedom and motherhood in nineteenth-century Bahia, Brazil. In: COLLINS, Jane-Marie. *Intimacy and Inequality: female histories and feminist readings of manumission and motherhood in Brazilian slave society (Bahia 1830-1888)*. Liverpool: Liverpool University Press. No prelo.

CONRAD, Robert. *Os últimos anos da escravatura no Brasil*. Rio de Janeiro: Civilização Brasileira, 1978.

COSTA, Jurandir Freire. *Ordem médica e norma familiar*. Rio de Janeiro: Graal, 2004.

COWLING, Camillia. Negociando a liberdade: Mulheres de cor e a transição para o trabalho livre em Cuba e no Brasil (1870-1888). In: LIBBY, Douglas Cole; FURTADO, Junia Ferreira (org.). *Trabalho livre, trabalho escravo: Brasil e Europa, séculos XVIII e XIX*. São Paulo: Annablume, 2006.

_____. Debating Womanhood, Defining Freedom: The Abolition of Slavery in 1880's Rio de Janeiro'. *Gender & History*, v. 22, n. 2, p. 284-301, 2010.

_____. "As a slave woman and as a mother": woman and the abolition of slavery in Havana and Rio de Janeiro. *Social History*, v. 36, n. 3, p. 294-311, 2011.

_____. *Conceiving Freedom: Women of Color, Gender and the Abolition of Slavery in Havana and Rio de Janeiro*. Chapel Hill, NC: The University of North Carolina Press, 2013.

COWLING, Camillia et.al (eds). Mothering slaves: motherhood, childlessness and the care of children in Atlantic slave societies. *Slavery & Abolition*, Abingdon, UK: Taylor and Francis, v. 38, n. 2, 2017.

_____. Mothering slaves: motherhood, childlessness and the care of children in Atlantic slave societies. *Women's History Review*, v. 1727, n. 6, 2018.

_____. *Motherhood, childlessness and the care of children in Atlantic slave societies.* London/New York: Routledge – Taulor and Francis, 2019.

CRUDO, Mathilde Araki. *Infância, trabalho e educação: os aprendizes do Arsenal de Guerra do Mato Grosso.* 382f. Tese (Doutorado em História) – Universidade Estadual de Campinas, Campinas, 2005.

CUNHA, Luiz Antônio. *O ensino de ofícios artesanais e manufatureiros no Brasil escravocrata.* São Paulo: Editora UNESP, Brasília, DF: FLACSO, 2000.

CUNHA, Manuela Carneiro da. Sobre os silêncios da lei: lei costumeira e lei positiva nas alforrias de escravos no Brasil do século XIX. In: CUNHA, Manuela Carneiro da. *Antropologia do Brasil: mito, história, etnicidade.* São Paulo: Brasilense/Edusp, 1986.

_____. Política indigenista no século XIX. In: CUNHA, M. C. da (org.). *História dos índios no Brasil.* São Paulo: Cia. das Letras: Secretaria Municipal de Cultura: Fapesp, p. 115-174, 1992.

DANTAS, Mônica Duarte; COSTA, Vivian Chieregati. O pomposo nome da liberdade do cidadão: trabalhadores livres e as tentativas de arregimentação e coerção da mão de obra no Império do Brasil. *Estudos Avançados*, v. 30, n. 87, p. 29-48, 2016.

DARREL, Levi E. *A família Prado.* São Paulo: Cultura 70, 1977.

DAVID, Alessandra. *Tutores e tutelados: a infância desvalida em Franca (1850-1888).* 147f. Dissertação (Mestrado em História) – Faculdade de História, Direito e Serviço Social, Universidade Estadual Paulista, Franca, 1997.

DAVIN, Anna. Imperialism and Motherhood. In: COOPER, Frederick; STOLER, Ann Laura (ed.). *Tensions of Empire: colonial cultures in bourgeois world.* Berkeley: University of California Press, p. 89-151, 1997.

DEBRET, Jean Baptiste. *Viagem pitoresca e histórica ao Brasil.* Belo Horizonte: Ed. Itatiaia, 1989.

DENNIS, Michael J. The ILO Convention on the Worst Forms of Child Labor. *The American journal of International Law*, v. 93, n. 4, p. 943-948, 1999.

DIAS, Maria Odila Leite da Silva. Mulheres sem História. *Revista de História*, São Paulo, n. 114, p. 32-45, 1983.

_____. Nas Fímbrias da Escravidão Urbana: negras de tabuleiro e de ganho. *Estudos Econômicos*, São Paulo, n. 15, p. 89-109, 1992.

_____. *Quotidiano e poder em São Paulo do século XIX*. São Paulo: Brasiliense, 1995.

_____. Resistir e sobreviver. In: PINSKY, Carla Bassanezi; PEDRO, Joana Maria. *Nova História das Mulheres* (org.). São Paulo: Contexto, p. 360-381, 2012.

EISENBERG, Peter L. *Homens esquecidos: escravos e trabalhadores livres no Brasil – séc. XVIII e XIX*. Campinas: Editora da UNICAMP, 1989.

ENGEL, Magali. *Meretrizes e doutores: saber médico e prostituição no Rio de Janeiro (1840-1890)*. São Paulo: Brasiliense, 1988.

ESTEVES, Martha Abreu. *Meninas perdidas: os populares e o cotidiano de amor no Rio de Janeiro da Belle Époque*. Rio de Janeiro: Paz e Terra, 1989.

FARGE, Arlette. *O sabor do arquivo*. São Paulo: Edusp, 2009.

FARIA, Scheila de Castro. Família escrava e trabalho. *Tempo*, v. 6, n. 3, 1998.

_____. Mulheres forras: Riqueza e estigma social. *Tempo*, Rio de Janeiro, n. 9, p. 65-92, 2000.

FARIAS, Juliana Barreto et alii. *Cidades Negras: Africanos crioulos e espaços urbanos no Brasil escravista do século XIX*. São Paulo: Alameda Editorial, 2009.

FAUSTO, Boris. *Trabalho urbano e conflito social: 1890-1920*. Rio de Janeiro: Bertrand Brasil, 2000.

_____. *Crime e cotidiano: a criminalidade em São Paulo (1880-1924)*. São Paulo: Edusp, 2001.

FERRAZ, Lizandra Meyer. *Entradas para a liberdade: formas e frequência da alforria em Campinas no século XIX*. 202f. Dissertação (Mestrado em História) – Universidade Estadual de Campinas, Campinas, 2010.

FERREIRA, Lígia Fonseca. *Primeiras trovas burlescas de Luiz Gama e outros poemas*. São Paulo: Martins Fontes, 2000.

_____. *Poemas, artigos, cartas, máximas*. São Paulo: Imprensa Oficial, 2011.

FERREIRA FILHO, Alberto Heráclito. *Quem pariu e bateu, que balance! Mundos femininos, materidade e pobreza: Salvador, 1890-1940*. Salvador: Edufba, 2003.

434 Marília B. A. Ariza

FIELDS, Barbara J. *Slavery and freedom on the middle ground: Maryland during the 19th century*. New Haven, Connecticut: Yale University Press, 1984.

FLORENTINO, Manolo. De escravos, forros e fujões no Rio de Janeiro imperial. *Revista USP*, São Paulo, n. 58, p. 104-116, 2003.

FLORENTINO, Manolo; GÓES, Roberto. *A Paz nas Senzalas: Família Escrava e Tráfico Atlântico 1790-1850*. Rio de Janeiro: Civilização Brasileira, 1997.

FONER, Eric. *Nothing but freedom: emancipation and its legacy*. Baton Rouge and London: Louisiana State University Press, 1983.

_____. The meaning of freedom in the age of emancipation. *The Journal of American History*, v. 81, n. 2, p. 435-460, 1994.

FONSECA, Cláudia. Pais e filhos na família popular. In: D'INCAO, Maria Ângela. *Amor e família no Brasil*. São Paulo: Contexto, p. 95-128, 1989.

FONSECA, Marcus Vinícius. *A educação dos negros: uma nova face do processo de abolição da escravidão no Brasil*. Bragança Paulista: EDUSF, 2002.

FONSECA, Sérgio C. *Infância e disciplina: O Instituto Disciplinar do Tatuapé em São Paulo (1890-1927)*. Curitiba: Aos Quatro Ventos, 2007.

_____. A interiorização da assistência à infância durante a Primeira República. *Educação em Revista*, Belo Horizonte, v. 28, n. 01, p. 79-108, 2012.

FRAGA, Walter. *Mendigos, moleques e vadios na Bahia do século XIX*. São Paulo: Hucitec, 1996.

FRANCISCO, Renata Ribeiro. *As sociedades antiescravistas na cidade de São Paulo (1850-1871)*. 149f. Dissertação (Mestrado em História e Cultura Política) – Universidade Estadual Paulista Júlio de Mesquita, Faculdade de Ciências Humanas e Sociais, 2010.

FREHSE, Fraya. *O tempo das ruas na São Paulo de fins do Império*. São Paulo: Edusp, 2005

_____. *Ô da rua: o transeunte e o advento da modernidade em São Paulo*. São Paulo: Edusp, 2011.

FREIRE, Jonis. Para além da partilha: divisão e manutenção de famílias escravas (Minas Gerais, Século XIX). *História Unisinos*, v. 1, n. 15, p. 23-30, 2011.

FREIRE, Maria Martha de Luna Freire. *Mulheres, mães e médicos: Discurso maternalista no Brasil*. Rio de Janeiro: editora FGV, 2009.

FRENCH, John D. *Afogados em leis: a CLT e a cultura política dos trabalhadores brasileiros*. São Paulo: Perseu Abramo, 2001.

_____. As falsas dicotomias entre escravidão e liberdade: continuidades e rupturas na formação política e social do Brasil moderno. In: LIBBY, Douglas C; FURTADO, Júnia Ferreira (org.) *Trabalho Livre, Trabalho Escravo: Brasil e Europa, Séculos XVIII e XIX*. São Paulo: Annablume, 2006.

FREYRE, Gilberto. *Casa-grande e senzala: a formação da família brasileira sob o regime da economia patriarcal*. Rio de Janeiro: Record, 2000.

GEBARA, Ademir. *O mercado de trabalho livre no Brasil*. São Paulo: Brasiliense, 1986.

GEREMIAS, Patrícia Ramos. *Ser "ingênuo" em Desterro/SC: a lei de 1871, o vínculo tutelar e a luta pela manutenção dos laços familiares das populações de origem africana (1871-1889)*. 117f. Dissertação (Mestrado em História). Universidade Federal Fluminense, Niterói, 2005.

GILMAN, Sander L. Black bodies, White bodies: Toward an Iconography of Female Sexuality in Late Nineteenth-Century Art, Medicine and Literature. In: GATES Jr., Henry Louis (ed.). *"Race", Writing and Difference*. Chicago: University of Chicago Press, p. 223-261, 1985.

GÓES, João Roberto; FLORENTINO, Manolo. Crianças escravas, crianças dos escravos. In: PRIORE, Mary Del (org.). *História das Crianças no Brasil*. São Paulo: Contexto, p. 177-191, 2015.

GOLDEN, Janet. *From Breast to Bottle: A social history of Wet-Nursing in America*. Columbus: Ohio State University Press, 2001.

GOLDNER, Ellen J. Arguing with pictures: race, class ante the formation of popular abolitionism through "Uncle Tom's Cabin". *Journal of American Culture*, v. 24, n. 1-2, p. 71-84, 2001.

GOMES, Flávio dos Santos; SOARES, Carlos Eugênio Líbano. "Dizem as Quitandeiras..." – Ocupações urbanas e identidades étnicas em uma cidade escravista: Rio de Janeiro, século XIX. *Acervo*, Rio de Janeiro, v. 15, n. 2, p. 3-16, 2002.

GONDRA. José G. A sementeira do porvir: higiene e infância no século XIX. *Educação e Pesquisa*, v. 26, n. 1, p. 99-117, 2000.

GRAHAM, Sandra Lauderdale. *Proteção e obediência: criadas e seus patrões no Rio de Janeiro, 1860-1910*. São Paulo: Cia. das Letras, 1992

436 Marília B. A. Ariza

_____. Ser Mina no Rio de Janeiro do Século XIX. *Afro-Ásia*, Salvador, n. 45, p. 25-65, 2012.

GRINBERG, Keila. *Liberata, a lei da ambiguidade: as ações de liberdade na Corte de Apelação do Rio de Janeiro no século XIX.* Rio de Janeiro: Relume Dumará, 1994.

_____. *O fiador dos brasileiros: Cidadania, escravidão e direito civil no tempo de Antonio Rebouças.* Rio de Janeiro: Civilização Brasileira, 2002.

_____. Reescravização, direitos e justiças no Brasil do século XIX. In: LARA, Silvia Hunold; MENDONÇA, Joseli Maria Nunes (org.). *Direitos e justiças no Brasil: Ensaios de história social.* Campinas: Editora Unicamp, p. 101-28, 2006.

_____. Senhores sem escravos: a propósito das ações de escravidão no Brasil Imperial. *Almanack Brasiliense*, São Paulo, n. 6, p. 4-13, 2007.

GRIVINO, Max. *Gleanings of Freedom. Free and Slave Labor among the Mason-Dixon Line, 1790-1860.* Urbana, Chicago and Spingfield: University of Illinois Press, 2011.

GUIMARÃES, Elione Silva. *Múltiplos viveres de afrodescendentes na escravidão e no pós-emancipação (Juiz de Fora – Minas Gerais, 1828-1928).* São Paulo: Anablumme; Juiz de Fora: Funalfa Edições, 2006.

HALL, Michael M. Imigrantes na cidade de São Paulo. In: PORTA, Porta. (org.). *História da cidade de São Paulo.* São Paulo: Paz e Terra, 2004, v. 3, p. 121-151.

HANER, June Edith. *Emancipating the female sex: the struggle for women's rights in Brazil.* Durham: Duke University Press, 1990.

HARTMAN, Saidiya. Seduction and the ruses of power. In: *Callaloo*, n. 19.2, p. 537-60, 1996.

HERNDON, Ruth Wallis and MURRAY, John E. *Children Bound to Labor: The Pauper Apprenticeship System in Early America.* Ithaca and London: Cornell University Press, 2009.

HILL COLLINS, Patricia. Shifting the center: race, class and feminist theorizing about motherhood. In: GLENN, Evelyn N.; CHANG, Grace; FORCEY, Linda R. *Mothering: ideology, experience and agency.* New York: Routledge, p. 371-378, 1994.

HILSDORF, Maria Lúcia Spedo. Os seminários de educandos em São Paulo. In: MENEZES, Maria Cristina (org.). *Educação, memória e história: possibilidades e leituras.* Campinas: Mercado de Letras, p. 213-263, 2004.

HODES, Martha. *The Sea Captain's Wife: A True Story of Love, Race & War in the Nineteenth Century.* New York: W.W. Norton and Company, 2006.

HOLT, Thomas C. *The problem of freedom: race, labor and politics in Jamaica and Britain, 1832-1938.* Baltimore: Johns Hopkins University Press, 1992.

HOOKS, Bel. *Ain't I a Woman: Black Women and Feminism.* New York: South End Press, 1999.

INOUE, Cristina. *O Seminário de Santana: o cotidiano da vida e da escola (1825-1831).* 113f. Trabalho Complementar de Curso (Instituto de Pedagogia – Departamento de Filosofia da Educação). Universidade de São Paulo, São Paulo, 2006.

JOHNSON, Walter. On agency. *Journal of Social History,* v. 1, n. 37, p. 113-124, 2003.

KARASCH, Mary. *A vida dos escravos no Rio de Janeiro (1808-1850).* São Paulo: Cia. das Letras, 2000.

KASSOUF, Ana Lúcia. O que conhecemos sobre trabalho infantil? *Nova Economia,* Belo Horizonte, n. 17, v. 2, p. 323-350, 2007.

KING, Elma. "Suffer with Them Till Death": Slave Women and Their Children in the Nineteenth-Century America. In: GASPAR, David Barry; HINE, Darlene Clarke (Ed.). *More than Chattel: Black Women and Slavery in the Americas.* Bloomington and Indianapolis: Indiana University Press, p. 147-168, 1996.

KITTLESON, Roger A. Women and notions of womanhood in Brazilian abolitionism. In: SCULLY, Pamela; PATON, Diana (ed.). *Gender and Slave Emancipation in the Atlantic World.* Durham: Duke University Press, p. 99-120, 2005.

KOUTSOUKOS, Sandra Sofia. Amas Mercenárias: O Discurso dos Doutores em Medicina e o Retrato das Amas – Brasil, Segunda Metade do Século XIX. *História, Ciências, Saúde,* v. 16, n. 2, p. 305-324, 2009.

_____. Amas na fotografia brasileira da segunda metade do século XIX. Disponível em: < http://www.studium.iar.unicamp.br/africanidades/koutsoukos/>. Acesso em: 29 mar. 2017.

KOWARICK, Lucio. *Trabalho e vadiagem: a origem do trabalho livre no Brasil.* São Paulo: Paz e Terra, 1994.

KUHLMANN JR., Moysés; ROCHA, José Fernando Telles da. Educação no Asilo dos Expostos na Santa Casa em São Paulo: 1896-1950. *Cadernos de Pesquisa*, v. 36, n. 129, p.597-617, 2006.

KUZNESOF, Anne Elizabeth. *Household Economy and Urban Development: São Paulo, 1765 to 1836*. Boulder, Colorado: Westview Press, 1986.

_____. A Família na Sociedade Brasileira: Parentesco, Clientelismo e Estrutura Social (São Paulo, 1700-1980). *Revista Brasileira de História*, São Paulo, v. 9, n. 17, p. 37-63, 1989.

_____. Sexual Politics, Race and Bastard-Bearing in Nineteenth-Century Brazil: A question of Culture or Power? *Journal of Family History*, v. 16, n. 3, p.241-260, 1991.

LAMOUNIER, Maria Lucia. *Da escravidão ao trabalho livre: a lei de locação de serviços de 1879*. Campinas: Papirus, 1988.

_____. Agricultura e mercado de trabalho: trabalhadores brasileiros livres nas fazendas de café na construção de ferrovias em São Paulo, 1850-1890. *Estudos Econômicos*, São Paulo, v. 37, n. 2, p. 353-372, 2007.

_____. *Ferrovias e Mercado de Trabalho no Brasil do Século XIX*. São Paulo: Editora da Universidade de São Paulo, 2012

LANNA, Ana Lúcia Duarte. Trabalhadores das ferrovias: a Companhia Paulista de Estrada de Ferro, São Paulo, 1870-1920. *Varia historia*, v. 23, n. 59, p. 5050-454, 2016.

LARA, Silvia Hunold. Escravidão, cidadania e história do trabalho no Brasil. *Projeto História*, São Paulo, n. 16, p. 25-38, 1999.

LARA, Silvia Hunold; MENDONÇA, Joseli Maria Nunes (org.). *Direitos e justiças no Brasil: Ensaios de história social*. Campinas: Editora Unicamp, 2006.

LEAL, Maria das Graças de Andrade. *A arte de ter um ofício: Liceu de Artes e Ofícios da Bahia (1872-1972)*. 321f. Dissertação (Mestrado em História). Faculdade de Filosofia e Ciências Humanas, Universidade Federal da Bahia, Salvador, 1995.

LEITE, Miriam Lifchtiz Moreira. O óbvio e o contraditório da roda. In: PRIORE, Mary Del (org.). *História da criança no Brasil*. São Paulo: Contexto, p. 98-112, 1996.

_____. *Livros de viagem (1803-1900)*. Rio de Janeiro: Editora UFRJ, 1997.

_____. A infância no século XIX segundo memórias e livros de viagem. In: FREITAS, M. C. (org.). *História social da infância no Brasil*. São Paulo: Cortez/ USF, p. 17-50, 1997.

LIMA, Henrique Espada; LIMA, Henrique Espada. Sob o domínio da precariedade: escravidão e os significados da liberdade no século XIX. *Topoi*, v. 6, n. 11, p. 289-326, 2005.

_____. Trabalho e lei para os libertos de Santa Catarina no século XIX: arranjos e contratos entre a autonomia e a domesticidade. *Cadernos AEL*, Campinas, v. 14, n. 26, 2009.

LOPES, Luiz Carlos Barreto. *Projeto educacional Asilo de Meninos Desvalidos: Rio de Janeiro (1875-1894)*. Uma contribuição à história social da educação no Brasil. Dissertação (Mestrado em Educação). Universidade Federal do Rio de Janeiro – UFRJ, Rio de Janeiro, 1994.

LUNA, Francisco Vidal; KLEIN, Herbert S. *Evolução da sociedade e economia escravista de São Paulo, de 1750 a 1850*. São Paulo: Edusp, 2006.

MACHADO, Maria Helena P. T.; CASTILHO, Celso Thomas (org). *Tornando-se livre: agentes históricos e lutas sociais no processo de abolição*. São Paulo: Edusp, 2015.

MACHADO, Maria Helena P. T. Vivendo na Mais perfeita desordem: os libertos e o modo de vida camponês na província de São Paulo do século XIX. *Estudos Afro-Asiáticos*, Rio de Janeiro, n. 25, p. 43-72, 1993.

_____. *O Plano e o pânico*: os movimentos sociais na década da abolição. Rio de Janeiro/São Paulo: Editora UFRJ/Edusp, 1994.

_____. Sendo Cativo nas Ruas: a Escravidão Urbana na Cidade de São Paulo. In: PORTA, Paula (org.). *História da Cidade de São Paulo*. São Paulo: Paz e Terra, p. 59-99, 2004.

_____. *Brasil a vapor: raça, ciência e viagem no século XIX*. 245f. Tese (Livre-Docência) – Universidade de São Paulo, Faculdade de Filosofia, Letras e Ciências Humanas, São Paulo, 2005.

_____. "Teremos grandes desastres, se não houver providências enérgicas e imediatas": a rebeldia dos escravos e a abolição da escravidão In: SALLES, Ricardo; GRIMBERG, Keila. *O Brasil Imperial: 1870-1889*, v. III. Rio de Janeiro: Civilização Brasileira, 2009.

_____. (org.). *(T)Races of Louis Agassiz: photography, body ans Science, yesterday and today/ Ratros e raças de Louis Agassiz: fotografia, corpo e ciência, ontem e hoje*. Rio de Janeiro: Capacete, 2010.

_____. Corpo, Gênero e Identidade no Limiar da Abolição: a história de Benedicta Maria Albina da Ilha ou Ovídia, escrava (sudeste, 1880). *Afro-Ásia*, n. 42, p. 157-193, 2011.

_____. Entre dois Beneditos: histórias de amas de leite no ocaso da escravidão. In: XAVIER, Giovana, FARIAS, Juliana Barreto; GOMES, Flávio dos Santos (org.). *Mulheres negras no Brasil escravista e do pós-abolição*. São Paulo: Selo Negro, p. 199-212, 2012.

_____. Mulher, Corpo e Maternidade. In: *Dicionário da Escravidão e Liberdade. 50 textos críticos*. SCHWARZ, Lilia Moritz; GOMES, Flávio dos Santos (org.). São Paulo: Cia. das Letras, p. 334-340, 2018.

MACHADO, Maria Helena P. T.; ARIZA, Marília B. A. Histórias de trabalho, poupança e resiliência: escravas, libertas e libertandas na cidade de São Paulo (1870-1888). In: BARONE, Ana; RIOS, Flávia (org.). *Negros nas Cidades Brasileiras (1890-1950)*. São Paulo: Editora Intermeios, p. 117-142.

MALUF, Marina; MOTT, Maria Lúcia. Recônditos do mundo feminino. In: SEVCENKO, Nicolau (org.). *História da Vida Privada no Brasil*, v. 3. São Paulo: Cia. das Letras, p. 367-421, 1998.

MALUF, Marina; ROMERO, Mariza. A sublime virtude de ser mãe. *Projeto História*, n. 25, São Paulo, p. 221-241, 2002.

MAMIGONIAN, Beatriz Gallotti. O direito de ser africano-livre: os escravos e as interpretações da lei de 1831. In: LARA, Silvia Hunold; MENDONÇA, Joseli Maria Nunes (org.). *Direitos e justiças no Brasil: Ensaios de história social*. Campinas: Editora Unicamp, p. 129-60, 2006.

MAMIGONIAN, Beatriz G. *Africanos livres: a abolição do tráfico de escravos no Brasil*. São Paulo: Cia. das Letras, 2017.

MARCÍLIO, Maria Luiza. *A cidade de São Paulo: povoamento e população (1750-1850)*. São Paulo: Edusp, 1986.

_____. *História social da criança abandonada*. São Paulo: Hucitec, 1998.

MARIANO, Hélvio Alexandre. *A infância e a lei: o cotidiano de crianças pobres e abandonadas no final do século XIX e nas primeiras décadas do século XX e suas experiências com a tutela, o trabalho e o abrigo.* 178f. Dissertação (Mestrado em História) – Pontifícia Universidade Católica, São Paulo, 2001.

MARTINS, Luiz Carlos Nunes. *No seio do debate: amas de leite, civilização e saber médico no Rio de Janeiro.* 163f. Dissertação (Mestrado em História das Ciências da Saúde) – Casa de Oswaldo Cruz, FIOCRUZ, Rio de Janeiro, 2006.

MARTINS, Silvania Damasceno. *Reformando a casa imperial: assistência pública e a experiência do Asylo de Meninos Desvalidos da Corte (1870-1888).* 100f. Dissertação (Mestrado em História Social) – Universidade Federal do Rio de Janeiro, Rio de Janeiro, 2004.

MARX, Karl. *O capital: o processo de produção do capital.* São Paulo: Difel, 1982.

MASSAINI, Marcia Ignez. Representações do amor e da família. In: D'INCAO, Maria Angela (org.). *Amor e família no Brasil.* São Paulo: Contexto, p. 72-87, 1989.

MATTA, Alfredo Eurico Rodrigues. *A Casa Pia Colégio de Órfãos de São Joaquim: de recolhido a assalariado.* 228f. Dissertação (Mestrado em História) – Universidade Federal da Bahia, Salvador, 1996.

MATTOS, Hebe Maria. *Das cores do silêncio: os significados da liberdade no Sudeste Escravista – Brasil, séc. XIX.* Rio de Janeiro: Nova Fronteira, 1998.

MATTOS, Hebe; RIOS, Ana Lugão. O pós-abolição como problema histórico: balanços e perspectivas. *Topoi,* Rio de Janeiro, v. 5, p. 170-198, 2004.

MATTOS, Ilmar R. *O Tempo Saquarema: a formação do Estado Imperial.* São Paulo: Hucitec, 2004.

MATTOS, Regiane Augusto de. *De cassange, mina, benguela e gentio da Guiné. Grupos étnicos e formação de identidades africanas na cidade de São Paulo.* 239f. Dissertação (Mestrado em História Social) – Faculdade de Filosofia, Letras e Ciências Humanas, Universidade de São Paulo, São Paulo, 2006.

MATTOSO, Kátia. O filho da escrava: em torno da Lei do Ventre Livre. *Revista Brasileira de História,* São Paulo, v. 8, n. 16, p. 37-55, 1988.

MAUAD, Ana Maria. A vida das crianças de elite durante o império. In: PRIORE, Mary Del (org.). *História das Crianças no Brasil.* São Paulo: Contexto, p. 137-156, 2015.

MELISH, Joanne Pope. *Disowning slavery: gradual emancipation and "race" in New England, 1780-1860*. Ithaca, New York: Cornell University Press, 2000.

MENDONÇA, Joseli Nunes. *Entre a mão e os anéis: a Lei dos Sexagenários e os caminhos da abolição no Brasil*. Campinas: Editora da Unicamp, 2008.

_____. Livres e obrigados: experiências de trabalho no centro-sul do Brasil. 5º Encontro Escravidão e Liberdade no Brasil Meridional. Porto Alegre, RS, 2011. Anais (on-line). Disponível em:<http://www.escravidaoeliberdade.com.br/site/index.php?option=com_content&view=article&id=66>. Acesso: 12.12.2019.

MENEZES, Roni Cleber Dias. *O grupo do Almanaque Literário de São Paulo: paradigmas da sociabilidade republicana no tempo da propaganda (1876-1885)*. 238f. Dissertação (Mestrado em Educação) – Faculdade de Educação, Universidade de São Paulo, São Paulo, 2006.

MESGRAVIS, Laima. *A Santa Casa de Misericórdia de São Paulo (1599?-1884): contribuição ao estudo da assistência social no Brasil*. São Paulo: Conselho Estadual de Cultura, 1976 (Coleção Ciências Humanas, 3).

METCALF, Alida C. *Family and frontier in colonial Brazil: Santana de Parnaíba, 1580-1822*. Berkley, Carliforina: University of California Press, 1992.

MEZNAR, Joan. Orphans and the transition from slave to free labor in the Northeast Brazil: the case of Campinas Grande, 1850-1888. *Journal of Social History*, v. 27, n. 3, p. 499-515, 1994.

MONTEIRO, John Manuel. Labor Systems, 1492-1850. In: COATSWORTH, John H; CORTÉS-CONDE, Roberto; BULMER-THOMAS, Victor (ed.). *Cambridge Economic History of Latin America*. Cambridge: Cambridge University Press, 2005. Disponível em: http://www.ifch.unicamp.br/ihb/estudos/Labor1492-1850.pdf). Acesso: 24 set. 2016.

MORAES, Carmen Sylvia Vidigal. A normatização da pobreza: crianças abandonadas e crianças infratoras. *Revista Brasileira de Educação*, n. 15, p. 70-96, 2000.

MORGAN, Jennifer L. *Laboring Women: reproduction and Gender in New World Slavery*. Philadelphia: University of Pennsylvania Press, 2004.

MOTT, Maria Lúcia. A criança escrava na literatura de viagens. *Cadernos de Pesquisa*, n. 31, p. 57-68, 1972.

MOTT, Maria Lúcia de Barros. Ser mãe: a escrava em face do aborto e do infanticídio. *Revista História*, São Paulo, n. 120, p. 85-96, 1989.

MOURA, Esmeralda Blanco B. de. *Mulheres e menores no trabalho industrial: os fatores sexo e idade na dinâmica do capital.* Petrópolis: Vozes, 1982.

MOURA, Vera Lúcia de Braga. *Pequenos aprendizes: assistência à infância desvalida em Pernambuco no século XIX.* 171f. Dissertação (Mestrado em História) – Universidade Federal de Pernambuco, Recife, 2003.

MOUTINHO, Laura. *Razão, "cor" e desejo: uma análise comparativa sobre relacionamentos "inter-raciais" no Brasil e na África do Sul.* São Paulo: Unesp, 2004.

MUAZE, Mariana de Aguiar Ferreira. Dissertação. *A descoberta da infância: a construção de um habitus civilizado na boa sociedade imperial.* 144F. Dissertação (Mestrado em História) - Departamento de História, Pontifícia Universidade Católica, Rio de Janeiro, 1999.

NASCIMENTO, Alcicleide Cabral do. *A sorte dos enjeitados: o combate ao infanticídio e a institucionalização da criança enjeitada no Recife (1789-1832).* 305f. Tese (Doutorado em História) – Universidade Federal de Pernambuco, Recife, 2006.

NASCIMENTO, Flaviane Ribeiro. *Viver por si: histórias de liberdade no agreste baiano oitocentista (Feira de Santana, 1850-1888).* 199f. Dissertação (Mestrado em História Social) – Universidade Federal da Bahia, Salvador, 2012.

NAXARA, Márcia Regina Capelari. *Estrangeiro em sua própria terra: representações do trabalhador nacional, 1870/1920.* Dissertação (Mestrado em História). 238f. Universidade Estadual de Campinas, Campinas, 1991.

NEDER, Gislene; CERQUEIRA FILHO, Gisálio. Os filhos da lei. *Revista Brasileira de Ciências Sociais*, v. 16, n. 45, p. 113-125, 2011.

NEGRO, Antonio Luigi; GOMES, Flávio. Além das senzalas e fábricas: uma história social do trabalho. *Tempo Social*, v. 18, n. 1, p. 217-240, 2006.

NEVES, Frederico de Castro. "A capital de um pavoroso reino": Fortaleza e a seca de 1877. *Tempo*, Niterói, n. 9, p. 93-111, 2000.

NEVES, Maria de Fátima Rodrigues das. *Infância de faces negras: a criança escrava brasileira no século XIX.* 306f. Dissertação (Mestrado em História Social) – Faculdade de Filosofia, Letras e Ciências Humanas, Universidade de São Paulo, São Paulo, 1993.

NOBRE, F. Silva. *1001 Cearenses Notáveis*. Rio de Janeiro: Casa do Ceará Editora, 1996.

OLIVEIRA, Maria Luiza Ferreira de. *Entre a casa e o armazém: relações sociais e experiência da urbanização. São Paulo, 1850-1900*. São Paulo: Alameda Editorial, 2005.

OTSUKA, Alexandre Ferro. *Antonio Bento: discurso e prática abolicionista na São Paulo da década de 1880*. 234f. Dissertação (Mestrado em História Social) – Universidade de São Paulo, são Paulo, 2016.

PAIXÃO, Marcelo; GOMES, Flávio. Histórias das diferenças e das desigualdades revisitadas: notas sobre gênero, escravidão, raça e pós-emancipação. *Estudos Feministas*, Florianópolis, v. 3, n. 16, p. 949-964, 2008.

PAPALI, Maria Aparecida. *Escravos, libertos e órfãos: a construção da liberdade em Taubaté (1871-1895)*. São Paulo: Annablume/Fapesp, 2001.

_____. A legislação de 1890, mães solteiras pobres e o trabalho infantil. *Projeto História*, São Paulo, n. 39, p. 209-216, 2009.

PENNA, Eduardo Spiller. *Pajens da casa imperial: jurisconsultos, escravidão e a Lei de 1871*. Campinas: editora Unicamp, 2001.

PERROT, Michele. *Os excluídos da história: operários, mulheres, prisioneiros*. Rio de Janeiro: Paz e Terra, 1988.

PINHEIRO, Luciana de Araújo. *A civilização do Brasil através da infância: propostas e ações voltadas às crianças pobres no final do Império (1879-1889)*. 144f. Dissertação (Mestrado em História Moderna e Contemporânea) – Universidade Federal Fluminense, Niterói, 2003.

PINTO, Ana Flávia Magalhães. *Escritos de liberdade: literatos negros, racismo e cidadania no Brasil oitocentista*. Campinas: Editora Unicamp, 2018.

PINTO, Maria Inez Machado Borges. *Cotidiano e sobrevivência: a vida do trabalhador pobre na cidade de São Paulo (1890-1914)*. São Paulo: Edusp, 1994.

POPINIGIS, Fabiane. *Proletários de casaca: trabalhadores do comércio carioca (1850-1911)*. Campinas: Editora Unicamp, 2007.

PRIMITIVO, Moacyr. *A instrução e as províncias: subsídios para a história da educação no Brasil (1834-1889)*. São Paulo: Companhia Editora Nacional, 1940.

_____. *A instrução pública no estado de São Paulo: primeira década republicana (1890-1900)*. São Paulo: Editora Nacional, 1942.

PRIORE, Mary Del. *Ao sul do corpo: condição feminina, maternidade e mentalidades no Brasil Colônia*. São Paulo: UNESP, 2009.

QUINTÃO, Antonia Aparecida. *Irmandades negras: outro espaço de luta e resistência (São Paulo, 1870-1890)*. São Paulo: Annablume/Fapesp, 2002.

RAGO, Margareth. *Do cabaré ao lar: a utopia da cidade disciplinar. Brasil, 1890-1930*. Rio de Janeiro: Paz e Terra, 1985.

REIS, Bianca Santos Coutinho dos Reis. *"Cérebros e Corações": a ficção de Maria Amália Vaz de Carvalho no Jornal do Commercio, Rio de Janeiro*. 121f. Dissertação (Mestrado em Literatura Portuguesa). Universidade do Estado do Rio de Janeiro, Rio de Janeiro, 2012.

REIS, Isabel Cristina Ferreira dos. "Uma negra que fugio, e consta que já tem dous filhos": fuga e família entre escravos na Bahia. *Afro-Ásia*, Salvador, n. 23, p. 27-46, 1999.

REIS, João José. A greve negra de 1857 na Bahia. *Revista USP*, São Paulo, n.18, p 8-29 (Dossiê Brasil/África), 1993.

RIZZINI, Irene. *O século perdido: raízes históricas das políticas públicas para a infância no Brasil*. São Paulo: Cortez, 2008

_____. Crianças e menores: do pátrio poder ao pátrio dever. Um histórico da legislação para a infância no Brasil. In: RIZZINI, Irene; PILOTTI, Francisco (org.). *A arte de governar crianças. A história das políticas sociais, da legislação e da assistência à infância no Brasil*. São Paulo: Cortez, p. 97-153, 2009.

RIZZINI, Irene; RIZZINI, Irma. *A institucionalização de crianças no Brasil: percursos históricos e desafios do presente*. Rio de Janeiro: Ed. PUC-Rio; São Paulo: Loyola, 2004.

RIZZINI, Irma. *O cidadão polido e o selvagem bruto: a educação dos meninos desvalidos na Amazônia imperial*. 456f. Tese (Doutorado em História Social) – Universidade Federal do Rio de Janeiro, Rio de Janeiro, 2004.

ROCKMAN, Seth. *Scraping by: Wage labor, slavery and survival in early Baltimore*. Baltimore, Marylannd: The Johns Hopkins Univeristy Press, 2009.

RONCADOR, Sônia. O demônio familiar: lavadeiras, amas-de-leite e criadas no discurso de Júlia Lopes de Almeida. *Luso-Brazilian Review*, v. 44, n. 1, p. 94-119, 2007.

ROTH, Cassia. Reproducing Slavery in Nineteenth-Century Rio de Janeiro. *UCLA Historical Journal*, Los Angeles, v. 1, n. 24, 2013.

_____. *A miscarriage of justice: Women's reproductive lives and the law in the Early Twentieth Century in Brazil*. Stanford, CA: Stanford University Press, 2020.

RUSSEL-WOOD, A.J.R. *Fidalgos e filantropos: a Santa Casa de Misericórdia na Bahia, 1550-1755*. Brasília: UnB, 1981.

SAMARA, Eni de Mesquita. Estratégias Matrimoniais no Brasil do Século XIX. *Revista Brasileira de História*, São Paulo, v. 8, n. 15, p. 91-105, 1988.

_____. *As mulheres, o poder e a família: São Paulo, século XIX*. São Paulo: Marco Zero e Secretaria de Estado da Cultura de São Paulo, 1989.

SANTOS, Carlos José Ferreira. *Nem tudo era italiano: São Paulo e pobreza (1890-1915)*. São Paulo: Annablume/Fapesp, 2008.

SANTOS, Daiane Cardoso dos. A construção linguística do poder feminino em textos bíblicos: análise das ações de Débora e Jezebel. *Ciências & Letras*, Porto Alegre, n. 54, p. 177-193, 2013.

SANTOS, Simone Andriani dos. *Senhoras e criadas no espaço doméstico em São Paulo (1875-1928)*. 324f. Dissertação (Mestrado em História Social) – Universidade de São Paulo, São Paulo, 2015.

SANTOS, Ynaê Lopes dos. Escravidão, Moradia e Resistência: A Prática de Morar Sobre Si no Rio de Janeiro (1831-1840). *Nuevo Mundo – Mundos Nuevos*, n. 1, p. 1-14, 2010.

SCHUELER, Alessandra F Martinez de; RIZZINI, Irma; MARQUES, Jucinato de Serqueira. Felismina e Libertina vão à escola: notas sobre a escolarização nas freguesias de Santa Rita e Santana (Rio de Janeiro, 1888-1906. *História da Educação*, Porto Alegre, v. 19, n. 46, p. 145-165, 2015. Disponível em: <http://seer.ufrgs.br/index.php/asphe/article/view/46047>. Acesso: 02 ago. 2016.

SCHUELER, Alessandra F Martinez de. *Educar e instruir: a instrução popular na Corte imperial. 1870-1889*. Dissertação (Mestrado em História) – Universidade Federal Fluminense, Niterói, 1997.

_____. Crianças e escolas na passagem do Império para a República. *Revista Brasileira de História*, São Paulo, v. 19, n. 37, 1999.

_____. Crianças e escolas na passagem do Império para a República. *Revista Brasileira de História*, São Paulo, v. 19, n. 37, 1999. Acessado em: 02.08.2016. <Disponível em: http://www.scielo.br/scielo.php?script=sci_arttext&pid=S0102-01881999000100004&lng=en&nrm=iso&tlng=pt>.

SCHWRACZ, Lília Moritz. *Retrato em branco e negro: Jornais, escravos e cidadãos em São Paulo no final do século XIX*. São Paulo: Cia. das Letras, 1987.

_____. *O espetáculo das raças: cientistas, instituições e questão racial no Brasil, 1870-1930*. São Paulo: Cia. das Letras, 1993.

SCHWARTZ, Marie Jenkins. *Birthing a Slave: Motherhood and Medicine in the Antebellum South*. Cambridge: Harvard University Press, 2009.

SCOTT, Rebecca J. *Emancipação Escrava em Cuba: A transição para o trabalho livre, 1860-1899*. Rio de Janeiro: Paz e Terra, 1987.

SCOTT, Rebecca J; HÉBRARD, Jean M. Rosalie Nação Poulard: liberdade, direito e dignidade na era da revolução haitiana. AFRO-ÁSIA, n. 46, p. 61-95, 2012.

_____. *Freedom papers: an Atlantic odyssey in the age of emancipation*. Cambridge: Harvard University Press, 2014.

SILVA, Maciel Henrique Carneiro da. *Pretas de honra: trabalho, cotidiano e representações de venderias e criadas no Recife (1840-1870)*. 299f. Dissertação (Mestrado em História) – Universidade Federal de Pernambuco, Recife, 2004.

SILVA, Maria Beatriz de Oliveira e. *A irmandade da Santa Casa de Misericórdia de São Paulo e a assistência aos expostos: recolher, salvar e educar (1896-1944)*. 119f. Dissertação (Mestrado em Educação) – Pontifícia Universidade Católica, São Paulo, 2010.

SILVA, Robson Roberto da. O cotidiano dos meninos internados no Seminário de Santana na cidade de São Paulo (1825-1868). *Faces da História*, Assis-SP, v. 2, n. 1, p. 202-222, 2005.

SIQUEIRA, Lucília. As crianças pobres nas franjas da economia cafeeira: os contratos de órfãos em Socorro/SP na década de 1880. *Revista Brasileira de História e Ciências Sociais*, v. 2, n. 4, p. 22-34, 2010.

SLENES, Robert Wayne. *The demography and economics of Brazilian slavery, 1850-1888*. Stanford: Stanford University, 1976.

448   Marília B. A. Ariza

_____. Senhores e Subalternos no Oeste Paulista. In: ALENCASTRO, Luiz Felipe de. *História da vida privada*, v. 2. São Paulo: Cia. das letras, 1997.

_____. *Na Senzala, uma Flor: Esperanças e Recordações na Formação da Família Escrava – Brasil Sudeste, século XIX*. Rio de Janeiro: Nova Fronteira, 1999.

SMITH, Barbara. Toward a Black Feminist Criticism. *Women's Studies Int. Quart.*, v. 2, p. 183-194, 1979.

SOARES, Cecília Moreira. As ganhadeiras: Mulheres e resistência negra em Salvador no século XIX. *Afro-Ásia*, Salvador, n. 17, p. 57-71, 1996.

SOARES, Luis Carlos. *O "povo de cam" na capital do Brasil: a escravidão urbana no Rio de Janeiro no século XIX*. Rio de Janeiro: 7 Letras, 2005.

SOARES, Márcio de Sousa. *A remissão do cativeiro: a dádiva da alforria e o governo dos escravos em Campos dos Goitacazes, 1750-1830*. Rio de Janeiro: Apicuri, 2009.

SOIHET, Rachel. É proibido não ser mãe. In: VAINFAS, Ronaldo (org.). *História e Sexualidade*. Rio de Janeiro: Graal, 1986.

_____. *Condição feminina e formas de violência: mulheres pobres e ordem urbana, 1890-1920*. Rio de Janeiro: Forense Universitária, 1989.

SOUSA, Ione Celeste de Jesus. *Escolas ao povo: a experiência de escolarização de pobres na Bahia (1870 a 1890)*. Tese (Doutorado em História Social). Pontifícia Universidade Católica – PUC, São Paulo, 2006.

_____. "Porque um menor não deve ficar exposto à ociosidade, origem de todos os vícios": Tutelas e Soldadas e o trabalho de Ingênuos na Bahia, 1870 a 1900. In: MACHADO, Maria Helena P. T.; CASTILHO, Celso Thomas (org.). *Tornando-se livre: agentes históricos e lutas sociais no processo de abolição*. São Paulo: Edusp, p. 189-211, 2015.

SOUSA, Jorge Prata de. A mão de obra dos menores: escravos, libertos e livres nas instituições imperiais. In: SOUSA, Jorge Prata de (org.). *Escravidão: ofícios e liberdade*. Rio de Janeiro: Arquivo Público do Estado do Rio de Janeiro, 1998.

SOUSA, José Weyne de. *Artífices, criadas e chicos: as experiências urbanas das crianças órfãs e pobres em Fortaleza (1877-1915)*. Dissertação (Mestrado em História Social). Pontifícia Universidade Católica - PUC, São Paulo, 2004.

SOUTO, Bárbara Figueiredo. *Senhoras do seu destino: Francisca Senhorinha da Motta Diniz e Josephina Alvares de Azevedo – projetos de emancipação feminista na imprensa brasileira (1873-1894).* 197f. Dissertação (Mestrado em História Social) – Faculdade de Filosofia, Letras e Ciências Humanas, Universidade de São Paulo, São Paulo, 2013.

SOUZA, Flávia Fernandes de. *Para casa de família e mais serviços: o trabalho doméstico no Rio de Janeiro no final do século XIX.* 255f. Dissertação (Mestrado em História Social) - Universidade do Estado do Rio de Janeiro, São Gonçalo, 2009.

_____. Escravas do lar: mulheres negras e o trabalho doméstico na corte imperial. In: XAVIER, Giovana, FARIAS, Juliana Barreto; GOMES, Flávio dos Santos (org.). *Mulheres negras no Brasil escravista e do pós-abolição.* São Paulo: Selo Negro, p. 244-260, 2012.

_____. *Criados, escravos e empregados: o serviço doméstico e seus trabalhadores na construção da modernidade brasileira (cidade do Rio de Janeiro, 1850-192).* 583f. Tese (Doutorado em História). Instituto de Ciências Humanas e Filosofia, Universidade Federal Fluminense, Rio de Janeiro, 2017.

STANLEY, Amy Dru. *From bondage to contract: wage labor, marriage and the Market in the age of slave emancipation.* Cambridge: Cambridge University Press, 1998.

STEINFELD, Robert J. *The invention of free labor. The employment relation in English & American law and culture, 1350-1870.* Chappel Hill: The University of North Carolina Press, 1991.

STEPAN, Nancy Leys. *A hora da eugenia: raça, gênero e nação na América Latina.* Rio de Janeiro: FIOCRUZ, 2005.

STROPASOLAS, Valmir Luiz. O trabalho infantil no campo: do problema social ao objeto sociológico. *Revista Latino-Americana de Estudos de Trabalho,* n. 72, p. 249-286, 2012.

TEIXEIRA, Heloísa Maria. *A não infância: crianças como mão de obra em Mariana (1850-1900).* 302f. Tese (Doutorado em História Econômica) – Faculdade de Filosofia, Letras e Ciências Humanas, Universidade de São Paulo, São Paulo, 2007.

TELLES, Lorena Féres da Silva. *Libertas entre sobrados: Mulheres negras e trabalho doméstico em São Paulo (1880-1920).* São Paulo: Alameda Editorial, 2014.

_____. *Teresa Benguela e Felipa crioula estavam grávidas: maternidade e escravidão no Rio de Janeiro (século XIX).* 345f. Tese (Doutorado em História Social) – Faculdade de Filosofia, Letras e Ciências Humanas, Universidade de São Paulo, 2018.

450 Marília B. A. Ariza

TESSARI, Cláudia Alessandra. *Braços para a colheita: sazonalidade e permanência do trabalho temporário na agricultura paulista (1890-1915)*. São Paulo: Alameda Editorial, 2012.

TOPLIN, Robert Brent. *The abolition of slavery in Brazil*. New York: Antheneum, 1975.

TURNER, Sasha. *Contested Bodies: Pregnancy, Childrearing, and Slavery in Jamaica (1780-1834)*. University of Pennsylvania Press, 2017.

VENÂNCIO, Renato Pinto. Os expostos de Catas Altas – Minas Gerais, 1775-1875. In: RIZZINI, Irene (org.). *Olhares sobre a criança no Brasil – séculos XIX e XX*. Rio de Janeiro: Petrobras – BR: Ministério da Cultura: USU Ed. Universitária: Amais, p. 127-142, 1997.

_____. *Famílias abandonadas: assistência à criança de camadas populares no Rio de Janeiro e em Salvador – séculos XVII e XIX*. Campinas: Papirus, 1999.

_____. Maternidade negada. In: PRIORE, Mary Del (org.). *História das Mulheres no Brasil*. São Paulo: Contexto, 2001.

_____. (ed.). *Uma história social do abandono de crianças. De Portugal ao Brasil: séculos XVIII-XX*. São Paulo: Alameda Editorial, 2010.

_____. Os aprendizes da guerra. In: DEL PRIORE, Mary (org.). *História das Crianças no Brasil*. São Paulo: Contexto, p. 192-209, 2015.

ULYSSEA, Gabriel. Informalidade no mercado de trabalho brasileiro: uma resenha da literatura. *Textos para discussão – Ipea*, n. 1070, fev. 2005. Disponível em: <http://repositorio.ipea.gov.br/bitstream/11058/1926/1/TD_1070.pdf>. Acesso: 30 out. 2016.

URRUZOLA, Patrícia. *Faces da liberdade tutelada: libertas e ingênuos na última década da escravidão (Rio de Janeiro, 1880-1890)*. 163f. Dissertação (Mestrado em História Social) – Universidade Federal do Estado do Rio de Janeiro, Rio de Janeiro, 2014.

_____.. Ex-proprietários nos dias seguintes à abolição: práticas e discursos de "escravização" de ingênuos (Rio de Janeiro, 1888). *História, Histórias*. Brasília, v. 4, n. 8, p. 155-172, 2016.

_____. Libertas e ingênuos, ou mães e filhos no processo de tutela? (Rio de Janeiro, 1880-1890). *Dia-Logos*, Rio de Janeiro, n. 8, p. 11-122, 2014.

WALLACE-SANDERS, Kimberly. *Mammy: a century of race, gender and souther memory.* Ann Arbor: Uniservity of Michigan Press, 2008.

_____. Slavery and Other Mothers: Black Nannies/ Mammies and White Children Portraiture. Manuscrito não publicado.

WISSENBACH, Maria Cristina Cortez. *Sonhos africanos, vivências ladinas: escravos e forros em São Paulo (1850-1888).* São Paulo: Hucitec, 1998.

ZERO, Arethuza Helena. *O peço da liberdade: caminhos da infância tutelada – Rio Claro (1871-1888).* 141f. Dissertação (Mestrado em História) – Universidade Estadual de Campinas, Campinas, 2004.

ZORZETTO, Alessandra. Na roda da vida: os filhos de criação em São Paulo colonial. In: VENANCIO, Renato Pinto (ed.). *Uma história social do abandono de crianças. De Portugal ao Brasil: séculos XVIII-XX.* São Paulo: Alameda Editorial, p. 99-121, 2010.

Apêndices

Apêndice A – Dados sobre identificação racial de pais de menores tutelados e assoldadados

T8. Pais não racialmente identificados com filhos racialmente identificados (São Paulo, 1820-1840)

Categorias agregadas	Identificação racial dos filhos	Contratados	Tutelados	Total	Total por categoria
Mulheres sós	Libertos ou ingênuos	-	-	-	24
	Pretos ou pardos	17	-	17	
	Brancos	1	2	3	
	Estrangeiros	2	1	3	
	Brasileiro	1	-	1	
Homens sós	Libertos ou ingênuos	1	-	1	4
	Pretos ou pardos	1	-	1	
	Brancos	-	1	1	
	Estrangeiros	-	1	1	
	Brasileiro	-	-	-	
Mães e pais	Libertos ou ingênuos	-	-	-	7
	Pretos ou pardos	3	-	3	
	Brancos	-	-	-	
	Estrangeiros	4	-	4	
	Brasileiro	-	-	-	

Pais não identificados/ sem informação	Libertos ou ingênuos	1	-	1	
	Pretos ou pardos	8	5	13	
	Brancos	1	1	2	19
	Estrangeiros	2	-	2	
	Brasileiro	1	-	1	
Total de casos com dados de origem social		43	11		54
Total de casos sem dados de origem social		69	46		115

Fonte: APESP, 2014-2015.

T9. Identificação racial de pais de menores tutelados e contratados – categorias raciais amplas (São Paulo, 1820-1840)

Categorias raciais amplas	Tipos de filiação	Menores com pais identificados	Menores sem pais identificados	Total por categoria
Pais ou parentes não brancos	Mulheres sós	71	14	95
	Pais sós	2		
	Pais e mães (vivos ou falecidos)	6		
	Outros parentes	2		
Pais ou parentes brancos	Mulheres sós	4	2	6
	Pais sós	-		
	Pais e mães (vivos ou falecidos)	-		
	Outros parentes	-		
Pais ou parentes estrangeiros	Mulheres sós	5	2	15
	Pais sós	3		
	Pais e mães (vivos ou falecidos)	5		
	Outros parentes	-		
Indeterminados (brasileiros)		1	1	2
Total de casos com adesão a grupos raciais amplos		99	19	118

Fonte: APESP, 2014-2015.

Apêndice B – Dados sobre contratação de menores por década

T10. Menores de idade contratados por década (São Paulo, 1820-1910)*

Décadas	Número de registros
1820	1
1830	-
1840	3
1850	21
1860	5
1870	7
1880	54
1890	45
1900	20
1910	5
Total	161

* Incluídos todos os menores contratados em cada década,
excluídas as repetições no mesmo período.
Fonte: APESP, Juízo de Órfãos, 2015.

Apêndice C – Dados sobre grupos de origem social de menores tutelados e contratados

T11. Menores contratados e tutelados por grupos de origem social por década (São Paulo, 1820-1910)

Origem social/ década	1820		1830		1840		1850		1860		1870		1880		1890		1900		1910		Total
	C	T	C	T	C	T	C	T	C	T	C	T	C	T	C	T	C	T	C	T	
Liberto/ ingênuo	-	-	-	-	-	-	1	-	2	1	3	3	18	9	-	-	1	-	-	-	38
Preto e pardo*	-	-	-	-	-	-	5	-	-	-	2	-	13	5	20	4	2	-	2	-	53
Mãe liberta/ escrava/ afr. livre	-	-	-	-	-	-	-	1	-	-	1	1	5	1	1	-	-	-	-	-	10
Índio	-	-	-	-	-	-	1	-	-	-	-	-	-	-	-	-	-	-	-	-	1
Branco	-	-	-	-	-	-	-	-	-	-	-	-	1	1	2	2	-	-	-	-	6
Brasileiro	-	-	-	-	-	1	-	1	-	-	-	-	-	-	-	-	2	1	1	-	6
Estrangeiro	-	-	-	-	-	-	2	-	-	-	-	1	-	1	5	1	3	-	-	-	13
Indeterminado	1	-	-	-	2	6	10	-	2	-	1	2	17	13	15	19	12	7	1	-	108
Totais	1	-	-	-	3	6	20	1	4	1	7	7	54	30	43	26	20	8	4	-	235

* O título "Pretos e pardos" reporta-se também a outras classificações raciais que aparecem com menor frequência nos autos, como "cor fula" ou "cor escura".

Fonte: APESP, 2014-2015.

Mães infames, filhos venturosos

T12. Contratos e tutelas de menores trabalhadores por grupos de origem social por década (São Paulo, 1820-1910)

Origem social/ década	1820 C	1820 T	1830 C	1830 T	1840 C	1840 T	1850 C	1850 T	1860 C	1860 T	1870 C	1870 T	1880 C	1880 T	1890 C	1890 T	1900 C	1900 T	1910 C	1910 T	Total
Liberto/ ingênuo	-	-	-	-	-	-	1	-	2	1	3	3	20	9	1	-	1	-	-	-	41
Preto e pardo*	-	-	-	-	-	-	7	-	-	-	2	-	13	5	24	4	2	-	2	-	59
Mãe liberta/ escrava/ afr. livre	-	-	-	-	-	-	-	1	-	-	1	1	7	2	1	-	-	-	-	-	13
Índio	-	-	-	-	-	-	2	-	-	-	-	-	-	-	-	-	-	-	-	-	2
Branco	-	-	-	-	-	-	-	-	-	-	-	-	1	1	2	2	-	-	-	-	6
Brasileiro	-	-	-	-	1	-	1	-	-	-	-	-	-	-	-	-	3	1	1	-	7
Estrangeiro	-	-	-	-	-	-	2	-	-	-	-	1	-	1	5	1	3	-	-	-	13
Indeterminado	1	-	-	-	4	6	13	-	3	-	2	2	21	13	17	20	15	7	3	-	127
Totais	1	-	-	-	5	6	26	1	5	1	8	7	62	31	50	27	24	8	6	-	268

* O título "Pretos e pardos" reporta-se também a outras classificações raciais que aparecem com menor frequência nos autos, como "cor fula" ou "cor escura".

Fonte: APESP, 2014-2015.

Anexo D – Dados sobre menores com e sem relação com escravização

T13. Menores tutelados e contratados com e sem relação com experiências de escravização por década (São Paulo, 1820-1910)

	Origem social/década	1820	1830	1840	1850	1860	1870	1880	1890	1900	1910	Total
Egressos/ descendentes da escravidão	Liberto/ingênuo	-	-	-	1	3	6	27	-	1	-	101
	Preto e pardo*	-	-	-	5	-	2	18	24	2	2	
	Mãe liberta/ escrava/ afr. livre	-	-	-	1	-	2	6	1	-	-	
Sem relação com escravidão	Branco	-	-	-	-	-	-	2	4	-	-	19
	Estrangeiro	-	-	-	2	-	1	1	6	3	-	
Outros	Brasileiro	-	-	1	1	-	-	-	-	3	1	7
	Índio	-	-	-	1	-	-	-	-	-	-	
	Indeterminado	1	-	8	10	2	3	30	34	19	1	108
	Totais	1	-	9	21	5	14	84	69	28	4	235

T14. Menores contratados com e sem relação com experiências de escravização por década (São Paulo, 1820-1910)

	Origem social/década	1820	1830	1840	1850	1860	1870	1880	1890	1900	1910	Total
Egressos/descendentes da escravidão	Liberto/ingênuo	-	-	-	1	2	3	18	-	1	-	
	Preto e pardo*	-	-	-	5	-	2	13	20	2	2	76
	Mãe liberta/escrava/afr. livre	-	-	-	-	-	1	5	1	-	-	
Sem relação com escravidão	Branco	-	-	-	-	-	-	1	2	-	-	13
	Estrangeiro	-	-	-	2	-	-	-	5	3	-	
Outros	Brasileiro	-	-	1	1	-	-	-	-	2	1	6
	Índio	-	-	-	1	-	-	-	-	-	-	
	Indeterminados	1	-	2	10	2	1	17	15	12	1	61
	Totais	1	-	3	20	4	7	54	43	20	4	156

T15. Contratos e tutelas com menores com e sem relação com experiências de escravização por década (São Paulo, 1820-1910)

	Origem social/década	1820	1830	1840	1850	1860	1870	1880	1890	1900	1910	Total
Egressos/descendestes da escravidão	Liberto/ingênuo	-	-	-	1	3	6	29	1	1	-	
	Preto e pardo*	-	-	-	7	-	2	18	28	2	2	113
	Mãe liberta/ escrava/ afr. livre	-	-	-	1	-	2	9	1	-	-	
Sem relação com escravidão	Branco	-	-	-	-	-	-	2	4	-	-	19
	Estrangeiro	-	-	-	2	-	1	1	6	3	-	
Outros	Brasileiro	-	-	1	1	-	-	-	-	4	1	9
	Índio	-	-	-	2	-	-	-	-	-	-	
	Indeterminados	1	-	10	13	3	4	34	37	22	3	127
	Totais	1	-	11	27	6	15	93	77	32	6	268

Mães infames, filhos venturosos

T16. Contratos com menores com e sem relação com experiências de escravização por década (São Paulo, 1820-1910)

	Origem social/década	1820	1830	1840	1850	1860	1870	1880	1890	1900	1910	Total
Egressos/descendestes da escravidão	Liberto/ingênuo	-	-	-	1	2	3	20	1	1	-	87
	Preto e pardo*	-	-	-	7	-	2	13	24	2	2	
	Mãe liberta/ escrava/ afr. livre	-	-	-	-	-	1	7	1	-	-	
Sem relação com escravidão	Branco	-	-	-	-	-	-	1	2	-	-	13
	Estrangeiro	-	-	-	2	-	-	-	5	3	-	
Outros	Brasileiro	-	-	1	1	-	-	-	-	3	1	8
	Índio	-	-	-	2	-	-	-	-	-	-	
	Indeterminados	1	-	4	13	3	2	21	17	15	3	79
	Totais	1	-	5	26	5	8	62	50	24	6	187

* O título "Pretos e pardos" reporta-se também a outras classificações raciais que aparecem com menor frequência nos autos, como "cor fula" ou "cor escura".

Fonte: APESP, 2014-2015.

Apêndice E – Dados de categorias raciais amplas

T17. Menores tutelados e contratados por categorias raciais por década (São Paulo, 1820-1910)

	Origem social/década	1820	1830	1840	1850	1860	1870	1880	1890	1900	1910	Total
Não brancos	Liberto/ingênuo	-	-	-	1	3	6	27	-	1	-	102
	Preto e pardo*	-	-	-	5	-	2	18	24	2	2	
	Mãe liberta/ escrava/ afr. livre	-	-	-	1	-	2	6	1	-	-	
	Índio	-	-	-	1	-	-	-	-	-	-	
Brancos	Branco	-	-	-	-	-	-	2	4	-	-	19
	Estrangeiro	-	-	-	2	-	1	1	6	3	-	
Indeterminados	Brasileiro	-	-	1	1	-	-	-	-	3	1	114
	Indeterminado	1	-	8	10	2	3	30	34	19	1	
	Totais	1	-	9	21	5	14	84	69	28	4	235

T18. Contratos e tutelas por categorias raciais por década (São Paulo, 1820-1910)

	Origem social/década	1820	1830	1840	1850	1860	1870	1880	1890	1900	1910	Total
Não brancos	Liberto/ingênuo	-	-	-	1	3	6	29	1	1	-	115
	Preto e pardo*	-	-	-	7	-	2	18	28	2	2	
	Mãe liberta/ escrava/ afr. livre	-	-	-	1	-	2	9	1	-	-	
	Índio	-	-	-	2	-	-	-	-	-	-	
Brancos	Branco	-	-	-	-	-	-	2	4	-	-	19
	Estrangeiro	-	-	-	2	-	1	1	6	3	-	
Indeterminados	Brasileiro	-	-	1	1	-	-	-	-	4	1	134
	Indeterminados	1	-	10	13	3	4	34	37	22	3	
	Totais	1	-	11	27	6	15	93	77	32	6	268

T19. Menores contratados por categorias raciais por década (São Paulo, 1820-1910)

	Origem social/ década	1820	1830	1840	1850	1860	1870	1880	1890	1900	1910	Total
Não brancos	Liberto/ingênuo	-	-	-	1	2	3	18	-	1	-	77
	Preto e pardo*	-	-	-	5	-	2	13	20	2	2	
	Mãe liberta/ escrava/ afr. livre	-	-	-	-	-	1	5	1	-	-	
	Índio	-	-	-	1	-	-	-	-	-	-	
Brancos	Branco	-	-	-	-	-	-	1	2	-	-	13
	Estrangeiro	-	-	-	2	-	-	-	5	3	-	
Indeterminados	Brasileiro	-	-	1	1	-	-	-	-	2	1	66
	Sem informação	1	-	2	10	2	1	17	15	12	1	
	Totais	**1**	**-**	**3**	**20**	**4**	**7**	**54**	**43**	**20**	**4**	**156**

T20. Contratos de menores por categorias raciais por década (São Paulo, 1820-1910)

Mães infames, filhos venturosos

	Origem social/ década	1820	1830	1840	1850	1860	1870	1880	1890	1900	1910	Total
Não brancos	Liberto/ingênuo	-	-	-	1	2	3	20	1	1	-	
	Preto e pardo*	-	-	-	7	-	2	13	24	2	2	
	Mãe liberta/ escrava/ afr. livre	-	-	-	-	-	1	7	1	-	-	89
	Índio	-	-	-	2	-	-	-	-	-	-	
Brancos	Branco	-	-	-	-	-	-	1	2	-	-	13
	Estrangeiro	-	-	-	2	-	-	-	5	3	-	
Indeterminado	Brasileiro	-	-	1	1	-	-	-	-	3	1	85
	Sem informação	1	-	4	13	3	2	21	17	15	3	
	Totais	**1**	**-**	**5**	**26**	**5**	**8**	**62**	**50**	**24**	**6**	**187**

* O título "Pretos e pardos" reporta-se também a outras classificações raciais que aparecem com menor frequência nos autos, como "cor fula" ou "cor escura".

Fonte: APESP, 2014-2015.

Apêndice F – Tutelas e contratos por categorias raciais e décadas

T21. Contratos por categoria racial por década (São Paulo, 1820-1910) *

	Não brancos	Brancos	Indeterminados
1820	-	-	1
1830	-	-	-
1840	-	-	5
1850	10	2	14
1860	2	-	3
1870	6	-	2
1880	40	1	21
1890	26	7	17
1900	3	3	18
1910	2	-	4
Total	89	13	85

T22. Tutelas por categoria racial por década (São Paulo, 1820-1910) *

	Não brancos	Brancos	Indeterminados
1820	-	-	-
1830	-	-	-
1840	-	-	6
1850	1	-	-
1860	1	-	-
1870	4	1	2
1880	17	2	12
1890	4	3	20
1900	-	1	7
1910	-	-	-
Total	27	7	47

*Período geral de referência da pesquisa.

Fonte: APESP, 2014-2015.

Apêndice G – Dados de sexo e década, discriminando contratos e tutelas

T23. Contratos e tutelas por sexo e década (São Paulo, 1820-1910)

		Sexo feminino	Sexo masculino	Total
1820	T	-	-	-
	C	-	1	1
1830	T	-	-	-
	C	-	-	-
1840	T	2	4	6
	C	-	5	5
1850	T	1	-	1
	C	4	22	26
1860	T	1	-	1
	C	3	2	5
1870	T	2	5	7
	C	3	5	8
1880	T	15	16	31
	C	41	21	62
1890	T	15	12	27
	C	30	20	50
1900	T	5	3	8
	C	22	2	24
1910	T	-	-	-
	C	6	-	6
Total		150	118	268

Fonte: APESP, 2014-2015.

T24. Contratados e tutelados por sexo e década (São Paulo, 1820-1910)

		Sexo feminino	Sexo masculino	Total
1820	T	-	-	-
	C	-	1	1
1830	T	-	-	-
	C	-	-	-
1840	T	2	4	6
	C	-	3	3
1850	T	1	-	1
	C	3	17	20
1860	T	1	-	1
	C	3	1	4
1870	T	2	5	7
	C	2	5	7
1880	T	15	15	30
	C	35	19	54
1890	T	15	11	26
	C	27	16	43
1900	T	5	3	8
	C	18	2	20
1910	T	-	-	-
	C	4	-	4
Total		133	102	235

Fonte: APESP, 2014-2015.

Apêndice H – Dados agregados de sexo e idade

T25. Sexo e idade por contrato e tutela (São Paulo, 1820-1910)

Idades/sexo	Sexo feminino		Sexo masculino		Total
	C	T	C	T	
Menos de 1 ano	-	-	-	1	1
1 ano	-	-	-	-	-
2 anos	-	1	-	1	2
3 anos	-	3	-	2	5
4 anos	-	2	-	1	3
5 anos	-	2	-	1	3
6 anos	-	-	1	1	2
7 anos	3	4	2	5	14
8 anos	1	4	6	4	15
9 anos	5	3	5	-	13
10 anos	8	4	11	4	27
11 anos	10	-	10	4	24
12 anos	16	2	10	4	32
13 anos	12	5	6	2	25
14 anos	14	-	4	1	19
15 anos	8	4	2	-	14
16 anos	8	3	-	1	12
17 anos	7	2	4	1	14
18 anos	1	-	-	-	1
19 anos	-	-	1	-	1
Impúbere	-	-	1	1	2
Indefinido*	6	-	3	1	10
Sem informação	10	2	12	5	29
Total	109	41	78	40	268
		150		118	

* Refere-se a contratos que apresentam mais de uma idade para o mesmo menor.

Fonte: APESP, 2014-2015.

Apêndice I – Relação entre idade, sexo e identificação racial

T26. Contratos por sexo, idade e categoria racial (São Paulo, 1820-1910)

Idades	Sexo feminino			Sexo masculino		
	Não brancas	Brancas	Indeterminado	Não brancos	Brancos	Indeterminado
6 anos	-	-	-	1	-	-
7 anos	3	-	-	2	-	-
8 anos	1	-	-	5	-	1
9 anos	3	-	2	4	-	1
10 anos	5	-	3	4	2	5
11 anos	3	1	6	7	-	3
12 anos	9	2	5	2	1	7
13 anos	6	2	4	2	-	4
14 anos	8	1	5	2	-	2
15 anos	2	1	5	-	-	2
16 anos	3	-	5	-	-	-
17 anos	4	-	3	1	1	2
18 anos	-	-	1	-	-	-
19 anos	-	-	-	-	-	1
Impúbere	-	-	-	-	-	1
Indefinido	6		-	2		1
Sem informação	2	-	8	2	1	9
Total	55	7	47	34	5	39
Total geral			109			78

Fonte: APESP, 2014-2015.

Apêndice J – Relação entre duração, sexo e grupo racial

T27. Duração de contratos por sexo e origem social
(São Paulo, 1820-1910)

Faixas de remuneração (mil réis/mês)	Não brancos		Brancos		Indeterminados		Total
	s. f.	s. m.	s. f.	s. m.	s. f.*	s. m.**	
1 ano	1	-	-	-	1	3	5
2 anos	6	1	-	-	1	-	8
3 anos	21	7	-	-	10	7	45
4 anos	-	2	-	-	2	4	8
5 anos	-	2	-	1	3	1	7
6 anos	1	-	-	-	2	-	3
7 anos	2	-	1	-	1	-	4
8 anos	2	-	-	-	2	-	4
9 anos	2	1	1	-	1	-	5
10 anos	-	-	-	-	-	-	-
11 anos	-	-	-	1	-	1	2
12 anos	2	-	-	-	-	-	2
13 anos	-	1	-	-	-	-	1
14 anos	-	-	-	-	-	-	-
15 anos	-	1	-	-	-	-	1
Até maioridade	-	-	1	-	-	-	1
Até emancipação	1	-	-	-	-	-	1
Sem informação	17	19	4	3	24	23	90
Total	55	34	7	5	47	39	187
	89		12		86		

* Sexo feminino.

** Sexo masculino.

Fonte: APESP, 2014-2015.

Apêndice L – Regimes de remuneração

T28. Contratos com remuneração fixa por década
(São Paulo, 1820-1910)

Faixas de remuneração (mil réis/mês)	1820	1830	1840	1850	1860	1870	1880	1890	1900	1910	Total
1 a 1$9	-	-	-		-	-	-	-	-	-	-
2$ a 2$9	-	-	1	4	-	-	-	2	-	-	7
3$ a 3$9	-	-	-	2	1	1	1	1	-	-	6
4$ a 4$9	-	-	-	3	-	-	7	-	-	-	10
5$ a 5$9	-	-	-	3	-	-	10	11	2	2	28
6$ a 6$9	-	-	-	-	-	-	5	3		1	9
7$ a 7$9	-	-	-	-	-	-	-	-	-	-	0
8$ a 8$9	-	-	-	2	1	-	3	-	-	-	6
9$ a 9$9	-	-	-	-	-	-	-	-	-	-	0
10$ a 10$9	-	-	-	1	1	-	2	11	2	1	18
11$ a 11$9	-	-	-	1	-	-	-	-		-	1
12$ a 12$9	-	-	-	-	-	-	-	-	1	-	1
13$ a 13$9	-	-	-	-	-	-	-	-	-	-	0
14$ a 14$9	-	-	-	-	-	-	-	-	-	-	0
15$ a 15$9	-	-	-	-	-	-	2	3	4	-	9
16$ a 16$9	-	-	-	-	-	-	-	1	1	-	2
17$ a 17$9	-	-	-	-	-	-	-	-	-	-	0
18$ a 18$9	-	-	-	-	-	-	-	-	-	-	0
19$ a 19$9	-	-	-	-	-	-	-	-	-	-	0
20$ a 20$9	-	-	-	-	-	-	-	-	1	-	1
Acima de 20$	-	-	-	-	-	-	-	2	-	-	2
Total	-	-	1	16	3	1	30	34	11	4	100

Fonte: APESP, 2014-2015.

T29. Contratos com remuneração progressiva por década
(São Paulo, 1820-1910)

Faixas de remuneração (mil réis/ mês)	1820	1830	1840	1850	1860	1870	1880	1890	1900	1910	Total
1 a 1$9	-	-	-	-	-	-	1	-	-	-	1
2$ a 2$9	-	-	-	-	-	1	1	-	-	-	2
3$ a 3$9	-	-	-	-	-	-	9	1	-	-	10
4$ a 4$9	-	-	-	-	1	-	3	-	-	-	4
5$ a 5$9	-	-	-	-	-	-	4	-	-	-	4
6$ a 6$9	-	-	1	-	-	-	4	4	-	-	9
7$ a 7$9	-	-	-	-	-	1	-	4	-	-	5
8$ a 8$9	-	-	-	-	-	-	-	1	-	-	1
9$ a 9$9	-	-	-	-	-	-	1	-	-	-	1
10$ a 10$9	-	-	-	-	-	1	1	4	-	-	6
11$ a 11$9	-	-	-	-	-	-	-	-	1	-	1
12$ a 12$9	-	-	-	-	-	-	2	1	1	-	4
13$ a 13$9	-	-	-	-	-	-	-	-	3	-	3
14$ a 14$9	-	-	-	-	-	-	-	-	-	-	0
15$ a 15$9	-	-	-	-	-	-	-	-	2	-	2
16$ a 16$9	-	-	-	-	-	-	-	-	4	-	4
Total	-	-	1	-	1	3	26	15	11	-	57

Fonte: APESP, 2014-2015.

Apêndice M – Dados de faixas salariais e origem social de menores contratados

T30. Faixas salariais por sexo e origem social (São Paulo, 1820-1910 *

Faixas de remuneração (mil réis/mês)	Sexo feminino			Sexo masculino			Total
	Não brancas	Brancas	Indeter--minadas	Não brancos	Brancos	Indeter--mina-dos	
1 a 1$9	3	-	-	2	-	-	5
2$ a 2$9	-	-	1	2	-	6	9
3$ a 3$9	7	-	3	4	-	2	16
4$ a 4$9	8	-	1	3	1	1	14
5$ a 5$9	12	2	5	8	-	5	32
6$ a 6$9	6	-	5	5	-	2	18
7$ a 7$9	2	-	1	-	1	1	5
8$ a 8$9	2	-	2	2	-	1	7
9$ a 9$9	1	-	-	-	-	-	1
10$ a 10$9	7	-	11	2	-	4	24
11$ a 11$9	1	-	-	-	-	1	2
12$ a 12$9	3	1	1	-		-	5
13$ a 13$9	-	1	1	-	1	-	3
14$ a 14$9	-	-	-	-	-	-	-
15$ a 15$9	1	2	4	-	-	4	11
16$ a 16$9	-	1	5	-	-	-	6
17$ a 17$9	-	-	-	-	-	-	-
18$ a 18$9	-	-	-	-	-	-	-
19$ a 19$9	-	-	-	-	-	-	-
20$ a 20$9	-	1	-	-	-	-	1
Acima de 20$	-	-	-	-	-	2	2
Indeterminado	2	-	6	6	2	10	26
Total	55	8	46	34	5	39	187
			109			78	

* Considerando-se todos os contratos.

Fonte: APESP, 2014-2015.

Alameda nas redes sociais:

Site: www.alamedaeditorial.com.br
Facebook.com/alamedaeditorial/
Twitter.com/editoraalameda
Instagram.com/editora_alameda/

Esta obra foi impressa em São Paulo na
primavera de 2020. No texto foi utilizada a
fonte Arno Pro em corpo 11,5 e entrelinha
de 15,5 pontos.